KB051125

근대중국 동북지역 사회와
민간신앙

이 저서는 2009년도 정부(교육과학기술부)의 재원으로 한국연구재단의 지원을 받아 출판되었음(NRF-2009-362-A00002).

중국관행
연구총서
0 0 9

근대중국 동북지역 사회와

민간신앙

| 저자 | 박경석·류 양

學古房

저자 **박경석(朴敬石)**

• 1965년 서울 출생. 연세대학교 사학과 졸업, 동 대학교 대학
  원에서 석·박사학위 취득. 연세대학교 국학연구원 연구교수,
  동북아역사재단 연구위원 역임, 현재 인천대학교 중국학술원
  교수. 주요 연구 분야는 중국근현대 사회사. 최근 논문으로는
  「청말민국시기 지방사전地方祀典의 지속과 변용」, 「근대시기
  중국동북지역 민간신앙의 '복합성'」, 「중국동북지역의 전통 행
  회行會에서 '근대적'상회 사이」, 「'행규行規'에서 '업규業規'로의
  '상관행의 명문화'」 등이 있음.

저자 **류양(劉揚)**

• 1982년 중국 요녕성에서 출생. 요녕대학 역사학과 졸업,
  길림대학에서 중국근현대사 석사 및 박사 학위 취득. 현재
  길림성사회과학원 역사연구소 연구원. 주요 연구 분야는 중
  국근현대사 및 사회사. 최근 연구의 중점은 근대중국 동북
  지역의 민간신앙에 있음. 최근 저서로는 『세속과 신성 : 근
  대요녕지역사회와 민간묘우연구』가 있고, 논문으로는 「근
  대 백두산신앙의 역사변천과 민중생활 : 민중의 민간신앙
  구축을 중심으로」, 「사원재산 입법을 통해 본 만주국의 동
  북종교신앙 통제」, 「생태 관점에서 본 근대동북 민간신앙」,
  「민국초기 사원재산 문제에 대한 국가의 해결 : 봉천성奉天
  쑢을 사례로」 등이 있음.

중국관행연구총서 09

근대중국 동북지역사회와 민간신앙

초판 1쇄 인쇄 2015년 5월 18일
초판 1쇄 발행 2015년 5월 29일
초판 2쇄 발행 2016년 9월   1일

중국관행연구총서·중국관행자료총서 편찬위원회

위 원 장 | 신용권
부위원장 | 안치영
위　　원 | 장정아, 김지환, 박경석, 송승석

저　　자 | 박경석, 류양
펴 낸 이 | 하운근
펴 낸 곳 | 學古房

주　　소 | 경기도 고양시 덕양구 통일로 140 삼송테크노밸리 A동 B224
전　　화 | (02)353-9908 편집부(02)356-9903
팩　　스 | (02)6959-8234
홈페이지 | http://hakgobang.co.kr/
전자우편 | hakgobang@naver.com, hakgobang@chol.com
등록번호 | 제311-1994-000001호

ISBN　　978-89-6071-526-4 94910
　　　　 978-89-6071-320-8 (세트)

값 : 28,000원

이 도서의 국립중앙도서관 출판시도서목록(CIP)은 서지정보유통지원시스템 홈페이지
(http://seoji.nl.go.kr)와 국가자료공동목록시스템(http://www.nl.go.kr/kolisnet)에서 이용하
실 수 있습니다.(CIP제어번호: CIP2015014519)

■ 파본은 교환해 드립니다.

『중국관행연구총서』 간행에 즈음하여

　우리가 수행하는 아젠다는 근현대 중국의 사회·경제 관행에 대한 조사와 연구를 매개로 한국의 중국연구와 그 연구기반을 재구성하는 것이다. 이러한 작업은 무엇보다 인문학적 중국연구와 사회과학적 중국연구의 학제적 소통과 통합을 모색하는 과정에서 구체화될 수 있을 것이다. 또한 근현대 중국의 사회·경제관행 조사 및 연구는 중국의 과거와 현재를 모두 잘 살펴볼 수 있는 실사구시적 연구이다. 추상적 담론이 아니라 중층적 역사과정을 거쳐 형성되고 검증되었으며 중국인의 일상생활을 지속적이고 안정적으로 제어하는 무형의 사회운영시스템인 관행을 통하여 중국사회의 통시적 변화와 지속을 조망한다는 점에서 우리의 아젠다는 중국연구의 새로운 지평을 열 수 있는 최적의 소재라 할 수 있을 것이다.

　우리 연구의 또 다른 지향은 중국사회의 내적 질서를 규명하는 것으로, 중국의 장기 안정성과 역동성을 유기적으로 파악함으로써 한층 더 깊이 있게 중국을 이해하고자 한다. 이러한 문제의식에서 우리는 중국사회의 다원성과 장기 안정성의 기반이라 할 수 있는 다양한 민간공동체 그리고 그 공동체의 광범위하고 직접적인 운영원리로서 작동했던 관행에 주목한다. 나아가 공동체의 규범원리인 관행을 매개로 개인과 공동체 그리고 국가가 유기적으로 결합됨으로써 중국사회의 장기 안정성이 확보될 수 있었다는 점을 규명하고자 한다.

이러한 문제의식에 기초한 연구는 궁극적으로 제국 운영의 경험과 역사적으로 축적한 사회, 경제, 문화적 자원을 활용하여 만들어가고 있는 중국식 발전 모델의 실체와 그 가능성을 해명하는 데 기여할 것이다.

『중국관행연구총서』는 인천대학교 HK중국관행연구사업단이 수행한 연구의 성과물이다. 이 총서에는 우리 사업단의 연구 성과뿐만 아니라 아젠다와 관련된 해외 주요 저작의 번역물도 포함된다. 앞으로 아젠다와 관련된 연구 및 번역 총서가 지속적으로 발간될 것이다. 그 성과가 차곡차곡 쌓여 한국의 중국연구가 한 단계 도약하는 데 일조할 수 있기를 충심으로 기원한다.

2014년 5월
인천대학교 중국학술원
HK중국관행연구사업단
단장 장정아

책을 펴내며

　이 책은 작년(2014) 초부터 필자와 중국 길림성사회과학원 역사연구소의 류양(劉揚) 교수가 진행한 공동연구의 산물이다. 필자는 「근대중국 동북지역의 민간신앙」(가제)이라는 제목의 연구총서를 내기로 결심하고 공동연구 파트너를 물색하였다. 동북지역의 민간신앙을 전문적으로 다룬 연구자가 없어 애를 먹었으나, 다행스럽게도 근자에 해당 주제로 박사학위를 취득한 류양 교수를 지인으로부터 소개받아 공동연구에 착수할 수 있었다.

　류양 교수는 다행히 필자의 제안을 흔쾌히 수용했고, 우리는 서로 편지를 주고받으면서 연구총서를 어떻게 구성할지 의논했다. 어떤 관점에서 접근할지, 무엇을 중시해야 할지에 대해서도 토론했다. 그런데 가장 어려웠던 점은 시간이 많지 않았다는 점이었다. 그래서 새로 연구를 진행해 원고를 작성하는 것 이외에 기존의 연구 성과를 활용하지 않을 수 없었다. 마침 류양 교수의 박사학위논문이 근대시기 동북지역 민간신앙을 개관하기에 적절한 내용이었고, 그래서 이를 바탕으로 제1부를 구성했다. 제2부의 세분화된 주제에 대해서는 새로 원고를 작성해 구성하기로 했다.

　그래서 이 책은 제1부의 여섯 장과 제2부의 다섯 장으로 구성되어 있다. 제1부에서는 근대시기 동북지역의 민간신앙을 개괄적으로 서술하였다. 민간신앙의 유입과 사원의 분포, 숭배대상, 특성 등에 대해 우선 서술했다. 나아가 민간신앙의 속성 내지 기능에 주목하여, 민간신앙을 제사의례, 민속·풍속, 경제 시장, 일상생활, 여가 오락, 공익사업 및 공공생활의 공간으로서 파악했다. 또한 민간신앙에 대한 사회 엘리트층의 비판과 관방의 개조라는 근대의 침습에도 불구하고 민간신앙이 완강한 생명력을 바탕으로 지속되었음을 살펴보았다.

제1부는 류양 교수의 박사논문,「근대 요녕지역사회 시야 아래의 사묘문화연구(近代遼寧地域社會視野下的寺廟文化研究)」(길림대학, 2011.12.) 제2장, 제4장, 제5장, 제7장의 내용을 바탕으로 구성한 것이다. 이 박사논문은 작년에『세속과 신성 : 근대 요녕지역사회와 민간묘우연구(世俗與神聖 : 近代遼寧地域社會與民間廟宇研究)』(吉林文史出版社, 2014.10)라는 제목으로 출간된 바 있다. 아무튼 원본의 구성을 존중했으나, 꼭 필요하지 않은 부분은 과감히 삭제했고, 요지가 잘 드러나도록 필요한 부분을 재구성하여 작성하였다. 모든 과정을 류양 교수와 의논했지만, 원고의 번역 및 재구성에 관한 일은 최종적으로 모두 필자의 책임이다.

본 공동연구의 실질적인 결과물은 제2부이다. 제2부에서는 크게 보아 두 가지 측면에 주목했는데, 동북지역의 민간신앙이 가진 지역적 특성과 근대시기 민간신앙이 지속되거나 변용되면서 발생하는 전통과 근대의 긴장관계에 관심을 기울였다. 국가권력 내지 사회적 지배층이 민간신앙에 끼친 영향도 중요한 변수로 고려하였다. 그래서 제7장에서는 우선 동북지역 민간신앙의 전반적인 특성에 대해 살펴보았고, 곧 이어 제8장에서는 동북지역 특유의 신앙 공간으로서 백두산신앙을 다루었다. 제9장에서는 비밀스런 민간종교결사의 양태를 고찰하면서 지방당국의 대응에 주목했고, 제10장에서는 국가제사와 관련 전통의 지속과 근대적 변화가 빚어내는 긴장관계에 주목했다. 제11장은 다른 부분에서 만주국 성립 이후의 시기에 대해서는 거의 언급이 없어, 특별히 이 시기 민간신앙의 변화 양상을 별도로 다룬 것이다.

물론 애초부터 연구총서를 겨냥하고 개별 연구를 진행한 것이지만, 제2부 각 장의 글은 제11장을 제외하고는 이미 학술지에 게재한 바 있다. 학술지에 게재된 논문을 단행본에 맞게 수정한 것이다. 해당 서지 사항은 다음과 같다.

제7장 : 박경석, 「근대시기 중국동북지역 민간신앙의 '복합성' - 이민의 유입에 따른 민간신앙의 이식과 융합을 중심으로」, 『중앙사론』 제40집, 2014.12.

제8장 : 劉揚, 「近代長白山信仰的歷史變遷與民衆生活 - 以民衆對民間信仰的構建爲中心」, 『北方文物』 2014年 第2期, 2014.5.

제9장 : 박경석, 「민국시기 동북지역의 민간종교결사와 지방당국의 대응」, 『중앙사론』 제39집, 2014.6.

제10장 : 박경석, 「청말민국시기 地方祀典의 지속과 변용 - 중국 동북지역의 관방제사를 중심으로」, 『중국근현대사연구』 제65집, 2015.3.

필자는 중국근현대 사회사에 지속적으로 관심을 가져 왔으나, 민간신앙을 본격적으로 다룬 적은 없었다. 사실 민간신앙은 그 범주가 방대하면서도 섬세한 문제이기 때문에 오랫동안 내공을 쌓지 않고서는 섣불리 접근하기 어려운 주제이다. 함부로 손대기가 겁날 뿐만 아니라 단시일 내에 어떤 성과를 내놓는다는 것은 기대하기 어려운 일이었다.

실제로 작업을 하면서 개인적으로 많은 어려움을 느꼈다. 민간신앙에 대한 소양이 부족해 막막하기도 했으나, 쓸모 있는 자료를 얻기가 어려워서 선뜻 나서지 못했다. 만약 요녕성당안관에서 펴낸 『중국근대

사회생활당안(전27책)』(廣西師範大學出版社, 2005.)을 구할 수 없었다면 연구를 시작할 수 없었을 것이다. 이 자료집은 총 27책에 걸쳐 약 13,500페이지에 달하는 방대한 자료를 수록하고 있어 필자의 연구에 결정적인 기여를 했다. 고마운 마음에 특기해 둔다.

아무튼, 이런저런 어려움에도 불구하고 용기를 낼 수밖에 없었던 것은 중국 사회의 저류에 흐르는 운영원리, 장기 지속적 토대로서의 '관행'을 해명함에 있어 민간신앙이 빠질 수 없는 요소라고 생각했기 때문이다. 물론 인천대 인문한국(HK) 연구소 2단계 연구 아젠다에 민간신앙이 명시되어 있기도 했다. 지금 생각해보니, 기본적인 소양도 없이 기한이 많이 남아 있지 않은 상태에서 연구총서를 발행할 계획을 세웠으니 다소 무모했다는 생각도 들지만 보람이 없지는 않다. 무엇보다도 '관행'이라는 주제를 다룸에 있어 민간신앙을 빼놓을 수 없다는 처음의 생각을 확인할 수 있었던 것이 가장 큰 소득이었다.

마지막으로, 보잘 것 없는 이 책이 나올 때까지 마음을 써주시고 수고해 주신 여러분께 진심으로 감사를 드린다. 우선 어려운 부탁을 흔쾌히 들어준 공동연구 파트너 류양 교수에게 감사를 드리고, 언제나 든든한 버팀목이 되어 주시는 연구소의 여러 동료 교수들께 이 기회를 빌려 감사의 뜻을 전한다. 함께 연구소의 일을 고민해 주시는 인천대 중어중국학과 선생님들의 성실한 뜻에도 감사를 드리고, 원고를 정리하고 출판에 이르기까지 수고를 아끼지 않으신 출판사 관계자와 연구소의 조교들에게도 고마움을 전한다. 끝으로 사랑하는 아내와 딸에게도 새삼 고마움을 느낀다.

2015년 5월
행신동 공부방에서
박경석

목 차

총론

민간신앙을 통해 본 근대시기 동북지역의 '복합성'
: 지역적 특성과 전통-근대의 긴장관계

　1995년 1월 31일 상해의 성황묘가 대중들에게 정식으로 개방되었다. 1966년 문화대혁명과 함께 폐쇄되었던 성황묘가 30년 만에 다시 문을 연 것이다. 이후에도 수차례에 걸쳐 복원공사가 이루어졌고, 설날(春節)이나 정월 대보름(元宵節)과 같은 명절에는 묘회를 즐기려는 인파가 인산인해를 이룬다. 1949년 중화인민공화국 성립 이후 위축되었던 전통적 민간신앙이 1980년대 이후 개혁개방의 성공과 함께 부흥되기 시작하여 오늘날 대성황을 이루고 있다.

　민간신앙이 지배 권력의 압박을 받은 것은 비단 문화대혁명 때만은 아니다. 무릇 민간신앙은 태생적으로 가지고 있는 자의적 성격 때문에 역사적으로 지배계층의 환영을 받지 못했다. 전통시기 질서유지와 백성의 교화에 도움이 된다는 점에서 일정 정도 용인되기는 했으나, 관방에서는 '미신적 행위'가 과열되는 것을 항상 경계하였고, '음사淫祀'라는 명분을 내세워 단속하기도 했다. 근대 이후에는 이른바 '문명사회'를 내세운 사회 엘리트층의 호된 공격을 받았고, 서양에서 전래된 기독교와 격렬한 마찰을 빚었다. 중화인민공화국 성립 이후 몇 차례의 '봉건미신' 타파운동과 각종 정치운동 가운데 민간신앙은 존속을 위한 경제적 기반을 상실했고 생존의 공간도 잃었다.

　그러나 민간신앙이 소멸된 것은 아니었다. 다만, 은연중에 잠재해 있다가 1980년대 이래 개혁개방과 함께 다시 살아났다. 부흥의 붐이 크게 일어났고 이런 흐름은 향촌 사원의 급속한 복원과 참여 인원의 폭증 추세로 나타났다. 민간신앙은 놀랍도록 완강한 생명력과 엄청난 사회 적응력을 보여 주었다. 개혁개방 이후에도 민간신앙은 국가가 법으로 정한 종교신앙이 아니기 때문에 생존 상태가 다소 불안한 측면이 있다. 지방정부는 민간신앙에 대해 정책의 일관성을 확보하지 못했고, 경우에 따라서는 봉건미신 활동으로 여겨 탄압을 가하기도 했다. 그럼에도 민간신앙은 계속해서 빠른 속도로 발전해 나갔고, 커다란 생존 공간을 획득해 나가고 있다.[1]

필경 이런 완강한 생명력과 놀라운 적응력은 민간신앙의 유구한 역사성에서 비롯되었을 것이다. 민간신앙은 그 자체로 일반 백성의 정신적, 일상적 생활을 구성하고 있는 삶의 일부였고, 역사적으로 깊고 넓은 사회적 뿌리를 가지고 있었다. 기층민중의 생활 깊숙한 곳에 자리 잡고 있는 중국문화의 중요한 구성 요소로서, 장기적인 역사변천과정에 있어 일반민중의 사유방식과 사회관계, 정치행위에 지대한 영향을 미쳐 왔다.

본 연구는 이러한 민간신앙의 의의에 주목하여, 동북지역을 대상으로, 중국사회를 움직이는 기본원리로서의 '관행'이 어떻게 근대적으로 재구성되는지를 살펴보려는 관점에서 출발하였다. 이는 중층적 역사과정을 통해 형성되고 검증된, 그리고 중국인의 일상생활을 지속적이고 안정적으로 제어하는 무형의 사회운영시스템으로서의 '관행'을 통해 중국사회의 통시적 변화와 지속을 조망하려는 것이다. 다시 말해서, '관행'이 내재되어 있는 하나의 공동체로서 동북권역에 주목하고, 민간

---

1) 張祝平,「民間信仰60年嬗變：從斷裂到彌合」,『福建論壇・人文社會科學版』2009年 第11期, 161쪽.

신앙을 통해 중국사회를 움직이는 '관행'의 근대적 전환 과정에 접근하고자 하는 것이다. 따라서 민간신앙의 역할과 작용, 국가권력 및 여타 사회집단과의 상호관계 등을 살펴볼 필요가 있다.

이와 같은 연구는 종국적으로 다음 세 가지 문제와 연결된다고 볼 수 있다. 첫째, 민간신앙이 중국인에게 도대체 무엇이기에 이토록 완강한 생명력을 가졌을까? 중국사회에서 민간신앙이 갖는 의미가 무엇인지 구체적으로 파악할 필요가 있다. 둘째, 기왕에 '동북'이라는 특정 권역에 주목한 바에야 민간신앙을 통해 동북지역의 지역적 특성을 해명할 필요가 있다. 셋째, '관행'의 근대적 재구성 문제와 관련해서는 근대 시기에 들어 민간신앙이 어떻게 변화하는지, 그 지속성과 단절성에 주목할 필요가 있다. 이는 근대적 전환 과정에서 흔히 나타나는 전통과 근대의 긴장관계와 필연적으로 관련되어 있다.

상기한 3가지 문제를 조금이라도 해명하는 것이 본 연구의 목적이었다. 다만, 본문에서는 내용의 구성에 따라 논의를 전개할 수밖에 없었기 때문에, 3가지 과제에 대한 나름의 해명이 다소 산발적으로 배치되었다. 이에 본문의 해명을 과제별로 정리함으로써 총론을 대신하고자 한다. 총론을 해당 연구에 대한 총괄적인 설명이라고 한다면 이렇게 해도 큰 허물이 되지는 않을 것이다.

1. 중국인에게 민간신앙은 무엇인가?

민간신앙이 사회생활에 광범위하게 영향을 끼친 만큼, 중국사회에서 민간신앙은 다양한 속성을 가졌고 많은 역할을 수행했다.

첫째, 제사활동은 민중생활의 필수불가결한 일부였고, 민간신앙에서 상당한 부분을 차지했다. 즉, 제사의례로서의 민간신앙이 존재했다.(제

2장)

　집집마다 조상에 제사를 지냈고, 지역의 촌락공동체를 단위로 실로
다양한 제사활동이 이어졌다. 본문의 도표 8에 의하면, 연중 신령의 제
삿날이 94일에 이르렀다. 매월 음력 초하루와 보름에 간단히 토지신에
게 분향하는 것까지 치면 일상적으로 제사가 이루어졌음을 알 수 있다.
크고 작은 제사활동이 단조로운 일상에 변화를 주었고, 역으로 일상 자
체가 크고 작은 제사활동과 함께 이루어졌다고 할 수 있다. 아래 자료
는 이를 단적으로 보여준다.

　　　제사를 드리는 신령은 마왕, 우왕, 충왕, 용왕, 화왕火王 및 천지
　　天地, 토지공土地公, 수신水神 등이었다. 제삿날을 보면, 1월 1일에
　　향을 피우고, 만두를 제물로 바친다. 1월 15일에 향을 피우고, 만두
　　를 제물로 바치고, 등촉을 밝힌다. 2월 2일에 향을 피우고, 만두를
　　제물로 바친다. 7월 15일에 향을 피우고, 만두를 바친다. 10월 1일
　　에 향을 피운다.[2]

　지역의 제사활동은 관방에서도 활발히 전개했는데, 근대에 들어 국
가제사가 대폭 간소화되고 국가의 집행력이 약화되자, 민간제사가 상
대적으로 성행하게 되었다. 전통시기에는 관방에서 수많은 신령에 제
사를 지냈지만, 민국 이후에는 자연신에 대한 숭배가 관방제사에서 모
두 사라지고 공자와 관우에 대한 제사가 두 축을 이루었다. 성황城隍이
나 용왕과 같이 관방제사에서 배제된 신령은 이제 민간에서 더욱 더
성대하게 섬겼다.

---

2)　國務院實業部臨時産業調査局, 『農村實態調査一般調査報告書－安東省莊河縣』,
　　編者刊, 1936, 368~369쪽.

오랜 가뭄은 농경사회에서 절대 위기상황이었고, 기우제는 관방이나 민간사회 모두가 엄중하게 대처했기 때문에 양자의 제사를 비교하기에 적합하다. 민간의 제사활동은 신비성, 초자연성, 샤머니즘을 내포하면서 가뭄으로 조성된 사회적 긴장을 조절하고 해소하려는 지향을 가졌지만, 관방은 '미신'이나 샤머니즘은 반대하면서 철저히 공식적인 의례를 준수하는 태도를 취했고, 제사를 관방의 권위를 높이는 통치의 수단으로 활용하였다.

둘째, 민간신앙은 일상의 다양한 풍속과 밀접히 관련되어 있었다. 즉, 민속으로서의 민간신앙이 존재했다.(제3장)

민간신앙은 출생으로부터 죽음에 이르기까지 생로병사나 밀접히 관련되어 있었고, 개인의 생애주기별로 치러야 하는 각종 의례(冠婚喪祭)와도 깊은 관계를 가졌다. 또한, 장기간의 사회적 실천에 의해 형성된 명절 문화도 민간신앙과 관계가 깊었다. 절기에 따른 명절에 신앙 활동을 벌이기도 했지만, 민간신앙에 의거하여 많은 명절이 생겨났다. 이러한 민간신앙과 관련된 명절에는 성대한 묘회가 열리곤 하였고, 이런 묘회가 열리는 날은 일반 민중이 모처럼 일손을 쉴 수 있는 휴일이기도 했다. 아래의 한 장면이 이를 잘 보여준다.

> 음력 4월 18일에 낭랑묘에서 묘회가 열렸다. 날씨가 정말 좋았다. 각 상공업계에서는 그날을 휴일로 지정해 묘회를 즐길 수 있도록 했다. 향을 피우고 소원을 비는 선남선녀들로 장사진을 이루었다. 매우 시끌벅적했다고 한다.[3]

그래서 명절이나 휴일에 즐길 수 있는 오락거리도 민간신앙과 깊은

---

3) 「廟會志盛」, 『盛京時報』 1916.5.23.

관련을 가지면서 발전하였다. 민간신앙이 음악이나 춤, 곡예의 발전을 위해 공간을 제공하였고, 민간신앙에서 창작의 소재와 모티브를 찾는 경우도 많았다.

셋째, 민간신앙은 경제와도 깊은 관련이 있었다. 즉, 시장으로서의 묘회, 즉 묘회시장(묘시)이 매우 활성화되어 상업 발전과 인민의 경제 생활에 크게 기여하였다.(제4장)

상대적으로 시장이 발달하지 못한 동북지역에서는 묘시가 열릴 때마다 대개는 대성황을 이루었다. 아래 장면은 묘시의 시끌벅적한 모습이 잘 드러난다.

> 사원은 아침 일찍부터 천막을 치고 장사 준비를 하는 노점상과 소상인들로 장사진을 이루었다. 묘회가 열리는 이틀 동안 남녀노소 할 것 없이 수많은 사람들이 끊임없이 왕래하여 즐거운 시간을 보냈다. 묘회 안팎은 사람들로 가득 찼으며 팔고 사는 외침이 귀에 끊이지 않았다.[4]

묘회는 신앙과 오락 기능에 더하여 시장 기능을 수행했고, 때로는 상업 기능이 다른 기능을 압도하기도 했다. 이처럼 묘시의 중요성이 부각되면서 상인이 묘회를 기획하고 준비하는 주요한 주체로 대두하였다. 묘시에 참여하는 상인도 소규모 행상이나 노점상에 그치지 않고, 고정 점포를 가진 상인, 서비스업 종사자, 외국 상인으로 확대되었다. 판매되는 상품도 농기구나 농업 부산물 수준을 넘어 생활에 필요한 모든 물품을 망라하였다. 경영 기법도 발전하여, 고객 유치를 위해 특별

---

4) 「錦縣地藏寺香火勝会-殘寺頓行熱鬧」, 『盛京时報』 1934.6.15.

열차편을 편성하거나 열차표를 할인해 주었고, 판촉을 위해 연회 등의 볼거리를 제공하고 경품 행사도 진행하였다. 이는 모두 이전에는 없던 근대시기 묘시의 새로운 특징이었다.

이런 묘시의 성행은 지역 경제에 적잖은 영향을 끼쳤다. 묘시를 통해 촌락의 농민조차 편리하게 생활필수품이나 일용잡화를 구입할 수 있게 되었다. 향촌 지역에 여러 가지 기호품이 출시되고 다양한 서비스업이 활기를 띠었다. 묘시의 활성화가 지역경제의 번영을 촉진하고 도시의 발전을 추동하였다. 또한, 도시와 향촌 간 인구 이동을 촉진하여 사회적 이동을 증진시켰다.

넷째, 민간신앙의 사원 공간은 일상적으로 다양한 민중생활의 영역에 많은 영향을 끼쳤다. 즉, 일상으로서의 민간신앙이 존재했던 것이다.(제5장)

민간신앙은 당연히 하나의 신앙으로서 사람들이 큰 어려움에 봉착했을 때에 정신적으로 큰 위안을 주었다. 천재지변이 닥쳤을 때에도 사원의 신령을 찾아 기원했고, 개인적으로 병이 났을 때에도 민간신앙에 의지했다. 반면에 묘회가 열리는 사원은 민중이 모처럼 즐길 수 있는 여가 및 오락의 공간이기도 했다. 묘회에는 각종 공연이 펼쳐지고 대규모 식당가가 설치되어 볼거리와 먹을거리가 넘쳐났고, 평소 접하기 어려운 많은 상품들을 가지고 수많은 상인들이 운집했기 때문에 쇼핑을 즐길 수 있는 흔치 않은 기회였다.

사원은 많은 사람들이 모일 수 있는 공간과 접근 용이성을 갖추고 있고, 게다가 신성한 권위까지 인정받고 있었기 때문에, 공공생활의 공간으로서 공익사업을 벌이거나 공공의 사무를 처리하는 데에 안성맞춤이었다. 예컨대, 사원은 재해가 발생하면 이재민을 수용해 구제했고 평상시에는 빈민을 구휼하는 사업을 진행했다. 문화교육이나 의료위생 분야의 공공사업에 솔선수범했고, 돈을 내어 도로나 다리를 건설하고 학교를 설립하는 일도 수행했다. 공공 집회도 사원에서 열었고, 촌락공동체의 사무를 의논하거나 분쟁을 조정할 때에도 사원을 찾았다. 하지만 민간신앙은 공동체 내부의 충돌이 벌어지는 빌미를 제공하기도 하는 등 작용과 역할에 있어 다양한 양태를 보여주었다.

이밖에, 민간신앙은 다양한 사회조직과도 밀접한 관계에 있었는데 민간종교결사나 민간제사조직은 그 자체로 민간신앙과 밀접히 관련되어 있을 수밖에 없었고, 민간의 동업단체나 동향조직도 내부의 단결을 확보하기 위해 민간신앙을 적극 활용하였기 때문에 중요한 일들은 대개 신앙행위와 연관되어 진행되었다.

이렇게 보면, 향촌과 도시를 막론하고 민간신앙은 민중의 일상생활에 광범위하게 영향을 끼쳤다. 사실 도저히 떼려야 뗄 수 없는 삶의 일부이자 현실이었다고 할 수 있다. 따라서 '근대'의 세례를 받은 새로운 엘리트층이 과학과 문명을 앞세워 민간신앙을 '미신'으로 공격하면서 근대적 개혁의 핵심으로 '미신타파'를 내세웠지만, 오랜 세월 동안 삶의 일부를 구성해온 민간신앙은 그리 쉽게 타파될 수 있는 것이 아니었다.

민간신앙이 문화대혁명의 탄압 속에서도 소멸되지 않고 수면 아래로 가라앉아 있다가 개혁개방과 함께 완전히 복원될 수 있었던 것도, 그 과정에서 강력한 생명력과 적응력을 보였던 것도 모두 오랫동안 민중의 필요를 채워주면서 일상의 삶과 함께 해왔기 때문이었다. 민간신앙이 가진 장기지속성은 사람들의 현실적 필요에서 비롯되었던 것이다. 이는 '관행'도 마찬가지리라!

2. 민간신앙을 통해 본 동북지역의 특성 : 이민사회 특유의 '복합성'

전술했듯이, 민간신앙은 민중생활의 전반과 밀접히 관련되어 있는 중국사회의 장기 지속적 토대 중에 하나이다. 본서는 이러한 의의에 주목하여 근대시기 동북지역의 민간신앙과 사원 공간에 대해 폭넓게 고찰해 보았다. 이처럼 기왕에 '동북'이라는 특정 권역을 고찰대상으로 설정했으니, 민간신앙을 통해 동북지역의 지역적 특성에 주목할 필요가 있다.

특별히 동북지역에 주목한 것은 우선 일정한 시공간을 설정해야 그 안에서 보다 구체적이고, 생동감 있고, 깊이 있는 이해가 가능할 것으로 생각했기 때문이다. 새로운 국가건설이나 미신타파와 같은 거시적인 담론이 지방 차원에서 미시적으로 표현되는 양상을 살펴봄으로써 논지의 구체성을 확보할 수 있고, 또한 전국적인 거대담론에 대한 지방사회의 응답을 살펴봄으로써 현장성을 담보할 수 있지 않을까 생각하였다.

주지하듯이, 지역 연구의 중요성은 중국사가 가진 특성과도 관련이 있다. 말하자면, 중국사는 워낙에 다양한 권역이 오랜 통합과정을 거쳐 이룩한 '역사체歷史体'이므로 지역 연구를 통해 각 권역의 특성을 이해하는 것이 선결적인 과제라는 것이다. 따라서 특정 권역에 한정함으로써 중국사 연구에서 선결적으로 주목해야 할 지역성을 포착할 수 있을 것이다.

또한, '관행'의 근대적 재구성 양상을 지역성과 결부지어 접근하는 것 자체도 의미 있는 일이다. 근대시기 동북지역은 국내외에서 대규모로 이주해온 이민자들로 구성된 이민사회였다. 이주와 함께 다양한 지역의 문화전통이 유입되었고 여기에 동북지역의 토착성이 융합되었다.

이 과정에서 내지나 외국의 '관행'이 공간적으로 이전되어 근대적으로 재구성되면서 전개되었다. 말하자면, 전통에서 근대로의 지속과 단절이라는 시간적 변화가 공간적으로 전개되는 특이성이 있었던 것이다. 따라서 중국사회를 움직였던 장기 지속적 원리로서의 '관행'을 좀 더 명확하게 포착할 수 있을 것으로 기대했다.

동북지역 민간신앙의 지역성이 형성되는 과정에 대해서는 다음 두 가지 상반된 경향으로 설명할 수 있겠다.

첫째, 내지의 민간신앙이 이민과 함께 유입되면서 중국의 민간신앙이 가지고 있던 일반적인 구성과 특성을 기본적으로 공유하였다.(제1장)

19세기 중반 이래 이민의 증가가 동북지역의 민간신앙 전개에 많은 영향을 끼쳤는데, 숭배 대상이나 사원 공간, 묘회 등의 분포와 운영에서 내지의 민간신앙이 이식되고 복제되는 과정을 통해 동북지역의 민간신앙이 형성되었다. 불교, 도교, 유교를 비롯한 다양한 '기성종교'와 민간종교결사도 이민과 함께 내지에서 유입된 것이었다. 이는 국가제사의 경우도 마찬가지였는데, 이민에 따른 개발이 진행되고 지방행정 체계가 구축되면서 가장 먼저 제국의 국가제사체계가 이식되었다. 국가제사체계에 편입됨으로써 비로소 '중국'이 될 수 있었던 것이다.

따라서 민간신앙 및 사원의 설립과 분포, 운영에 있어 내지의 그것과 기본적인 구성과 특성을 공유하였을 뿐만 아니라, 전술한 민간신앙의 다양한 역할과 기능도 동일하였다. 신앙종교에 있어 명분보다는 실용성을 훨씬 더 중시하는 경향은 중국 신앙의 가장 큰 특징인데 근대시기 동북지역의 민간신앙도 같은 특징을 나타냈다. 내지와 마찬가지로, 민간 주도의 신앙이 점차 왕성해지고, 관방이 주도하는 제사는 황권의 몰락과 함께 점차 약화되었다.

둘째, 근대시기 동북지역의 민간신앙이 단순히 내지에서의 이식과 복제만으로 이루어진 것은 아니었고, 동북 토착의 신앙체계 및 자연 지리적 조건이 작용하면서 동북지역 나름의 지역성이 나타났다.(제8장 제2절)

구체적으로 보면, 1) 내지의 민간신앙이 확산되는 가운데서도 샤머니즘의 영향이 내지에 비해 활성화되어 있었는데 이는 동북지역 토착의 신앙체계가 잔존하여 영향을 끼쳤기 때문이다. 다시 말해서, 내지에서 이식되어 온 한족 특색의 민간신앙이 존재했을 뿐만 아니라, 여러 토착 민족의 특색을 띤 신앙이 혼재되어 있었다는 것이다. 2) 내지와의 거리와 개발 및 이민 정도에 따라 내지에서 들어온 민간신앙의 영향이 층차를 이루었기 때문에 그 차이에 따라 지역적 편차가 뚜렷이 나타났다. 3) 내지의 신령이 순차적으로 기존의 신령을 대체하면서 유입된 것이 아니라, 내지에서 가까운 쪽에서 먼 쪽으로 중첩되면서 누적되었기 때문에, 하나의 사원에 여러 신령이 겹겹이 쌓이는 현상이 벌어졌다. 또한 이민과 개척이라는 열악한 환경으로 인해 신앙에 대한 욕구가 다양했고, 따라서 '여러 신위가 하나의 사원에 배치되는 현상'이 상대적으로 농후하게 나타났다. 4) 산림지대가 발달한 동북지역의 자연 지리적 요인이 반영되면서 동물신 등 자연숭배를 상대적으로 중시하는 경향이 나타났다. 특히 이런 특성은 동북지역 특유의 백두산신앙으로 잘 나타났다.(제7장)

이상과 같이, 내지에서 유입된 민간신앙의 형식과 내용이 밑바탕을 이루고, 동북지역 토착의 샤머니즘이 상대적으로 강한 영향을 끼치고, 이주와 개척이라는 사회적 조건이 개입되고, 자연 지리적 조건도 작용하고, 일본의 식민통치(만주국시기)와 같은 외부적 요인이 작용하면서,(제11장) '복합화' 과정을 거치게 되고 그 결과 나름의 독특한 '복합성'을 가지게 되었던 것이다. 이런 '복합성'이야말로 동북지역의 민간신앙이 가잔 가장 두드러진 특징이었다.

이밖에, 국가권력과 민간신앙의 관계에도 주목할 필요가 있는데, 민간신앙이 근대적으로 재구성되는 과정에서도 국가권력은 상당한 영향력을 발휘했다.(제9장) 다만, 국가권력의 영향력은 주로 지방정부 차원에서 나온 것이지, 중앙정부 차원의 정책은 그다지 영향력을 끼치지 못했다. 이는 정치적으로 원심력이 보다 강하게 작용할 수밖에 없는 '이민사회'로서 동북지역이 갖는 특성과도 일정 정도 관련이 있는 것으로 보인다. 아무튼 민간신앙과 지역정권은 '밀고 당기는' 긴밀한 관계를 형성했으나, 중앙정부의 법령이나 정책의 영향은 매우 제한적이었다. 실질적인 변화는 지방당국의 의지에 따라 결정되었다. 예컨대 청말 이후 사원을 학교나 공공기관으로 개조하는 정책은 순전히 지방의 여러 가지 사정에 따라 실질적인 일이 이루어졌고, 관방제사도 기본적으로 보수적인 입장에서 때로는 중앙정부의 방침을 수용하고 때로는 거부했다. 국가권력에 의한 '제도화'는 중국의 근대화 과정에서 보이는 핵심적 변화 중에 하나인데, 동북지역에서 민간신앙과 관련된 '제도화'가 상대적으로 더더 보이는 것은 아마도 이런 특성과 관련이 있을 것이다.

3. 민간신앙을 통해 본 전통과 근대의 긴장관계 : 중국 사회의 '장기 지속적' 토대

전술했듯이, 중국의 민간신앙은 정신적 위안이라는 본연의 역할뿐만 아니라 의례, 풍속, 시장, 오락, 공공생활의 기능도 수행하여, 민중 생활의 전반에 깊이 관련되어 있었다. 민간신앙과 사원 공간은 기층민중의 생활 깊숙한 곳에 자리 잡고 있는 중국문화의 중요한 구성 요소임에 틀림없으며, 장기적인 역사변천과정에 있어 일반민중의 사유방식과 사회관계, 정치행위에 지대한 영향을 미쳐 왔다. 그래서 본서에서는

'관행'과 민간신앙의 근접성에 착안하고 시기를 근대로 한정함으로써, 근대시기 민간신앙을 통해 '관행'이 근대적으로 재구성되는 과정에 접근해 보려는 것이다. 이 과정에는 '관행'의 지속과 단절의 문제, 다시 말해서 전통의 지속과 근대적 변화의 긴장관계가 필연적으로 개입될 것이고 그래서 이 부분에 특히 주목하였다.

근대에 들어 과학과 근대, '문명'의 세례를 받은 사회 엘리트층은 민간신앙을 '미신'으로 규정하고 사원을 '악행과 더러운 것을 숨기는 장소'로 폄하하면서, 낡은 습속과 미신을 타파하고 사원을 학교나 공공기관으로 개조해야 한다고 주장하였다. 이러한 사회개혁을 통해 근대국가를 건설할 수 있다는 것이다. 관방에서는 자신을 근대국가 수립의 주체로 자처하면서, 새로운 형태의 근대국가를 건설하기 위해서는 민간신앙을 반드시 개조해야 주장하였다. 민간신앙은 정치적 개혁의 대상이 되었다. 실제로 상당수의 사원이 학교나 공공기관으로 개조되기도 했다.

사회 엘리트층과 관방의 강력한 사원 개조에 직면하여 민간신앙의 생존이 위기에 몰리는 듯했으나, 현실의 일상생활에서 민간신앙은 이전과 마찬가지로 계속되었고, 매년 묘회는 예년과 다름없이 개최되었다. 어느 정도 관방의 방해와 통제를 받았지만, 민간에서는 여전히 묘회의 즐거움을 포기하지 않았다. 더욱이 관방의 사원 개조 방침이 중단되지 않았기 때문에 민간에서는 사원의 보수와 중건이 이루어지지 못했지만, 근대의 몇몇 유명한 사원은 문화재의 보존과 같은 또 다른 이유로 관방의 지원을 받아 중건될 수 있었다. 이는 민간신앙의 문화적, 일상적, 현실적 생명력이 구체적으로 나타난 것일 뿐만 아니라, 민간신앙 및 사원의 사회적 기능이 여전히 대체 불가한 지위를 가졌음을 보여준다.(제6장)

전술했듯이, 민간신앙이 일반 인민에게는 삶 그 자체였다는 점을 고려한다면, 국가권력이 의도한다고 해서 근절할 수 있는 것은 아니었다. 이런 점에서 근대 이후 '사교邪敎'와 '미신'이라는 비판 담론을 기초로 해 표면상 드러나는 국가권력 및 지배엘리트층의 지속적인 압박에도 불구하고, 민간종교결사를 포함한 민간신앙이 중국사회의 '장기 지속적' 토대로서 이어질 수 있었다고 생각한다. 이는 개혁개방 이후 봇물처럼 부활되는 중국의 민간신앙을 설명하는 데에도 참고가 될 수 있다.

동북지역에서의 국가제사의 근대적 재구성은 또 다른 차원에서 전통과 근대의 긴장관계를 보여준다.(제10장) 전통적인 국가제사의 기반이 되었던 황제지배체제가 붕괴되면서 국가제사에 있어 전통과 근대의 긴장 관계가 최고조에 달했다. 자연신 숭배의 폐지 및 숭배 대상의 축소 정비, 의례의 정비와 간소화 등은 근대적 변모이다. 국가제사도 '과학'이 '미신'을 비판하는 시대적 흐름에서 완전히 벗어나 있을 수는 없었다.

하지만, 이를 전통적인 국가제사의 단절이나 근대가 전통을 일방적으로 대체한 것으로 볼 수는 없다. 본문에서 상술하지만 제천이 전통의 지속처럼 보이지만 '민주공화'라는 근대적 변화를 수용한 것이기도 하고, 자연신 숭배의 폐지가 근대적 변화 같지만 '하늘'에 대한 전통적 관념의 발현이기도 했다. 전통과 근대의 '뒤섞임'이 엿보인다.

보다 중요한 것은 중앙과 지방이 하나의 국가제사체계를 공유함으로써 '문화적 대일통'을 확보할 수 있었는데 이런 기본 틀이 민국시기에도 지속되었다는 점이다. 국가제사는 중앙과 지방이 가장 공감했던 소통의 통로이자 매개였고, 이런 특성은 정치적으로는 원심력이 강했던 북경정부시기에도 잘 유지되었다. 다시 말해서, 국가제사는 중앙과 지방이 강력한 공감대를 형성했던 기제 중의 하나였고, 전통적으로 '제국체제'를 유지시켜 주던 중국 특유의 하부시스템이 잘 작동되었던 사례로 볼 수 있겠다.

1부

근대시기 동북지역
민간신앙의
구성과 특징

민간신앙의 다원적 분포와 특징적 면모

　'종교'란 "인류사회의 발전이 일정한 수준에 도달해 출현한 사회의식 형태와 사회, 문화, 역사적 현상이다. 그 특징은 현실 세계의 바깥에 있는 초자연적이고 신비한 힘이나 실체를 믿는 것이다. 신비한 힘은 모든 것을 초월하여 만물을 통섭하고 절대 권위를 가지며, 자연과 사회의 진전을 주재하고, 인간 세상의 운명과 화복을 결정한다. 신비한 힘은 사람들로 하여금 경외와 숭배의 마음을 갖게 한다. 아울러 이로부터 신앙 인식과 의례 활동이 파생된다."[1]

　신앙은 종교보다 훨씬 넓은 의미의 개념이어서 한 마디로 다 말하기는 어렵지만, 종교와 신앙의 관계는 매우 명확하다. 종교는 신앙의 한 종류이고 신앙은 단지 종교적 믿음뿐만 아니라, "특정한 무리와 개인이 공유할 수 있는 목표, 공동의 인식과 가치 등에 대한 믿음도 포함한다. 이러한 목표, 공동의 인식과 가치는 종교에도 있고, 정치에도 있으며, 혹은 민족 또는 문화 등에도 있을 수 있다."[2] 본서에서 언급하는 '신앙'은 종교적 신앙의 범주에 한정하며 '종교'와 거의 다르지 않다. 다시 말해서, 본서에서 말하는 '종교신앙'은 일반적인 신념과 구별되는 '종교적 차원의 신앙'을 의미하고, 넓은 의미로 종교와 신앙을 포괄한다.

　전통시기 중국의 종교신앙은 "모든 사물에 영혼이 깃들어 있다"는

---

1)　任繼愈, 『宗教大辭典』, 海辭書出版社, 1998, 1쪽.
2)　李向平, 『信仰但不認同―當代中國信仰的社會學詮釋』, 社會科學文獻出版社, 2010, 71쪽.

원시사회의 애니미즘에서 이어져 내려왔기 때문에 그 유형이 매우 많다. 엄격한 교리와 체계를 가진 정통 종교신앙이 민간의 민속 신앙과 서로 뒤섞여 있어 더욱 복잡하다. 이처럼 중국의 종교신앙은 매우 복잡하고 다원적이다. 이런 다원적 종교신앙이 전래되면서 동북지역의 문화적 공백이 상당히 보충되었다. 또한 그 전래 자체가 근대시기 동북지역의 민간신앙이 출현한 주요한 요인이기도 하다. 아래에서는 요녕성을 중심으로 근대시기 동북지역의 민간신앙 및 그 사원이 전반적으로 어떤 면모를 갖추고 있었는지를 살펴본다.

◉◉ 제1절 **민간신앙의 유입과 사원의 분포**: 요녕성을 사례로

　사원은 중국의 전통적인 건축 형식으로서, 공양하고 제사 지내는 장소를 통칭하는 말이다. 주로 불교 사찰과 도교 사원 및 민간의 사당을 포함한다. 동북지역에 가장 오래된 사원 유적은 5천년 이전 우하량牛河梁 홍산문화紅山文化의 여신묘女神廟 유적이다. 요녕 서부에 위치하며 5,500여 년 전의 홍산문화 우하량 유적지에서 출토된 묘우, 제단, 무덤 및 고고학적 기물들이 논박할 수 없는 사실을 입증해 주고 있다. 이는 중화문명의 기원이 다원적이었음을 말해주기도 한다. 아무튼 이 유적지에서 발굴된 여신묘는 "중국에서 지금까지 발견된 가장 이른 대규모 제사 중심지"[3]이다. 가장 이른 사원의 형식이 이곳에서 출현했으며, 중국학계는 현재 알려진 중국의 가장 이른 신묘神廟 유적지로 인정하고

---

3) 吾淳, 『中國社會的宗教傳統-巫術與倫理的對立和共存』, 上海三聯書店, 2009, 62쪽.

있다. 이는 요녕문명의 발원이 아주 오래되었음을 보여주지만 이후 오랫동안 자취를 감추었다.

본문에서 설명하는 사원은 불교가 요동에 전래된 이후에 형성된 것들을 말한다. 발전을 거듭해 근대에 이르러서는 '촌락마다 묘우가 있었고 집집마다 신령이 있다'고 말할 수 있을 정도가 되었다. 사직단, 풍운뇌우산천단風雲雷雨山川壇, 선농단, 여단厲壇, 팔사묘八蜡廟, 충의효제사忠義孝悌祠, 절효사節孝祠, 포공사褒功祠, 관제묘, 용왕묘, 토지묘, 화신묘火神廟, 낭랑묘娘娘廟, 약왕묘藥王廟 등이[4] 동북 각지에 두루 퍼져 있었다. 전통사회의 주류인 유가사상을 반영한 충의절효 사당이 있으며 정통 불교 사찰도 있고, 신앙이 번잡한 민간 사원도 있었다. 이러한 번잡하고 복잡한 사원의 변천에 대해 주요 맥락을 분명히 파악할 필요가 있다.

1. 역사 변천

근대에까지 보존된 사원은 주로 청대에 건설된 것인데 역사가 매우 오래 되었고, 특히 민간의 소규모 사당들은 더욱 통계를 내기가 어렵다. 지방지를 통해 대략적인 사원의 수량을 파악할 수 있을 뿐이다. 『성경통지盛京通志』에 따르면, 요녕성에 속하는 주현은 모두 14곳이고, 청초를 기준으로 이곳에 건축되어 있던 사원은 모두 750개였다.[5] 『봉천통지奉天通志』에 따르면, 1930년대에 이르러 사원의 수량이 2,040곳으로 증가했다.[6] 만약 열하성熱河省의 부신현阜新縣, 조양현朝陽縣, 능원현

---

4) 中日文化協會 編,『滿蒙年鑑』, 編者刊, 1931. 497쪽.
5) (清)呂耀曾等(修)·魏樞等(纂),「祠祀」,『盛京通志』卷26, 1736刻, 1862校復重印本.
6) 王樹楠 等,「建置志 祠廟」,『奉天通志』卷92·93·94, 東北文史叢書編輯委員會, 1983. 2209-2166쪽.

淩源縣, 건평현建平縣, 건창현建昌縣을 계산에 포함한다면[7] 모두 2,437곳
이다.

『동북연감』의 1931년 조사에 근거하면 당시 동북지역에 있는 불교
와 도교 사원이 모두 3,508곳이었는데, 이렇게 보면 요녕성 하나가 ⅔
정도를 차지했다.[8] 근대 요녕의 사원 숫자가 많았음을 알 수 있다. 근
대시기 사원은 주로 청말에 세워졌다. 소수의 사원이 당대 및 요금시기
까지 거슬러 올라가며 일부는 명대 건축물에 속한다. 그 역사 변천은
부흥 - 전성기 - 쇠퇴 - 재차 고조의 단계를 거쳤다.

1) 청대 초기 : 부흥

청초는 사원의 부흥 단계이다. 불교 사찰을 예로 들자면, 불교는 비
교적 이른 시기에 전래되었는데, "불교가 만주에 널리 퍼진 것은 고구
려 때이다. 서역의 승려를 초빙하여 불교를 널리 퍼뜨리기 시작한 것은
진대晉代이다."[9] 요금遼金시기는 불교가 크게 융성하였고, 원명元明시기
에는 점차 쇠락해졌다. 청조가 건국한 이후 불교를 널리 확장시켰고 널
리 사찰을 지었으니, 민간에 '당나라는 탑을 만들고 명나라는 장성을
만들고, 청나라는 불전을 만들었다'는 말이 있었다.

또한, 신앙으로 가르쳐 민중을 교화하는 것(神道設敎)을 중시했고 관
우關羽에 대한 숭배를 제창하는데 힘을 썼다. 청초 수도인 성경盛京에

---

7) 이 5縣의 사원 통계 수치는 397곳이다. 「地理」'廟宇', 『阜新縣志』 卷2, 1935년 鉛
印本. ; 「政事 - '戶口統計表」, 『建平縣志』 卷4, 1935年 抄本. ; 「二十寺觀」, 『
淩源縣志』 卷1, 1931年 油印本. ; 「九壇廟 - '十一寺廟」, 『淩源縣志』 卷2, 1935
年 油印本. ; 「廟祠 - '八寺廟」, 『朝陽縣志』 卷6, 1930年 鉛印本.

8) 東北文化社 編, 「東北佛道兩敎機關人數比較表」, 『東北年鑑』, 編者刊, 1931,
1447쪽.

9) 日本參謀本部 (編, 『滿洲地志』, 上海商務印書館, 1904, 80쪽.

는 "지재문地載門 밖에 사당을 짓고 '의고천고義高千古'라는 현판을 걸었다."[10] 관우에 대한 민간의 숭배에 관방이 고개를 끄덕였고, 이후 청조의 역대 제왕은 모두 관우에게 봉작을 더해주었다. 동북의 민간에서는 관제묘를 많이 지었으며, 이곳에서 관제에 제사를 지냈다. 『봉천통지』에 기록하기를, "청이 개국하니 사우祠宇가 더욱 넓어졌다. 성과 현의 관방이 제사를 받드는 것 이외에, 벽촌의 산모퉁이에도 묘당이 두루 세워졌다."[11]

성경 지역은 가장 일찍 불교를 전해 받아, "요하 동쪽의 사람들은 부처에게 아부하기를 좋아하고 시주하기를 좋아하니, 멀고 가까운 곳의 승려들이 풍문을 듣고 몰려들었다"[12]고 하였다. "봉천성奉天省 각현에는 사원이 도시와 향촌에 두루 들어섰고,"[13] 동북의 여러 이민족 역시 점차 동화되어 불교를 수용했다. 한 기록에 따르면, "만주인들은 일찍이 부처를 알지 못해 누군가 불경을 외우면 무리지어 엿보면서 낄낄거렸는데, 이제는 점차 익숙해져 두 손을 공손히 모아 합장하며 바라본다."[14]

도교가 동북에 전래된 시기는 불교보다 늦은 명말청초이다. 도교 용문파龍門派의 곽수진郭守眞이 본계本溪 팔보운광동八寶雲光洞에서 수행하고 "철찰산鐵刹山 남쪽 대양大陽에서 포교했다. 천관묘天官廟를 산 아래에 짓고 삼청관三清觀을 지으니 그 도가 날개 없이도 날아 사방으로 퍼

10) 趙爾巽 主編, 「禮三 - '關聖帝君'」, 『清史稿』 卷84 志59, 中華書局, 1976, 2541쪽.
11) 王樹楠 等, 「禮俗志三 - '神敎'」, 『奉天通志』 卷99, 東北文史叢書編輯委員會, 1983, 2276쪽.
12) (清)王一元 著/靳恩全 點校, 『遼左見聞錄註釋』, 鐵嶺文史資料 20輯(內部資料).
13) 王樹楠 等, 「禮俗志三 - '神敎'」, 『奉天通志』 卷99, 東北文史叢書編輯委員會, 1983, 2271쪽.
14) (清)方拱乾, 「絶域紀略」, 『小方壺輿地叢鈔』 1帙 5冊, 上海著易堂排印本, 1891, 343쪽.

졌다."15) 도교도 발전을 거듭해 불교와 마찬가지로 관방의 인가를 얻었다. 강희 8년, "경전을 황제에게서 하사 받은" 이후 다시 제자를 파견하여 동북지역 여러 "명산에 사당을 지어 도를 울리게 하였다."16) 이로써 동북지역에서 도교의 영향을 확대시켰다. 『성경통지』「사사祠祀」에 따르면, 옹정 연간에 이르기까지 흥경興京에 2곳, 승덕현承德縣에 107곳. 요양주遼陽州에 38곳, 해성현海城縣에 46곳, 개평현蓋平縣에 43곳, 개원현開原縣에 25곳, 철령현鐵嶺縣에 39곳, 복주復州에 49곳, 영해현寧海縣에 18곳, 금현錦縣에 118곳, 연원주寧遠州에 143곳, 광녕현廣寧縣에 74곳, 의주義州에 31곳, 봉황성鳳凰城에 7곳, 영고탑寧古塔에 5곳, 타생오라打牲烏喇에 1곳, 제제합이齊齊哈爾에 11곳, 묵이근墨爾根에 4곳, 흑룡강에 6곳 등 총 767곳이 있었다.17) 대체로 청대 초기 동북지역 사원의 분포 상황을 반영한다.

이때 사원의 건설은 요녕지역에 집중되어 있으며, 요녕 이북의 길림, 흑룡강 지역의 사원은 상당히 적다. 이후의 발전 속에서 비록 증가한 부분이 있지만, 이러한 "남쪽에 많고 북쪽에 적은" 분포 특징은 기본적으로 변하지 않는다.

2) 청대 중후기 : 전성기

청대 중후기는 사원의 전성기였다. 청대에는 요동지역에 대해 '백성들을 개간에 동원하는(招墾)' 정책을 실행하여, 산동, 하북 일대의 한인 이주민들이 대거 동북지역으로 이주해왔다. 이주민들은 사원과 동향

15) (民國)白永貞, 『鐵刹山志』 卷1, 康德五年(1938年) 排印本, 1쪽.

16) 王樹楠 等, 「人物志50 - '方外' ; '仙釋'」, 『奉天通志』 卷222, 東北文史叢書編輯委員會, 1983, 4709쪽.

17) (淸)呂耀曾 等修 / 魏樞等 纂, 「祠祀」, 『盛京通志』 卷26, 淸乾隆元年(1736)刻, 淸咸豊二年(1862)雷以誠校補重印本.

회관의 성격을 가진 묘우를 함께 가지고 왔다. 이는 요동지역의 민간신앙을 풍부하게 했을 뿐만 아니라, 이 지역 여러 민족의 신앙과 한족이 가져온 신앙의 융합을 추동했다.

동북지역의 민간신앙은 구조적으로 점차 다원화되었다. 관내에서 들어온 중원의 특징이 현지의 특성과 결합하였고, 향토의 정취가 물씬 풍기는 사원에 뿌리내렸다. 수량이 방대하여 여러 분파의 계보를 구별하기가 어렵지만, 아무튼 이들은 모두 지역 환경에 적응하였다. 다만, 아래의 표가 보여주듯이 민국시기에는 이전처럼 방대한 규모의 사원 건설 프로젝트가 일어나지는 않았다.

|도표 1| 청대 중후기 요녕 일부 현의 사원 건설 상황

	復縣	莊河縣	義縣	遼中縣	綏中縣	安東縣	총계
順治年間			6	3			9
康熙年間	9	3	18	5	7		42
雍正年間	5	3	10		5		23
乾隆年間	45	34	35	18	12		144
嘉慶年間	24	28	8	11	10		81
咸豊·同治年間	2	14	5	3	9	4	37
光緖·宣統年間	1	3	7	2	22	34	69
民國時期	1		1			5	7

출처 :「祠廟表」,『復縣志略』, 民國九年石印本 ;「古跡」廟宇,『莊河縣志』卷2, 民國十年鉛印本 ;「建置志」,『義縣志』卷3, 民國二十年鉛印本 ;「宗教」,『遼中縣志』卷25, 民國十九年鉛印本 ;「建置」廟宇,『綏中縣志』卷4, 民國十八年鉛印本 ;「宗教志」祠廟,『安東縣志』卷7, 民國二十年鉛印本.

이 표는 사원 건설 수량과 이주민의 관계를 보여준다. 청대 순치 연간 "요동초간령遼東招墾令"이 반포된 이래, 대규모 이주민들의 유입에 따라 가장 먼저 지방 민정기관이 설립된 복현, 의현義縣 등에서 인구가 크게 늘어났고 사원의 수량도 그에 따라 증가했던 것이다. 이후 봉금이

행해졌지만 이민의 증가라는 기본적인 추세는 변하지 않았다.

광서 연간 동북지역이 전면적으로 개방되면서 사실상 봉금정책은 취소되었다. 청말 안동安東(지금의 단동丹東)은 원래 동변도東邊道의 관할에 속했는데, 광서 2년(1876)에 이르러서야 정식으로 현이 설치되었고 이주민들이 연이어 그곳에 들어가 개간을 했다. 안동의 사원 건설 상황에서, 인구가 많이 이주하는 시기에 한 차례 사원 건설의 붐도 일어났음을 알 수 있다. 건륭 연간 이래 인구의 대규모 이주에 따라 동북의 사원은 분명히 급속하게 증가하였고, 사원의 증가는 이주민의 이주 노선과 직접적인 관계가 있었다.

3) 청말·민국시기 : 쇠락

청말 이래로는 쇠락의 단계에 접어들었다. 청말의 무술변법은 사원의 부동산을 대거 공유화시켰다. 사원을 학당이나 공공기관으로 개조함에 따라 불교 사찰이 큰 타격을 받았다. "변법 이래, ………… 사전祀典 밖에 있는 여러 사원들은 무너져도 수리하지 못하거나 학교 건물로 개조되었다."[18] 민국 수립 이후에도 여전히 사원에 대한 엄격한 통제를 시행했다. 종교가 생존을 위해 의존하던 경제적 기초가 타격을 입었다. 사원의 재산을 몰래 팔아먹었다고 제기한 소송이 급증한 것도 민국 이래 사원의 쇠락을 잘 말해준다.

아무튼 대규모로 사원이 건설되었던 전성기는 다시 돌아오지 않았다. 관전현寬甸縣을 예로 들면, "명대 만력 연간에 도교가 전래되었는데, 청대 광서 연간에 이르러 최고 전성기를 이루어", 사원이 모두 42곳에 이르렀다고 한다. 그런데 "민국 4년(1915)에 20곳의 묘우가 학교,

---

18) 裴煥星 等修·白永貞 等纂,「壇廟志」,『遼陽縣志』卷5, 民國十七年(1928)鉛印本.

제1부 근대시기 동북지역 민간신앙의 구성과 특징

순찰대, 상무분회商務分會, 의사회議事會 등으로 개조되었다. 그리하여 이제는 겨우 22곳만 남았다." "민국 18년(1929)에는 16곳 밖에 남지 않았다."[19] 당시 요녕의 사원 건설 형세는 기본적으로 쇠락의 곡선을 그렸다. 요양은 요동지역 불교 활동의 중심이었는데, 명 중기와 청 중기에는 불교가 매우 융성하여 경내에 3채 이상의 건물을 가진 사찰이 141곳이나 되었다. 그러나 1908년에 이르러 102곳으로 감소하였고, 1913년에는 97곳으로 더욱 줄었다.[20] 청말에는 관방의 도움이 없었기 때문에, 대형 사찰이나 도교 사원이 지어지는 일은 거의 없었고, 다만 자잘한 수리와 중건 공사만이 있었을 뿐이었다.

4) 만주국시기 : 고조

일본이 통치한 만주국시기에 동북지역 사원의 건설이 다시 고조되었다. 일본은 "종교건국"을 크게 제창하여 종교로써 동북 인민의 저항 정신을 마비시키려 하였다. 이에 사원의 건축을 적극 추진했다. "동북 각지에 계속 증가된 불교 사찰은 모두 일본 통치자의 직접 원조 아래 건설되거나 중건된 것이다."[21] 특히 "공맹지도孔孟之道"인 충효사상을 적극적으로 이용하려고 했다. 널리 묘우를 세워 각 사원에 향 피우는 불이 활활 타올랐고 왕래하는 신도와 참배객의 발길이 끊이지 않았다. 이를 통해 주입하고자 했던 것은 "왕도낙토王道樂土", "동아시아 공영"과 같은 식민 사상이었다.

당시 사원의 수량이 매우 빨리 증가하였는데, 1937년을 예로 들면 8월에 4,185곳이었던 것이 11월에는 4,368곳으로 증가하였다.[22] 이는

19) 『寬甸縣志』, 遼寧科學技術出版社, 1993. 737-738쪽.
20) 遼陽縣志編纂委員會辦公室 編, 『遼陽縣志』, 新華出版社, 1994, 677쪽.
21) 郭振興, 「僞滿洲國佛敎槪說」, 『社會科學戰線』 第2期, 1982.

대체로 당시 사원 건축의 전체적인 추세를 잘 보여준다. 1941년에 이르면, 불교 사찰이 2,465곳, 도교 사원이 1,962곳, 승려가 없는 사원 역시 1,917곳에 달했다.[23] 이런 영향을 받아 사원을 적극적으로 중건하는 양상이 나타나기도 했다. 예컨대, 관전현에서는 민국 초기에 감소한 이후, 민국 24년(1935)에 이르러 "도교 사원이 29곳으로 늘어났다."[24]

청대 이래로 형성된 사원의 경관은 근대시기 민간신앙의 변화에서 비롯된 것이다. 청조가 수립된 이래 약 200년의 세월에 걸쳐 사원이 곳곳을 뒤덮게 되었다. 동북지역의 사원은 관내 다른 지역의 사원과 분명히 다른 점이 있었고, 분명한 지역 차이성을 구체적으로 드러냈다. 이상의 4차례에 걸친 기복, 즉 부흥 - 전성기 - 쇠락 - 고조로 이어지는 과정은 아래와 같은 몇 가지 특징을 지니고 있다.

첫째, 청초 통치자의 요동지역 사원 건설에 대한 특별한 지원은 통치자의 필요에서 나왔던 것이고, 이는 동북지역에 사원이 곳곳에 지어질 수 있었던 특수 원인이기도 하다. 이리하여 민간의 사원 건설도 통치자의 지원을 참고하거나 근거로 삼을 수 있었다.

둘째, 청대의 이주민이 들어온 이후 신앙이 다원화되어 각종 묘우 역시 자연스럽게 이주 지역에 이식되었다.

셋째, 근대 이전의 요동지역은 땅이 넓고 물산이 풍부했으나 인구는 희박했다. 부분적인 농경문화 이외에, 유목문화와 어로수렵문화가 중요한 지위를 차지했다. 문화는 수준이 높은 곳에서 낮은 곳으로 흘러갈 가능성이 비교적 높기 때문에, 문화 수준이 낮은 지역으로서 요녕지역이 가진 문화흡수 능력은 이 지역의 특수한 요소이기도 했다.

---

22) 「全國各教別一覽」, 『滿洲年鑑』, 滿洲日日新聞社, 1938, 347-378쪽.
23) 「宗教統計」, 『滿洲現勢』, 1941.5, 551쪽.
24) 『寬甸縣志』, 遼寧科學技術出版社, 1993, 738쪽.

넷째, 근대시기 요녕지역은 일본에 의해 식민지 점령을 당한 역사가 있기 때문에, 사원의 식민지 색채를 무시할 수 없다. 따라서 근대시기 요녕지역 사원의 역사적 변천은 단순히 요녕의 경제적 능력이나 종교·신앙의 경건성에 의거해 결정된 것이 아니었다. 이런 점에서 동북지역의 사원은 관내 다른 여러 지역의 사원 역사와 같지 않다.

2. 지리 분포

첫째, 청대 이전 요녕지역의 사원 분포부터 살펴보자. 가정 16년 (1537) 요동 14곳 위소衛所의 사원에 대한 통계에 따르면,[25] 모두 120곳이 있는데, 그 중에 비교적 일찍 지어진 것으로 인구 밀도가 비교적 높은 개주위蓋州衛, 해주위海州衛, 금주위金州衛, 복주위復州衛 등의 남부 4위衛가 51곳을 점하고 있다. 그 중에서도 개주위에만 28곳이 있었다. 요하 서부에 위치한 광녕廣寧에는 13곳, 광녕 우둔위右屯衛에는 4곳, 광녕 전둔위前屯衛에 11곳, 영원위寧遠衛에 11곳이 있었다. 요하 동쪽의 요양에는 12곳이 있었다. 당시 한족의 인구가 비교적 적었고 개발이 비교적 늦었던 심양 이북의 사원 분포는 일반적으로 비교적 적어, 심양 중위瀋陽中衛에 5곳, 철령위鐵嶺衛에 6곳, 개원開原에 겨우 1곳의 사원이 있었다. 이것은 대규모 이민이 들어오기 이전 요동지역 사원 분포의 대략적인 상황이다. 심양 이북 지역 이외에, 요서 및 요양 이남은 경제 발전이 비교적 빠르고 인구가 조밀했기 때문에 청대 후기 요녕지역의 사원 대부분이 이 두 지역에 집중되었다.

둘째, 청초 '요동초간령遼東招墾令'을 추진한 이후의 사원 분포에 대해

---

25) (明)任洛 纂修,「地理 - '寺觀'」,『遼東志』卷1, 嘉靖十六年(1537).

살펴본다. 요하를 경계로 동쪽은 '요좌遼左'라고 칭했고 서쪽은 '요우遼右'라고 칭했다. 요하 동쪽과 서쪽으로 구분하여 사원 분포 상황을 비교해 보면 다음의 표와 같다.

| 도표 2| 청초 요녕 사원 분포 통계표

遼左 지역		遼右 지역	
縣名	사원 수량	縣名	사원 수량
興京	2	錦縣	118
承德縣	107	寧遠州	143
遼陽州	38	廣寧縣	74
海城縣	46	義州	31
蓋平縣	43		
開原縣	25		
鐵嶺縣	39		
復州	49		
寧海縣	18		
鳳凰城	7		

출처 : (淸)呂爾曾等(修)·魏樞等(纂), 「祠祀」, 『盛京通志』卷26, 淸乾隆元年(1736)刻, 淸咸豊二年雷以誠校補重印本.

이 표는 청초 사원의 건설 상황을 보여주는데, 모두 750곳으로 집계된다. 요하 동부의 10개 주현州縣에는 모두 384곳의 사원이 있었고, 요하 서부의 4개 주현에는 모두 366곳이 있었다. 그러나 실제로 요동은 지리 면적 및 포함하는 주현이 요서보다 확실히 넓기 때문에 요서에 실제 분포한 사원의 밀도는 요동보다 높다. 이것은 요서지역이 중원 왕조의 통치를 더 먼저 받았고 한족문화의 영향을 받기 쉬웠던 것과 직접적인 관련이 있다. 이러한 사원 분포의 패턴은 기본적으로 청초 요녕 문화의 기본구조에 부합한다.

셋째, 민국 이후 요녕지역 사원의 분포 상황이다.

縣名	사원 수량	縣名	사원 수량
瀋陽縣	177	盤山縣	47
遼陽縣	232	鳳城縣	23
海城縣	83	安東縣	55
蓋平縣	77	寬甸縣	42
鐵嶺縣	53	岫巖縣	103
開原縣	73	莊河縣	117
撫順縣	7	興京縣	27
本溪縣	7	桓仁縣	3
遼中縣	68	西豊縣	47
復縣	136	清原縣	77
金縣	7	昌圖縣	17
營口縣	9	康平縣	12
新民縣	31	法庫縣	4
黑山縣	2	阜新縣	58
彰武縣	7	朝陽縣	170
臺安縣	14	建平縣	89
錦縣	155	凌源縣	31
北鎭縣	39	建昌縣	49
綏中縣	86	興城縣	108
義縣	29	錦西縣	47
총계		2,437	

출처 : 王樹楠等,「建置志 '祠廟'」,『奉天通志』卷92·93·94, 東北文史叢書編輯委員會點
校·出版, 1983, 2209~2166쪽. ;「地理 '廟宇'」,『阜新縣志』卷2, 民國二十四年鉛印
本. ;「政事 '戶口統計表'」,『建平縣志』卷4, 民國二十年抄本. ;「十寺觀」,『凌源縣志』
卷1·2, 民國二十年油印本. ;「九壇廟」·「十一寺廟」,『凌源縣志』卷8, 民國二十年
油印本 ;「廟祠」,『朝陽縣志』卷6 ;「寺廟」,『朝陽縣志』卷7·8, 民國十九年鉛印本.

민국시기 이주민 사회의 형성과 경제의 고속 발전, 개발 국면의 전
면적인 전개에 따라, 요녕의 사원 수량은 기본적으로 안정되었다.
1930년대 요녕 각 지역의 사원 분포 상황을 더욱 더 직관적으로 보기

위해, 요녕을 동서남북 4개 지역으로 구별하여 당시 사원의 상황을 나타냈다. 통계는 아래의 표와 같다.

|도표 4| 1930년대 요녕 사원 분포 상황

요서지역		요동지역		요남지역		요북지역	
黑山縣	21	瀋陽縣	177	海城縣	83	鐵嶺縣	53
錦縣	155	遼陽縣	232	蓋平縣	77	開原縣	73
北鎭縣	39	撫順縣	7	復縣	136	新民縣	31
綏中縣	86	本溪縣	7	金縣	7	彰武縣	7
義縣	29	遼中縣	68	營口縣	9	西豊縣	47
盤山縣	47	臺安縣	14	岫巖縣	103	昌圖縣	17
阜新縣	58	鳳城縣	23	莊河縣	117	康平縣	12
朝陽縣	170	安東縣	55			法庫縣	4
建平縣	89	寬甸縣	42				
凌源縣	31	興京縣	27				
建昌縣	49	桓仁縣	3				
興城縣	108	清原縣	77				
錦西縣	47						
13현	929	12현	732	7현	532	8현	244

이 표는 요녕지역 사원의 구역 분포 상황을 직관적으로 보여준다. 서부는 분명히 동부에 비해 많으며 남부는 북부에 비해 많다. 청대 중·전기와 비교하면 심양 이북 지역의 사원 수량은 분명히 큰 증가가 있었다. 이는 근대의 개발, 이주민의 유입과 직접적인 관계가 있다. 그러나 전체 수량은 기타 지역에 비해 아주 적다. 그 중 요서지역의 사원 수량은 요동지역과 요남지역을 넘는다. 필자는 각 구역의 면적을 추가로 고려하여 서로 다른 지역의 사원 분포 밀도를 더욱 쉽게 비교하였다. 표는 아래와 같다.

지구	현명	면적	사원 개수	밀도
요동지구	瀋陽縣	16,900	177	95.5
	遼陽縣	25,600	232	110.3
	鳳城縣	48,700	23	2,117.4
	安東縣	6,560	55	119.3
	寬甸縣	34,155	42	813.2
요남지구	蓋平縣	21,000	77	272.7
	復縣	31,276	136	230
	莊河縣	25,280	117	216.1
요서지구	錦縣	24,990	155	161.2
	北鎭縣	8,925	39	228.8
	綏中縣	5,400	86	62.8
	興城縣	8,000	155	74.1
	錦西縣	8,923	39	189.9
요북지구	昌圖縣	16,875	17	992.6
	康平縣	26,400	12	2,200
	法庫縣	8,750	4	2,187.5

출처 : 면적 통계는 王樹楠等,「疆域」,『奉天通志』卷62, 東北文史叢書編輯委員會點校出版, 1983. 참고.

이상 4개 구역 각 현의 사원 밀도를 일목요연하게 비교하였다. 사원의 밀도는 서쪽이 높고 동쪽이 낮으며, 남쪽이 높고 북쪽이 낮다. 또한 서부와 남부의 사원 밀도가 동부와 북부에 비해 높았다. 이것은 요녕지역 인구의 이주, 개발의 순서와 밀접한 관계가 있다.

넷째, 관방에서 편찬한 지방지에 선별되어 기록된 사원은 그 지역의 저명한 사원이기 때문에, 이상의 밀도 통계는 단지 거시적으로 지역의 사원 분포 상황만을 보여줄 수 있을 뿐이다. 이는 선별된 수치의 특수성과 관련하여 매우 분명한 것이다. 실제로 민간의 사원 분포 상황에 대한 보다 진척된 분석을 한다면, 사원의 밀도는 위의 데이터보다 훨씬 높을 것으로 보인다. 인구가 비교적 집중된 해성현海城縣을 예로 들면, 매 촌락마다 진행한 조사에 따르면, 해성현 총면적은 17,200㎢이고 총 9구區에 걸친 744곳의 촌락에 640곳의 묘우가 집계되었다. 26.88㎢마다 1곳의 사원이 있는 것이다.[26)]

|도표 6| 해성현 각 촌락의 사원 분포 통계표

구 명칭	촌락 총수	사원 개수	촌당 사원수	호수	사원당 호수
제1구	94	86	0.9	9794	114
제2구	83	22	0.3	8724	396.5
제3구	81	162	2.0	7613	47
제4구	88	36	0.4	13936	387
제5구	83	126	1.5	11525	91.5
제6구	83	2	0.0	6398	3199
제7구	80	2	0.0	6635	3317.5
제8구	61	81	1.3	9988	123
제9구	91	123	1.4	10291	83.7
총계	744	640	0.9	84904	132.7

출처 : 廷瑞等(修)·張輔相(纂),「地理」'疆域',『海城縣志』卷1,「地理」'區村',『海城縣志』卷2, 民國十三年(1924)鉛印本.

사원의 분포 통계를 각 구와 촌락에 구체화하면, 우리들은 기층사회 사원의 분포 밀도가 아주 놀랍도록 높다는 것을 알게 된다. 그 중 제3구, 5구, 8구, 9구는 사원이 1개 이상 있으며, 제3구는 촌락마다 평균 2개씩의 사원이 있다. 세대수 계산에 따르면 평균 132.7세대마다 사원이 하나씩이 있어 사원 분포의 밀도가 매우 높음을 알 수 있다.

비록 지방지는 사원과 관련이 있는 대량의 자료를 담고 있지만, 향

26) 廷瑞 等修·張輔相 纂,「地理 - '疆域」,『海城縣志』卷1 ;「地理 - '區村」,『海城縣志』卷2, 1924(鉛印本).

제1부 근대시기 동북지역 민간신앙의 구성과 특징

촌의 비교적 작은 사원은 홀시하였고, 민간의 위소衛所과 음사淫祀 사원에 대해서도 역시 언급이 드물다. 설령 그렇다 해도 우리는 위의 데이터에서 한두 가지 시사점을 엿볼 수 있다. 이러한 분포 상황은 상당한 정도로 인구요인과 경제발전요인, 정치요인, 인위적인 요인이 영향을 끼치고 있음을 분명하게 보여준다. 인구의 많고 적음의 분포, 경제의 발달 정도, 행정구역 설치의 시기 및 인위적인 부지 선정 요소 등은 사원의 공간 구도에 매우 큰 영향을 주었다.

요녕지역은 거시적으로 보아 남쪽에 사원이 많고 북쪽에 적으며 서쪽이 많고 동쪽이 적은 밀도 상황을 보여준다. 일찍이 개발이 이루어져 경제가 점차 발달하고 인구 밀도가 점점 높아지면서, 이 지역의 사원 수량도 점점 늘어났다. 이밖에 일반적인 사원 분포의 특징과 유사하게, 유명한 산이나 하천이 있는 곳에는 사원이 밀집하여 분포된다. 서부의 의무여산醫巫閭山, 남부의 천산千山 등에는 불교와 도교, 민속 신앙의 사원 군락이 집중해 있다. 요녕은 해안선이 비교적 긴데, 연해의 중소 도서에도 사원이 건설되었다.

공간의 측면에서 보면, 근대시기 요녕지역의 사원은 도시와 농촌의 중심지, 유명한 산과 하천 지역에 광범위하게 분포한다. 요녕지역 사원의 공간 분포는 필연적으로 취락의 지리적 면모와 지역사회의 생활에 거대한 영향을 주었다.

●● 제2절 민간신앙의 구성과 특징적 면모

인류가 출현하고 발전하는 과정에서, 인류의 지식이 지극히 한정되어 이해할 수 없는 자연 현상과 사회적 문제에 봉착했을 때 사람들은 무력감에 곤혹스럽지 않을 수가 없었다. 이런 심리 상태는 자연스럽게 자연에 대한 경외감과 숭배로 이어졌다. 이것이 바로 인류에게 '신앙'이 생겨난 계기였다. 따라서 생산력이 낙후된 지역일수록 신앙이 복잡하게 나타난다.

동북지역은 변방에 자리 잡고 있기 때문에 근대에 와서도 낙후된 곳이라는 인상을 준다. 여기서 살았던 사람들도 원시사회 때부터 신앙을 마음속에 품었다. 인구가 증가함에 따라 여러 민족들이 모여 살게 되었고, 자연과 지리에도 커다란 변화가 일어났고, 민간신앙도 전파되고 발전하였다. 특히 근대에 들어서면서 신앙의 발전이 사람들의 심리, 가치관, 정신에 변화를 야기했고, 물질생활에도 큰 영향을 끼쳤다. 아래에서는 거시적으로 근대시기 동북지역의 사원이 의탁하고 있는 민간신앙의 구성과 특징적 면모에 주목할 것이다.

전통시기 중국 민중의 신앙은 다신 숭배이다. 한 민속학자은 '만령숭배, 다신신앙萬靈崇拜, 多神信仰'이라는 여덟 글자로 다민족국가 중국의 신앙이 내포하고 있는 내용과 형식을 표현하였다.[27] 종파에 상관없이 많은 민간의 신령들이 불교에 속하기도 하고, 동시에 도교에 속하기도 한다. 민중의 신앙대상은 매우 복잡하며 그의 용도와 공덕에 따라 마음대로 사원을 짓고 제사를 지낸다. 대다수 민중들은 사원을 보면 향을 피우고 엎드려 절한다.

양칭쿤楊慶堃(C. K. Yang)은 중국사회의 신앙에는 두 가지 유형이 있다고 하였다. 우선 독자적인 신학과 의례, 조직체계를 갖추고 세속과 분리되어 존재하는 '제도 종교'(Institutional Religion)가 있다. 예컨대 불교, 도교가 여기에 속한다. 또 하나는 '분산형 종교'(Diffused Reli-

27) 烏丙安, 『中國民間信仰』, 上海人民出版社, 1996, 4쪽.

gion)'라는 것인데, 이는 신학, 의례, 조직이 세속제도, 사회질서 및 기타 관념과 불가분의 관계를 가지고 있다.[28] "제도 종교는 독립적인 체계로 운영되고, 분산형 종교는 세속사회제도의 일부로 기능한다."[29] 정통 기성종교에 포함되지 않거나, 독립적인 체계를 갖추고 있지 못한 민간신앙은 후자에 귀속된다고 할 수 있다. 따라서 후자에 포함되는 신앙의 종류는 전자보다 훨씬 많다.

표면적으로만 보면 근대시기 동북지역의 민간신앙은 불교, 도교, 이슬람교, 민간신앙으로 구성되어 있지만, 속을 들여다보면 동북지역사회가 본래부터 갖고 있던 고유의 신앙에 외래 종교인 불교와 도교가 덧붙여지고, 이것이 지역의 자연지리 환경과 결합되면서, 훨씬 더 다양한 우상숭배를 탄생시켰다. 그리하여 사원은 '제도 종교'와 '분산형 종교'가 뒤섞인 모습을 구현한다.

사원이 섬기는 대상으로만 보면 무엇을 섬기는 종교인지 구분하기 어렵다. 구분하는 기준이 있다고 해도 엄격하게 종교 교리에 들어맞지 않는다. 따라서 종교 분파의 관점에서 신앙의 구조를 파악하려 든다면 중요한 부분을 빠뜨릴 수가 있다. 신앙의 대상을 기준으로 구분한다면, 사람들과 관계가 가장 밀접한 몇몇 신앙 유형이 전부를 독차지 할 것이다. 그래서 민중들이 숭배하거나 경외하여 생겨난 신앙 구조를 토대로 묘우들을 나누어 볼 수 있다. 말하자면, 자연신에게 제사 지내는 것, 사회적 신령에게 제사 지내는 것, 귀신에게 제사 지내는 것 세 가지이다. 각 유형의 신앙마다 더 세분할 수 있다.

28) 楊慶堃, 『中國社會中的宗教』, 上海人民出版社, 2007, 35쪽.
29) 楊慶堃, 『中國社會中的宗教』, 269쪽.

1. 자연신 숭배

자연신에게 신앙심을 갖게 된 원인으로는 주로 생산력의 한계, 낮은 지식수준, 자연현상에 대한 합리적 이해의 부재 등을 들 수 있다. 이로 인해 두려움과 숭배의 심리가 생겨났고, 이를 직접적으로 신격화하거나 자연신의 힘을 모종의 물질에 덧씌움으로써 맹목적으로 숭배하게 되었다.

자연신을 나누자면 매우 광범위하다. 하늘, 땅, 태양, 달, 별, 우주, 바람, 구름, 천둥, 번개 등 자연과 천체가 있고, 물, 불, 산, 돌, 새, 짐승, 물고기, 벌레 등의 동물이 있으며, 나무, 꽃, 풀, 곡물 등과 같은 식물이 있다. 만물에 영혼이 깃들어 있다는 원시신앙의 흔적이 엿보인다. 사람들은 무릇 자연계의 모든 사물에 경외감을 가졌고, 이것들 모두가 제사의 대상이 될 수 있었다. 이처럼 자연이 인간에게 준 영향이 매우 컸음을 알 수 있고, "자연계는 애초부터 인간의 식재료창고 구실을 했고, 문화 수준이 낮을수록 이런 식재료창고에 대한 의존이 컸다."[30] 근대에 들어서도 동북지역의 자연에 대한 의존은 여전히 현저하였다. 천체기상, 일월성신, 강하산천, 동물숭배, 식물숭배 등 자연 사물에 제사지내는 사원을 매우 흔하게 볼 수 있었다.

이는 신앙 형식의 측면에서 보면 원시자연숭배의 특질을 보여준다. 근대 이후에는 이민의 유입이 신앙의 발전을 추동함에 따라, 원시자연숭배 성격의 비교적 저급한 신앙 상태가 비교적 고급의 신앙 상태로 전환하게 된다. 당시 각종 신앙숭배가 복잡하게 뒤얽혔으나, 자연신에

---

30) [英]馬林諾夫斯基, 李安宅編譯, 『巫術科學宗教與神話』, 上海文藝出版社, 1987, 37쪽.

게 제사 지내는 일은 여전히 민간신앙의 주요 부분이었다.

1) 천체기상 및 자연현상에 대한 숭배

동북지역은 비교적 일찍부터 사람이 거주했지만, 아직 전면적으로 개발되지는 않아 산림이 무성하고 대부분 지역이 황량하고 인적이 드물었다. 이 지역에서 줄곧 살아온 토착 주민은 물론 이제 막 이주해 온 이주민들에게도 뱀, 벌레, 쥐, 개미 등은 삶에 대한 도전이었다. 뿐만 아니라 토지가 비옥하고 천연 자원이 풍부했기 때문에, 관내에서 이주한 이민들은 대자연에 의존하여 생활을 영위했고 자연스럽게 대자연을 숭배했으며, 더욱 더 정성스럽게 자연신을 봉양했다. 예컨대, 해성현은 "동부에 산이 많은데, 산신에게 제사 지내면 호랑이 및 여러 맹수를 진정시킬 수 있다"[31]고 믿었다.

산신은 숲속의 야수에 대한 두려움이 만들어낸 것이라고 할 수 있다. 산신이 사람들을 겁먹게 하였고, 그래서 늙은 호랑이에게 제사를 드렸다. 왜냐하면 "산촌의 주민들은 호랑이를 산신 할아버지로 여겼기 때문이다. 그래서 사당을 짓고 제사를 드렸다."[32] 사당은 간단한 돌과 나무로 지었다. 높이는 1m 정도이고, 넓이는 2㎡ 밖에 되지 않았다. 한족이나 여러 민족 모두 산에 올라가 사냥을 하거나 벌목을 할 때는 산신 할아버지에게 제사를 지내곤 하였다. 산신의 이미지는 대개 흰 수염을 길게 늘어뜨린 노인이었다. 사냥을 하거나 산에서 길을 잃은 사람들을 보호해준다고 여겼다.

요녕성 동부지역에서 사람들은 산신을 관습적으로 '노파두老把頭'라

---

31) 戚星巖, 「人事志, 宗敎, 神道」, 『海城縣志』 卷四, 民國二十六年(1937년) 活字本.
32) 丁世良/趙放 主編, 『中國地方志民俗資料匯編(東北卷)』, 北京圖書館出版社, 1989, 82쪽.

민간신앙의 다원적 분포와 특징적 면모

고 불렀는데, 자연에 대한 경외와 숭배가 발전해 일반의 자연 사물을 인격화하기에 이르렀음을 알 수 있다. 대개 경외에서 출발해 숭배로 나아가게 되는데, 이런 신앙은 여기에서 발전을 멈추지 않는다. 사람들은 상상력을 발휘해, 전설이나 기이한 사건에서 본 각종 능력을 해당 자연 사물에 덧씌운다. 비교적 성숙한 신앙형식과 비교했을 때 질박함과 원시성을 띄지만, 동물 신령을 인격화했다는 것은 이미 비교적 높은 수준의 문화가 낮은 수준의 문화를 수정하고 개선한 것이라고 볼 수 있다. 이는 원시신앙과는 확실히 구별되는 것이다.

토지신은 일종의 원시적인 대지 숭배에서 전환되어 이루어진 신령으로서, 향촌의 신연神緣 공동체에 의해 숭배된 농업 보호신이다. 나아가 점차 촌락에서 광범위하게 사원을 세워 제사를 지내는 촌락 수호신으로 발전하였다. 토지에 제사를 지내면 그 일대의 주민이 안전하게 살 수 있다는 것이다.

토지는 '토지 노인(土地老)' 또는 '토지 할아버지(土地爺)'로 불렸다. 항상 '토지 할머니(奶奶)'도 같이 제사를 받았다. 이미지는 지역마다 다르다. 『봉성현지鳳城縣志』의 기록에는 산신과 토지신이 같은 사원에 모셔져 있었다. 해당 지방지는 다음과 같이 묘사하고 있다.

> 정면에 앉아 있는 것은 산신이었다. 머리에는 투구를 쓰고 있고, 몸에는 갑옷을 입고 있다. 손에는 도끼를 들고 있다. 얼굴은 하얗고 수염은 길다. 오른쪽에 백발의 노인이 서 있는데 바로 토지신이다. 또 다른 신령도 있는데 얼굴은 흉악하고 무장을 갖추고 있다. 손에는 굴대 또는 채찍을 들고 있다. 이름 하여 오도五道인데 좌측에 앉아있다.[33]

---

33) 馬龍潭/沈國晃 等修, 「禮俗志, 神道」, 『鳳城縣志』 卷十二, 民國十年(1921년) 石

민간에는 또 한 가지 생각이 있었는데, 토지신은 "이른바 저승의 하급관리(地保)이고,"[34] 성황城隍은 토지신의 직속상관이라는 것이다. 그래서 '보묘報廟'라고 해서 사람이 죽으면 토지묘土地廟에 가서 그 죽음을 보고하였다. 하신河神은 대개 하천 주변에 사는 향민이 제사를 지내, 하천 제방의 안전과 순조로운 강우를 기원하였다. 흔히 물속의 자라를 하신의 화신으로 삼았다. 또한 촌락의 주민들은 집의 보온을 위해 고량의 줄기나 볏짚으로 집을 지었기 때문에 불이 나기 쉬웠고, 그래서 화신火神에게 제사를 지내 화재의 방지와 태평함을 기원하였다. 이밖에 우레의 신, 번개의 여신, 우박의 신 등이 있는데, 생산과 생활에 도움이 되기를 기원하는 의미에서 사원을 짓고 향불을 피웠다. 기타 자주 볼 수 있는 천체와 기상 등 자연신을 숭배하는 사원들은 다음과 같은 것들이 있다.

상제묘上帝廟 : 상제는 천상의 최고 주재자로서, 제왕이 직접 나서 하늘에게 제사를 지내는 천단 및 민중이 새해 첫날에 제사를 지내는 것을 볼 수 있다.

화신묘火神廟 : 화신과 관련, 옛 사람들은 화성火星에 제사를 지냈는데, 이는 화식火食을 전해준 선조, 즉 고대 수인씨燧人氏를 기리기 위함이었다. 『한서漢書, 오행지五行志』에 따르면, 축융祝融과 알백閼伯은 민중이 그 은덕을 기려 불의 조상으로 삼았고, 화성과 함께 제사를 올렸다.

용왕묘 : 용왕과 관련, 『화엄경』에는 수많은 용왕이 나오는데, 모두 열심히 비바람을 일으켜 중생의 고민을 해소해주었다고 한다. 그래서 후세에 비를 기원하는 대상이 되었다. 청 옹정 5년(1727) 황제의 명령에 따라 경사京師에 신상神像을 갖추었고 각 성에 관리를 파견하며 제사

印本.
34) 丁世良/趙放 主編, 『中國地方志民俗資料匯編(東北卷)』, 213쪽.

를 지내도록 하였다. 민간에서도 용왕에 기우제를 지냈다.[35]

하신묘河神廟 : 하천과 가까운 곳에 세웠고, 수해를 방지하기 위함이 었다. 하천 주변에 사는 주민들은 자라를 하신으로 삼았다. 하신이 사는 곳이 하신묘이다.[36]

괴성루魁星樓 : 신주로 삼은 괴성魁星은 북두칠성의 첫 번째 별을 말한다. 민간에서는 원래 규성奎星에 제사 지낸다고 했는데, 괴성으로 잘못 알게 되었다. 그래서 '괴魁'자로 표상하게 되었는데, 이는 귀신이 다리를 뻗으며 망토를 걸치는 형태이다.[37]

2) 보편적인 동물숭배

동북지역은 호선胡仙, 상선常仙, 황선黃仙 등의 민간 속신俗神을 신봉하였는데, 사실 이는 원시적인 동물숭배의 흔적이다. 사람들은 동물의 몸에 어떤 신비한 힘이 깃들어 있다고 믿었기 때문에 그 힘에 보우하심을 빌었다. 예컨대, 호선이 가진 불법佛法의 위력이 크고 강하며 매우 신통한 효과가 있어, 병을 낫게 해주고 집을 보호해 줄 수 있다고 믿었다. 여순旅順 안령산安嶺山의 한 작은 사당에 호선에 관한 이야기가 기록되어 있는데, 전하는 바에 따르면 어느 행인이 늙은 여우에 미혹되어서 그의 말을 듣고 사당을 세우게 되었고, 신령스러운 여우를 신처럼 모시면 신수神水를 얻을 수 있고 이것으로 모든 병을 고칠 수 있다는 것이다.[38]

35) 王純古, 王佐才 修 ; 楊維嶓, 李其勢 纂, 『莊河縣志』卷二 建置志, 神考, 民國二十三年(1934) 活字本.
36) 丁世良/趙放 主編, 『中國地方志民俗資料匯編(東北卷)』, 82쪽.
37) 遼寧省檔案館 編, 『中國近代社會生活檔案(東北卷一)』, 廣西師範大學出版社, 2005, 75쪽.
38) 民生部社公司, 『宗教調査資料第三輯 : 民間信仰調査報告書』, 雙發洋行印刷部,

지방지에서도 호선에 대한 기록을 흔히 볼 수 있다. 『봉천통지奉天通志』에 따르면, "봉천성奉天省에서 여우를 신처럼 모시는 사람들은 그 여우를 호선이라고 높여 부른다"고 한다. 선인당仙人堂이나 호선당胡仙堂에서는 당연히 호선에 제사 지낼 때 가장 많은 사람이 모인다. "읍내의 사람들은 신앙이 매우 깊어 호선에 병을 묻고 점을 치는 자가 끊이질 않는다." 또한, "각 현의 도시와 농촌에서는 호선 사당을 어디에서나 볼 수 있다. 흔히 벽돌을 사용해서 작은 사당을 짓고, 신상을 목판에 그려 세운다. 그림에서 남자는 모자에 도포를 걸치고 있거나, 유목민족 복장에 말을 타고 있다. 모모某某 '태야太爺'(큰 아비)라고 높여 부른다. 여자는 꽃단장을 한 차림에 '선고仙姑'(신선 어미)로 불렸다. 정월 초하루와 보름에 향을 피우고 제물을 드려 제사를 지냈다. 족제비는 속칭 '황피자黃皮子'라고 불렸는데, 이를 신처럼 모셔 황선이라고 불렀다.

제사를 지내는 방식은 비슷했다. 무당이 이들 신령에 기대어 금전을 취득하고 호구지책으로 삼기도 했다. 유식자는 이들 신령을 믿지 않았지만, 어리석은 자는 여전히 신앙하여 적잖은 폐단이 남아있다"고 하였다.[39) 이는 동북지역 고유의 민간신앙 형식인 샤머니즘을 연상하기 쉽다. 샤머니즘은 만물에 영혼이 깃들어 있다고 믿으며, 특히 호선에 대한 믿음이 유난히 강했다. 호선은 샤먼이 술수를 부릴 때 도움을 구하는 주된 대상이었다. 여기에서 근대 동북지역의 이주민과 토착신앙문화의 융합을 엿볼 수가 있다. 한족 이민들이 이주해 온 후 여러 토착민족들의 신앙과 서로 결합하면서 점차적으로 융합하기에 이르렀다.

이밖에, 호선은 봉천 만주족 화류계의 신령이기도 했고, 성읍 동남쪽

1937, 37쪽.
39) 王樹楠, 『奉天通志』 卷九十九 禮俗三, 神敎, 東北文史叢書編輯委員會, 1983, 2276쪽.

민간신앙의 다원적 분포와 특징적 면모

55

에 위치한 호선소묘胡仙小廟와 북쪽 성읍 외곽에 위치한 선인동仙人洞에
서도 '호삼태야胡三太爺'로 불리며 제사를 지냈다. 성읍 주변의 약왕묘藥
王廟, 천제묘天齊廟, 손조묘孫祖廟 등에도 호선 위패를 세워두고 제사를
지냈다. 대련大連 서공원西公園에는 있는 작은 사당과 여순旅順 방가둔方
家屯에 있는 영신묘靈神廟에서도 호선에게 제사를 지냈다.[40]

또한 황선, 상선, 장선長仙이라는 것도 있었다. 황선은 족제비인데,
속칭 '황서랑黃鼠狼'이라고 한다. 상선은 뱀이다. 황선은 호선과 함께 제
사를 지냈고, 또 다른 농민이나 무당은 정원의 한쪽 구석, 볏단을 쌓아
놓은 곳에서 제사를 지내기도 했다. 이밖에, 흉신凶神으로서 쥐에게도
제사를 지냈다. 이 세 가지는 모두 작은 사당이나 사당의 한쪽 구석에
서 제사를 지냈다. 사람들은 이들 동물을 인격화하여 성과 이름을 붙였
는데, 호삼태야로 통칭하면서, 각각을 호운생태야胡雲生太爺, 황천패태
야黃天霸太爺, 장령선長靈仙이라고 불렀다. 또한 이들 신선은 일정한 혈
연관계에 있는 가족이 있었다. 예컨대, 황선 할아버지는 배우자인 황선
할머니가 있고, 또한 두 동생도 있다. 둘째 황선 할아버지黃二老爺와 셋
째 황선 할아버지黃三老爺가 두 동생이고, 그 배우자는 둘째 황선 할머
니黃二奶奶와 셋째 황선 할머니黃三奶奶이다.

동시에 동물숭배는 유목과 농경이 서로 교차하는 이 지역의 사회경
제적 양태와도 연관이 있다. 당시는 말이 군사에서 매우 중요하였기 때
문에 요동에는 말 시장(馬市)이 큰 성황을 이루었다. 따라서 말 사육에
서 신령의 보우하심을 얻기 위해 마신에게 제사를 지내는 것을 빠뜨릴
수가 없다. 거의 모든 현성縣城에 관방 성격의 마신묘馬神廟가 있었는
데, 제삿날을 정해 관원의 통솔 아래 제사를 거행했다. 민간에서도 구

40) 民生部社公司, 『宗教調査資料第三輯 : 民間信仰調査報告書』, 37쪽.

성사九聖祠에서 마왕馬王에 제사를 드려 가축을 보호해 달라고 빌었다. 이밖에는 충왕묘虫王廟에서 제사를 지내 병충해를 입지 않도록 빌었고, 용왕묘에 제사를 지내 비가 제때에 오기를 기원했다. 이는 모두가 농사의 풍작을 간절히 기원하는 것이었다.

3) 적잖은 식물숭배

식물숭배도 여전히 적지 않았는데, 상수리나무, 뽕나무, 버들나무와 같은 나무 신령을 숭배하는 사당이 전형적이었다. 요동지역에서는 상수리나무와 뽕나무에 지내는 제사가 적지 않았는데, 이는 주로 양잠의 수요 때문이었다. 양잠을 위해 이런 나무들을 광범위하게 심었고, 사당을 세워 제사를 지내면 상수리나무가 충해를 입지 않고 좋은 수확을 얻을 수 있다고 생각했다. 이는 농업사회의 민간신앙이 흔히 나타내는 특징적 면모이다. 또한 "이 지역 산속의 상수리나무가 많은 곳에 돌무더기가 쌓이면서 작은 사당의 형태가 만들어졌고, 이곳에서 양잠의 수호신에게 찐빵(饅頭)을 바쳐 고사를 지냈다."[41]

동북지역에는 만주족 인구가 비교적 많고 샤머니즘을 신봉했기 때문에 자연물에 대한 신앙심이 매우 강했고, 이에 사당을 세워 제사를 지내게 되었다. 예컨대, 서풍현西豊縣에는 신성한 나무에 제를 지냈다는 기록이 한 비문에 남아있다. 비문은 다음과 같다.

겨울에 장군將軍이 사냥을 나서기 전에 반드시 이 나무 아래에서 고사를 지냈다. 이때부터 사람들이 모이게 되어 지금까지도 외진 이 곳에 많은 사람들이 모이고, 나무의 비석도 여전하며, 촌민들은

---

41) 國務院實業部臨時産業調査局, 『農村實態調査壹般調査報告書-安東省莊河縣』, 編者刊, 1936년, 369쪽.

신성한 나무에서 촌의 이름을 따왔다. 그 옆에 제사에 필요한 비용
을 위한 밭을 마련해 두었고, '반달마마묘班達媽媽廟'라는 표식도 세
워 두었는데 이는 향을 피워 신령에게 바치기 위해서이다.[42]

이처럼 동북지역의 신앙문화는 여러 민족의 신앙특색을 반영하였다.
이밖에, 다른 사원에서도 자주 볼 수 있는 식물 신령 숭배가 많이 있다.
　묘신苗神 : 칠성사七聖祠에서 오곡묘신五穀苗神에 제사를 지낸다.
　화신花神 : 화신은 단독으로 제사 지내는 것이 아주 적고, 대개는 다
른 식물 신령과 함께 제사를 지낸다.
　유엽신柳葉神 : 버들잎이 기우祈雨 역할을 할 수 있다고 믿어, 기우제
를 지낼 때에 머리에 버들잎을 꽂는다. 또한 만주족은 생육을 담당하는
신령으로 믿어, 버들잎을 통해 많은 자손을 기원하기도 했다.
　이와 같이, 각지 촌락이나 성읍에서 자연신에 대한 신앙을 흔하게
볼 수 있는데, 이는 기본적으로 원시신앙의 흔적을 간직하고 있었다.
동시에 농경, 유목 경제가 상호 융합되어 있음을 볼 수 있다. 요컨대,
민중은 여러 자연신의 신상이나 신주를 같은 방에 모셔두고 제사를 지
낸다. 삼성사三聖祠, 오성사五聖祠, 칠성사七聖祠, 구성사九聖祠 등은 대개
주신主神에 해당되는 하나의 신을 가운데에 모셔두고, 배향配享하는 신
령들을 양쪽에 배치한다. 예컨대, 구성사는 "토지묘土地廟보다 비교적
크고, 신주 자리에는 화상이나 조각상을 둔다. 성읍과 향촌 곳곳에 있
으며 숭배가 매우 독실하였다."[43]

42) 蕭德潤修, 張恩書纂, 曹元補補修, 希廉等補纂, 『西豊縣志』藝文志 卷二十四, 詩
　　歌, 民國27年(1938年), 活字本.
43) 丁世良/趙放 主編, 『中國地方志民俗資料匯編(東北卷)』, 214쪽.

2. 사회적 신령에 대한 숭배

사회구성이 단순하고 생산력이 낮은 경우, 만물에 신령이 깃들어 있다는 애니미즘으로 인해 자연신에 대한 신앙으로 기울어지기 쉽다. 그러나 사회구성이 점점 복잡해지고 생산력이 끊임없이 발전하면, 일종의 사회적 인간으로서 사람과 사람의 관계, 사람과 사회의 관계를 더욱 중시하게 되고, 사회적 신령(사회신)이 점차 사람들의 주목을 끌게 되었다. 이른바 사회신에 대한 숭배와 신앙은 바로 사람들의 사회생활에서 나온 것이다. 사회적 수요에 부응하여 어떤 사회적인 힘이나 사회현상을 인격화하고 여기에 어떤 신통력을 부여하게 되면, 그것이 일정한 사회적 기능을 갖게 되면서 사람들이 신앙의 대상으로 삼아 경배하게 된다. 예컨대, 가택신家宅神, 생육을 관장하는 신, 재신財神, 직업신(行業神), 지역 수호신 등이 그러하다. 근대시기 동북지역은 전형적인 이민사회여서 이러한 특징이 더욱 더 두드러진다. 이민의 유입과 함께 각종 직업에 종사하는 사람들이 정착하였고, 이 과정에서 민간신앙도 유입되었으며, 사회신에 대한 숭배가 매우 보편화되었다.

1) 가정 수호신

조상에 대한 숭배가 대부분을 차지한다. 이는 예부터 내려오는 영혼에 대한 숭배에서 유래하였다. 자고로 조상은 후손을 보호하는 수호신으로 여겨졌고, 위패를 모셔 제사를 지냈다. "권문세족은 모두 사당을 짓고, 때마다 제사를 지냈다."[44] 그러나 이주민은 대부분이 관내에서 피난해 오거나 생계를 위해 흘러들어온 가난한 사람들이었기 때문에

---

44) 丁世良/趙放 主編, 『中國地方志民俗資料匯編(東北卷)』, 16쪽.

세력이 있는 대가족은 비교적 적었다. 따라서 조상을 섬기기 위해 사당을 세우는 경우가 비교적 적었고, 규모가 큰 사당 건물도 매우 적었다. 보통은 그저 집안 한 구석에 공간을 마련해 신주를 모셔두고 제사를 지냈다. "한족은 조상에 제사 지내는 일을 매우 중시하나, 아직은 지역 개발이 시작된 지 얼마 되지 않아 큰 집안이 매우 적고, 조상을 위해 별도로 사당을 짓는 경우도 매우 드물다."[45)

이밖에 문신門神이나 부엌신(灶神)을 숭배하는 일은 매우 흔했다. 문신은 흔히 진경秦瓊과 위지공尉遲恭의 형상을 띠고 있으며, 그 그림을 문짝 양측에 붙이면 가정을 보호해 주고 귀신과 요괴가 도망친다고 전해진다. 부엌신은 가정의 주신으로 전해지는데, 위패를 부엌 부뚜막에 설치했다. 부엌신을 위해 전용 사원을 짓거나 제사를 지내는 것은 매우 드물었다. 기껏해야 집에 목주木主 위패位牌를 세우고 제사를 지내는 정도였다.

2) 지역 수호신

지역 수호신은 대다수 지역의 평안을 위해 세워졌다. 성황묘城隍廟는 현성縣城의 평안을 지키는 수호신이 거주하는 곳으로, 현성마다 성황을 모시는 성황묘가 존재했다. 지방지에 따르면, 성황은 "저승의 지방관으로 성내城內에만 있었다."[46) 성황은 저승의 사무를 주관하며, 저승의 재판관과도 같다. 사람이 죽으면 성황묘에 보고하고 심판을 기다린다. "성황 신상은 나무로 조각하거나 흙으로 빚었고, 마치 고위 지방관의 형상을 하고 있다."[47) 엄연히 현성의 수호자였다. 사전祀典이 있던 시

45) 張玉春修, 賈如誼纂, 『阜新縣志』 卷五人事志, 禮俗, 祭祀. 民國二十四年(1935年), 活字本.
46) 丁世良/趙放 主編, 『中國地方志民俗資料匯編(東北卷)』, 82쪽.

기에는 지방장관이 제삿날에 맞추어 소속 관원들을 이끌고 제사를 지냈다. 성황을 둘러메고 현성 곳곳을 행진하며 평안을 빌었다.

토지묘도 지역을 보호하는 기능을 한다고 믿었기 때문에, 이것도 일종의 사회신이라고 할 수 있다. 또한, 사람들은 토지묘를 해당 부락 개척자의 영혼에게 제사를 드리는 곳으로 인식하였기 때문에, 토지묘가 마을 주민을 보호할 뿐만 아니라 죽은 마을 사람들의 영혼에게 안식처를 제공한다고 생각하였다.[48] 그래서 "저승의 하급 관리(地保)", "사람의 사망을 보고하고 저승길을 배웅하는 일은 모두 토지묘에서"라는 말이 나온 것이다."[49] 토지묘는 성읍과 향촌 어디에나 있었고, 백성을 직접 보호하면서도 직위는 성황보다 낮았기 때문에 오히려 더 많은 사람들의 숭배를 받았다.

3) 직업신(行業神)

행업신은 어떤 직업 및 종사자의 수호신에 해당한다. 어떤 직종이 번창하도록 보살피고 이익은 취하고 손해는 피하도록 돕는다. 근대에 들어 사회 분업과 직종의 구조가 갈수록 풍부해지고 완성되어 감에 따라, 각종 직업의 종사자들이 이곳에서 생계를 도모하였고, 농업, 재배업, 제련업, 상업, 수공업 등이 뿌리 내리고 싹을 틔웠다.

직업신은 더욱 천태만상이었는데, 심지어 점복, 기생, 이발, 공연 등의 서비스업도 자신의 시조신이나 수호신을 갖게 되었다. 매우 복잡하고 다양하였으며 있어야 할 것은 모두 있었다. 선농先農은 농업신이다.

---

47) 李毅, 趙家語修, 王毓琪纂, 『開原縣志』 卷八禮俗, 神道, 1989, 82쪽.
48) 滿洲國大同學院 編, 「奉天省綏中縣朱仙屯村后孤家子」, 『滿洲國鄉村社會實態抄』, 大同圖書館, 1934.
49) 丁世良/趙放 主編, 『中國地方志民俗資料匯編(東北卷)』, 82쪽.

누조嫘祖는 황제黃帝의 부인으로서 양잠의 시조로 불리며 방직업에서 직업신으로 섬긴다. 문창文昌은 문필과 관련되어 서점과 문구점의 수호신이다. 양조업은 항상 두강杜康을 자신의 수호신으로 여긴다. 당나라 현종玄宗은 일반적으로 극단(梨園)의 시조로 불리며 연예인의 숭배를 받는다. 기생은 관중管仲을 직업신으로 섬기고, 호선도 수호신으로 여긴다.

천후天后는 항운업이 반드시 섬기는 신령이다. 뱃사람들도 천후낭랑天后娘娘을 수호신으로 여긴다. 특히 요녕성 남부지역의 해안 부두나 성읍에는 항상 천후궁天后宮이 있는데, 조타수나 어부에게는 정말로 중요한 존재이다. 건축과 관련된 부분에서는, 목공과 석공이 모두 노반魯班을 섬긴다. 광산에서 일하는 광부들은 노군老君을 직업신으로 삼았다. 광물을 채굴할 때나 우물에 들어갈 때는 항상 태상노군太上老君에게 고사를 드린다. 점쟁이는 옥황상제를 수호신으로 여긴다. 약왕藥王은 약품상의 수호신인데, 제사 대상은 손사막孫思邈일 경우가 있고, 편작扁鵲이나 화타華陀인 경우가 있다. 재신은 각종 직업 종사자들이 모두 섬기는 수호신인데, 비간比干이나 범려範蠡 혹은 조공명趙公明이나 관우에게 제사를 지낸다. 전자는 문재신文財神이라고 하고, 후자는 무재신武財神이라고 한다. 아무튼 직업신은 매우 풍부하고, 해당 시기 사회분업의 발전 수준을 어느 정도 보여준다.

4) 생육을 관장하는 신령(生育神).

아이를 낳고 키우는 일(生育)은 사회에서 매우 중요한 일이다. 가족의 대를 잇는 문제일 뿐만 아니라, 사회 인구의 상황이나 생산력의 발전 등 여러 문제와 관련되어 있다. 의료위생 조건이 열악한 사회에서는 영아 사망이 비교적 많았고, 모자의 평안을 위해서 생육을 관장하는 신을 많이 숭배하였다. 또한 가정의 노동력을 확보하기 위하여 남존여비

현상이 매우 심각했었는데, 아들을 바라는 간절한 마음이 생육신에 대한 숭배로 쉽게 이어졌다.

동북지역에서도 다양한 생육신 신앙이 유행하였다. 관세음보살에 대한 숭배는 매우 보편적인 생육신 신앙이었다. 관음은 본래 불교에서 나온 것인데, 민간에서 관음의 이미지는 한 손에 옥으로 만든 깨끗한 병(玉淨瓶)을 들고 있고, 다른 한 손에 아기를 안고 있는 여성이었다. 그래서 '아들을 점지해주는 관음(送子觀音)'이나 '아들을 점지해주는 여신(送子娘娘)'으로 불린다. 향촌의 부녀자들이 많이 신봉한다.

벽하원군碧霞元君은 태산낭랑泰山娘娘으로 불리기도 하는데, 특히 산동 일대에서 매우 많이 숭배했다. 그녀도 생육을 관장하고 평안을 보살펴주는 신으로서 부녀자의 사랑을 많이 받았다. 삼소낭랑三霄娘娘은 화북 일대에서 많이 숭배되었는데, 운소雲霄, 벽소碧霄, 경소瓊霄라는 3명(三宵)의 낭랑娘娘을 의미한다. 모두 생육신이며 각지의 사원에 화상畫像과 석상石像이 있고, 제사를 지내는 전용 사원도 있다. 대석교진大石橋鎭 미진산迷鎭山에 위치한 낭랑묘가 하나의 사례이다. 전설에 의하면, 삼소낭랑이 대석교 미진산에 도착한 후 떠나지 않고 계속 여기에서 수행했다고 한다. 여기에서 신앙과 신격이 이민의 유입과 함께 내지로부터 이식되었음을 엿볼 수 있다. 나중에 삼소낭랑이 매우 신통하다는 말이 돌자, 외지에서 많은 부녀자들이 몰려들어 제사를 지내게 되었고, 이로써 요녕성의 대석교 묘회廟會가 매우 유명하게 되었다. 이밖에 천후, 왕모낭랑王母娘娘, 여와女媧 등도 아들을 낳게 해주는 기능을 가졌다.

장선은 유일하게 생육을 관장하는 남성 신령이었다. "아들이 없는 사람들이 모여들어 장선에게 제사를 지냈다. 그의 이미지는 활시위를 당겨 개를 향해 쏘는 모습이다. 아이들이 그의 무릎 아래로 모여들면 천구天狗를 물리쳐 아이들을 보호할 수 있다고 한다. ……… 아들

민간신앙의 내원적 분포와 특징적 면모

이 있는 부녀자는 음력 초하루와 보름에 아침저녁으로 향을 피우고 절을 했다. 설날에는 향촉과 제물을 준비해 여러 신령을 함께 제사 지냈다."[50]

사람들이 역병을 관장하는 역신을 좋아하지는 않았으나, 전염병에 대한 두려움 때문에 어쩔 수 없이 뇌물을 주는 방식으로 건강과 평안을 빌었다. 안광낭랑眼光娘娘에게 안질이 낫기를 기원하였고, 두진낭랑痘疹娘娘에게 천연두와 홍역을 물리쳐 달라고 빌었으며, 몸이 성치 못한 사람은 질병이 옮겨가도록 기원했다. 이처럼 사람들은 사회생활의 수요에 따라 신령을 창조하고 임의로 갖다 붙여서 마음의 위로를 얻는다. 이러한 것들이 근대 동북지역의 사회신 신앙을 다양하고 복잡하게 만들었다.

3. 사람 귀신(人鬼)에 대한 숭배

자연신, 사회신에 대한 신앙 이외에 인귀人鬼에 대한 신앙과 숭배가 상당히 존재했다.

1) 사람에 대한 숭배

사람들은 자연신, 사회신을 숭배하는 동시에 사람 자신을 숭배하기도 했다. 처음에는 어떤 기능에 대한 숭배로부터 시작하였다. 예컨대 생식에 대한 숭배가 그러하다. 사람들이 지혜를 갖게 되고, 거기에 통치자들의 유도를 더해져, 점차적으로 정신과 품행에 대해 절하고 제사를 지내게 되었다. 민족 발전의 공훈이 있는 사람, 혹은 어떤 학술영역

---

50) 丁世良/趙放 主編, 『中國地方志民俗資料匯編(東北卷)』, 81쪽.

에서 기초를 다진 사람, 국가, 사회, 국민을 재앙에서부터 보호해준 사람, 혹은 민중에게 공이 있는 사람은 모두 사람들의 존경과 사랑을 받으며, 위패와 석상이 세워지고 제사를 받았다. 그 중에서도 충렬, 효제, 인의를 나타내어 사람들에게 존경을 받는 사람들이 있었는데, 그들은 우수한 인품을 드러냈고 사람들의 사랑을 듬뿍 받았다. 이어 사원이 세워지고 제사를 받게 된다. 처음에는 기념과 참배에 그쳤지만, 나중에는 점차 신격화되어 사람에서 신으로 전환되었고 심지어 수호신이 되기도 했다.

첫째, 선현先賢, 선철先哲, 성인聖人에 대한 숭배를 예로 들 수 있는데 부처나 공자가 이에 해당된다. 주지하듯이, 석가모니의 속명은 고타마 싯다르타(Gautama Siddhārtha)인데 중국에 전래되면서 눈에 띄게 중국화 되었다. 사람들은 이런저런 신통력을 그에게 갖다 붙였다. 도교에서 일부 종파는 시조신 신상을 세워두고 제사를 지낸다. 이런 것도 일종의 사람에 대한 숭배이다.

공자는 위대한 교육가이자 사상가였는데, 사후에는 관방제사의 중요한 대상이 되었다. 청대 옹정 연간에는 태뢰太牢 정제丁祭로까지 승격되었을 뿐만 아니라, 각지에 문묘文廟를 지었다. 민중도 매우 존경하여, 공자의 화상畵像이나 목주는 민간 사원에서도 제사를 받았다. 이밖에, 공자의 제자인 맹자, 증자, 안회 등의 성현도 종사從祀로서 숭배되었다. 유생儒生의 절을 받았던 이들은 과거 시험이 있던 시대에는 종종 시험 보는 이들이 합격을 기도했던 대상이기도 했다.

관우는 충성과 의리로써 후대 사람의 제사를 받았다. 관방 사전祀典의 공인을 받았고, 제사 등급이 계속해서 상승하였을 뿐만 아니라, 도교나 불교에서도 신불神佛로 인정하여 오랜 세월 동안 많은 존경과 사랑을 받았다. 민국시기에도 그의 의로운 행위가 칭송을 받아 악비岳飛

와 함께 관악묘關岳廟에 안치되어 제사를 받았다. 관악묘는 공자를 섬기는 문묘와 대비해 무묘武廟라고도 했다. 민간에서는 널리 관노야關老爺라고도 불렀다. "청대에 들어 관우를 모신 사원(關帝廟)이 더욱 많아졌다. 지방정부가 제사를 지낸 현성 이외에 향촌과 산골짜기에도 관우의 사원이 있었다."[51] 관우에게 제사를 지내면, 가정의 평안을 지키고 재물을 많이 모을 수 있을 뿐만 아니라, 비를 내리게 해서 가뭄에서 벗어날 수 있다고 믿었다.[52] 이밖에 복희씨伏羲氏, 신농神農, 여와女娲, 창힐蒼頡, 후직后稷, 대우大禹, 의성醫聖, 화성畵聖, 서성書聖 등도 많은 사원에서 제사를 받았다.

둘째, 숭배 대상 중에 공훈이 있는 인물은 주로 나라에 공이 있거나 순직해서 나라에 몸을 바친 사람들이다. 전통시기 중국에서는 가치관과 도덕규범이 마땅히 따르고 배워야 할 삼강오륜으로 규정되었고, 이를 전범典範으로 삼아 전파하였다. 좌보귀左寶貴는 청일전쟁의 영웅으로서 일찍이 봉천에서 임직하였다. 좌보귀가 사망한 후 황제의 지시에 따라 "봉천에 전용 사원을 짓고 사전祀典에 등재하였다."[53]

"사천제독四川提督 송경宋慶이 금주錦州 성내에 주둔해 있었을 때, 소충사昭忠祠에서 자기 부대(毅軍) 전사자에게 제사를 지냈다. 가장 장렬하게 전사한 당종원唐宗遠, 조운기趙雲奇, 하점괴何占魁를 비롯해 용맹한 전사자 2,100 여명을 모두 사전에 게재하도록 요청을 하였고, 이후에도 지방관이 봄과 가을로 제사 지내도록 요청하였다. 이를 받아드렸다."[54]

---

51) 王樹楠等, 『奉天通志』 卷九十九, 禮俗三, 神教, 東北文史叢書編輯委員會點校, 出版, 1983, 2276쪽.
52) 李澍田主編, 『東北歲時節俗研究』, 吉林文史出版社, 1992, 165쪽.
53) 王樹楠等, 『奉天通志』 卷四十八, 德宗三, 東北文史叢書編輯委員會點校, 出版, 1983, 998쪽.
54) 王樹楠等, 『奉天通志』, 卷四十八, 德宗三, 東北文史叢書編輯委員會點校, 出版,

광서 24년(1898) '의군毅軍 소충사昭忠祠'를 금주錦州에 세웠고, 사전에 기재하여 지방관이 정기적으로 제사를 지냈다. 그러나 근대에 들어 황제권력의 몰락과 함께 사원들이 잇달아 무너졌다.

역사상 지극히 효성스럽고 선했던 사람들에 대해, 죽은 후에 추앙하여 사원을 짓고 제사 지냈다. 성읍과 향촌 곳곳에서 볼 수 있었던 향현사鄉賢祠, 효제사孝悌祠, 절효사節孝祠 등이 그것인데, 현지에서 촌민을 위해 좋은 일을 한 신사紳士들을 추앙해 제사 지냈다. 또한 수절한 부녀자나 충의인효를 실천한 인물들에게도 존경의 표시로 사당을 짓고 제사를 드렸다. 이러한 유형의 숭배는 대개 관방제사의 색채를 띠고 있고, 그 영향력은 대개 한 왕조시기, 특정한 지역에 국한되었다. 관우나 악비처럼 오랜 시기에 걸쳐 전국적으로 숭배된 경우는 소수에 속한다.

2) 귀신에 대한 신앙

옛 사람들은 사람이 죽으면 육체는 죽어 없어지지만 영혼은 소멸되지 않는다고 생각하였다. 영혼은 신선이 되어 하늘로 올라가거나, 귀신이 되어 윤회의 고난을 겪게 된다고 생각했다. 불교나 도교 사원에는 예외 없이 사후의 세계에 대한 설명이 있다. 지장보살地藏菩薩, 동악대제東岳大帝는 저승을 관장하는 주신으로 알려져 있는데, 지장사地藏寺나 성황묘에는 사후 심판, 형벌, 각종 귀신의 형상 등이 그려져 있거나 조각되어져 있어, 사람들은 이를 보기만 해도 두려워진다. 귀신과 관련된 신앙은 조상 숭배와는 다르다. 조상 숭배는 존경의 마음이지만, 귀신 숭배는 요괴나 도깨비와 비슷한 부분이 있다. 말하자면, 싫어서 회피하려 하지만 종종 피하지 못하는 그런 것이다.

1983, 998쪽.

그러나 다른 한편으로 귀신에 대해서는 경외심도 있다. 따라서 귀신에 대한 신앙은 대개가 내쫓고 물리치는 방식으로, 가족의 평안을 보호하고, 사나운 귀신을 멀리한다. 귀신을 대하는 태도가 공경은 하되 멀리 하는 것이니, 귀신은 사람들 안중에 사람이나 신령, 신선과는 다르다. 분명히 싫어하기는 하지만 감히 미움 살 짓은 하지 못하는 심정이다. 두려워하는 마음도 있어 적당한 시기에 뇌물도 바쳐야 한다. 여단厲壇을 예로 들 수 있는데, 신령이나 신선이 되지 못한 불우한 영혼과 제사 밥을 얻어먹지 못하는 외로운 귀신에게 제사를 지내는 곳이다. 나머지 귀신 신앙의 사례를 들어보면 다음과 같다.

염라왕 : 지옥의 총책임자, 사람들이 죽은 후에 받은 벌을 관리한다.

귀왕鬼王 : 염마대왕, 지옥의 왕, 이십팔숙二十八宿 중에 귀숙鬼宿에 해당된다.

영관靈官 : 도가의 신선 관료, 왕령관王靈官으로 불린다.

태산부군泰山府君 : 동악묘東岳廟의 주신인 천제天齊이며, 저승의 제일 윗자리이다. 또한 저승 18층 지옥의 총책임자이다.

적객吊客 : 목매달라 죽거나 객사해 떠돌아다니는 영혼이나 굶주린 귀신이다.[55]

요컨대, 근대에 들어서도 사람과 귀신에 대한 숭배가 멈추지 않았지만 가장 많이 감소하였다. 황권이 약화되고 전통윤리가 끊임없이 비판을 받으면서, 각지의 유명한 인물, 관료, 유자儒者, 장군의 사원이 점차 무너졌다. 그래서 많은 곳이 없어졌거나[56] 다른 용도로 개조되었다. 근대 이래 지식인들이 끊임없이 "미신반대"의 기치를 높이 들고, 속신俗神에 대한 신앙을 타파하고자 하였고, 일부 사람들의 신앙구조가 변

55) 瀧澤俊亮, 『滿洲の街村信仰』, 滿洲事情案內所刊行, 1940, 158쪽.
56) 裵煥星等修, 白永貞等纂, 『遼陽縣志』 卷五, 壇廟志, 民國17年(1928年), 活字本.

하기 시작하였다. "공자가 괴력난신怪力亂神에 대해 말하지 않았으나," 사람들 마음속의 의혹이 모두 해소되었던 것은 아니었다. 더구나 이후에도 민간의 무속이 널리 존재하고 쓰였다는 것은 팍팍한 일상의 삶 속에서 귀신을 숭배할 일정한 필요성이 여전히 존재했음을 의미하는 것이다.

자연신, 사회신, 인귀에 대한 신앙은 동북지역의 신앙을 구성하는 주요한 요소이다. 3자 사이가 막혀서 절대 건너갈 수 없는 것은 아니었고, 서로 교차되는 경우가 분명히 있었다. 예컨대, 관우 신앙은 사회신에 대한 신앙이기도 하고, 사람에 대한 신앙이기도 하다. 요컨대, 근대시기 동북지역 민간신앙의 변화 과정은 상기한 3가지 신앙 구성 안에서 이루어졌던 것이다.

4. 민간신앙의 특징적 면모

근대시기 동북지역의 민간신앙은 끊임없이 풍부해졌고, 자연신, 사회신, 인귀에 대한 신앙을 내포한 다중신앙구조로 발전하였다. 이러한 신앙구조의 변화와 발전은 민족, 지역, 역사, 심지어 불교와 도교 같은 제도종교가 상호 작용하면서 이루어낸 것이다. 복잡해 보이는 표상 가운데 몇 가지 특징을 간추려 볼 수 있다.

1) 신앙의 실용성

신앙의 실용성은 중국인 신앙의 가장 큰 특징이다. 옛 사람이 말하기를, "큰 재앙을 막을 수 있다면 제사를 지내고, 큰 재해를 막을 수 있다면 제사를 지낸다. 민중에 공덕이 있으면 제사로서 보답을 받아야 한다. 이는 고금에 통하는 뜻이나 사람의 마음은 자신이 정할 수가 없다."[57]

말하자면 쓸모가 있다면 숭배할 수 있다는 것이다. 신령들을 교파로 나눌 필요가 없고, 여러 신령을 한 사당에 모셔도 큰 상관은 없다.

근대시기 동북지역 민간신앙도 같은 특징을 나타냈다. 다른 곳도 마찬가지이지만 동북지역에서도 관우 신앙이 매우 흥성했는데, 관제묘를 보면 전각의 내부는 비록 조촐했지만 적잖은 신령들이 모셔져 있었다. "관제는 중앙에 자리를 잡았고, 양옆으로 용왕, 우왕牛王, 마왕馬王, 충왕, 약왕, 화신, 재신, 묘신苗神, 산신, 토지, 청룡, 백호, 역신(瘟神), 오도五道 등 여러 신령이 차례로 배치되었다." "모두 상상으로 형상이 만들어졌고, 1년 내내 향과 등촉이 끊이지 않았다."[58]

수재나 가뭄과 같은 천재인화天災人禍가 닥치면 사원에 가서 제사를 지냈다. 필요하다면, 상상력을 동원하거나 『봉신전封神傳』, 『서유기西遊記』 등과 같은 소설에 의거해서 각종 신령을 만들어내었고, 그래서 온갖 신령이 없는 곳이 없게 되었다. 근대 동북지역에서는 구성사나 칠성사와 같은 사원이 유행했는데, 이들 사원은 여러 신령이 한 곳에 모여 있다는 특징이 있다. 그 중에는 불교나 도교와 같은 제도종교의 신령도 포함되어 있다. 부처, 낭랑, 공자, 태상노군太上老君 등은 매우 이질적인데 모두 함께 제사를 받는다. 예를 들어, 홍경현興京縣에 삼교사三教寺라는 사원이 있는데 속칭 낭랑묘라고도 부른다. 사원은 3층짜리 건물 3개동으로 구성되어 있다. 내부에는 여러 신상이 배치되어 있다. "앞쪽 전각에는 여러 신령들이 배치되어 있는데 이름은 알 수 없다. 가운데 전각에는 낭랑의 보좌寶座가 놓여 있고, 뒤쪽 전각에는 공자, 석가모니, 이이李珥가 모셔져 있었다."[59] 민간의 일반인 중에는 종교 교리를 숙지

제1부 근대시기 동북지역 민간신앙의 구성과 특징

57) 程庭恆修, 張素纂, 「創建天后宮碑」, 『復縣志略』 藝文略, 民國9年(1920年), 石印本.
58) 王樹楠等, 『奉天通志』 卷九十九, 禮俗三, 神教, 東北文史叢書編輯委員會點校, 出版, 1983년, 2276쪽.

하고 있는 사람이 정말로 적고, 대부분 자신이 믿고 있는 신령의 종파를 구분하지 못한다. 단지 필요에 따라서 제사를 지낼 뿐이기 때문이다.

순수한 불교 또는 도교 사원에서도 민간신앙의 실용성이 잘 나타난다. 흑산현黑山縣에 대한 강덕 7년(1940)의 「불교사원 조사표」[60]에 따르면, 모두 51곳의 불교 사찰이 있었고, 여기에 65명의 승려와 4명의 비구니가 있었다고 한다. 3곳은 불교 승려가 관리하지 않았다. 51곳의 사찰 중에 관제를 섬기는 불교 사찰이 35곳, 석가모니를 공양하는 사찰이 28곳, 관음보살은 15곳, 용왕은 10곳이었다. 이밖에 지장왕地藏王, 미륵불, 문수보살, 보현보살 등을 섬기는 곳이 모두 합해 7곳을 넘지 않았다. 각 제사 대상이 차지하고 있는 비율을 그래프로 표시해 보면 다음과 같다.

그래프에서 알 수 있듯이, 불교 사찰임에도 불구하고 관우가 가장 많이 제사를 받고 있었다. 불교와 가까운 석가모니는 2위이다. 관음보살에 대한 신앙이 민간에서 비교적 보편적이었던 것은 생육 기능과 관계가 깊다. 그래서 민간에서 신봉하는 이가 많았던 것이다. 용왕은 농업과 밀접한 연관이 있다. 가뭄이 들면 기우제를 드리는데 이때에는 대개 용왕에게 비 내리기를 빌었다. 이처럼 정통 종교인 불교의 사찰임에도 다채로운 신앙 대상이 취사선택되어 있다.

반면에 불교의 부처는 다른 민간 사원에서 거의 모습을 보이지 않는다. 불교가 민간신앙의 관우와 용왕을 흡수한 것이 상당한 환영을 받았음을 알 수 있는데, 이는 중국의 민간신앙이 가진 특유의 공리성, 실용성을 다시 한 번 확인해 준다. 이러한 실용성은 교파를 가리지 않고 신

59) 張耀東修, 李屬春纂, 『輿民縣志』 卷十 古跡, 祠廟, 民國二十五年(1936年), 活字本.
60) 梁學貴修, 朱尚弼, 龐國土纂, 『黑山縣志』 卷十 宗教志, 佛教, 民國三十年(1941年), 活字本.

령과 부처, 신선이 같은 사원에 머무를 수 있음에서 나타날 뿐만 아니라, 민간신앙의 실용적인 개조에서도 드러난다.

|도표 7| 1940년 흑산현 제사 대상 비율

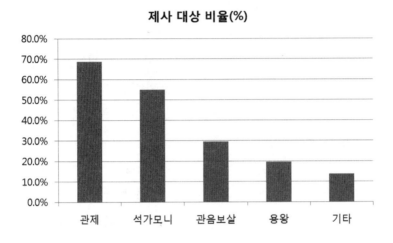

제사 대상 비율(%)

옛날에 팔사제八蜡祭라는 것이 있었는데, 농사가 끝나 수확하거나 재해를 당했을 때 농업의 여덟 신령에게 제사를 지내며 묘회廟會를 여는 것을 말한다. 팔사八蜡란 선색先嗇, 사색司嗇, 농農, 우표郵表, 묘호貓虎, 방坊, 수용水庸, 곤충昆蟲 등 8가지이다. 그러나 이민을 통해 내지로부터 전래되는 과정에서 간략화 되었고, 동북지역에서는 단순히 충왕만을 제사 지내게 되었다. 아래 지방지의 서술은 충왕묘가 실용 목적을 위해 신앙을 개조한 결과임을 잘 나타낸다.

요하 동쪽을 봉천부奉天府로 하여 1주州 5현縣을 설치하고, 요하 서쪽을 금주부錦州府라 하여 1주 2현을 만들었다. 사람을 모아 땅을 주고 세금을 내게 하였다. 농사가 급하니 농업을 위해 제사 지내는 일도 급하다. 그러나 경륜은 어둡고 사전은 비어 있는 곳이 많다. 팔사도 그 중에 하나이다. .... 군현이 세워진 후에도 팔사묘가 설립되지 않았다. 토착 주민들은 세시에 묘회를 열어 논밭의 새 싹들을 지켜 달라고 기원하며 감히 팔사를 빠뜨리지 않았는데, 충왕이 바로 팔사이었다.[61]

근대 민중의 공리주의적 신앙 특징은 당시의 민간신앙이 개량주의자들이 비판했던 '미신'과 결코 같지 않았음을 잘 설명해 준다. 또한, 종교와 신앙을 통해 정신을 어딘가에 의지하는 것이 때로는 긍정적인 효과를 낼 수 있음을 잘 보여준다. 그래서 소멸하지 않고 그토록 많은 신도들이 남아 있었던 것이다. 말리노프스키가 말했듯이, 인류는 '처음 자연과 운명에 대처하면서 자연적인 힘과 초자연적인 힘 모두를 인정함으로써 좋은 결과를 얻을 수 있었다.'[62]

2) 다민족 신앙의 융합

근대시기 동북지역의 민간신앙은 다민족의 신앙문화가 융합되는 가운데에서도 각 민족 신앙이 나름의 특색을 갖추었다는 특징이 있다. 동북지역에는 수많은 민족이 차례로 번창했었다. 한족, 만주족, 몽골족, 회족 등등. 이중에 한족의 인구가 가장 많다. 만주족은 여기가 발상지이고, 일찍이 한족 및 다른 민족을 통치했던 적이 있다. 몽골족은 대부분 북쪽 지역에 거주한다. 회족은 여기로 이주해 온 민족으로서 대부분이 성읍에 살고 있다. 여러 민족과 한족은 뒤섞여 살면서 점차 융합되었다.

---

61) 王樹楠等,「錦州蟲王祠重修記」,『奉天通志』卷二百四十一 藝文十九, 東北文史叢書編輯委員會點校, 出版, 1983, 5226쪽.
62) 馬林諾夫斯基,『巫術科學宗教與神話』, 上海文藝出版社, 1978, 22쪽.

민간신앙의 다원적 분포와 특징적 면모

73

몽골족을 예로 들면, "능원凌源에서 사는 민족은 셋이다. 한족, 몽골
족, 회족이다. 회족은 인구가 가장 적어, 현縣 인구의 0.3% 밖에 안 된
다. 몽골족 인구는 10% 정도 되고, 한족이 제일 많다. ……… 이들
은 종족이 다르고, 예속禮俗도 차이가 나지만, 뒤섞여 살면서 빈번히 왕
래하여, 지금은 여기저기에서 마치 한 집안 식구처럼 보인다."[63] "근래
에 만주족과 몽골족이 제사 의례를 많이 따지지 않아 점점 한족을 닮
아가고 있다."[64]

한족 이민이 끊임없이 들어오면서 관내의 민간신앙도 함께 유입되었
다. 예컨대, 남방 일대에서 융성한 천후낭랑, 산동의 태산낭랑, 벽하원
군, 삼소낭랑 등이다. 점차 동북지역 여러 민족이 받아들였고, 널리 제
사를 지냈다. 몽골족은 본래 라마교를 신봉했었는데, 이제 관우도 신봉
하게 되었다. 심지어 관우를 라마사원의 주신으로도 공양했다. "몽골족
은 부처와 관우만 공양한다."[65] 석백족錫伯族은 관제, 충신虫神, 용왕,
토지신 등을 숭배하였다.[66]

동시에 동북지역 토착민족들의 신앙도 한족 이주민의 신앙에 영향을
끼쳤다. 샤머니즘 신앙은 현지의 대표적인 신앙 유형이다. 만물에 영혼
이 깃들어 있다고 믿으며, 자연신 숭배를 매우 중시한다. 호선을 많이
숭배했던 것은 이와 관계가 없지 않다. 동북에서 유행했던 굿(跳大神)이
나 샤먼은 바로 호선과 황선을 집중적으로 섬긴다. "샤먼은 여자가 대
다수이고, 전적으로 호선, 황선 등을 섬긴다. 병을 고치는 것으로 유명
하고, 속칭 '대신大神'이라고도 한다."[67] 말하자면, 병을 고쳐 사람을 구

---

63) 張丹修, 宮葆廉纂, 王瑞岐續修, 朱作霖續纂, 『凌源縣志』 第一 卷七 風土, 民族,
   民國二十年(1931年版).
64) 丁世良/趙放 主編, 『中國地方志民俗資料匯編(東北卷)』, 62쪽.
65) 丁世良/趙放 主編, 『中國地方志民俗資料匯編(東北卷)』, 244쪽.
66) 李澍田主編, 『東北歲時節俗研究』, 吉林文史出版社, 1992, 603쪽.

하는 호선의 능력을 신봉하는 것이다.

> 향촌에서는 호선에 제사 지내는 일이 매우 많은데, 이런 풍속은
> 익히 보던 것으로 조금도 이상할 것이 없다. 다만, 족제비를 황선이
> 라고 하고, 뱀을 상선이라고 하면서 부녀자들이 이들을 믿고 기도
> 하니, 전형적인 음사라 하지 않을 수 없다[68]

이밖에 이 지역 민간신앙에는 여러 민족 신앙의 특색이 많이 반영되
어 있다. 만주족은 본래 사원을 가지고 있지 않았었다. 제왕이 제사를
지낼 때에도 '당자堂子'라는 곳에서 거행했다. 허투아라성(赫圖阿拉城),
성경盛京, 요양遼陽에 당자가 있고, 당자 제사祭祀에서는 만주족 특유의
신주神主를 모셔놓고 제사를 지낸다. 예컨대, 불다마마佛多媽媽, 유엽마
마柳葉媽媽라는 것이 있는데, 이는 동북지역에 사는 여러 토착민족들이
섬기는 생육 여신이다. 물론 당자에서는 관우, 관음, 석가모니에게도
제사를 지냈다. 이는 한족 신앙의 영향으로 보인다. 이처럼 동북지역
고유의 샤머니즘 문화와 한족의 신앙문화가 융합되었음을 알 수 있는
데, 말하자면 역사와 자연환경의 작용으로 인해서 지역 특색이 농후한
민간신앙문화가 형성되었던 것이다.

따라서 근대시기 동북지역의 민간신앙에는 전형적인 한족 특색의 민
간신앙이 존재했을 뿐만 아니라, 동시에 여러 토착민족의 특색을 띤 신
앙 흔적도 발견할 수 있다.

---

67) 丁世良/趙放 主編, 『中國地方志民俗資料匯編(東北卷)』, 244쪽.
68) 丁世良/趙放 主編, 『中國地方志民俗資料匯編(東北卷)』, 244쪽.

3) 관방제사의 쇠퇴와 민간제사의 홍성

근대시기 동북지역 종교신앙이 가진 또 하나의 특징은 민간 주도의 신앙이 점차 왕성해지고, 관방이 주도하는 제사는 황권의 몰락과 함께 점차 약화되었다는 점이다.

명대 『요동지遼東志』의 기록에 따르면, 각지의 사당 즉, "사직단, 산천단山川壇, 여제단厲祭壇, 성황묘, 마신묘馬神廟가 성읍이 건설되면서 함께 설립되었다"[69]고 한다. 청대는 기본적으로 명대의 사전을 계승하였고, 제천祭天과 같이 중앙에서 제왕이 주관하는 각종 의례뿐만 아니라, 지방장관이 정기적으로 소속 관원을 인솔하여 제사를 지내는 지방제사도 계승하였다. 제사 주체와 객체의 신분과 지위가 상호 부합해야 했다. 말하자면 황제가 지내는 제사, 지방관이 지낼 수 있는 제사, 민간에서 지낼 수 있는 것이 따로 정해져 있었다. 월권을 해서는 절대 안 되고, 금지된 음사를 지내서도 안 된다. 만약 지내서는 안 되는 제사를 마음대로 지냈다면 「대청률례大淸律例」에 따라 처벌을 받았다. 그 내용은 다음과 같다.

> 무릇 각 부주현府州縣마다 .... 사전의 기재되어 있지 않아 제사를 지내면 안 되는 신령에게 복을 빌고자 제사를 지냈다면 곧장 80대에 처한다. 이는 금지된 사당으로 질서를 어지럽히는 것을 경계하고자 하는 것이다.[70]

그러나 민국에 들어 청대의 사전을 폐지했기 때문에 관방제사가 점차 민간제사로 대체되었다. "청대에 각 현의 사전에 기재되어 있는 제

---

69) [明]任洛纂修, 『遼東志』 卷二, 建置志, 祠祀嘉靖16年(1537).

70) 「禮律·祭祀」, 『大淸律例會通新纂』 卷十五, 沈雲龍主編, 『近代中國史料叢刊三編』, 文海出版社, 1987, 1339~1340쪽.

사 대상은 공자, 관우, 문창, 성황, 용신, 화신, 풍운뇌우風雲雷雨, 산천山川 등이었다. 매월 음력 초하루와 보름에 향을 피웠고, 봄과 가을에 제사를 지냈다. 민국 이후에도 사전에서 폐지하지 않는 것은 공자와 관우이다. 문묘에서는 여전히 공자에게 제사를 지냈고, 무묘에서는 관우와 악비를 함께 제사 지내는 것으로 바꿨다. 음력 초하루와 보름의 행례는 폐지되었지만, 매년 봄과 가을 두 차례 제사를 지내는 것은 계속 되었다."71)

제2부에서 상세히 후술하겠지만, 문묘와 무묘의 제사를 제외한 나머지 관방제사들은 거의 모두 폐지되었다. 각종 관방제사가 거행되었던 사원들은 대개 다른 용도로 개조되거나 돌보는 이 없이 무너져 없어졌다. 하지만, 관우, 재신, 묘신, 토지신, 산신, 마왕, 우왕, 청룡, 오도, 화신 등을 섬기는 향촌의 민간사원은 거의 모두 공공 제사(公祭)를 거행하는 방식으로 운영되었다. 요컨대, 본래 제왕이나 지방관이 주관했던 제사 및 의례는 황제지배체제의 종식과 함께 쇠락의 길로 접어들었고, 관방제사를 지내던 사당들은 하나씩 무너져 사라졌다. 이제 이른바 음사가 범람하게 되었고, 관방제사는 점차 민간의 민속신앙 제사에 의해 대체되어 갔다.

---

71) 王樹楠等, 『奉天通志』卷九十九 禮俗二, 祭祀, 東北文史叢書編輯委員會點校, 出版, 1983, 2270쪽.

2   제사의식과 사원 : 의례로서의 민간신앙

근대시기 동북지역의 민간신앙은 대규모 이민의 유입과 지역문화의
융합을 기초로 커다란 발전을 이루었고, 지역 특색의 신앙문화를 형성
하였다. 이는 지역의 신앙문화를 풍부하게 하였고, 민중의 정신세계를
다채롭게 하였다. 그 중에 주목할 만한 것은 제사 예절이 변하고 풍부
해진 것이며, 이는 민중의 신앙생활에게 큰 영향을 주었다.

▒▒ 제1절 민간신앙의 제사의례

전통적인 중국인의 절기 생활에서 세시풍속과 관련된 중요한 명절을
제외하고, 가장 중요한 것은 민간신앙의 제삿날이라고 할 수 있다. 제
왕 및 관료에서부터 일반백성에 이르기까지 모두가 예외 없이 규범적
인 예법과 풍속을 가지고 있었는데, 그 가운데에 1년 동안 거행해야 하
는 제사활동이 규정되어 있었다.

근대시기 동북지역에서도 연중에 지내야 하는 제사가 매우 많았는데,
그 중에는 해마다 지방정부에서 조직해야 하는 것도 있었다. 예컨대,
음력 2월과 8월의 상정일上丁日에 문묘에서 공자에게 제사를 지냈고, 음
력 2월과 8월의 상무일上戊日에는 관제에게 제사를 지냈다. 민국 이래에
는 악비岳飛 제사와 관우關羽 제사를 통합해 무묘武廟라고 칭했다. 마찬

가지로 봄과 가을에 제사를 지냈다. 성황묘城隍廟는 음력 10월 1일에 제사를 지냈고, 문창궁文昌宮에서는 음력 2월 3일에 제사를 지냈다.

더 많은 것은 민중이 스스로 조직해 지냈던 제사이다. 예컨대 화신묘火神廟는 음력 2월 19일에 거행했고, 관음묘觀音廟는 음력 2월 19일에 진행했으며, 조사묘祖師廟에서는 각 직업 시조신의 탄신일에 제사를 드렸다. 약왕묘는 음력 4월 28일에 거행했고, 재신묘財神廟는 음력 9월 17일에 제사를 지냈고, 용왕묘에서는 주로 기우제와 강우에 대한 감사제가 거행되었다. 민간에서 지내는 관제묘 제사는 음력 5월 13일이나 6월 24일에 거행하였다. 다음은 종교 및 신앙의 내용을 날짜순으로 배열한 표이다.

|도표 8| 근대 동북지역 종교 및 신앙 날짜 일람표

일/월	1	2	3	4	5	6	7	8	9	10	11	12	비고
1	拜天祭彌勒	龍王		南極壽老						祭祖鬼節東北陵			拜天地, 龍王-祭日祭儀
2	財神	土地文昌											廟會-彌勒的誕辰日
3	孫真人,郭真人	文昌,詳童	蟠桃三皇上帝藥王真武				灶君	五瘟		三茅真君			
4				圣宗文殊							孔子		財神在部分地方的祭日
5		東華帝君			端陽節,喇嘛跳				達廟				
6			眼光娘娘	興聖廟		蟲王,上帝廟,崔府君	天后宮			西岳			
7							乞巧節,祭祖						
8				玉皇,佛爺廟,釋迦	南方五道							臘八粥	
9	玉皇								重陽節,門姆胡黃				

일/월	1	2	3	4	5	6	7	8	9	10	11	12	비고
									仙				
10	穀生日					劉海蟾		北岳					
11											太乙		
12			中央五道					西方五道					
13	劉溢			三官廟 圣水宮	關帝單刀會	龍王	勢至	初戊關岳					
14			地藏	呂祖		喇嘛跳							
15	元宵節, 拜天地, 祭祖火神真武	老君, 岳飛	趙玄壇	鐘離			盂蘭會 祭祖 城隍龍王, 天后	仲秋節, 太陰	藥王	流痘神, 水官			
16		上丁孔子	山神, 城隍奶奶, 淮提	娘娘				上丁孔子	機神		南岳		
17				碧霞					財神		彌陀		
18			後土	海神, 泰山娘娘, 三清	張天師		王母	酒仙	馬元帥				
19	長春真人	觀音, 釋迦, 火神	孫子			觀音, 圣宗	值年太歲	地藏					
20			子孫娘娘	馬丹陽								魯班	
21		普賢 水母											
22						增幅財神	燃燈佛						
23			天后 海神 娘娘			火神						祭灶	
24		清明節			關帝, 雷祖								
25													
26						二郎神				紫薇大帝	北方五道		
27					府城隍			孔子					
28			天齊東岳	藥王, 王母, 斗母	藥王廟								
29													

출처 : 「滿洲国に於ける宗教年中行事一覧表」, 瀧澤俊亮, 『滿洲の街村信仰』, 滿洲事情案內所刊行, 康德7年(1940), 247쪽.

해당 도표는 연중 94일 동안 제사를 지내는 대상을 나타내고 있으며, 중복이 없다. 관례적인 제삿날이나 제사가 하루에 끝나지 않고 며칠 계속된 경우를 고려하면, 이 시간보다 훨씬 많을 것이다. 시간만 놓고 보자면, 근대 동북지역 종교 및 신앙의 의례 활동은 빈번하고 다양하다는 것을 알 수가 있다. 예를 들어 매월 1일과 15일에는 토지신에게 제사를 지내야 했고, 각 직종마다 자기 직업신에게 제사를 지내는 날이 있었다. 때마다 일정 규모의 제사활동이 진행되었고, 곳곳마다 다른 모습을 연출하였다. 비록 같은 날이지만 지역이 다르면 제사를 지내는 신령도 종종 달랐다. 크고 작은 제사활동이 단조로운 일상에 변화를 주었다. 이렇게 보면, 근대시기 동북지역의 민간신앙은 사람들의 일상생활, 기념일과 풍속, 공공 생활에 이르기까지 매우 깊고 중대한 영향을 끼쳤다.

⠿ 제2절 관방제사의 시행

관방의 제사활동과 민간의 제사활동을 비교했을 때, 관방의 규모가 훨씬 컸다는 것은 명백하다. 관련 집단과 계층의 전체 이익이 걸려있기 때문에, 의례가 보다 번잡했고 격식을 갖추었는데, 이는 권위성과 규범성을 뚜렷하게 드러냈다.

근대시기 동북지역의 관방제사는 흥성에서 쇠락으로 나아가는 과정을 겪었다. 근대 중국의 내우외환과 청말의 국력 약화로 제왕에서부터 대신에 이르기까지 규정되어 있는 사전祀典의 제사조차 집행해 나가기가 어려워졌다. 일례로 청조 황제가 동북의 흥경興京에 가서 자신의 조상에 지내는 제사를 임시 중단하였다. 민국 초기에는 사전이 일괄 정지되었다가 민국 3년(1914)에 이르러 일부 회복되었다. 그러나 많은 제사가 폐지되었고, 공식적으로 승인되어 살아남은 제사는 극소수였고, 제사 의례 또한 간소화되었다.

공자제사는 본래 중사中祀이었는데, 광서 34년(1908)에 대사大祀로 승격되었다. 매년 춘추春秋 중월仲月 상정일에 제사를 지내는데 정인관正印官(지방장관)이 주재하였다. 주제관主祭官이 제물을 베는 걸 보고 제기에 담는 걸 살펴본 후, 날이 밝아지면 교관과 유생들을 이끌고 나아가 비단과 술잔을 올리고, 제물과 음악을 준비하도록 알린다. 두등豆登, 보궤簠簋, 형변鉶籩 등의 제기를 순서대로 배치한다. 음력 초하루와 보름에는 교관이 유생들을 이끌고 공자의 신위 앞으로 나아가 향을 피우고 비단을 태우는 등의 의례를 행하였다.[1]

공자에게 올리는 제사에는 엄격한 규정이 있었는데, 여기에는 위패, 제물, 제기, 제악, 제문, 제사의식, 제복 등이 포함된다. 그러나 각지 문묘의 상황이 달라서 기준을 충족하지 못하는 곳도 있었다. 특히 물질적인 측면에서 제물이나 제기는 문묘에 따라 사정이 달랐다. 영원주寧遠州를 예로 들어보면, "제물과 제기는 정해진 형식과 수량이 있으나, 처음부터 다 구하지는 못했다. 소는 마련하지 못하고 양과 돼지에 그쳤다."[2] 공자에게 지내는 제사는 매년 춘추 중월 상정일에 크게 한 번씩 하는데, 이는 각 지방관이 책임을 진다. 민국 이래 몇 번 없어질 위기도 있었으나 다시 회복이 되었다. "공자孔子, 사배四配, 십이철十二哲, 선현先賢, 선유先儒 및 숭성사崇聖祠가 위계에 따라 배치되었고, 모두 「대

1) 裴煥星等修, 白永貞等纂, 『遼陽縣志』 卷五, 壇廟志, 民國17年(1928年), 活字本.
2) [淸]馮昌奕等修, 范勛纂, 『寧遠州志』 卷四, 典禮志, 祠典, 淸康熙21年(1682年)修, 活字本.

청회전大淸會典」에 따라 춘추 상정일에 제사를 지냈다."[3]

역대 공자의 제사의례는 굉장히 성대하고 번잡스러웠다. 청말 때의 순서를 정리해보면 대략 12가지이다. ① 종을 울림(360번) ② 신을 맞이함(迎神) ③ 털과 피를 묻음(희생 제물의 털과 피를 땅에 묻어 순결함을 보임) ④ 향을 올림(上香) ⑤ 3번 절하고 9번 머리를 조아림(三拜九叩頭) ⑥ 비단을 올림(奠帛) ⑦ 술잔을 올림(獻爵) ⑧ 飮福(제사에서 사용한 술을 마시는 것, 신이 주신 福酒를 마신다는 뜻) ⑨ 제사에 사용한 고기를 나눔(福胙) ⑩ 제사상을 거둠(撤饌) ⑪ 신령을 보냄(送神) ⑫ 제사에 사용한 제문, 비단, 반찬 등을 불에 태움(塑燎)[4]

공자 제사 때에 추는 춤은 팔일무八佾舞라고 한다. 즉 1줄에 8명씩 8열을 줄선다. 8열은 문무文舞와 무무武舞로 나뉘고 각각 4줄씩 32명이 선다. 집사 인원은 다음과 같이 나뉜다. 주제관 1명, 분헌관分獻官 4명, 규의관糾儀官 1명, 통찬通贊 1명, 정인正印 겸 사욕司浴 2명, 사향司香 2명, 사백司帛 2명, 사작司爵 2명, 독축讀祝 1명, 사복조司福胙 2명, 예모瘞毛 1명, 사료司燎 1명, 분인分引 겸 사욕 8명, 사향 8명, 사작 2명, 사백 8인, 합계 52명이다. 주제관, 분헌관은 모두 주요 행정관원 및 문교 행정관원이 담당했다.[5] 의례의 진행은 주로 통찬이 맡았고, 한 과정마다 상응하는 집사인원이 있었으며, 모두가 의례가 잘 이루어지도록 협조하였다.

민국시기에 들어서는 공자 제사의 방식이 이미 크게 간소화되었다. 음력 초하루와 보름의 행례는 이미 폐지되었고, 춘추春秋 정제丁祭는 그

3) 程道元修, 續金文纂, 『昌圖縣志』 卷二 第四編, 志祀典, 民國五年(1916年), 吉林大學 抄本.
4) 遼寧省教育史志編纂委員會編, 『遼寧教育史志』 第三輯(總第六輯), 遼寧省新聞出版局, 1992, 147~148쪽.
5) 遼寧省教育史志編纂委員會編, 『遼寧教育史志』 第三輯(總第六輯), 148쪽.

대로 남아있어 현지사縣知事가 교육소장이나 교육회장을 이끌고 제례를
거행하였다. 제물이나 제기는 여전했고, 악장樂章과 축문은 조금 수정
되었으나 전통이 이어졌다. 청대의 엎드려 절하는 삼궤구배례三跪九拜禮
를 민국에 들어 허리를 굽혀 절하는 국궁례鞠躬禮로 바꾸었다가, 민국
3년(1914)에 일궤사배一跪四拜로 복원했고, 민국 12년(1923)에는 다시
국궁례로 바꾸었다. 또한 상향上香, 망료望燎와 같은 의례는 없앴다.[6]

제물, 악기樂器, 악장은 민국 3년(1914)에 반포된 것을 따랐다. "현지
사 정도원程道源은 소와 양을 제물로 준비했고, 지방의 신사紳士와 학원
學員 등을 공묘孔廟에 소집하여 삼국궁례三鞠躬禮를 행하였다."[7] 또한
공자 제사에서 여성의 참여나 참관을 불허하던 규정을 바꾸어,[8] 여학
생도 참여할 수 있도록 허락하였다. 영구營口의 공자 제사에서, 교육소
장 왕랑천王朗泉 및 각 교장은 남녀생도男女生徒 500여명을 인솔하여,
조두俎豆와 목변木籩 등과 같은 제기와 희생 제물을 준비하였고, 삼궤구
고례三跪九叩禮를 행하였다.[9]

2부에서 상세히 후술하겠지만, 만주국시기에 일본은 공자 존숭을 제
창하였고 유교를 선양했는데, 이는 물론 동북지역에 대한 통치를 강화
하기 위함이었다. 그래서 공자 제사도 열심히 지냈는데, 이것도 동북
인민을 통치하기 위한 수단이었다.

관우제사도 동북지역에서 매우 중요하였다. 청조가 수립된 후 관우
제사는 꾸준하게 늘어났다. 뿐만 아니라 동북지역은 청나라의 발상지
였기 때문에 이 지역에 관제묘를 세우는 일을 더욱 중시하였다. 민간

---

6) 裴煥星等修, 白永貞等纂, 『遼陽縣志』 卷五, 壇廟志, 民國17年(1928年), 活字本.
7) 「崇祀聖廟」, 『盛京時報』 1914.3.6.
8) 遼寧省敎育史志編纂委員會編, 『遼寧敎育史志』 第三輯(總第六輯), 149쪽.
9) 「祀孔礼之盛況」, 『盛京時報』 1916.3.10.

제사는 나라 어디에나 있었고, 그 중에서도 요동에 유난히 많았다. 전하는 바에 따르면, 청나라 초기에 만주족 건주여진建州女真의 신상을 명나라 조정에 세웠는데 처음에는 토지신을 섬겼고 나중에는 관우를 숭배했다고 한다. 이것이 각지의 대도시로 퍼졌나갔고, 인적이 드문 사막의 오지에도 모두 세워졌다.[10]

청대에는 관우제사를 국가제사로 규정하였다. 관방에서는 이를 무묘라고 했고, 민간에서는 관제묘라고 했다. 함풍 6년(1856)에는 관우제사를 중사中祀로 승격시켰다. 승격에 맞추어 제사 규모도 성대해졌고, 제사의 의례, 제기와 제물 등도 엄격히 규정하였다. 공자 제사와 비견될 만 하였다. 사전에는 관우 제사에서 지켜야 하는 신위의 순서, 의례 절차와 사용해야 하는 악장 등이 엄격하게 규정되었다. 지역의 사정에 따라 항상 모든 것을 갖추지는 못하였지만 나름 장중하게 진행하였다.

민국이 수립된 후, "숭덕崇德과 상무尚武의 정신으로 무묘의 건립을 제창하였고, 관우와 악비를 합사合祀함으로써 고금의 갑옷과 투구에 공이 큰 자를 합쳤다."[11] 1914년에 관우와 악비의 합사전례合祀典禮를 확정하였다. 관악묘關岳廟를 무묘로 개칭하였고, 봄가을 중월(음력 2월과 8월) 상무일에 지방장관이 경찰소장 등을 인솔하여 제사를 지냈다.[12] 제사를 지내는 장면은 여전히 장중했고, 제물로 돼지, 양, 소를 잡았다. 제사에 참여하는 인원은 지방행정 관료나 교육계 인사들도 참여했으나 군경 계통의 고위직 인사가 두드러졌다. 대개 경찰청장과 현지사縣知事, 군영의 장교, 교육계 인사들이 관제묘에 모여 삼궤구고례를 행하였

10) 孫維善, 傅玉璞修; 王紹武. 孟廣田纂, 「重修臺安關帝廟碑記」, 『臺安縣志』卷五 藝文志, 文藝, 民國十九年(1930年), 活字本.
11) 程道元修, 續金文纂, 『昌圖縣志』卷二 第四編 志祀典, 民國五年(1916年), 活字本.
12) 裴煥星等修, 白永貞等纂, 『遼陽縣志』卷五 壇廟志, 民國17年(1928年), 活字本.

다.13)

민국 이래, 봉건적인 제례를 폐지하라고 재차 강조했지만 여전히 삼궤구고례를 행하는 경우가 많았다. 이처럼 무묘 제사를 매우 중시했다. "악대의 연주 소리가 크게 울려 퍼지고, 찬의贊儀가 제례의 순서를 간간히 높은 소리로 외치니 지극히 장엄하였다."14) 1920년대에도 관우와 악비에 대한 합사가 장엄하게 거행되었다. 아래 수암현岫岩縣에 대한 보도는 이를 잘 보여준다.

> 3월 31일에 관악합사關岳合祀가 크게 거행되었는데, 현지사는 미리 회계부서(收捐處)에 지시하여 희생 제물을 구비하도록 했다. 당일에는 아침 4시에 집합하여 제사를 거행했다. 향이 은은하게 피어오르고, 불빛이 휘황찬란하며, 제사 의식이 엄숙하고, 예의 갖춘 모습이 극히 성대하였다. 관우와 악비의 영혼에 희색이 만연할 만하였다.15)

이밖에 여러 관방제사가 지방 사전의 규정에 따라 시행되었다. 비록 그 규모는 문묘나 무묘와 비교할 수 없이 작았으나, 대개 봄가을로 지방장관이 소속 관원을 이끌고 나아가 제사를 거행하였다. 정리하면 대략 다음 몇 가지 경우가 있다.

사직단 : 매년 봄, 가을 중월 상무일에 제사를 지낸다. 제물로 돼지와 양을 사용하고 궤배례를 행한다.

풍운뇌우산천단風雲雷雨山川壇 : 매년 봄, 가을 상무일에 제사를 지낸다. 제물로 돼지와 양을 사용한다.

---

13) 「崇祀關岳」, 『盛京時報』 1914.3.24.
14) 「關岳合祀之盛典」, 『盛京時報』 1917.3.28.
15) 「祭祀關岳」, 『盛京時報』 1920.4.6.

선농단 : 매년 중춘(음력 2월) 해일亥日에 제사를 지낸다. 제물로 돼지와 양을 사용한다.

여단厲壇 : 매년 청명일과 음력 7월 15일, 10월 초하루에 제사를 지낸다.

성황묘 : 매년 봄, 가을 중월에 풍운뇌우산천단과 함께 제사를 지낸다. 청명일, 7월 15일, 10월 초하루에 여단에서도 제사를 지낸다. 전용 제사는 없다. 또한, 매월 음력 초하루와 보름에 참배했고, 반드시 2번 엎드려 절하고 6번 머리를 조아리는 양궤육고례兩跪六叩禮를 행하였다.

팔사신八蜡神, 토지신, 옥신獄神, 충효사忠孝祠, 절효사 등에서도 봄가을 중월에 제사를 지냈다.16)

요컨대, 관방제사는 국가의 책무로 여겨졌다. 국가가 제단과 사당을 설립하고 사직과 선농 및 질사秩祀, 군사群祀 등 여러 형태의 제례를 행하였다. 모두가 체계를 잘 갖추었고, 장엄하게 거행되었다. 각 현을 지킬 의무가 있는 관원(守土官)들이 책임지고 수행하였다. 무릇 인민을 사랑하여 큰 덕을 남겼거나, 훌륭한 품행으로 향촌에 귀감이 되었거나, 효성이 지극했던 사람은 좋은 풍습이 순환될 수 있도록 수시로 제사를 드려 존숭해야 했다.17) 이렇게 하면 사람들이 존경하여 그리워하는 마음을 갖게 되고 이들의 행동을 따라하게 한다는 것이다.

그러나 상세히 후술하겠지만, 민국 이후 많은 관방제사가 폐지되었고, 지역의 제사활동은 민간에서 주도하게 되었다.

---

16) [清]全祿修, 張式金纂, 『開原縣志』 卷四 祀典, 清咸豊七年(1857)刻本, 吉林大學 抄本. ; [民國]程道元修, 續金文纂, 『昌圖縣志』 卷二 第四編 志祀典, 民國五年 (1916年), 活字本.

17) 周鐵錚修, 沈鳴詩等纂, 『朝陽縣志』 卷六 廟祠, 民國十九年(1930年), 活字本.

●● 제3절 민간제사의 흥성

근대에 들어 국가 사전을 집행하는 힘이 약해지자, 민간의 '음사'를[18] 행했던 많은 사원을 통제할 수 없게 되었고, 민간제사가 급속도로 만연하게 되었다. 이중에 일부는 본래 관방제사이었던 것도 있었다. 민국 수립 이후 폐지되었지만 민중들이 자발적으로 제사를 이어나간 것이다. 민국 이래, 엘리트층을 중심으로 일어난 '미신타파'의 흐름으로 인해 민간신앙이 일부 타격을 받았지만 뿌리가 흔들릴 정도는 아니었다. 집단적으로 일정한 수량의 사람들이 모여 진행한 제사활동(公祭)도 있었고, 개별적으로 개인이나 가정 단위로 이루어진 제사활동(私祭)도 있었다.

민간의 제사활동은 공제든 사제든, 의례의 규모에 있어서는 관방제사에 미치지 못했다. 제사를 주재한 사람은 해당 지역의 유력 신사이거나 향촌의 원로였다. 의례 절차는 비교적 간단했다. 예를 들어 향촌의 경우 대개는 가장 덕망이 높고 존경받는 어른이나 촌장이 직접 제사를 주재했고, 간단하게 제물을 준비하고 지전紙錢을 태우며 분향하는 정도였다. 사람들은 제사를 마친 뒤 제물을 나누며 의식을 마쳤다.

요녕성 철령현鐵嶺縣의 향촌에 대한 조사 보고서를 통해, 민간 제사활동에 관한 여러 정황을 알 수 있다.

● 관제묘 묘회 - 5월 13일
음력 5월 13일은 관우가 칼 한 자루만 들고 적장의 초대연에 나갔던

---

18) 祀典에 규정되어 있지 않아 함부로 지내서는 안 되는 제사를 말한다. 대개는 민간의 俗神에 대한 제사였다. 「大淸律例」에는 음사를 처벌하는 규정이 있었다.

이른바 '단도부회單刀赴會'의 고사가 있던 날. 제물은 돼지 1마리, 제사를 지낸 후 촌민에게 나누어 줌.

● 관제탄신일 - 5월 23일

관제의 생일에 제를 올림. 제물은 돼지 1마리, 촌민이 제사를 지냄.

● 충왕 - 6월 6일

충왕에게 제사를 지내 병충해를 줄여 농작물이 잘 자라도록 기원함.

● 용왕묘 - 6월 13일

용왕에게 제사를 지내 가뭄이나 수해를 입지 않도록 기원함.

● 화신묘 - 6월 23일

화신에 제사를 지내 화재를 면하도록 기원함.

촌락의 제사비용은 촌장을 중심으로 촌민 전체가 의논해 결정하고, 모두가 공평하게 나누어 부담하였다.[19]

장하현莊河縣의 상황을 예로 들어보면 다음과 같다.

> 제사를 드리는 신령은 마왕馬王, 우왕牛王, 충왕, 용왕, 화왕火王 및 천지天地, 토지공土地公, 수신水神 등이었다. 제삿날을 보면, 1월 1일에 향을 피우고, 만두를 제물로 바친다. 1월 15일에 향을 피우고, 만두를 제물로 바치고, 등촉을 밝힌다. 2월 2일에 향을 피우고, 만두를 제물로 바친다. 7월 15일에 향을 피우고, 만두를 바친다. 10월 1일에 향을 피운다.
>
> 이 지역의 숲속에는 상수리나무가 여기저기에 많았는데, 그 중 한 곳에 돌을 쌓아 사당의 형상을 만들고, 이곳에서 양잠업의 수호

19) 國務院實業部臨時産業調査局, 『農村實態調査報告書-奉天省鐵嶺縣』, 編者刊, 1936, 231쪽.

신에게 제사를 지내며, 항상 만두를 제물로 바쳤다.[20]

이처럼 인민의 제사활동은 그들 생활의 일부였다. 마찬가지로 서풍현西豊縣에서도 촌락 안에서는 자신들의 토지묘에서 제사를 지냈고, 성읍이나 촌락 밖에서 큰 제사가 열릴 때에도 그곳에 가서 참배했다. 토지묘의 제삿날은 대개 연말연시, 단오, 칠월 칠석, 추석이었다. 참배하는 자들은 향을 피우고 지전을 태우며 제물을 바쳤다. 기우제를 지낼 때에는 대개 백석촌白石村에 있는 큰 사원으로 가서 거행했다. 풍년이 들면 보답의 뜻으로 충왕에게 제사를 드렸다.[21]

향신鄕紳 집단은 촌락을 단위로 제사를 지내는 것 이외에 촌락의 범위를 넘어 국가와 민중을 연결시키는 것을 자신의 책무로 생각했다. 그래서 틀을 갖추어 문묘와 무묘, 절효사, 의용사義勇祠 등의 제사를 장엄하게 치르려고 했다. 이런 제사들은 주로 관방에서 지내는 것인데, 향신을 중심으로 민간에서도 일부 참여했던 것이다. 철령현의 절효사에는 "매년 향을 올리는 사람이 끊이질 않았고," 공경을 표현하고 온고지신을 장려하기 위해, "각계의 신사들이 상의하여 봄가을 상신일上辛日에 돼지와 양을 잡아 숭배의 뜻을 표시하였다."[22]

또한, 한족은 본래 조상 숭배를 매우 중시하였지만, 아직 지역 개발을 충분히 이루어지지 않아 재력을 갖춘 큰 가문이 성립되지 못했고, 조상을 모시는 전용 사당을 세울 수 있는 형편이 못되었다. 그래서 집안에서 제사를 지내는 경우가 많았다.

---

20) 國務院實業部臨時産業調査局, 『農村實態調査一般調査報告書－安東省莊河縣』, 編者刊, 1936, 368~369쪽.
21) 國務院實業部臨時産業調査局, 『農村實態調査一般調査報告書－奉天省西豊縣』, 編者刊, 1936, 441~442쪽.
22) 「士紳公祀節孝祠」, 『盛京時報』 1926.3.26.

이밖에도 다양한 민간의 제사활동이 있었다. 이를 간략히 소개하면 다음과 같다.

2월 19일 - 관음보살의 생일. 남녀노소가 관음묘觀音廟에 가서 분향하고 참배하는데, 이를 등유회燈油會라고 함. 부녀자가 참배할 때는 남자가 들어갈 수 없음.

3월 14일 - 지장보살의 생일. 16일은 성황 할머니의 생일. 주로 부녀자들이 참배하거나 집에서 제사를 지냄. 부처의 은혜가 신통하기 때문에 향과 지전, 술, 음식, 과일 등을 바치는 것임.

4월 18일 - 낭랑娘娘을 섬기는 묘회(神聖會)가 열림. 연희演戲를 베풀어 병의 쾌유와 아들 낳기를 기원함. 이때는 남녀가 같이 가는 경우가 많고, 점심으로 만두를 먹음.

10월 1일 - 귀왕절鬼王節. 성황을 가마에 태우고, 깃발을 들고 징을 치고 북을 울리며 행진을 나감. 천단까지 갔다가 다시 사원으로 돌아옴. 이때 병이 있는 어린이가 가마 뒤를 따라오게 함.[23]

❖❖ 제4절 관방제사와 민간제사의 비교 – 기우제를 중심으로

기우제는 가뭄이 심할 때 취했던 일종의 응급처치였다. 또한 고대 제왕의 정치활동이기도 했는데, 고대 중국에는 등급과 서열을 명확히 표현하는 완성된 기우 제도를 갖추고 있었다. 근대에 들어 황권이 약화

---

23) 日本遼東兵站監部, 『滿洲要覽』, 清光緒丁末年, 418~419쪽.

되면서 정부가 음사라고 여겨왔던 민간의 기우제 활동이 빈번해졌고, 그래서 민간의 기우제와 지방관의 기우제가 동시에 진행되기에 이르렀다. 하지만 같은 기우제라도 의례의 내용이나 기능 및 의미하는 바는 완전히 달랐고, 양자의 차이는 두 가지 서로 다른 문화심리를 반영하였다. 아래에서는 양자를 비교해 고찰해 본다.

1. 민간의 기우제

기우제의 실행은 하늘에 의지해 먹고 사는 농민이 재해에 대응하는 하나의 수단이었다. 가뭄이 들 때마다 촌민은 용신묘에 앞에 모여 단비가 내리기를 빌었다.[24] 사원 앞에는 장정들로 구성된 행렬이 늘어섰고, 어린아이들과 원로들도 모여 있었으며, 촌민이 준비한 제물도 있었다. 기우의식이 시작되면, 기우제를 조직한 우두머리나 촌장, 수많은 가장들이 무리를 대표해 용왕에게 향을 피우고 기원을 했다. 신을 향해 기우 축사를 낭독했는데, 축사 중에는 비만 내리게 해주면 그 보답으로 연회를 개최하여 감사의 뜻을 표하겠다는 내용이 꼭 들어 있었다. 의례 중에는, 모든 사람이 맨발에 버드나무를 머리에 꽂았고, 손에는 종이 깃발을 들었으며, 비를 내리게 해달라는 기원의 말을 반복했다.[25]

때에 따라 재력이 뒷받침되면 용왕의 '순열巡閱'을 거행하기도 했다. 그 목적은 용왕이 인간 세계의 가뭄 상황을 순시해 그 고통을 알아차리고 보살펴주기를 바라는 것이다. 또는 용왕의 신상을 들쳐 메거나 용왕의 위패를 들고 산길과 수로를 따라 행진을 했다. 지방지에서 그 모습을 잘 묘사하고 있다.

24) 丁世良/趙放 主編, 『中國地方志民俗資料匯編(東北卷)』, 179쪽.
25) 丁世良/趙放 主編, 『中國地方志民俗資料匯編(東北卷)』, 215쪽.

깃발을 들고, 북을 치며, 폭죽을 터뜨리기도 했다. 사람들이 맨발로 뒤를 따랐는데, 많은 경우 몇 백 명에 달하기도 했다. 도중에 우물이나 사원을 만나면 향을 피우고 절을 했다. 물병을 들고 있는 자들은 버드나무 가지로 물을 찍어서 뿌리며 이구동성으로 비가 내려주길 외쳤다가 일어나 다시 나아갔다. 농가를 지날 때에는 행진하는 무리에게 물을 뿌렸는데 옷이 젖어버렸다고 화를 내는 사람은 아무도 없었다. 옛날부터 풍속이 이러했기 때문이다.[26]

만약 비가 내리지 않으면 강한 햇볕을 오래 쪼여 용왕의 벌을 받는 방식으로 비가 내리기를 기원했다.

도시에서 상인이 기우제를 여는 것은 농민들의 대규모 기우제를 보조하는 의미였다. 이처럼 상인들이 기우제를 열었던 사례는 매우 흔하다. 봉천 상무회商務會의 수장인 손정신孫鼎臣은 "날씨는 가물고, 볏모는 바짝 말랐으니, 만약 비가 오지 않으면 가을에 수확을 기대할 수가 없다"고 하면서, "각지 상회의 이사들이 모여서 회의를 열고 기우방법을 논의하자"고 하여, "장안사長安寺에 제단을 세우고 독경을 하는 것으로 결정하였고, 각 이사가 비가 올 때까지 무릎 꿇고 기도하기로 하였다. 이에 모두가 찬성하였고 며칠 내로 실행하기로 하였다."[27]

돈을 내서 기우제를 열었을 뿐만 아니라, 상인들을 조직해서 기우제에 참가하기도 했다. 예컨대, 창도현昌圖縣 농공상회農工商會에서는 여름 이래 한 달 넘게 비가 내리지 않아, 밭의 새싹이 모두 말라 비틀어졌다. 더 이상 비가 오지 않으면 추수에 희망이 없을 것이다. 따라서 농민들은 모두 비가 오기를 간절히 바라고 있다. 농민들의 근심이 이만저

제1부 근대시기 동북지역 민간신앙의 구성과 특징

26) 丁世良/趙放 主編, 『中國地方志民俗資料匯編(東北卷)』, 179쪽.
27) 「商務會籌議祈雨志聞」, 『盛京時報』 1913.8.16.

만이 아니다. 어제 상공회商工會에서 상인들을 모아 관제묘로 가서 제단을 세우고 정성스런 기도를 드리며 향도 피웠다고 한다.[28]

비 내리기를 기원하며 상인들에게 도살 금지를 명하였다. 기우하는 동안 도살을 금지하는 것은 오랜 관습이었다. 또한 해당 관청에서는 형벌을 집행하지 않았고, 현지사는 매일 소속 관원을 인솔해 성황묘와 용왕묘에 참배하고 비가 내리기를 기원하였다.[29]

2. 관방의 기우활동

청대 사전에는 지방관이 매년 봄가을 두 차례 용왕에게 제사 지내야 하는 규정이 있다. 날씨가 순조로워 풍년이 들기를 기원하는 것이다. 가뭄이 심하면 지방장관이 길일을 택하여 도살을 금지하고 소속 관원과 지역의 향신들을 이끌고 제단에 나아가 기우제를 드렸는데, 이것을 '구우求雨'라고 한다. 이렇게 해서 비가 내리면 지방장관은 다시 소속 관원들을 인솔하여 신단에 찾아가 제례를 행하였다. 향민들은 향과 지전, 제물을 준비하고 사원에 가서 제사를 지내거나, 연회를 열어 신의 은공에 보답하는 뜻을 표하였는데, 이를 속칭으로 '사강謝降'이라고 한다.[30]

민국이 수립된 이후에도, 관방에서 기우에 참여하는 관례가 이어졌다. 일례로, "금년 여름 날씨가 대단히 가물어, 농민들이 기우 활동을 벌였지만 하늘의 축복을 받지 못하였다. 현지사로서는 이를 손 놓고 앉아서 볼 수만은 없었다. 이에 특별히 사농공상 및 각 기관의 주요 인사

---

28) 「農工商會設壇祈雨」, 『盛京時報』 1913.8.27.
29) [清]全祿修, 張式金纂, 『開原縣志』 卷五 祈雨祈請, 清咸豐七年(1857年), 刻本.
30) 丁世良/趙放 主編, 『中國地方志民俗資料匯編(東北卷)』, 83쪽.

들을 모아 다시 용왕묘를 찾아가 기우제를 드렸다."[31] 이때 길일을 선택해서 기우제를 거행했고, 비가 내리면 다시 제단으로 가서 감사의 뜻을 표하는 제례를 행했다. 그래야 기우제가 완료된 것으로 여겼다.

3. 민간과 관방 기우제의 비교

우선, 기우의식의 내용을 보면 민간의 기우제는 신비주의, 초자연성 및 경험성이 가득하다. 반면에 관방의 기우제는 권위적이고, 규칙적이며 장중하다.

민간의 기우제는 대량의 상징이나 샤머니즘 등 초자연적인 힘을 활용하였다. 용왕이나 관제, 혹은 기타 상징물을 기우 대상으로 삼았다. 예를 들어 기우 행렬이 뱀, 거북이, 개구리 등 양서류 동물을 만나면, 기우의 마스코트로서 공경을 표했다. 예컨대, 기우제를 진행하던 군중이 대석호大石湖라는 호수에 이르러 '잠룡潛龍'을 보고 향을 피워 비가 오기를 기원하자 마침 큰 비가 내렸는데,[32] 여기에서 '잠룡'은 물뱀 종류의 동물일 가능성이 크며 용의 상징물이 여겨졌다.

'황표黃表'(제사 지낼 때 쓰는 누런 종이)는 민간 기우제를 상징하는 중요한 아이콘이다. 방대한 기우 행렬에 참가한 사람들은 비를 원하는 마음이 간절하였기 때문에 여러 금기 사항을 매우 엄격하게 지켰고, 기우제에 쓰이는 누런 종이(黃表)에는 기우제의 성공을 기원하는 내용을 적었다. 용왕 앞에서 황표를 읽고 마지막에는 태웠다. 이 일을 도사나 승려에게 부탁해서 거행하기도 한다. 황지 이외에 버들잎도 매우 중요한 상징물이었다. 기우제를 드릴 때 사람마다 버드나무 가지를 들고 있

31) 「會議修廟」, 『盛京時報』 1920.9.5.
32) 「固有所謂龍者乎」, 『盛京時報』, 1913.8.31.

어야 했다. 또한 앞서 언급한 용왕의 순시를 요청할 때도 사람들이 길가에서 물을 뿌려야 했다. 집집마다 물 항아리를 준비해 물을 가득 채워 두었다.

기우 행렬은 대개 장정들로 구성되었지만, 민간의 샤머니즘에서는 여성이 음陰이라고 믿었기 때문에 여성을 참여시키기도 했다. 말하자면 물이 음이기 때문에 음(여성)으로 음(물)을 얻을 수 있다고 생각했던 것이다. 음으로 음을 구하는 것은 민간 기우에서 흔히 쓰는 방법이었다. 『성경시보盛京時報』가 전하는 바에 따르면 다음과 같다.

심한 가뭄으로 관방과 상업계에서 제단을 설치하고 함께 간절히 기원했다. 그래도 비가 오지 않자 농촌의 부녀자 100여 명이 머리를 풀어 헤치고 맨발로 용패龍牌를 어깨에 메고 비가 오기를 기원하였다. 이들이 길을 지나갈 때 모두가 맑은 물을 뿌렸다.[33]

민간의 기우 의식에는 일정한 금기가 있었다. 예컨대, 기우 행렬은 반드시 맨발이어야 하고, 우비나 초립을 쓰면 안 되었다. 용왕이 힘들어 하는 백성의 모습을 보고 연민을 느껴야 강우를 허락한다고 믿었기 때문이다. 만약 이를 어기는 자가 있으면 매우 비참한 응징이 뒤따랐다. 『성경시보』에 따르면,

어느 농촌 여성이 마차를 타고 기우 제단 앞을 지나갔는데, 어린아이를 안고 손에는 양산을 들고 있었다. 그러나 기우 제단을 지날 때는 결코 우산을 펼쳐서는 안 되는 금기사항이 있었다. 그 여성은 이를 지키지 않았고 비극이 일어났다. 말들이 놀라 여성과 어린아

33) 「所謂以陰求陰之祈雨術」, 『盛京時報』 1913.7.17.

제사의식과 사원 : 의례로서의 민간신앙

이가 동시에 말에 의해 압사를 당했다.[34]

만약 여러 가지 수많은 기우에도 불구하고 비가 내리지 않으면, 즉 용왕을 극진히 섬기는 방법이 통하지 않으면, 사람들은 오히려 용왕을 징벌하는 조치를 취하여 기우 목적을 이루려고 하였다. 용왕을 뜨거운 햇볕에 놓아두거나 채찍질 하는 것은 가장 흔한 방식이었고, 기우를 상징하는 신들에게 보복하는 여러 가지 행위를 진행하였다. 『성경시보』에 따르면,

> 오랜 기간 혹독한 가뭄이 이어져 추수호抽水湖에 가서 기우 활동을 벌이기도 했는데, 날짜가 지나도 효과를 보지 못하자 농민들이 크게 화가 났다. 호수의 자라 신령이 비를 내려주지 않으니 이제 나쁜 방법으로 상대할 수밖에 없다고 생각해, 많은 석회를 호수에 뿌리고 호수를 향해 연발총을 발사해 보았지만 어떤 움직임도 없었다고 한다. 소농민의 미신이 이처럼 심각함을 알 수 있다.[35]

기우 의식을 마치고 비를 얻으면 반드시 신령에게 감사의 뜻을 표하는 축제를 열었다. 즉 희생 제물을 신에게 바치고, 연회를 베풀었다. 이름 하여 이를 '사강'이라고 했다.[36] 이는 필수였다. 기우제를 지낼 때에 했던 약속을 지키는 것일 뿐만 아니라, 신령에게 '뇌물'을 주는 방식이며 앞으로 비가 제때 내리기를 기원하는 것이기도 했다.

요컨대, 민간의 제사활동은 신비성, 초자연성, 심지어 샤머니즘도 내포하고 있다. 그러나 관방제사는 신령을 숭배하는 태도를 취하면서도

---

34) 「祈雨不得死者七人」, 『盛京時報』 1913.8.14.
35) 「迷信過深反致不信」, 『盛京時報』 1913.8.9.
36) 丁世良/趙放 主編, 『中國地方志民俗資料匯編(東北卷)』, 179쪽.

의례는 철저히 사전을 준수했고 미신이나 샤머니즘 행위에 대해서는 반대했다. 가장 중요하게 나타내려 한 것은 관방제사가 가진 지고지상의 권위였다. 관방제사에서 기우 축문을 낭독하는 것은 빠뜨릴 수 없는 순서였다. 축문은 신령에 대한 충성을 나타낼 뿐만 아니라, 더욱 중요하게는 지방 민중에 대한 훈계였다. 아래 개평현開平縣 지현知縣 낙운駱云의 「기우문祈雨文」은 다분히 훈계조이다. 현지사는 마치 민중을 심판하듯 책망하고 있다.

성심을 다해 천지신명께 비나오니 백성을 위해 비를 내려주십시오. 지금까지 단비가 내리지 않은 것은 지역을 수호해야 하는 지방장관이 덕이 부족해서이고, 무지렁이 백성들이 업보로 인해 불길을 내 지 못하고 가뭄을 몰아내지 못하기 때문입니다. 또한 남자들이 과시하는 것을 경계하지 못하고, 여자들이 더러운 곳을 잘 씻지 않고, 존비의 정의가 온전하지 않고, 장유의 서열이 뚜렷하지 못하고, 자식은 충분히 아버지를 존경하지 않고, 아우가 형을 공경하지 아니해서, 이러한 벌을 받고 있지 않을까 생각합니다. 혹은 무력을 숭상하여 제멋대로 격앙되고 잘난 척을 하며 자신이 현명하다고 여기고, 부자는 득실을 따져 더욱 많은 이익을 취하려 하고, 가난한 자는 이익을 쫓아 변덕이 심하니, 이러한 사람들이 많아 가뭄이 닥치기에 족하였습니다.[37]

둘째, 기우 의식의 기능으로 볼 때 민간의 기우제는 일종의 심리적 위안이며 재난 생태 하의 자아 조절과 대응이다. 물론 만족스런 결과를 얻지 못하면 일종의 사회적 불안 요소가 될 것이다. 하지만 관방의 기

---

37) 石秀峰, 辛廣瑞, 王郁云纂, 『開平縣志』 卷十六 藝文志, 雜著, 民國十九年(1930年), 活字本.

우제는 민중에 대한 일종의 통치술이었다.

민간의 사회 하층민에게 기우제는 생존을 모색하기 위한 자연과의 싸움이었고 간절한 몸부림이었다. 일반 백성은 기우제를 생태 불균형에 대응하기 위한 일종의 기술로 여겼고, 그래서 사람들의 생활 속에 녹아들어 있었다. 기우제를 벌이는 것은 오랫동안 비가 내리지 않아서 생긴 초조함과 정신적 스트레스를 완화할 수 있기 때문이었다. 사회적 긴장을 일정 정도 완화할 수 있다는 것은 농민들에게 여러 가지 중대한 의미를 부여했다. 큰 자연재해를 입어 마음의 휴식이 필요했으며 스트레스를 해소시킬 필요가 있었던 것이다. 따라서 비를 내려준 신령에게 감사를 표하는 것(謝降)은 '사람에 보답하는 것(酬人)'이기도 했다. 즉, 사강 활동은 사람들이 생태환경의 압박을 맞이해 능동적으로 취한 적응이자 자아 조절이었으며, 기우와 사강은 일종의 조화로운 생존 기술을 구성하였다.

예컨대, 비가 내린 후에는 신령에게 감사를 표하는 연희(酬神演戲)를 진행했다. 간혹 그림자 연극(皮影戲)을 하기도 했고, 연희를 개최한 시기는 대개 추수 이후의 농한기였다. 3일이나 5일에 걸쳐 진행했다. 이런 수신연희酬神演戲는 매우 개방적이어서 대개 한 마을에서 연극을 하면 주변 마을에서 사람들이 몰려와 함께 즐겼다. 그래서 같은 고향 사람이나 친척, 친구들이 이 기회를 통해 얼굴을 보고 정을 나누고 정보를 주고받았다. 『성경시보』에 따르면,

> 지난 달 봉남鳳南에서 가뭄으로 인해 기우제를 드렸는데 단비가 내렸다. 이에 농민들이 매우 기뻐 8월 29일 연극 무대를 높이 세우고 수신연회를 개최하였다. 주변 촌락에서 온 구경꾼들의 발길이 끊이지 않았고, 읍내에서 연극을 할 때보다 더욱 떠들썩하였다.[38]

1919년 철령현에서도 이러한 일이 있었다. 『성경시보』에 따르면,

  여름에 혹독한 가뭄이 있어 도처에서 기우제를 드렸고, 이에 비
를 얻어 신령에게 보답하는 연희를 열기로 했다. 성읍의 동쪽 운소
둔運所屯에서는 여름에 기우제를 드릴 때 비를 내려주면 5일 동안
연희를 베풀겠다고 신령에게 서약했다. 이제 추수가 끝나고 농가도
즐거운 때를 보내고 있다. 어제 촌장이 현공서縣公署에 보고하기를,
읍내의 유력 인사들을 초청하고, 연극 무대를 높이 짓고, 2천여원
의 자금을 들여 음력 9월 1일에 연희를 베풀 것이라고 하였다. 또
한 해당 촌락이 읍내에서 그리 멀지 않으니 굉장히 많은 구경꾼들
이 몰려 들 것이라고 하였다.[39]

  물론 민간 기우제에도 부정적인 측면이 있어 이를 무시할 수는 없
다. 내부에 존재한 강렬한 동질감과 배타성이 종종 충돌의 도화선이 되
었다. 일례로, 한 무리의 농민들이 기우제를 드리기 위해 용왕묘로 가
는 길에 소학교를 지나게 되었는데, 해당 소학교의 교사와 학생들이 기
우를 미신이라고 비방하는 소리가 어쩌다가 농민들의 귀에 들렸고 농
민들이 함께 욕을 해댔다.[40]
  자연재해를 자기 힘으로 해결할 수 없는 사람들은 이를 매우 두려워
했고, 민중의 초조한 마음이 집단의식으로 응집되어 사회충돌의 도화
선이 되곤 했다. 기우제를 매개로 조성된 방대한 민간조직 속에 집단의
힘이 내재되었고, 이는 다른 측면에서 기존 질서에 반항하는 사회적 요
인으로 작용할 수 있었다. 그래서 기우제가 열리면 다양한 충돌 현상도

38) 「演戱酬神」, 『盛京時報』 1913.9.4.
39) 「演戱酬神」, 『盛京時報』 1913.10.26.
40) 「此謂彼拂之人性」, 『盛京時報』 1913.8.6.

제4의 석과 사원 : 의례로서의 민간신앙

일어났는데, 작으면 말싸움으로 끝났지만, 커지면 무기를 들고 싸우기
도 했다. 이미 개인 간의 충돌을 넘어섰고, 규모에 있어서도 기우를 옹
호하는 집단과 비난하는 집단의 충돌로 비화하였다. 기우를 주도하는
집단의 내부를 보면, 내부 구성원 간의 동질감은 더욱 강해졌지만, 사
회적으로 보면 그렇지 않은 집단과의 분열이 일어난 것이고, 이는 사회
적 불안 요인의 하나가 되었던 것이다.

관방의 기우활동은 민간 기우제와 그 목적이 비슷하게 보이지만, 민
간에는 없는 또 다른 의미를 내포하고 있다. 한 연구자가 말한 것처럼,
"생존을 위해 만들어진 의례는 대개 집단을 통합시키고 사회를 조화롭
게 하는 기능을 갖기 마련이다. 그러나 권력을 위해 만들어진 의례는
주로 권력과 권위를 세우고 드높이는 기능을 하고 결국 집단을 분열시
킨다."[41] 따라서 기우제가 권력을 강화하기 위한 관방의 수단으로 활
용될 경우 기우제의 의미 자체가 달라진다.

관방도 민간의 기우의식에 참여함으로써, 정치에 성실하고 백성을
사랑한다는 이미지를 얻을 수 있었고, 실제 사회 문제도 일부 완화할
수 있었다. 예컨대, 진안鎭安의 장대령張大令은 기우제를 위해 30리 밖
의 사원까지 몸소 걸어서 갔다가 왔는데, 이를 목도한 인민들의 칭송을
들었고 그래서 많은 민심을 얻었다고 한다.[42] 1919년 8월 3일자 『성경
시보』에 실린 「기우취문祈雨趣聞」이라는 기사에 따르면,

> 장작림張作霖이 동북삼성순열사東北三省巡閱使를 맡고 있었을 때,
> 그가 언제 비가 올지 포할자包瞎子에게 점을 보았고, 언제 비가 내
> 린다고 점괘를 받았는데 그것이 딱 맞아떨어져 실제로 비가 내렸

41) 郭于華, 『儀式與社會變遷』, 北京: 社會科學文獻出版社, 2000, 377쪽.
42) 「縣君祈雨」, 『盛京時報』 1907.7.31.

다. 인민은 저간의 사정을 모르고 장작림의 위엄 있는 영성이 하늘을 감동시켰다고 감탄하였다. 이에 장작림도 하늘의 공을 자신의 공으로 돌렸다. 금년에 다시 가뭄이 왔는데, 장작림은 아직 길조가 보이지 않고 여기저기 점을 쳐봐도 비가 오는 날이 아직 멀었다고 하기에, 기우제의 효과가 없어 백성의 믿음을 잃을 것 같아 기우제를 계속 미루고 있다. 포할자는 음력 7월 7일이 대우절大雨節이고 매년 비가 오지 않은 적이 없었기에 장작림에게 6일에 제단을 설치하고 기도를 하면 비가 바로 내린다고 비밀스럽게 고하였다. 장작림이 그의 말을 믿었고 그래서 6일 공서公署에 제단을 세우고 소속 관원을 대동하여 분향하고 기원하였다. 또한 도살을 금지하라고 지시하였고, 상회를 통해 상인들을 동원해 같이 기도하게 하였다. 기우제의 결과, 주위 농촌에서는 비가 모두 내렸는데 성읍에만 비가 내리지 않았다. 이를 두고 사람들은 '하늘의 뜻을 모르는 자가 교활하게 굴어 어려움을 준 것이니, 하늘의 마음을 알기가 이토록 어려운 것이 아니겠는가!'라고 입방아를 찧었다.[43]

이 보도에는 풍자의 의미가 많이 들어 있지만, 아무튼 기우를 통해 관원은 민심을 얻을 수 있었고, 권위를 승인받을 수도 있었으며, 인민이 관방을 중시하게 할 수도 있었다. 강우는 농업의 수확과 관련이 깊다. 아직 수리시설이 완전하지 않는 시대였기 때문에, 기우는 수많은 신앙의식 중에 가장 중시되었던 것이었고, 관방이 '인민의 고통을 자상하게 보살피고 있다'는 하나의 표현으로 인식되었다.

기우제를 또 다른 각도에서 보면, 국가가 지방을 통제하는 하나의 수단이었다. 장엄한 사원과 질서 정연한 의례에서 국가의 권위가 잘 드러난다. 이때 구경하는 민중들은 의례의 청중이 되고, 의례는 민중에

---

43) 「祈雨趣聞」, 『盛京時報』 1919.8.3.

대한 일종의 훈계가 된다. 기우제는 국가권력의 존재를 가장 잘 드러내는 하나의 퍼포먼스였고, 국가권력이 지방에도 존재하고 있음을 재확인시켜주는 마침표였다.

하지만, 관방이 이른바 '백성의 고통을 보살피기 위해' 기우제를 개최하는 배경에는, 관방이 더 이상 이재민을 효과적으로 구휼할 수 있는 방책을 가지고 있지 못했다는 사정이 있었다. 이럴 때 어쩔 수 없이 민간사회에 대한 통제를 완화했던 것처럼 사회적 긴장을 해소하기 위해 기우제를 열었던 것이다. 이는 관방이 적극적으로 민간의 기우와 타협한 것이라기보다는, 근대 정부로서의 역량이 부족했음을 드러내는 것이었다.

또한, 반드시 덧붙여야 하는 것은 민간사회에서 오랫동안 지속된 '관방본위' 사고방식이 영향을 끼쳐 민간이 기우활동에 정부를 자꾸 끌어들이려 했다는 점이다. 관방을 개입시키는 것 자체가 신령에 대한 중시를 더 잘 나타내는 것이라고 생각했고, 이로써 기우의 효력이 증가할 것이라고 믿었다. 게다가 민중을 훈계하는 관방제사의 작용이 더욱 잘 완성되었다.

근대 이래 민간의 제사활동은 청말의 혁신정책이나 민국의 구습철폐 운동, 심지어 엘리트 지식인의 개혁운동에 의해서도 없어지지 않았고 빈번하게 행해졌다. 이는 신앙의례의 바탕화면에 깔려 있는 이미지와 의미가 민중생활의 스트레스를 완화해 주었기 때문이다. 이러한 생존 모색 수단은 장기간에 걸친 사회적 실천을 통해 형성된 지역성 지식체계로서 끊임없이 복사되었고, 민간의 제사활동은 지방의 역사와 결합하면서 지역사회로 녹아들었다. 국가도 민간과 마찬가지로 이런 의례를 이용하여 지역사회의 생활 영역에 참여할 수 있게 되었다. 하지만 민간영역에서 생존을 모색하던 수단이었던 제사의례가 국가 영역에서는 권력을 실천하는 의식으로 치환되었다. 제사 의식의 이미지가 전환된 것이다. 이는 양자의 가장 큰 차이이다.

풍속과 사원 : 민속으로서의 민간신앙

근대 동북지역의 민간신앙이 지역사회로 융합해 들어간 이래, 민중은 일상생활과 관련이 깊은 풍속과 습관을 계승, 발전시켜 나갔다. 민중의 일상생활은 관혼상제와 같은 인생의례에서부터 취미생활에 이르기까지 다방면에서 민간신앙과 긴밀한 관계에 있었다. 무엇보다 다양한 사원들이 민중을 위해 풍부하고 다채로운 신앙생활과 일상생활문화를 제공하였던 것이다.

제1절 생애주기별 의례와 민간신앙

중국은 '예의의 나라'로 불린다. 크게는 국가에서부터 작게는 개인에 이르기까지 모두 완성된 예의제도를 가지고 있었다. 민간신앙은 출생에서부터 죽음에 이르기까지 생로병사나 관혼상제와 밀접한 관계를 가지고 있었다. 근대에 들어서도 민간신앙은 사람들의 생활과 밀접한 관련이 있었고, 생애주기별로 중요한 의례와도 관련이 깊었다. 여기에서는 근대 동북지역 민간신앙이 가진 민속으로서의 의의를 살펴본다.

잉태에서 출생까지 수많은 풍속과 습관이 생겨났다. 예를 들어 불임이거나 자식을 원할 때, 아이의 생육을 관장하는 낭랑묘에 가서 아들을 낳게 해달라고 기원한다. 낭랑묘에서 '인형 걸기(掛娃娃)'나 '신발 훔치기(偸鞋子)'를 하면 자식을 얻을 수 있다고 믿었다. 『성경시보』에 따

르면,

　　음력 4월 28일은 약왕묘에서 향불을 피우는 날인데, 이 날이 되
면 노소를 막론하고 인근의 부녀자들이 몰려와 향을 피우고 원하는
바를 열심히 빌었다. 또한 일반 여신도는 24살이 되었을 때 특별히
기쁜 마음으로 분향했는데, 이날 대를 이을 아들이 없는 부녀는 약
왕묘에서 아무 어린아이나 골라 몸에 묶어도 아무런 문제가 없었
다.[1]

　이러한 풍속과 습관으로 인해 사원에서 생겨난 우스운 이야기가 끊
이지 않았다. 예컨대, "음력 4월 18일은 낭랑에게 제사를 드리는 날인
데, 이날 자식이 없는 부인은 사원에 있는 불상의 하체 생식기 흙을 조
금 떼어갔다. 귀가 후 물에 타 먹으면 아들을 낳을 수 있다는 풍습이
있었던 것이다. 많은 부인이 이렇게 했고, 지금은 흙이 거의 남아 있지
않다."[2] 또한, "음력 3월 15일은 하늘과 땅이 조화를 이루는(天地交泰)
날이다. 무릇 아들이 없는 부인들은 이날 북탑사北塔寺에 가서 향을 피
우고 엎드려 절하며 아들 낳기를 빌었다. 이렇게 하면 임신을 해서 아
들을 낳을 수 있다고 진짜로 믿었다."[3]
　낙후된 의료 환경에서, 병을 고치는 풍습이 중시되지 않을 수 없었
다. 각지의 풍습이 달라 각양각색이었다. 근대시기 동북지역에서는 신
체 모양의 상징물(替身)을 불태워 없애는 풍습이 있었다. 대개 어린아
이나 어른이 질병에 걸리면, 흔히 사람 모양의 종이를 사서 사원에서
태웠다. 『성경시보』에 따르면, "음력 4월 18일은 낭랑묘의 제삿날이다.

　1) 「迷信未除」, 『盛京時報』 1914.5.30.
　2) 「迷信可囑」, 『盛京時報』 1915.6.4.
　3) 「天地交泰」, 『盛京時報』 1916.4.19.

제1부 근대시기 동북지역 민간신앙의 구성과 특징

이날 수많은 부녀자들이 몰려와 참배하는데, 어떤 무리들은 향을 피우고 지전을 태우며 오래 살기를 빌거나, 희생물(替身)을 구매하며 태우고 원하는 바를 빌었다."4) 또한, "음력 4월 18일에는 낭랑묘에서 묘회가 열린다. 부녀자들이 몰려와 향을 피우고 자식을 얻기를 기도한다. 수많은 사람들로 발 디딜 곳조차 없다. 어떤 이는 사람 모양의 종이를 들고 와서 병든 사람의 대역으로 삼아 불태우며 쾌유를 빌었다."5)

때로는 승려를 불러 불경을 읽게 했는데, 이는 아픈 사람의 몸을 태우고 이름을 다시 지어 새로 태어나게 한다는 의미를 가지고 있다. 예컨대, 서풍현, 해성현 등에서는 어린아이가 병이 들면 다음과 같이 했다.

> 부모가 종이 사람을 구입하여 어린아이의 이름을 적는다. 묘회 때에 이를 신 앞에서 태운다. 이는 신불의 제자가 되었다는 것을 의미한다. 나중에는 반드시 아이의 이름을 바꾼다.6)
> 어린아이가 병이 많으면 무당이 이 이 아이는 신의 시종이 몰래 나온 거라고 말하며 뭔가로 몸을 대신해야 한다고 권유한다. 묘회 날을 기다렸다가 사람 모양의 종이 분신을 태우는데, 이를 '분신 보내기(送替身)'라고 한다.7)

어린아이에게 질병이 있는데 치료를 해도 효과가 없으면 암자에 보내 키우는 풍습이 있다. 장성하면 다시 환속했다. 환속하는 날에는 향과 제물을 준비해 제례를 드렸다. 이를 '담 넘기'(跳牆)라고 한다. 어제 읍내에서 어느 사람이 '담 넘기'를 했는데 그 비용이 적지 않았다.8)

---

4) 「又開香火會」, 『盛京時報』 1914.5.15.
5) 「迷信不易破除」, 『盛京時報』 1916.5.27.
6) 丁世良/趙放 主編, 『中國地方志民俗資料匯編(東北卷)』, 135쪽.
7) 戚星巖, 『海城縣志』, 卷四 人事志, 宗教, 1937年, 活字本.
8) 「迷信宜破」, 『盛京時報』 1909.3.4.

위급한 상황을 맞이하면 진짜 출가를 허락해야 한다. 회복한 후에 후회가 되면 당나귀 한 마리를 사원에 기부하고 자식을 환속시켰다. 또한, 사원에 '십불전十不全' 조각상을 두고 여기에 천식 같은 질병을 옮겨 병이 낫기를 기원했다. 또는 '십불전'의 몸에 고약을 바르는 풍습도 있었는데, 이는 류머티즘 같은 질병을 전이시키기 위함이었다. 『성경시보』에 따르면, "어제 자손당子孫堂과 낭랑묘에서 묘회가 열렸다. 어떤 여자 아이가 '십불전'의 하체에 고약을 부쳤는데, 이는 그녀의 아픈 곳을 그에게 전이시키기 위해서이다."[9] 이러한 신앙 풍속은 표현되는 방식이 매우 다양하였다.

중국은 예부터 '죽은 사람 섬기기를 살아 있을 때와 같이 하라(事死如事生)'는 관념이 있다. 그래서 사람이 죽고 난 후의 장례예절을 매우 중시하였다. 요컨대, "봉천성은 장례 풍습을 오랫동안 이어왔다. 비록 전제典制를 모두 지키지는 못했지만, 옛 사람들을 거스르지는 않았다"[10]고 하였다.

각지의 장례 풍습이 세세한 부분까지 모두 똑같지는 않았지만 사원에 가서 죽음을 보고하는 '보묘報廟'는 어디든지 다 있었다. 사람들은 토지신이 한 촌락의 저승 사무를 관장한다고 믿었고, 그래서 토지묘는 사람의 죽음을 보고하는 곳이다. 유족들은 이곳에 와서 혼령을 부른다. 지방지에 따르면,

죽은 자의 자손들이 토지묘를 찾아와 향과 지전을 태우고 울며 돌아간다. 이를 '보묘報廟'라고 한다. 또한 사망 후 3일 동안 매일 아침저녁으로 토지묘에 와서 종이와 금박을 태웠는데, 이를 '지전

9) 「廟會盛況」, 『盛京時報』 1922.5.16.
10) 丁世良/趙放 主編, 『中國地方志民俗資料匯編(東北卷)』, 9쪽.

보내기(送紙)'라고 했다.[11]

복현復縣에서는 사람이 죽으면 명주실과 은 부스러기를 입에 넣었는
데, 이를 '입을 막는 은(壓口銀)'이라고 했다. 손에 보리떡을 쥐게 하기
도 했고, 구슬을 입에 물리기도 했다. 사람이 죽으면 바로 집에 들어가
열쇠를 가지고 사원에 갔다가 돌아오면서 곡을 했는데 이를 '열쇠 열기
(開鎖)'라고 한다. 아침, 점심, 저녁 시간 때마다 사원으로 가서 지전을
흔들며 혼령을 부르기도 했다. 죽은 사람의 이름을 부르며 쌀뜨물을 땅
에 뿌렸는데, 이를 '장수漿水 보내기(送漿水)'라고 한다. 하루에 세 번 사
원을 왕복하는데, 갈 때는 애도를 하고 올 때는 크게 울었다. 이것도
'보묘'라고 했다.[12]

기타 풍속은 크게 비슷하기 때문에 더 이상 서술을 하지 않는다. 이
밖에, 사원은 풍수에 있어 음의 집합지로 여겨졌기 때문에, 임시로 관
을 안치하는 장소로 사용되었다.[13] 죽음과 관련된 의례도 민간신앙과
매우 관련이 깊었음을 알 수 있다.

민간의 혼인 풍속도 민간신앙과 다소간 관계가 있다. 묘회는 종종
정혼하는 장소가 되었는데, 특히 낭랑묘회가 그러하였다.[14] 낭랑 여신
에 대한 신앙이 동북지역 전체에서 크게 유행하였기 때문에, 낭랑 여신
은 여성의 임신과 출산, 자녀 양육, 혼인, 집안의 평안을 관장하는 주신
으로 여겨졌다.

---

11) 丁世良/趙放 主編, 『中國地方志民俗資料匯編(東北卷)』, 9쪽.
12) 丁世良/趙放 主編, 『中國地方志民俗資料匯編(東北卷)』, 146쪽.
13) 丁世良/趙放 主編, 『中國地方志民俗資料匯編(東北卷)』, 51쪽.
14) 일본인 宮城調明이 동북 낭랑묘회에 대한 조사에서 묘회 중 사원성전 위에 남녀
   쌍방이 선을 보는 사례를 발견하였다. 宮城調明, 「滿洲國娘娘巡禮記」, 『滿蒙』,
   滿洲文化協會, 1933.5, 172~173쪽.

낭랑묘회 때마다 적지 않는 남자와 여자가 참배하는데, 묘회에서 젊은 남녀가 접촉하는 기회를 가졌으며, 사랑하는 마음을 전할 수가 있었다. 스스로 눈이 맞아 연애하는 방식은 전통적인 예법에서는 받아들일 수 없는 것이지만, 변방의 동북에서는 상대적으로 여성에 대한 구속력이 약하였고, 평소 규방에 갇혀있던 여성들도 묘회에는 비교적 자유롭게 참가할 수 있어 연애를 시작할 수 있는 기회가 되었던 것이다. 이와 관련 『성경시보』에서는 다음과 같이 보도했다.

> 낭랑묘회가 열리면, 향을 피우고 엎드려 절하는 수많은 미신 여성이 장사진을 친다. 그러면 경박한 젊은 남자들이 삼삼오오 무리지어 시시닥거린다. 확실히 풍속을 해치는 바가 있다. 관리 책임자는 신속히 이를 엄금해야 한다.[15]

당시 사람들은 묘회에 나가 스스로 배우자를 구하려는 마음을 부끄러운 일로 여겼고, 신문에서는 묘회에서 만나 연애하는 남녀를 비판 논조로 보도하였다. 아무튼 이런 보도에서 보듯이 젊은 남녀가 묘회를 통해 만나는 일은 매우 보편적이었다. 이밖에, 혼인 풍속과 관련 사원에는 음기가 비교적 강했기 때문에, 일반적으로 장가를 든 남자가 사원을 지나갈 때 빨간 융단으로 가렸는데, 이는 악령이 침범하는 것을 막기 위함이었다.[16] 이것도 역시 민간신앙이 혼인 풍속과 유관하였음을 보여주는 중요한 사례라고 할 수 있다.

이상에서 서술했듯이, 생애주기별 의례와 풍속이 근대시기 동북지역의 민간신앙과 밀접히 관련되어 있었음을 알 수 있다.

15) 「廟會宜禁」, 『盛京時報』 1913. 5. 19.
16) 丁世良/趙放 主編, 『中國地方志民俗資料匯編(東北卷)』, 6쪽.

⠶ 제2절 명절 민속과 민간신앙

근대시기 동북지역의 민간신앙은 인민의 물질생활에 많은 영향을 끼쳤다. 그 중에서 장기간의 사회적 실천에 의해 형성된 민간의 풍속 생활은 특히 많은 영향을 받았다. 풍속 생활 가운데에서도 전통적인 명절 문화는 대부분 민간신앙과 관계가 깊다.

신령에게 드리는 제사는 고정된 날짜가 있고 그 자체로 매우 중대했기 때문에, 정기적인 제사 날짜에는 일손을 놓고 제사를 지내거나 기원 활동을 거행했다. 특히 중대한 제사 의례인 경우 각종 오락 및 상업 활동도 병행되었다. 덕분에 사람들은 제사를 통한 기복과 함께 묘회를 즐길 수가 있었고, 이 날은 일하는 평일과 뚜렷이 구분되는 휴일이 되었다. 『성경시보』에 따르면,

> 음력 4월 18일에 낭랑묘에서 묘회가 열렸다. 날씨가 정말 좋았다. 각 상공업계에서는 그날을 휴일로 지정해 묘회를 즐길 수 있도록 했다. 향을 피우고 소원을 비는 선남선녀들로 장사진을 이루었다. 매우 시끌벅적했다고 한다.[17]

일반적으로 신도들뿐만 아니라 일반인들도 사원의 종교 명절에 참가했다. 민간신앙과 관련이 깊은 명절들은 아래 표와 같다.

명절 당일은 자연스럽게 휴일이 되었다. 상공업계도 하루를 쉬었다. 행업신의 기념일도 종사자들에게 매우 중요했기 때문에, 다 같이 하루를 쉬며 제사 의식을 거행했다. 예컨대, 4월 18일은 낭랑묘회가 있는 날로 농민, 상인, 수공업자 모두 휴일이다.[18] 4월 28일은 약왕묘회가

---

17) 「廟會志盛」, 『盛京時報』 1916.5.23.

날짜(음력)	명절	활동
정월 14일	皇寺喇嘛跳塔	성읍의 남녀가 모두 참관함.
2월 19일	觀音廟會	부녀자와 어린이가 많이 참배함.
3월 3일	西王母蟠桃會期	
3월 3일	三皇廟會	돈을 모아 마시고 즐김.
3월 15일	北塔法論寺天地佛會	향과 등촉이 지극히 성행함.
3월 16일	山神 제사	'老把頭'의 생일, 농민들이 제사 고기를 나누어 먹음.
3월 28일	天齊廟會	전후 7일 동안 많은 물품들이 진열되고, 오가는 사람이 매우 많음.
4월 18일	碧霞元君廟會	속칭 娘娘廟會, 여성과 어린이가 많이 참가함.
4월 28일	藥王廟會	의사들이 제사를 지내고 십시일반으로 회식을 함. 종이로 만든 조롱박을 팔러 오는 사람이 매우 많음.
5월 13일	關帝廟會, 雨節	기우제
6월 6일	八蜡廟會, 虫王廟會	농촌에서는 虫王에게 제사를 지냄. 이때 제물로 쓴 돼지고기를 가지고 靑苗會도 지냄. 옷이나 도서를 햇볕에 말리는 습관이 있음.
7월 15일	中元節, 盂蘭法會	선영에 제사를 지냄. 各縣의 승려들이 제단을 세우고, 등을 실은 종이배(河燈)를 강에 떠내려 보냄.
10월 1일	下元節, 鬼節	선영에 제사, 지전과 비단을 태움.

출처 : 『奉天通志』에 근거해 정리함. 王樹楠 등, 『奉天通志』 卷98 禮俗, 東北文史叢書編輯委員會, 1983.

있는 날인데 약을 파는 곳에서는 향을 피우고 제례를 행하며 하루를 쉰다.[19] 해성현에서는 농, 공, 상인도 역시 하루를 쉰다.[20]

신지식인들은 민간신앙의 다양한 기념일에 대해 탄식하며 구습의 폐

---

18) 丁世良/趙放 主編, 『中國地方志民俗資料匯編(東北卷)』, 76쪽.
19) 丁世良/趙放 主編, 『中國地方志民俗資料匯編(東北卷)』, 64쪽.
20) 丁世良/趙放 主編, 『中國地方志民俗資料匯編(東北卷)』, 76쪽.

지를 주장하였다. "민중의 교화에 책임이 있는 자들이 금지하고 혁파하면 사회에 적잖은 보탬이 될 것"[21)]이라고 하였다. 민국 이후 국가에서 법정 공휴일로 민속 명절을 대체해 보려고 했지만 잘 되지는 않았다. 예컨대, 쌍십절에는 관청, 사무실, 학교 및 각 기관들이 모두 깃발을 달고 휴일로 지정해 경축을 하며 성대한 의식도 즐길 수 있도록 하였으나, 촌민들은 아무도 신경 쓰지 않았고 미동도 하지 않았다고 한다.[22)]

사람들의 기억에는 아직도 묘회 명절이 가장 중요한 기념일이었다. 농경사회가 주도적인 역할을 한 중국에서 오락은 주로 봄갈이 전후와 농한기에 집중될 수밖에 없었고, 절기는 농사와 밀접히 연관된 생태환경에 따라 정해졌기 때문이다. 명절을 통해 농사로 인한 피로를 해소할 수가 있었고, 농한기에나 휴식과 한가함을 즐길 수 있었다. 따라서 국가의 법정 휴일 개혁은 단번에 성공할 수가 없었고 느리고 긴 과정을 거칠 수밖에 없었던 것이다.

●● 제3절 민속 오락과 민간신앙

춤, 희곡 등 문예오락 활동은 역사적으로 오랜 발전과정을 거쳐 왔다. 그 기원에 관해서는 많은 의견이 있으나,[23)] 전통적 민간신앙의 제사문화가 문예오락 활동의 발전과정에 남다른 작용을 해왔음은 의심의 여지가 없다. 또한 전통적으로 오락 공간이 비교적 단일했고, 특히 하층사회의 문예오락은 매우 부족했으며, 민간의 제사 및 기념일 행사에

21) 丁世良/趙放 主編, 『中國地方志民俗資料匯編(東北卷)』, 65쪽.
22) 丁世良/趙放 主編, 『中國地方志民俗資料匯編(東北卷)』, 54쪽.
23) 劉琴, 尹學毅, 「舞蹈的起源于中國舞蹈的發展」, 『文史博覽(理論)』 2007年 第9期.

는 음악과 춤이 빠지지 않았다.

근대시기 동북지역의 문예오락의 발전도 적잖은 우여곡절을 겪었다. 여러 소수민족의 토착적 오락 형식과 이민과 함께 들어온 내지의 오락 형식이 공동으로 발전했는데, 이 과정에서 민간신앙의 영향을 많이 받아 종교적 색채가 뚜렷하고, 동시에 지역 특유의 민속 오락문화도 내포하고 있었다. 이리하여 근대시기 동북지역의 문예오락 문화는 선명한 종교적, 민족적, 민속적 특성을 가졌다.

첫째, 춤 공연은 대부분 종교를 바탕으로 생겨났다. 민간신앙의 제사에는 음악과 춤이 빠지지 않았다. 제사에서 신령을 즐겁게 할 필요가 있었기 때문에 음악과 춤은 빠질 수 없는 순서였다. 4월 18일, 개평현蓋平縣의 한 묘회에서 부근 촌락의 촌민이 "앙가秧歌와 잡극雜劇을 공연하였고, 산묘山廟에 모여서 신에게 제사를 지내고 풍년을 빌었다."[24] 신령을 어깨에 메고 퍼레이드를 할 때는 대개 뒤를 따르는 행렬이 있어야 했고, 행렬에는 용등龍燈, 무사자舞獅子, 앙가 등의 문예 공연이 포함되어 있었다.

내용에서도 종교의 혼적을 찾아볼 수가 있는데, 예를 들어 동북지역에서 유행했던 샤먼의 굿춤(跳神)은 무당이 악귀를 쫓아 병을 고치고 기도 및 제사를 위해 만든 종교적인 춤 공연이다. 구체적인 내용은 청나라 때에서 반포된『흠정만주제신제천전례欽定滿洲祭神祭天典禮』을 참고할 수 있다. 대사와 노래를 함께 하는 예술 형식에서도 종교적인 특징을 엿볼 수가 있다.『요녕민족민간무도집성遼寧民族民間舞蹈集成』[25]에는 굿판, 분향 등의 종교신앙활동을 진행할 때에 사용한 노래 가사와 대사가 수록되어 있다. 민중이 이런 것들을 좋아했기 때문에 널리 퍼질 수가

24) 丁世良/趙放 主編,『中國地方志民俗資料匯編(東北卷)』, 144쪽.
25)「附錄」,『遼寧民族民間舞蹈集成』, 沈陽 : 春風文藝出版社, 1998.

제1부 근대시기 동북지역 민간신앙의 구성과 특징

있었다. 이는 민간신앙이 문예오락 민속에 끼친 영향을 잘 보여준다.

둘째, 음악과 춤에는 여러 민족의 특성이 배어 있었다. 예를 들어, 청대에는 당자堂子라는 것을 설치하여 하늘에게 제사를 지냈다. 애초에 청나라는 만주에서 기원했는데, 막대기를 세워놓고 하늘과 사직 등에 제사 지내는 풍습이 있었다. 이렇게 제례를 행하는 장소를 당자라고 한다. 제사를 지낼 때에는 무속 굿판을 함께 벌였다.[26]

또한 라마교에도 '도달跳躂', '도탑跳塔', '사마査瑪'라고 불린 춤판을 벌였는데, 이는 티베트에서 유래해 라마교가 몽골지역으로 전래될 때 함께 들어온 것으로 몽골 특색의 춤이라고 할 수 있다. 심양의 황사皇寺에서 매년 '춤으로 귀신을 보내는(跳躂送鬼)' 의례를 진행했는데, 『성경시보』 광서 34년(1908)의 기사에 따르면, 정월 14~15일에 라마 승려들이 여러 신령이나 소, 말, 사슴, 원숭이 등의 복장과 가면을 하고 불경을 외우며 춤을 추었다고 한다. 하나의 전형적인 민족적, 종교적 춤을 볼 수 있다. 이는 요녕 서부 및 중부 지역에 널리 분포하였으며, 수많은 한족의 시선을 끌었다. 『성경시보』에 따르면,

> 황사皇寺에서 음력 4월 14~15일 이틀은 도탑跳塔이라는 춤을 추는 시기이다. 이때 황사는 청춘 남녀로 북적인다.[27]

당시 여러 민족 특유의 음악과 춤이 민간신앙과 어울려 크게 어필했음을 알 수 있다.

셋째, 제사에서 신을 즐겁게 하는 무용과 연극도 발전하였다. 이러한

---

26) 趙尓等纂, 『清史稿』(第十冊) 卷八十五 志六十, 禮四, 中華書局, 1976, 2553~2554쪽.

27) 「皇寺跳塔瑣談」, 『盛京時報』 1919.5.15.

형식의 오락은 '따뜻한 봄날이나 하얀 눈(陽春白雪)'처럼 고상한 상류층 사회의 그것과는 달랐고, 일정한 종교성을 갖추었다. 또한 궁정 제사 때의 가무나 공자 제사 때의 일무佾舞와도 달랐다. 민간 대중에 친숙했고 민속적 성격도 가졌다. 농한기가 되면 촌락에서 그림자극(皮影戱)을 공연하기도 했다. 내용은 대개 하층민 관중에게 어울리는 소설이었다. 실제 황당무계하면서 충효나 권선징악을 강조하는 내용이 많았다. 촌민 관객이 보기에 적합하였던 것이다.[28] 민간신앙의 신령을 즐겁게 하는 활동 덕분에 민간의 곡예 프로그램이 발전하기도 했다.

이런 것들이 민간신앙과 융합되면서 특색 있는 민속 오락이 생겨난 것이다. 한 인류학자가 말했듯이, "중국인의 생활은 종교적이든 비종교적이든, 신성한 것이든 세속적인 것이든, 언제 어디서든 의례를 거행해야 했다. ‥‥‥‥ 전통 의례에는 항상 연극 공연이 동반되었는데, 이로써 공연을 통해 소원을 비는 효과를 얻으려고 하였다. 이리하여 전통 사회에서 민간의 희곡이 매우 발달하였을 뿐만 아니라 종류도 지극히 많아졌다."[29]

민간신앙은 춤과 희곡의 발전을 위해 상당한 조건을 제공했다. 각종 제사, 기원, 서원誓願 등과 같은 묘회 활동을 통해, 민간의 춤과 연극이 사람들의 이상과 생활 실천을 눈에 보이게 표현해 주었고, 하층 사회의 민속 생활을 체현하였다. 이러한 문예오락 민속의 표현형식은 매우 다양하다. 『장하현지莊河縣志』에 기재되어 있는 바를 소개하면 다음과 같다.

앙가 : 농사가 한가한 연초에 많은 사람들이 모여서 秧歌戱를 만듦.
　　　 못생기게 분장하고 익살스럽게 춤추고 노래 불러 사람들의
　　　 웃음을 자아냄.

---

28) 丁世良/趙放 主編, 『中國地方志民俗資料匯編(東北卷)』, 244쪽.
29) 李亦園, 『人類學的視野』, 上海文藝出版社, 1996, 180~181쪽.

용등 : 직물로 용의 형태를 만들어 그 안에 등불을 넣고 거리를 돌아
    다니며 춤을 춤.

대말(高脚) : 전체적으로 秧歌와 비슷함. 길이가 2척 조금 넘는 대말
    에 올라타기 때문에 이런 이름이 붙여졌음.

그림자극(影戲) : 인물형상을 당나귀 가죽으로 만들기 때문에 '여피영
    驢皮影'이라고도 함. 흰색 천막에 당나귀 가죽으로 만든 인형
    형상의 그림자를 비추어 연극을 함. 인형 형상을 자유롭게 움
    직일 수 있고, 실물처럼 생동감이 있음. 노래도 하는데 가사는
    통속적임. 백성들은 경사스러운 일이 있거나 신에게 감사할
    일이 있을 때 돈을 모아 그림자극을 함.

인형극(傀儡戲) : 속칭 '두자희頭子戲'라고 하며, 다소 궁벽한 향촌에서
    때때로 함.

평희評戲 : '당산락자唐山洛子'라고도 함. 농민과 부녀들이 가장 좋아함.

경희京戲 : '진강희秦腔戲'라고도 하고, 주로 현진縣鎭에서 거행함.

설서說書 : 일종의 초청 공연임. 농민들이 봄여름 농한기 때에 설서를
    초청하여, 탄창彈唱, 평사平詞 등을 즐김. 다양한 곡조가 있음.

포한선跑旱船 : 남장 배우가 사공 역할을 하고 여장 배우가 손님 역할
    을 하며, 춤추고 노래를 부르는 민속 공연임.[30]

이러한 형식의 오락은 민간이 창작하였고 민간이 즐겼으며 신앙 공
간을 빌려 표현되었다. 요컨대, 민간신앙은 음악이나 춤, 곡예의 발전
을 위해 공간을 제공해 주었던 것이다. 창작의 소재와 내용은 민중생활
과 직결되어 있었기 때문에 하층 사회의 문화생태에 적합하였다. 그런
고로 근대시기 사회개량의 영향 아래 상류층 사회의 비판을 많이 받았

---

30) 丁世良/趙放 主編, 『中國地方志民俗資料匯編(東北卷)』, 152쪽.

다. 지방지에 따르면,

> 향촌에서는 농한기가 되면 종종 심심풀이 삼아 그림자극을 하거나 굿판을 벌인다. 그래봤자 그림자극은 미신이나 귀신을 표현하는 것에 지나지 않는다. 법보法寶 같은 것을 사용하면 그나마 해악이 크지 않다. 충효, 절의, 근검, 애국과 같은 것을 권장하면 느끼는 바라도 있을 것이다. 그러나 굿판은 음사의 추태가 곳곳에서 드러나 못하는 짓이 없다. 마치 비천해지지 못해 안달이 난 꼴이다. 청년의 의지를 방탕하게 하고, 부녀를 치정에 눈멀게 하고, 사회도덕을 해치며, 차마 입에 담지 못할 일이 벌어지니, 이를 반드시 금지해야 한다.[31]

그러나 이런 것들은 이미 민중의 마음 속 깊은 곳에 뿌리 박혀 있던 것이었기 때문에 지금까지 이어져 발전해왔다. 일방적인 비판으로 없어질 수 있는 것이 아니었다.

---

31) 恩麟, 王恩士修 ; 楊蔭芳等纂, 『興城縣志』卷十一禮俗, 民國十六年(1927年), 活字本.

경제와 민간신앙 : 시장으로서의 묘회

묘회는 대부분 경제활동에 수반되어 발전하였다. 전통시기 중국에서는 사원이 난립하였고, 종교상의 기념일이 매우 많았다. 신령의 기일에는 각지의 민중이 제사활동을 조직하고 묘회를 개최하였는데, 점차 묘회에서 간단한 상거래를 진행하게 되었고, 묘회시장이 일종의 정기적인 시장으로까지 발전하게 되었다.

근대시기 경제의 발전이 종교 활동을 추월하는 형세를 보이면서 묘회는 아예 '묘시廟市'로 불리기도 했다. 실제로 묘회의 기능 중에 경제적 기능이 두드러지게 발달했는데, 이는 전통적인 사원의 경제적 기능이 극대화된 것으로도 볼 수 있다. 아무튼 근대 이래로 대형 묘회가 열리면 반드시 정기시장도 같이 열렸다. 이는 고대의 풍속문화를 재현하는 것일 뿐만 아니라, 동북지역의 시장을 보완하는 역할을 하였고, 나아가 지역경제의 발전에도 크게 기여하였다. 아래에서는 근대시기 동북지역의 묘회시장(묘시)이라는 특수한 시장형식에 대해 상세히 고찰한다.

🏵 제1절 시장의 불균형 발전과 묘시의 대두

시장은 상품교환의 장소이다. 상품경제의 발전은 의심의 여지없이 시장의 완성을 가져온다. 명대에 이르기까지 동북지역의 상품경제는 발전 속도가 여전히 매우 느렸다. 상업 도시가 벌써 출현했던 강남에 비하면, 동북지역은 여전히 시장의 발육기에 머물러 있었다. 예를 들어, 명대 동북지역의 무역활동은 여전히 마시馬市, 다시茶市 등의 무역형태를 빌어 있는 것과 없는 것을 관내關內와 서로 융통하는 수준이었다. 그마저도 대부분의 무역이 요동지역에서 발생하였고, "여진인은 인삼, 호피 등 토산품을 가지고 명나라의 소금, 철, 면직물, 견직물 등과 교환하였을 뿐이었다."[1]

청조가 명조를 대체하면서 경제가 반짝 살아났으나, 동북지역에는 농업과 수공업이 지극히 부진하여 시장에 내놓을 상품이 없었고, 그 때문에 상업이 일어나지 못하였다. 따라서 시장이 건전하게 발전할 수도 없었다. 게다가 청조가 취한 중농억상 정책이 민간상품경제의 발전을 더욱 억제하였고, 때문에 청대 시장의 발전은 지지부진하였다. 비록 청초에 있었던 '요동초간령遼東招墾令'의 반포가 요동지역에 생산력의 증대를 가져다주었으나, 전체 시장의 발전은 여전히 상대적으로 더딘 것이었다. 이는 필연적으로 근대시기 시장의 발전에 영향을 미쳤고, 시장 발전의 상대적 부진은 묘시의 발전에 일정한 공간을 제공하였다. 이런 상황에서 묘시는 여러 가지 형태로 동북지역 시장의 미비를 보완하는 역할을 했던 것이다. 아래에서는 근대시기 동북지역 시장의 발전추세 가운데 묘시가 대두하는 전후 사정을 살펴본다.

근대시기 동북지역 시장과 도시의 기본적인 발전추세는 철도부설의 노선 분포에 따르거나 해안의 항구지역에 집중되었다. 반면에 일찍이 청대부터 발전하였던 내륙의 도시 시장은 점차 쇠락하였다. 즉, 도시와 시장의 발전이 교통 조건에 크게 제약되는 상황이 벌어진 것이다.

---

1) 張一農, 『中國商業簡史』, 中國財政経濟出版社, 1989, 278쪽.

아무튼 근대 이래 동북지역의 시장 발전은 교통 조건에 따라 다층적으로 발전하였다. 즉, 전통적 생활소비 시장이 존재했고, 동시에 국내외 경제를 연결하는 고급 시장이 출현하였다. 고급 시장은 대개 식민지배와 관련되어 있지만, 교통 요충지, 중요 항구, 철도역 등에 위치함으로써 급속한 발전을 이룰 수 있었다. 당연히 교통조건이 좋을수록 도시의 발전 규모도 컸다. 반면에 교통 요지에 있지 못했던 도시와 시장은 발전이 비교적 완만하였고, 시장의 영향력도 약하였다. 전체적으로 보면 발전이 균형을 상실하였고, 이런 불균형 발전은 근대시기 동북지역의 묘시가 시장기능을 강화할 수 있었던 여지를 남겨주었다.

이런 사정은 근대 이래의 강남지역과 대조적이었다. 강남지역에서는 상업도시의 발전이 점차 성숙 단계에 접어들었고 묘회의 기능은 점차 오락성 위주로 바뀌어갔다. 다시 말해서, 시장이 발달한 강남에서는 정기적으로 열리는 장터시장이 이미 도시의 상설시장으로 대체되었다. 이렇게 상설시장이 발달하면 할수록 비상설 장터시장의 기능과 지위는 쇠락하였다. 따라서 강남지역에서 비상설 정기시장의 성격을 갖는 묘회의 경제적 기능(묘시)도 약화될 수밖에 없었다. 시장 기능이 약화되자 자연스럽게 귀신과 사람들을 즐겁게 하는 레저오락 기능이 강화되었던 것이다.[2]

반면에 화북지역에서는 묘회의 상업 기능이 한층 더 두드러졌다. 이는 당연히 지역경제의 발전 정도와 직접적 관계가 있었다. 말하자면, 시장의 발달이 상대적으로 부진한 화북에서는 묘회시장(묘시)이 할 수 있는 역할이 더욱 많았고, 묘시는 시장의 발육 부진을 보완하는 기능을 잘 수행했다. 이런 점에서는 동북지역의 묘시도 마찬가지였다.

---

2) 龍登高, 『中國傳統市場發展史』, 人民出版社, 1997, 411~412쪽.

경제와 민간신앙 : 시장으로서의 묘회

근대시기 동북지역의 묘시는 사원의 안팎을 공간 축으로, 신앙상의
기념일을 시간 축으로 삼아 구성되었는데, 마찬가지로 종교, 민속, 오
락, 상업 등의 기능을 하나로 결합하였다. 많은 수의 신도, 여행객, 상
인을 흡수할 수 있었을 뿐만 아니라, 당연히 다수의 구매자가 있어 일
반 시장의 분포 및 발전의 불균형을 보완하는 데에 일정한 효과가 있
었다. 따라서 묘회를 구실로 대규모 비상설 상업 활동을 벌이는 일이
점차 많아졌다. 그리고 근대 동북지역은 사원의 수가 상당히 방대하여
향촌이나 도시를 막론하고 묘회의 개최가 없어서는 안 될 일이 되어
있었고, 묘회의 개최가 더욱 빈번하고 조밀하였다. 이런 특성은 묘회가
지방무역시장으로서의 역할을 수행함에 있어 다른 어떤 시장보다 우위
에 있었음을 잘 보여준다.

요녕성 남부지역을 예로 들면, 묘회시장(廟市)이 해당 지역 경제에
미친 영향이 지대하였는데, 일례로 협하묘夾河廟 묘회는 일찍이 요녕
남부지역 농업무역의 중심지였다.[3] 이 지역 묘회의 분포는 상당히 조
밀하였는데 아래 표와 같다.

|도표 10| 묘회 개최일 분포 비교

묘회 날짜	사원 명칭	소재지	묘회 날짜	사원 명칭	소재지
1.15	三官廟	花兒山鄕 張店村		三官廟	元臺鎭 二陶村
2.19	長安廟	大譚鎭 前修村	4.8	淸源宮	元臺鎭 二陶村
	大姑廟	元臺鎭 이후 元臺村		朝陽寺	泡子鄕 朝陽村
	華嚴寺	大刘家鎭 華嚴寺村	4.11~15	夾河廟	夾河廟鎭 趙爐村
2.25	蟲王廟	碧流河鄕 大莊村	4.15	天臺山廟	花兒山鄕 西北山村

3) 新金縣地方志編纂委員會辦公室 編, 『新金县志』, 大連出版社, 1993, 579쪽.

제1부 근대시기 동북지역 민간신앙의 구성과 특징

묘회 날짜	사원 명칭	소재지	묘회 날짜	사원 명칭	소재지
2.29	蓮花山廟	蓮山鎭 高瓦房村		對峰山廟	樂甲鄉 對峰村
	朝陽宮	皮口鎭		三官廟	花兒山鄉 張店村
3.2	朝海寺	贊子河鄉 崗子村	4.18	二龍山廟	太平鄉 龍山村
3.16	菩薩廟	太平鄉 長店堡村		凌云寺	花兒山鄉 花兒山村
	迎水菴	花兒山鄉 二道嶺村	4.28	三淸廟	城子坦鎭
	塔寺廟	唐家房鎭 塔寺村		回泉菴	泡子村 北臺村
	明月菴	楊樹房鎭 淸水河村	5.13	回泉菴	泡子村 北臺村
	火爐寺	皮口鎭 火爐寺村	6.23	火神廟	碧流河 后王村
	靈神廟	碧流河 溫家村	6.24	關帝廟	太平鄉 臺山村
	鳳凰山廟	四平鎭 雨霖村		關帝廟	太平鄉 唐房村
	雙溝寺	大田鎭 陶家村		老爺廟	元臺鎭 이후 元鎭村
	白云觀	元臺鎭 二陶村		老爺廟	元臺鎭 大王村
	小寺廟	元臺鎭 大店村		華嚴寺	大刘家鎭 華嚴寺村
3.23	娘娘廟	皮口鎭	6.28	天齊廟	皮口鎭 西城子村
3.28	蟲王廟	太平鄉 蟲王廟村	6.6	回泉菴	泡子村 北臺村
	興隆寺	瓦窯鎭 瓦窯村		朝陽寺	泡子鄉 朝陽村
3.3	三三廟	碧流河鄉 三三村	7.1~5	小山廟	大刘家鎭 小山村
	魚骨廟	雙塔鎭 盧店村	7.9	仙鳳山廟	蓮山鎭 高家村
3.8	淸泉寺	沙包鎭 奎興村	7.15	玉皇頂廟	徐大屯鎭 福興村
4.1	天齊廟	皮口鎭 西城子村	7.29	財神廟	皮口鎭
4.4	水門子廟	蓮山鎭 水門子村	9.17	財神廟	普蘭店鎭 南山街
	龍泉寺	花兒山鄉 圈龍山村		財神廟	皮口鎭
4.8	長山寺	泡子鄉 長山山村	9.17~24	靈神廟	蓮山鎭 高瓦房村
	于和尙廟	楊樹房鎭 于和尙廟村	9.9	朝陽宮	皮口鎭
	石佛寺	贊子河鄉 贊子河村		娘娘廟	皮口鎭
	報恩寺	安波鎭 宮家村	11.15	三官廟	花兒山鄉 張店村
	淸泉寺	星臺鎭 葡萄溝村	-	玉皇廟	花兒山鄉 張店村
	大瓦廟	大田鎭 太平村			

출처 : 新金縣地方志編纂委員會辦公室 編, 「新金縣廟宇情況表」, 『新金縣志』, 大連出版社, 1993.12, 578~580쪽.

경제와 민간신앙 : 시장으로서의 묘회

이상 열거한 55곳의 사원은 연중 총 64회의 묘회를 거행하였다. 통계표 가운데 매월 묘회의 횟수는 4월에 20회, 3월에 17회, 6월에 9회, 7월에 4회, 1~2월에 합계 7회, 5월에 1회, 9월 이후 합계 6회였다. 이는 묘회가 그 지방에 끼치는 영향이 매우 컸다는 것, 특히 향촌 시장에 대한 영향력이 특별히 컸다는 것을 말해준다. 그 중 3월, 4월에 더욱 빈번하였는데, 이는 한편으로는 낭랑묘회와 약왕묘회가 민간의 추앙을 가장 많이 받았기 때문이고, 다른 한편으로는 3~4월이 농가의 파종시기였기 때문이다. 말하자면, 이 시기 묘회에서 농기구나 작물의 씨앗을 팔았기 때문에 묘회가 열려야 이런 것들을 구입해서 농사를 시작할 수 있었던 것이다.

당시 당국은 재물과 시간이 허비되고 농사에 방해가 된다는 이유로 묘회를 가급적 제한하려 했으나 그 효과 크지 않았는데 그 근본 원인을 따지자면 이처럼 묘회시장이 농사의 수요에도 최적화되어 있었기 때문이었다. 게다가 동북지역의 혹독한 겨울이 막 지나고 만물이 소생할 때에 맞추어 촌민들은 잠시 일손을 내려놓고 휴식을 취할 수 있는 장소를 찾고 있었다. 그러나 당시 동북지역에는 공공 공간이 매우 부족했고 도시의 고급스런 오락 장소는 감히 접근할 수가 없었다. 이런 상황에서 묘회는 휴식을 위한 유일하고 최적화된 공간이었다. 따라서 설령 묘회로 인해 하루 이틀 농사가 지체된다 하더라도 전혀 아깝지 않았다.

6~7월은 농한기이기 때문에 막간을 이용해 묘회를 즐기는 것도 아주 좋은 선택이었다. 9월의 초겨울 추위가 시작되면 일반적으로 동북 사람들은 집안에서 숨어 지내며 문밖으로 나가지 않았는데, 이듬해 3~4월이나 되어야 다시 묘회를 준비하기 시작하였다. 이처럼 묘회는 사람들의 생활을 조절하는 기능을 하였으며, 동시에 지방 장터(集市)의

역할을 담당하였음을 알 수 있다. 심지어 어떤 지방에서는 묘시가 3일장이나 5일장 같은 정기시장과 하나로 결합되어, 사원(寺廟)을 개방하는 날이 바로 정기시장을 여는 날로 정해졌다. 그러니까 일정한 간격으로 정기시장이 열린 것이 아니라, 아예 사원을 개방하는 때에 맞추어 정기시장이 열렸던 것이다. 아래 『성경시보』에 따르면 거의 매일 묘시가 열렸다.

> 읍내의 천제묘天齊廟, 낭랑묘, 약왕묘 3대 묘회는 관례대로 매년 봄 한 차례 열렸다. 그런데 공안국이 도시와 농촌 간의 상거래를 활성화시키고 고질적인 미신을 타파하기 위하여, 특별히 북평北平의 방식을 모방해, 매월 사원마다 9회씩 개방할 수 있게 하여 임시시장으로 삼았다.
> 천제묘는 끝자리가 1, 4, 7로 떨어지는 날(1, 11, 21, 4, 14, 24, 7, 17, 27)로 정하여 개방하였고, 낭랑묘는 끝자리가 2, 5, 8로 떨어지는 날을, 약왕묘는 3, 6, 9로 떨어지는 날로 정하였다.[4]

사원은 매우 널리 분포되어 있었기 때문에 묘회시장을 개설하는 데에 훌륭한 토대를 제공하였다. 원래 사원에는 수많은 군중이 모여들었기 때문에 묘시는 대량의 고객을 자동적으로 끌어들일 수 있었다. 이는 일반적인 재래시장이 갖추지 못하고 있는 묘시만의 장점이다. 또한 묘시는 계절의 변화를 민감하게 반영하면서 운영된다는 특성이 있고, 특히 농사 절기와 밀접히 관련되어 있어 시시때때로 농사에 필요한 것을 적절히 시장에 내어놓는 역할을 하였다. 따라서 근대시기 동북지역의 묘시는 이런 특별한 장점으로 인해 상업도시의 시장교역을 보완하는

---

4) 「省城廟會革新大觀每月分期開放九次」, 『盛京時報』 1929.8.11.

구실을 톡톡히 하였다.

◉◉ 제2절 묘시의 발전과 상업적 특징

　묘시는 비교적 빈번하게 열렸다. 각 지역의 사원들은 신령들의 중요한 기념일에 맞춰 대형 묘회를 거행하였다. 부분적으로 오락과 행사의 기능을 수행했지만, 역시 다수의 묘회는 상거래 기능을 주요 동력으로 삼아 운영되었다. 그래서 묘시의 운영은 해당 지역 상인들에게도 매우 중요했다. 아래 『성경시보』에서 묘회가 갖는 중요한 의의를 엿볼 수 있다.

　　음력 3월 16일은 천후궁天后宫의 묘회가 열리는 날이다. 그래서 민강회관閩江會館의 주임 인원이 회무를 기획하고 필요한 물품은 구입하여 준비하였다. 들리는 바에 따르면, 공연을 하자고 주장한 자가 있었지만 비용을 마련할 방법이 없었다고 한다. 하지만 상인들은 각자 돈을 내서라도 공연을 해 장사를 계속 할 수 있기를 원했다.5)

　　묘시 당일 묘회에 참석하는 사람들로 인산인해를 이루었고, 이때문에 행상인들이 누린내에 개미가 모여들고, 악취 나는 곳에 파리가 들끓듯 삽시간에 묘시를 가득 채웠다.6)

　이상에서 묘회에 상업적 기능이 있음을 대략 살펴보았다. 묘시는 조

---

5)「天后宮會期不远」,『盛京时報』1917.5.2.
6)「赴會被逐」,『盛京时報』1922.5.23.

제1부 근대시기 동북지역 민간신앙의 구성과 특징

직적 준비에서부터 시장교역의 운영에 이르기까지 일정한 발전이 있었고, 근대적 특징이 더욱 두드러졌다.

1. 묘시 상업의 조직적 준비

묘회시장은 참가인원이 많은 까닭에 다수 업종의 행상들이 몰려들었고, 묘회 자체에도 여러 종류의 사람들이 뒤섞여 있었기 때문에, 보기에는 난잡하고 무질서하였지만 실제 상업조직이 준비하는 과정에는 일정한 운영방식이 내재해 있었다.

먼저, 묘회 상업은 일정한 조직자가 있었다. 묘회에 참가해 장사를 하는 상인들에게 사원 측에서 임대료(地租)를 거두었는데 이는 사원의 주요 수입원 중에 하나였다. 따라서 묘시상업의 조직과 기획은 그 사원의 주지 승려와 깊게 연관되었고, 한 차례 대형 묘회를 개최하여 남긴 이윤이 사원의 1년 지출을 충분히 감당하기도 하였다.

사원을 운영하는 조직이 있는 경우는 그 조직이 묘회를 주최하였기 때문에, 묘회 개최에 필요한 자금을 해당 주최 조직이 지급하였고, 마지막에 남은 이윤도 은 사원이나 해당 조직에 귀속되었다. 예컨대, 약왕묘회와 같은 전형적 묘회는 다수가 약품유통업자(賣藥商)에 의해 개최되었다. "소서관小西關에 있는 약왕묘 관할의 약품 상인이 자금을 모아 건물을 세우고 매년 음력 4월 28일에 묘회를 개최하였는데 각자 회비 약간을 납입하였다."[7] 개평蓋平에서는 매년 음력 4월 18일에 "약왕회가 약품 상인에게 맡기어 일을 처리하였다."[8] 기타 노반魯班 묘회, 옥황玉皇 묘회 등은 수공업자들이 개최하는 경우가 많았고, 천후궁 낭

---

7) 「和尚倒黴」, 『盛京時報』 1924.6.1.
8) 「藥王會志」, 『盛京時報』 1914.5.28.

경제와 민간신앙 : 시장으로서의 묘회

랑묘회는 일반적으로 민강회관이 개최하였으며, 관제묘회는 보통 산서회관이 개최되었다. 당연히 각지에 상응하는 일반 신도에 의해 개최되는 경우도 있었다.

근대시기에는 새로운 형태의 조직이 출현함에 따라, 묘회를 조직하는 사람들은 여기에 국한되지 않았고, 상회商會가 묘회를 개최하는 일도 일상적이 되었다. 상인들의 참여가 많아진 것은 묘회 개최를 통하여 거대한 상업의 기회를 얻을 수 있었기 때문이었다. 묘회에서 빠뜨릴 수 없는 것이 극단을 초청하여 연희를 베푸는 것이었는데, 당연히 공연을 통해 묘회에 참배객을 유인하고 더욱 많은 소비자를 끌어들이기 위한 것이었다. 『성경시보』에 따르면,

> 음력 4월 28일은 봉황산鳳凰山 약왕묘에서 묘회가 열리는 날인데 이 날에는 참배객들이 넘쳐난다. 올해는 상무회와 약품상이 자금을 각출하여, 봉황산 아래에서 27일부터 29일까지 3일간 공연을 했다. 이에 소상인들이 판매할 물품을 마련하고 행사의 일체를 준비하였다. 지난해와 비교해 더욱 더 한바탕 떠들썩하였다.[9]

워낙에 향촌에 거주하는 농민들이 즐길만한 오락거리가 적었고 읍내에 거주하더라고 공연을 볼만한 여유가 없었기 때문에, 묘회가 열리고 좋은 공연이 상연되면 관심을 갖지 않을 수 없었고 사방팔방에서 많은 사람들이 몰려와 묘회에 참가하였다.

다음으로, 혼란을 방지하기 위하여 묘회 장소가 사전에 규획되었다. 묘시가 시작되기 전에 참여자에게 각각의 장소를 안배하였고 이에 따라 청소를 하고 상품을 진열하는 등 각자가 자기 장소를 나름대로 꾸

---

9) 「預備廟會」, 『盛京時報』 1914.5.23.

몄다. "묘회 전에 깨끗이 사원을 청소하고 충분히 준비하였다. 각 업종별로 좌판을 늘어놓을 구역의 경계를 그었고, 수레를 세우고 말을 묶어놓는 위치를 정하였다."[10] 또한, 소상인들에게 노점 자리를 제공하고 물품을 판매하도록 하였다. 자리는 묘회 소상인의 특성에 따라 구분하여 제공했다. 『성경시보』에 따르면,

> 무대는 이전처럼 사원 정문 남쪽 아래에 설치하였고 정문 양편과 무대 양편을 소상인의 노점 자리로 구획하였다. 여기에는 식당이나 임시찻집, 잡화 좌판 등이 들어섰다. 사원 뒤편에는 씨름이나 기예, 요지경, 마술 및 기타 각종 잡기와 의료, 점괘, 점성, 관상 등을 배치하였다. 배치가 질서정연하여 이전 여러 해와 비교해 보건데 매우 가지런해졌다.[11]

아래 그림은 대석교大石橋 미진산迷鎭山 낭랑묘회의 노점 배치도인데, 이러한 상황을 잘 반영하고 있다.

사원의 정문(山門)에 들어서면 양편으로 약을 파는 구역과 음식을 파는 구역이 있고, 참배로를 따라서 양편에 여러 가지 업종을 배치하였다. 일용잡화, 농기구, 목재 등 주종 물품뿐만 아니라 식품가게도 찾아볼 수 있다. 이와 같이 장터를 배치함으로써 물건을 구입하러 온 사람들이 언제든지 가던 길을 멈추고 잠시 쉬면서 먹을거리를 사 먹을 수 있게 하였다. 또한 이와 같이 좌판이 비교적 효율적으로 배치되어 있어 소비자가 필요한 물품 가게를 찾는 데에 도움이 되었다.

---

10) 「叔家菴簡介」, 中國人民政治協商會議遼中縣委員會文史資料徵編委員會編, 『遼中文史資料』第4輯, 1985, 110쪽.
11) 「老君廟會籌備演戲」, 『盛京時報』1935.5.26.

경제와 민간신앙 : 시장으로서의 묘회

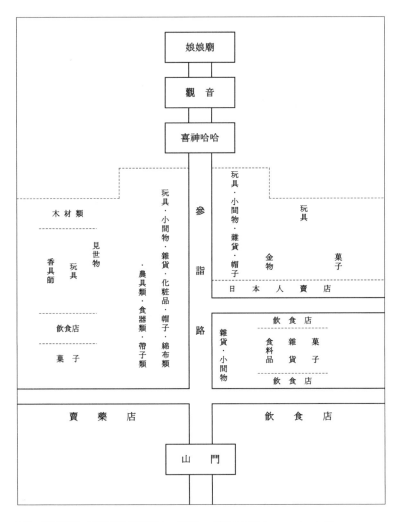

출처 : 宮城調明, 「滿洲國娘娘巡禮記」, 『滿蒙』, 滿洲文化協會, 1933.5, 200쪽.

사원 안팎의 비교적 좋은 자리를 차지하려면 사전에 임대료를 납부해 예약해야만 했다. 예컨대, 천제묘는 매년 음력 3월 25일에 시작하여 5일간 묘회를 개최하는데, 크고 작은 상인이 사원에 노점을 설치하고 장사를 한다. 현재 개회가 임박한 까닭에 상인들이 전례에 따라 미리 천제묘에 몰려들어 자리를 점거하고 천막과 좌판을 설치할 자리를 답사하였다. 이로써 묘회 당일에 자리를 두고 다툴 걱정을 피하고자 하였다.[12]

자리를 펼 위치를 결정하고 난 후 묘회가 시작되기 전에 주최자에게 자리를 신청하고 아울러 일정한 임대료를 납부해야했다. 봉천 동관東關 천제묘의 묘회를 예로 들면, "매년 개회 시에 일반 소규모 상인들은 모두 나와 영업을 위하여 앞 다투어 자리를 빌리고자 하였고, 들리는 바에 의하면 작년 한 자리의 기본 임대료가 2원을 넘지 않았다고 한다."[13] 즉, 약간의 땅을 빌려 상품을 진열하고 노점을 열 수 있었던 것이다. 노점은 작은 천막을 쳐서 판매대를 설치하는 경우도 있고, 손수레나 달구지에 물품을 올려놓고 파는 경우도 있었으며, 땅바닥에 삿자리나 수숫대를 깔고 그 위에 상품을 진열하는 경우도 있었다.[14]

음력 3월 28일은 봉천 천제묘의 묘회가 열리는 날인데, "소상인은 장사를 하기 위해 사원 부근에 노점 자리를 임차하고 좌판을 차렸다. 참배객들이 이런저런 물품을 많이 구입하였기 때문에 서로 앞 다투어 이곳으로 몰려와 자리를 빌렸다."[15] "어느덧 천제묘의 묘회 날짜가 다시 돌아왔다. 왕王과 이李 두 성씨가 돈을 내어 야외극(野臺戲)을 공연하였다. 이들은 어제 15일에 소상인들을 소집하여 회의를 열었다. 사원 내외의 부지를 사용하고자 하는 사람은 소정의 사용료를 내야 한다. 그렇지 않으면 누구라도 자리를 차지할 수 없었다."[16] 사용료를 납부한

---

12) 「廟會將開」, 『盛京時報』 1914.4.16.
13) 「攤基增價」, 『盛京時報』 1917.5.17.
14) 宮城調明, 「滿洲國娘娘巡禮記」, 200쪽.
15) 「租賃會場」, 『盛京時報』 1917.5.10.
16) 「廟會先聲」, 『盛京時報』 1921.4.23.

후 상인들은 대나무나 벽돌을 이용하여 분주히 노점을 차렸다. "상인들은 매일 사용료를 내고 자리를 차지하는 일에 때 분분히 이야기를 나누었고, 앞 다투어 말뚝을 세우는 모습이 몹시 분주하였다."[17]

　조금이라도 미적거리면 비어있는 땅을 빼앗기기 일쑤였고, 때로는 난투극이 벌어지기도 했다. "소상인 유장덕劉長德이라는 자는 이번 노야묘老爺廟 묘회에서 장사하기 위해 사원 아래의 땅을 빌려놓았는데, 감독하는 사람이 자리를 비운 틈을 타 어떤 이가 무단으로 침탈하였다. 어제 오후 5시경 양측 당사자 간에 커다란 몸싸움이 일어나, 옆에서 보던 사람들이 둘을 뜯어 말리고, 자리를 무단 침탈한 자에게 다른 장소를 고르도록 함으로써 비로소 싸움이 끝났다."[18] 상인들은 비교적 좋은 자리를 차지해야만 묘회가 열렸을 때 크게 한몫 챙길 수 있었기 때문에 자리를 둘러싼 일련의 분쟁은 불가피한 것이기도 했다. "보통 소상인은 다수가 좋은 자리를 차지하려고 거세게 앞을 다투었고, 그래서 언쟁과 다툼이 자주 일어난다고 한다."[19]

　따라서 묘회의 질서를 유지하기 위해 군경의 보호가 필요했다. 근대적인 경찰제도의 수립은 확실히 사회 치안의 안정에 일정 정도 효과가 있었다. 묘회는 인산인해를 이루었고, 여러 업종의 장사꾼들이 몰려들었으며, 온갖 사람들이 뒤섞여 있어 도둑, 성희롱, 심지어 납치 사건까지 발생할 수 있었다. 혼란을 피하기란 매우 어려웠다. 따라서 묘회가 열리면 질서를 유지하기 위하여 군경이 곳곳에 배치되었다. 『성경시보』에 따르면,

---

17) 「廟會又近」, 『盛京時報』 1921.5.14.
18) 「爭奪攤基」, 『盛京時報』 1919.10.25.
19) 「爭占廟會地基」, 『盛京時報』 1922.4.15.

사원에 분향하러 가는 사람은 다수가 부녀자이기 때문에 당국은 특별히 경찰과 군대를 파견하여 사원의 문 앞을 감시하였고, 묘회에 참석하는 모든 남자 참배객은 정문으로 들어갈 수 없었다. 오직 부녀자만이 정문으로 출입할 수 있었다. 이렇게 해서 남녀를 나누어 놓았다. 이런 규칙을 어기면 경찰서로 보내 처벌하였다.[20]

용황사龍凰寺는 속칭 낭랑묘로 불리는데 묘회가 열리면 참배객이 매우 많았다. 음력 4월 18일 묘회 날짜가 돌아와, 수많은 사람들이 각자 향과 등촉을 들고 몰려들었다. 사원 안팎이 사람들로 가득하니 마치 시장과도 같았다. 당국은 경찰을 파견하여 입구를 지키도록 하였고, 오직 부녀자만이 정문으로 들어가도록 통제하였고 남자들이 섞여들지 못하게 하였다. 이런 까닭에 참배객이 매우 많았으나, 남녀가 섞이는 일은 없었다.[21]

이처럼 묘회가 열릴 때에는 어김없이 군경이 협력하여 질서 유지에 만전을 기하였고, 묘회가 끝날 때에는 상당수의 범죄자를 체포하여 처벌하였다.

이상에서 살펴보았듯이, 묘회는 이상과 같은 몇 가지 준비 절차가 완수된 후에야 개최될 수 있었다. 묘회의 개최 준비가 관례에 따라 조직적으로 이루어졌음을 알 수 있다.

2. 묘시의 운영

묘회시장이 열리는 당일에는 가히 집집마다 모든 사람이 거리로 몰려나왔다고 할 수 있다. 어떤 묘회는 일정 지역의 범위를 넘어 외지에

---

20) 「逛廟之規則」, 『盛京時報』 1909.6.5.
21) 「大開廟會」, 『盛京時報』 1912.6.9.

서도 참여하였다. 예컨대, 안동현安東縣(지금의 단동丹東) 원보산元寶山
의 낭랑묘 묘회에는 향을 피우고 소원을 비는 사람의 왕래가 끊이지
않았고, 수많은 사람들로 하루 종일 북적거렸다. 특히, 이 지역은 조선
(한국)과 국경을 맞대고 있어 보통 조선여성들이 압록강을 건너와 묘회
에 참여하였다. 산비탈을 서둘러 걸어가는 흰옷의 처자들이 빽빽하여
신선하게 보였다. 게다가 중국인의 울긋불긋한 옷 색깔과 대비되어, 마
치 배꽃이 담백하니 아름다움을 뽐내는 것만 같았다. 조선(한국) 땅의
평탄한 곳으로는 일본의 마상馬商이 베틀의 북처럼 빈번히 왕래하여 민
간 경찰이 줄지어 총을 메고 그들을 향해 서 있었다. 참배객들은 사원
의 여기저기를 구경하며 회포를 풀었다.[22]

　요컨대, 묘시 기간에는 상업 활동이 매우 왕성하였고, 이미 일반 재
래시장의 규모를 뛰어넘었다.

1) 묘시의 참가 연인원

　묘시에 참가하는 연인원은 해당 신령에 대한 신앙 권역 및 묘시의
규모와 직접적 관계가 있다. 보다 광범위하게 추앙되는 신령이거나 묘
시의 규모가 크면 보다 많은 사람들이 참가했다는 것이다. 그런데 참가
자의 변동 폭은 크지 않았다. 큰 규모의 재해나 사회동란만 없다면 묘
회에 참가하는 인원수는 비교적 고정적이었던 것이다.

　봉천의 천제묘, 대석교 미진산의 낭랑묘, 안동현 원보산의 낭랑묘 등
대형 묘시는 주변 지역의 민중을 흡인하였을 뿐만 아니라, 성省 밖에까
지 이름을 날렸다. 요녕 중부의 숙가암叔家庵은 330년의 유구한 역사를
가지고 있었는데, 묘회 기간이 되면 동으로는 심양과 무순撫順, 남으로

22) 「廟會盛況」, 『盛京时報』 1913.5.27.

는 해성海城, 서로는 태안台安, 북진北鎭, 북으로는 신민新民, 창무彰武에
서까지 참배하려는 자가 몰려들어 인산인해를 이루었다. 그들은 온갖
고생을 마다않고 먼 길을 걸어왔다. 여기에는 모든 업종, 온갖 종파,
각종 직업이 없는 것 없이 망라되었다.[23]

　묘회의 참가 인원을 결정하는 데에 날씨의 영향이 매우 컸다. 예컨
대, 어느 낭랑묘 묘회가 열린 며칠 동안 장마가 계속되어 아무도 구경
하러 가는 사람이 없었다. 일요일이 되어도 비가 그치지 않아, 나는 답
답하게 앉아있는 것을 견디지 못하고, 비를 무릅쓰고 묘회로 나섰다.
그런데 길은 진창으로 질퍽거렸고 가는 길이 얼마나 걸릴지도 몰랐다.
아무튼 사원에 다다르자 진흙이 정강이를 덮었고, 사원 앞의 노점에는
상인만이 가게를 지키고 있었다.[24] 또한 어느 천제묘 묘회가 11일에
시작되었지만 마침 큰 비가 내려 묘회에 참가하려 했던 사람들이 대부
분 참가를 포기했다. 오늘은 날씨가 맑고 따뜻하여 묘회에 참석한 참배
객들로 몹시 붐볐고, 각종 소상인과 상인단체가 다수 운집하였다.[25]

　만약 날씨 상황이 좋지 않을 것으로 예측되면 때때로 개최 날짜를
연기하기도 했다. 일례로, 낭랑묘 묘회가 음력 4월 15일에 시작되었는
데 연일 비가 내려 구경하러 오는 사람이 아무도 없었다. 상인들은 고
리대를 얻어 장사를 준비했던 터라 실로 낭패가 아닐 수 없었다. 그래
서 상인들이 자신의 우두머리(會首)에게 말해 경찰에 딱한 사정을 호소
하였다. 이에 공서에서 날짜를 연장해 상인들을 곤궁에서 구해 주고자
하였다. 결국 비준을 거쳐 21일부터 3일간 연장해 주었는데, 소상인들

---

23) 中國人民政治協商會議遼中縣委員會文史資料徵編委員會編, 『遼中文史資料』第4
　　輯, 110~111쪽.
24) 「菩萨也窮」, 『盛京時報』 1918.5.28.
25) 「廟會之熱鬧」, 『盛京時報』 1912.5.16.

은 모두 감격해 마지않았다. 만약 허가된 기간 내 또 다시 비가 오면 거듭 순연할 수 있었다.[26]

근대 이후 철도의 개통으로 인해 묘회는 더욱 더 큰 인기를 누리게 되었고, 묘회에 참가하는 인원이 크게 증가하였다. 게다가 묘회가 열리는 때에 맞추어 열차의 운행횟수를 늘리고 차표 값을 내려 더욱 더 많은 사람들을 흡인하였다. 심지어 철도 노선을 묘회 부근까지 연장하기도 하였다. 『성경시보』에 따르면,

> 악주묘岳州廟는 매년 음력 4월 18일에 묘회를 개최한다. 사람들이 수 백리 밖에서도 구경을 왔기 때문에, 손님을 더 많이 끌어들이기 위해 남만철南滿鐵에서 묘회 기간 내에 악묘岳廟로 가는 승객들에게 기차표 값을 절반 할인해 주곤 했다. 금번 묘회 기간에는 철도 노선을 산 아래까지 연장하여, 참배객들이 하차한 후에 더 걷는 일이 없도록 편리를 도모하였다.[27]

만주국시기 일본은 묘회가 가져다주는 경제적 기회를 더욱 중시하여, 묘회를 더욱 활성화시키기 위한 각종 조치를 강구하였다. 4월 16~19일에 열리는 대석교 낭랑묘 묘회 기간 중에, 남만주철도공사는 묘회 참배객의 편의를 위하여 특별히 할인된 열차표를 발매하였고, 또한 특별히 미진산 아래 지역에서는 부근의 각 기차역에서 대석교까지 임시열차를 운행하였다. 또한 봉천역에서 대석교역까지 열차의 운행 횟수를 늘렸다.[28]

아무튼 참여 연인원이나 거래되는 상품의 종류에 있어 묘시는 이미

---

26) 「廟會延期」, 『盛京时報』 1916.5.24.
27) 「廟會先聲」, 『盛京时報』 1913.5.21.
28) 「大石橋娘娘廟會满鐵臨時添車」, 『盛京时報』 1934.5.26.

재래시장을 뛰어넘어 있었다. 동북지역에서 개최된 낭랑묘회 참가자의
상황을 예로 들면 아래의 표와 같다.

|도표 12| 만주국 각지 낭랑묘회 일람

명칭	소재지	위치	기간	상황
娘娘廟	旅順	蟠龍山	4월 18일	참가하는 인원은 약 2~3만 명, 음식점과 농기구 판매가 비교적 많았음.
金頂山廟	關東州	金福綫,亮甲店会	4월 18일	당일 중국 전통극을 공연하였고, 참가 인원은 수천 명이었음.
岳陽廟	熊岳城	부속지	6월 27일	당일 오락 활동, 전통극 공연이 있었으며, 제전 당일 전후 3일간 매일 3천명이 다녀감.
西大廟	營口	舊 市街西端	4월 28~29일	당일 중국 전통극 공연, 사진촬영 등 오락 활동이 있었고, 부근의 수만 명이 참가하였음. 각종 점포 약 백여 호가 개설되었음.
興盛廟	鞍山	부속지 내 철도 서측	4월 6~10일	당일 중국 전통극 등 오락 활동 개최, 북쪽으로는 봉천, 旅順과 남쪽으로는 대석교로부터 이곳으로 모였으며, 5일 동안 약 20만 명이 방문.
娘娘廟	湯崗子	驛 방향	4월 16~18일	당일 여러 가지 오락 활동 개최, 묘회 참가인원 1만 명.
娘娘廟	大石橋	大石橋역 반경 1리	4/16~19	만주 제1의 낭랑묘 제전이라고 불렸을 때, 각종 문화오락 활동이 있었으며, 바깥으로는 각종 상점이 매우 많이 차려졌음. 참가인원은 십여만명.
天齊廟	遼陽	읍내	3월 27~29일	당일 참가자는 약 2만 명이었으며, 개설된 상점은 2백 개로 대부분이 음식점이었음.
天齊廟	奉天	小東門	3월 25일 ~ 4월 1일	각종 문화오락 활동이 있었고, 참가자가 매우 많아 성황을 이루었음.
娘娘廟	奉天	南關	4월 15~20일	상동
藥王廟	奉天	大南關	4월 15일	상동

명칭	소재지	위치	기간	상황
			~ 5월 1일	
娘娘廟	本溪湖	卧龍村	4월 18일	수공업품 판매와 여러 문화오락 활동이 있었고, 참가자는 성황이었음.
元宝山娘娘廟	安東	八道溝山 기슭	3월 23일 ~ 4월 18일	중국 전통극 및 문화오락 활동이 있었고, 참가자 수가 수만 명으로, 전후 5일 동안 대성황을 이루었음.
大孤山娘娘廟	安東	大孤山	3월 23일	당일 참가자 약 5만명.
鳳凰城娘娘廟	鳳凰城	鳳凰山	4월 18일	당일 참가자 약 8천명.
娘娘廟	鐵嶺	西門 안	4월 18~20일	당시 특별히 기술할 필요가 있는 문화오락 활동은 없었음. 단 참가인원이 매우 많았고 19일이 가장 많았음.

출처 : 「滿洲各地娘娘廟會一覽」, 『滿蒙年鑑』, 中日文化協會, 1931, 499쪽에 근거하였음.

묘회의 참가자는 많으면 하루 4~5만 명, 적으면 수천 명 정도였음을 알 수 있고, 묘회의 오락 활동에 참가하는 것을 제외하면, 대부분 물건을 팔거나 샀다. 그 중에 안산鞍山의 홍성묘興盛廟, 대석교 낭랑묘, 안동 현의 대고산大孤山 낭랑묘의 묘회는 참가자의 수가 분명히 당시 해당 지역의 규모를 훨씬 초월하였고, 상인도 인근에서 온 상인만 있었던 것이 아니었다. 요녕성 내 각현의 상인을 끌어들였을 뿐만 아니라, 대석교 미진산 낭랑묘 묘회와 같이 이름난 대형 묘회에는 요녕성 밖의 상인들도 빠지지 않고 몰려들었다.

이들 중에는 직업적인 상인, 소규모 수공업자, 개별 농민, 심지어 외국 국적의 상인도 포함되어 있었다. 또한 생계를 위해 도처에서 잡기나 전통극을 공연하며 강호를 유랑하는 예능인도 있었다. 경우에 따라, 묘회의 인기 있는 자리를 빌려 영업하는 해당 지역의 소매상도 있었고, 특별히 외지로부터 화물차를 몰거나 손수레를 밀고 와서 물건을 파는 외지 상인도 있었고, 묘시를 이리 저리 옮겨 다니며 장사를 하는 행상도 있었다. 날씨만 좋으면 이들은 누구나 장사를 해서 이문을 남길 수 있었다. 어떤 상인은 묘시에서 물품을 구매하여 자기가 살던 곳으로 돌아가 판매하기도 하였다. 하지만 대다수의 구매자는 묘회에 유람 왔다가 일용품, 농기구, 아녀자의 혼수 등을 구입해 가는 평민 대중이었다. 요컨대, 묘회에는 사람들의 소리로 들끓었고, 어깨가 서로 부딪히며 발 디딜 틈 없이 붐비었다.

2) 묘시의 상거래 풍경

묘시가 열리는 기간, 성 안팎의 상인들이 몰려들어 묘 앞과 뒤, 안과 밖에 천막을 치고 좌판을 깔았다. 상품은 향촉, 노리개, 식품 등 없는 것 없이 완비되어 있었다. 여러 가지 아름답고 진귀한 물건들이 눈에 가득 들어왔는데, 일부 물품은 시골에 틀어 박혀 살던 향민들이 평상시에는 한 번 구경하기도 힘든 희한한 물건과 사치품이었다. 묘시를 돌아다니면 평소 가지고 싶었던 물건들을 손쉽게 살 수 있었고, 농민들은 묘회의 노점에서 1년 동안 사용할 생활용품을 한 번에 구매하였다. 묘시 노점 중에는 음식점이 가장 많았고, 그 다음으로 목재, 농기구, 금붙이, 과일, 완구, 장신구, 문방구, 모자, 신발, 허리띠, 약, 면직물, 일용잡화, 기타 잡화, 화장품 등이 있었다.[29]

"음식, 의복, 머리핀, 완구, 향료, 말린 과일 등 각종 상품의 크기, 가격의 고하를 막론하고 온갖 물건이 있었고," "그 밖에 궐련, 치약, 칫솔까지 잡다하니 정말 많은 물건들이 있었다."[30] 외국 물건도 있었는데, 예컨대 여성 향수, 양담배, 화장품, 신발, 모자 등이 전통적인 묘시를

---

29) 宮城調明, 「滿洲國娘娘巡禮記」, 199~200쪽.
30) 「東岳廟會見聞記」, 『盛京時報』 1923.5.15.

가득 채웠고, 국산품과의 경쟁이 야기되었다. 『성경시보』에 따르면,

　　음력 4월 28일은 서대묘西大廟의 묘회가 열리는 날, ... 부
두의 남양형제연초공사南洋兄弟烟草公司 분국 주임 호자보胡子普와
광생항廣生行의 사장 양현희梁顯禧가 국산품을 더 많이 팔기 위하여
전날(27일)에 전담인원을 파견하였고, 이들은 각종 담배 및 화장품
을 가지고 와서 팔았다. 아울러 갖가지 종류의 담배와 향수를 참배
객들에게 나누어 주었다. 이들이 이처럼 묘회까지 와서 국산품의
판로를 확대하니, 애국 남녀는 마땅히 국산품을 애용해야 할 것이
다.31)

　　또한, 묘시의 장면은 바로 송산묘회松山廟會에 대해 묘사한 것 그대로
이다. 멀고 가까운 곳에 온 참배객들이 앞 다투어 부처의 얼굴을 알현
하고자 하였다. 예배 때에는 음악이 수반되었고, 북과 경쇠 소리가 끊
이지 않았으며, 향불의 연기가 자욱하여 그 기세가 하늘을 찌를 듯하였
다. 또한, 일반 소상인은 사원 부근에 식품, 완구 및 향초, 납지 등의
각종 판매대를 설치했고, 이발사, 온갖 종파의 승려, 점쟁이, 관상가 등
없는 것이 없었고, 사원의 안은 특히 심하여, 발 디딜 틈조차 없었
다.32)

　　농기구와 종자는 묘회에 없어서는 안 될 품목이었다. 역시 농민들에
게 가장 긴요한 물건이었기 때문이다. 3월초에 장하莊河의 삼묘회三廟會
에서 3일간의 묘회를 성대하게 열었는데, 이때는 때마침 봄철 파종기
여서 사방팔방에서 농민들이 몰려들어 종자를 교환하고, 농기구와 생

31) 「及时推銷國货」, 『盛京时報』 1918.6.7.
32) 「廟會形形色色」, 『盛京时報』 1932.5.14.

활용품을 구입하였다. 감자, 고구마 종류가 가장 많았다. 이밖에 키, 광주리, 칼과 가위, 주걱과 국자, 마당에서 사용하는 도리깨, 삼태기, 손잡이 달린 바구니, 수레용 안장과 말다래, 재갈과 고삐, 채찍 등등 모든 품목이 완비되어 없는 것 빼고 있을 것은 다 있었다고 할 수 있으니 농기구 박람회를 방불케 했다.33)

민간공예품도 묘시에서 잘 팔리는 물건이었다. 아동 완구인 오뚝이, 흔드는 북, 삑삑이 등이 있었고, 진흙으로 빚어 종이를 발라 착색하거나 원색으로 그냥 둔 공예품이 농부의 손으로 만들어져 나왔다.34) 대석교 미진산 낭랑묘회의 경우에도 각양각색의 수공예품이 시장에 나왔다. 낭랑묘의 풍경을 그려 인쇄한 그림은 전체 경관과 제사 장면을 담고 있는데, 10전이면 구입할 수 있었다. 동북지방 특유의 도안은 참배 기념이 될 수 있을 뿐만 아니라 장식품으로도 쓸 수 있었다. 낭랑묘의 경관이 그려진 부채는 묘회 참가에 기념이 될 수 있었고, 1개에 20전이었다. 나무로 만든 인형은 "아이의 점지"를 바라는 참배객들이 많이 구입했다. 만주 특유의 사람 모양 인형이 인기를 많이 끌었는데 가격도 싸고 종류가 완비되어 있었으며, 일본의 하카타 인형과 유사하였다. 이 밖에도, 부녀자들이 사용하는 장식품과 일용잡화, 비단으로 만든 허리띠, 소녀들이 사용하는 목걸이, 일반 식기류 및 각종 알루미늄 식기, 칠 젓가락, 각종 완구와 우산 등이 있었다.35)

전통 먹을거리도 묘시에서 절대 빠질 수 없는 것이었다. 묘시에는 어느 곳에 가나 간단한 먹을거리를 만날 수 있었는데, 일부는 현장에서

---

33) 「"三月三"小寺廟會」, 政協莊河縣委員會文史資料委員會, 『莊河文史資料』 第6輯, 編者刊, 1990, 94쪽.

34) 「"三月三"小寺廟會」, 政協莊河縣委員會文史資料委員會, 『莊河文史資料』 第6輯, 94~95쪽.

35) 宮城調明, 「滿洲國娘娘巡禮記」, 197~198쪽.

만들어 즉석에서 팔았기에 신선하고 따끈했다. 비교적 큰 식당은 다수가 삿자리를 이용하여 선실 방식으로 대나무 막을 만들었는데, 길이는 2~30미터였고 별실도 있었다. 밖에는 작은 노점들이 늘어서 있었는데, 찹쌀떡튀김, 순두부탕, 얇은 기름떡, 莊河 특산의 국수 요리, 구운 빵 및 양고기 탕, 쌀밥 등을 팔았다. 기름 냄새가 사방으로 풍겨 사람들을 유혹하였다.[36] 탁자 몇 개를 가져다 놓고 천막만 치면 바로 손님을 맞이할 수 있었다.

묘시에는 해당 지역의 특산품도 빠지지 않았다. 일부 대형 묘회에서는 전국 각지의 특산품이 출시되었다. 예컨대, 대석교 낭랑묘회에서는 남경에서 생산한 여아용 옥제목걸이가 판매되기도 했다.[37]

|도표 13| 묘회 3일간 양행의 영업성과

營口		
판매 상품	상점	3일간의 매출액
신발	盛进洋行	300.00
잡화(주요 품목: 완구)	商業實習所	120.00
시계	近江洋行	112.55
화장품, 와이셔츠, 모기장	平本洋行	48.68
맥주, 사이다	羽村洋行	44.00
편직품	田口商店	43.50
맥주, 사이다, 통조림	須田商行	41.00
식품	山住洋行	23.00
간식	榮德軒	23.00
약	回天堂	11.80
문구	きく屋（菊花屋）	7.70
	소계 11	774.23

36) 「“三月三”小寺廟會」, 政協莊河縣委員會文史資料委員會, 『莊河文史資料』 第6輯, 94~95쪽.
37) 宮城調明, 「滿洲國娘娘巡禮記」, 197쪽.

제1부 근대시기 동북지역 민간신앙의 구성과 특징

營口		
판매 상품	상점	3일간의 매출액
大石橋		
잡화	石川洋行	143.38
잡화	かぎや	23.00
문구	石文堂	16.35
간식	日新堂	4.20
	소계 4	186.93

영구營口와 대석교 두 곳의 외국 상사(洋行)가 묘시의 노점에서 사흘간 판매한 물품의 매출액을 보면, 외국 상품이 매우 잘 팔렸음을 알 수있다. 상품은 기본적으로 일상용품 잡화였다. 여성용 화장품, 아동 완구, 식품, 의복 등이 포함되었으며, 어떤 물건은 전통적인 향촌사회에서 사기 어려운 것이었다. 하지만 묘회에서 판매되는 대부분의 물품은 30전 이하여서,[38] 일반 민중의 소비 수준에 부합하였다. 상품 교역량이 엄청나게 많다고 할 수는 없지만, 일상생활의 수요를 만족시키는 시장 기능은 매우 강하였다. 이는 주로 묘시에 오는 사람들이 오랫동안 먼 길을 떠나본 적이 없는 향촌의 농민, 부녀, 아동이었기 때문이다. 평소 향촌에서 이들 물건들은 구경조차 해보기 어려운 것이었다. 묘시가 그들이 매우 갖고 싶어 하는 물품을 구매할 수 있는 몇 안 되는 장소이기 때문에, 그들이 묘시에 대해 느끼는 만족도가 매우 높았던 것이고, 이것이 묘시의 시장기능이 매우 강했음을 입증해 준다.

3) 서비스 상품

서비스를 교환에 사용되는 노동 생산품으로 정의한다면 서비스 상품

---

38) 당시 奉天 지폐 5圓이 일본 화폐 약 10錢에 해당하였기 때문에 15圓 이하의 물품은 충분히 감당할 수 있었다고 한다.(宮城調明,「滿洲國娘娘巡禮記」, 200~201쪽.)

경제와 민간신앙 : 시장으로서의 묘회

이라는 개념이 생겨난다. 다만 서비스 상품은 다른 생산품과 다르게, 생산과 소비가 동시에 일어나고, 눈에 보이는 물질이 아니며, 저장이 불가능하다는 특징을 갖는다. 서비스 상품은 매우 중요한 품목으로서 묘회 시장을 풍성하게 하였을 뿐 아니라, 묘시의 분위기를 활기 있게 만들었다. 묘시에는 강호를 떠도는 민간 예능인, 기술로 생계를 꾸려나가는 수공업자, 점쟁이 등이 모였는데, 주요 서비스 품목에는 여러 가지 전통극, 무술, 잡기, 마술, 만담, 인형극, 그림자극, 요지경, 점복, 이발 등이 포함되었다.

묘회 기간이 다가오면, 마술사, 창칼을 든 곡예사, 야수를 부리는 곡예사가 나타났고, 도처에 징소리와 북소리가 요란하였으며 떠들썩한 소리가 귀를 가득 메웠다. 이 밖에 다관이 4~5곳 정도 생기고, 남녀가 북을 치며 만담을 공연하였다. 기녀의 공연도 있었고, 많은 유명 연예인들이 공연했다. 각 항구에는 보통 다관이 여러 채 있어서 유람객들이 잠시 걸음을 멈추고 쉴 수 있었고, 영화관에도 관객이 너무 많아 표를 사지 못하는 사람이 많았다.[39]

그러나 묘시에서 가장 많은 것은 차를 파는 노점이었다. 이들은 참배객에게 한 잔의 차와 휴식을 제공하였다. 뿐만 아니라, 참배객들을 끌어들이기 위하여 수시로 배우를 모집하여 연극을 공연하였다. 그래서 찻집 부근은 가던 길을 멈추고 구경하는 사람들로 인산인해를 이루었다. 강호를 떠돌아다니는 예능인은 좋은 자리를 골라서 무예와 각종 묘기를 공연하였다. 공연하면서 타박상에 바르는 고약을 팔아 푼돈을 벌거나, 원숭이를 부려 공연하며 관중들을 골려 즐겁게 하였고, 관중들이 적당히 돈을 주기도 했다.

39) 「萬人空巷」, 『盛京時報』 1932.5.1.

마술을 부리는 사람도 있고, 자리를 펴고 점을 보는 사람도 있었다. 사원 앞에는 찻집, 주점, 곡예, 영화가 들어서 있었으며, 러시아 사람들은 사람 얼굴 모양의 물고기를 진열해 놓았고, 일본 여인은 구렁이 뱀을 능수능란하게 부렸다. 이발사, 온갖 종파, 점성가, 관상가 등 없는 것이 없었고, 사원의 마당 안은 특히 심하여 거의 발 디딜 곳도 없었다.[40] 장하의 3월 3일 말사(末寺)의 묘회에는 여러 극단이 와서 전통극을 상연하였고, 3일 동안 곡예단, 마술, 각종 잡기 공연이 이어졌다.[41] 그 가운데 길거리 사진사도 적지 않았다.[42]

일반인, 특히 향촌에 거주하는 농민들에게 이런 서비스 상품을 접할 수 있는 기회는 결코 많지 않았다. 그렇기 때문에 묘시에서 서비스 상품은 매우 많은 인기를 끌었다. 그 무엇도 사람들이 이런 서비스를 통해 즐거움을 얻으려는 욕망을 막을 수 없었다. 모든 것이 평소에는 구경하기 어려운 것들이었기 때문에 이런 서비스를 즐기는 데에 얼마간의 푼돈은 전혀 아까워하지 않았다. 사람들은 하고 싶은 대로 마음껏 즐겼기 때문에 묘회에서 서비스 상품이 소비자를 찾는 일은 어렵지 않았다. 일부 강호를 떠도는 예능인, 이발사, 수공업자들이 묘회를 통해 생계를 유지하는 일은 그리 어렵지 않았다. 하지만 이들 예능인들은 먹고 살기 위해 역시 혼신의 힘을 다하여 공연을 했고 이는 일정한 위험을 수반하기도 했다. 그래서 『성경시보』는 아래와 같이 묘회의 제한을 주장하기도 했다.

---

40) 「廟會形形色色」, 『盛京時報』 1932.5.14.
41) 「"三月三"小寺廟會」, 政協莊河縣委員會文史資料委員會, 『莊河文史資料』 第6輯, 94쪽.
42) 「萬人空巷」, 『盛京時報』 1932.5.1.

일찍이 약왕묘 묘회가 끝나는 날, 한 마술사가 사람들을 인산인
해로 끌어 모았다. 사람들의 이목을 끌기에 충분할 만큼 마술이 신
기할 것 같아, 군중들 사이를 비집고 들어가 자초지종을 살펴보았
다. 보아하니 손에는 크고 긴 뱀을 쥐고 있고, 작은 뱀은 입안으로
넣었다가 콧구멍으로 빠져나오게 하였다. 구경하는 사람들은 스릴
만점이었으나 곡예사는 심하게 구역질을 하였다. 그 뱀은 매우 온
순하게 가만히 있었으나, 괴상한 모양이 위험하므로 마땅히 금지시
켜야 할 것이다.[43]

3. 묘시의 상업적 특징

묘시가 열릴 때마다 특별한 상황이 발생하지 않는 한 상거래가 활발
하게 일어났다. 『성경시보』에 따르면,

> 사원은 아침 일찍부터 천막을 치고 장사 준비를 하는 노점상과
> 소상인들로 장사진을 이루었다. 묘회가 열리는 이틀 동안 남녀노소
> 할 것 없이 수많은 사람들이 끊임없이 왕래하여 즐거운 시간을 보
> 냈다. 묘회 안팎은 사람들로 가득 찼으며 사고파는 외침이 귀에서
> 끊이지 않았다.[44]

이처럼 묘회는 신앙과 오락 기능에 더하여 상업 기능을 수행했고,
때로는 상업적 기능이 다른 기능보다 더 크기도 했다. 의심의 여지없이
묘시에는 신앙이나 종교와 관련된 독특한 요소들이 매우 많아 더 많은
소비자를 흡인할 수 있었고, 동시에 단순한 정기적, 계절적 장터로서의

43) 「呑蚘危險」, 『盛京時報』 1921.6.8.
44) 「錦縣地藏寺香火勝会-殘寺頓行熱闘」, 『盛京時報』 1934.6.15.

기능도 가지고 있었다. 말하자면, 묘시는 일반 장터의 특징도 가지고 있고, 신앙 및 종교적 색채도 띠고 있을 뿐만 아니라, 근대 전환기의 사회에서 나타나는 다양한 특징도 선명히 드러냈는데, 이런 근대성은 근대시기 동북지역 묘시의 상업적 특징을 더욱 부각시킨다.

첫째, 누가 묘시를 주도했는가의 문제와 관련, 묘회시장이 더욱 번창하고 묘회의 상업적 기능이 한층 더 부각됨에 따라 상인들이 묘회를 기획하고 준비하는 주요한 주체로 대두하였다. 이는 근대 동북지역의 묘시가 가진 하나의 큰 특징이다.

상회나 각종 상인단체들이 많은 묘시를 개최하였다. 특히 약품상과 수공업자, 이발사, 점쟁이 등 비교적 전문적이고 구체적인 직종의 동업 단체들이 개최하는 묘시가 단순히 향회香會나 신도들이 개최하는 묘회 보다 훨씬 많아졌다. 이런 양상은 근대에 들어 더욱 분명해졌다. "대련 大連의 천후궁에서는 매년 3월 23일에 묘회를 여는데, 상인과 금융업자들이 주도하여 대말타기 대회를 열고 시가에서 퍼레이드를 진행할 예정이다. 그래서 많은 상인들이 대묘 앞에 한데 모여 사전 예행연습을 하였다."[45]

둘째, 누가 물건을 판매하는가의 문제로 보면, 더 이상 부근의 소농 민이나 행상, 노점상이 잉여 생산품이나 재고품을 팔러 나온 시장이 아니었다. 근대적 교통 인프라가 구축됨에 따라 먼 곳에서도 묘회에 참석할 수 있게 되었고, 부근의 고정 점포가 있는 상인들도 묘회가 열리면 해당 사원에 연달아 가게를 열었으며, 사원 안팎의 몫이 좋은 자리를 선점하였다. 이들 상인은 일찌감치 사원에 도착하여 천막을 쳐서 빈 터에 자리를 잡고 노점을 열어 영업하였다.

---

45) 「練習高蹺」, 『盛京時報』 1921.4.12.

자리를 잡지 못한 자들은 이리저리 돌아다니며 물건을 팔았다. 이들 중에는 행상도 있었지만, 대개는 큰 자본이 없는 가내수공업자가 잉여 생산품을 가지고 와서 팔았다. 어깨에는 짐을 메고 손에는 바구니를 들고 이곳저곳을 다니며 소리쳐 물건을 팔았다. 묘회의 인기에 힘입어 그들이 여러 가지 물건을 판매함에 따라, 지방 특산물을 좋아하는 사람들이 묘회에 참석하게 되고, 이것이 다시 수공업자의 판매 증대로 이어지는 선순환 구조가 이루어졌다. 근대에 들어 교통 조건이 개선됨에 따라, 대형 묘회가 주변의 수많은 외지 상인을 끌어들였고, 묘회는 그들이 상품을 판매하는 주요 방식이 되었으며, 더 많은 상인이 참여하자 상품 구색이 완비되었고 없는 것이 없게 되었다.

서비스를 판매하는 영세 이발사나 예능인들도 있었는데, 실물을 파는 것이 아니었기 때문에 좋은 장비와 공간만 준비하면 바로 영업할 수 있었다. 묘시의 이발사는 곳곳을 다니며 사람들의 머리를 깎아주었는데 고객이 적지 않았다. 강호 예능인들은 각자 재주를 뽐내어 관중이 언제나 크게 환호하였다. 묘시의 상인들은 각자 업종이 있었고, 각자 특색을 가지고 있었다. 규모로 따지자면 자본이 충분한 대상인도 있었고, 자본이 적은 소상인도 있었으며, 입에 풀칠하기 위해 기예를 팔며 강호를 떠도는 자들도 있었다. 이들은 모두 묘시에서 상응하는 소비자를 맞이할 수 있었고, 자본에 층차가 있더라도 모두 지방경제의 활성화에 크게 기여하였다.

이밖에, 묘시 판매 주체의 구성에 외국인이 추가되었다. 근대에 들어 외국자본이 중국에 들어온 이래, 전통적인 교역체계에 일정한 균열이 일어났고, 묘시에도 국외 자본이 유입되었다. 외국 상인들도 묘시의 경제적 영향력에 주목하였고, 대형 묘시가 열리면 해당 지역의 양행들도 이런 좋은 기회를 놓칠 수 없어 거리낌 없이 수입품을 판매하였다.

셋째, 묘회 상품교역의 구조를 보면, 종류가 다양하고 층차가 분명하였다는 특징을 간취할 수 있다. 일반적으로 묘시에서 판매되는 상품은 대부분 농산품, 농기구, 목재, 가축, 제사용 향과 납지, 초, 일상용품, 여성 장신구, 완구, 가벼운 식품이 주가 되었다. 이는 향촌 농가의 생산재와 생산 도구에 대한 수요를 만족시켜 주었을 뿐 아니라, 판매 상품이 한층 다원화 되면서 비교적 단순한 농업 부산물과 생산재 거래를 넘어섰고, 생활용품이나 일용잡화, 화장품과 같이 여성에게 필요한 물품들이 점차 묘회 시장을 점령하였다.

아울러 근대 이래 남만철도의 건설 등으로 교통조건이 편리해지면서, 동북지역에서 생산된 생산품, 심지어 국내에서 생산된 생산품이 거의 모두 묘회에서 판매되었다. 예컨대, 남경의 팔찌[46] 및 근대 이래 도시에서 먼저 나타난 신형상품 등은 오랫동안 향촌에서만 살던 농민들에게 흥미로운 물건으로 다가갈 수밖에 없었다.

묘시에서 판매되는 상품은 향촌 농가의 잉여 생산품 수준에서 벗어나 일상용품이 아닌 고급 사치품도 등장하였는데, 대개는 여성용품이었다. 예컨대, 비단, 장신구, 향수 등은 사람들의 시야를 넓혀주었다. 동시에 서비스업 상품이 더욱 발달하였고, 근대적인 사진촬영은 묘회에서 크게 환영을 받았다. 봉황산鳳凰山의 약왕묘 묘회에서는 "화무華茂, 덕성德盛 두 사람이 사진기를 들고 와서 유람객들을 찍어 주었다."[47]

요컨대, 근대 묘시 상품은 종류가 완비되어 있었을 뿐만 아니라, 수많은 근대적 특색을 가진 상품이 유입되었다. 동시에 서비스 상품도 점차 흥성하여 묘시의 시장문화를 풍성하게 하였다.

넷째, 묘회 시장의 판촉 수단을 보면, 근대 전환기의 특징이 나타난

---

46) 宮城調明, 「滿洲國娘娘巡禮記」, 197쪽.
47) 「鳳凰山藥王誕廟會盛況」, 『盛京時報』 1934.6.14.

다. 근대 묘시의 상업기능이 더욱 강화된 것은 수많은 근대 경제 발전 요소로 말미암아 촉진된 것으로 이는 근대 묘시 상업의 새로운 특징을 형성하기도 했다. 근대시기 동북지역의 일부 묘시에 참가한 인원이 매우 방대하였음은 이미 언급하였다. 안동현 대고산大孤山의 낭랑묘 묘회를 예를 들면 3월 23일 당일 참가인원이 5만 명에 달했고,[48] 안산鞍山의 흥성묘興盛廟에는 5일 동안 무려 약 20만 명이 몰려들었다.[49] 이와 같이 대규모 묘회가 가능했던 것은 교역 범위의 확대, 인구 증가 등의 요인이 작용한 결과이기도 하지만, 이밖에 근대적 특징을 갖는 판촉 행위가 기여한 바도 크다. 열차표 할인이나 연회 개최는 판촉과 고객유치를 위하여 가장 흔하게 사용했던 수단이었다.

예컨대, 안산의 흥성묘에서는 지난 여러 해 동안 음력 4월 초파일, "부처님 오신 날을 맞이하여 대축제를 열어왔다. 금년 4월 초파일이 다시 돌아옴에, 남만주철도공사가 참배객의 편의를 위하여 5월 5일부터 9일까지(5일간) 안산역鞍山驛에 내리는 참배객의 열차 운임을 절반으로 할인해 주었다. 또한, 가장 우수하고 인기가 좋은 경강대희京腔大戲 공연을 비롯해, 춤, 마술, 영화, 그림자극, 대말타기, 사자춤, 용등, 곡예단, 꽃수레, 대형 칼라 선박, 승마묘기 등의 공연을 준비하였다. 이밖에 참배객들에게 경품권을 나누어 주고, 추첨을 통해 쌀, 밀가루, 이불, 러닝셔츠, 수건 등을 경품으로 나누어 주었다.[50] 경품으로 돈을 지급하기도 했다. 아무튼 이는 모두 보다 많은 참배객을 묘회에 끌어들이기 위한 조치였다.

다섯째, 묘회시장의 전체적인 발전 정도를 살펴보면, 근대 이후의 공

48) 中日文化協會, 『滿蒙年鑑』, 編者刊, 1931, 499쪽.
49) 中日文化協會, 『滿蒙年鑑』, 499쪽.
50) 「鞍山興盛廟會期鐵道局優待香客」, 『盛京時報』 1938.5.8.

업화에도 불구하고 아직 농업사회에서 벗어나지 못했다는 특징을 갖는다. 말하자면, 묘시는 여전히 촌민들에게 일상용품을 보급하고 잉여의 생산물을 판매할 수 있는 기회를 제공하는 수단의 하나에 지나지 않았다. 아울러 근대 묘시에 만연한 미신 활동은 관방의 미신타파 정책에 위배되었고, 이는 결국 묘시가 금지된 이유 중의 하나가 되었다. 묘시는 결코 근대적인 정기시장으로는 발전하지 못하였다.

당시 동시대인들도 이런 점을 비판하였다. "중국에 신령을 영접하는 묘회라는 행사가 있는데, 경쟁 관념도 없고 물품은 조잡한 몇 가지 도구에 불과하다. 관부에도 무엇을 장려한다는 내용이 없다. 따라서 이는 국가 부강과 그다지 관계가 없을 뿐만 아니라 경쟁에도 보탬이 되지 않는다"고 지적하였다. 이밖에 묘회의 나쁜 점들이 지적되었다. 즉, "미신이나 남녀가 구분되지 않는다는 점, 사방에서 온 사람들이 뒤섞여 있다"는 점을 거론하였고, "노름, 강간, 유괴, 절도" 등의 폐단을 지적하였다. "국가에 무익할 뿐만 아니라, 사회에도 손실이 있다"고 한탄하였다. 또한 "오늘날 문명시대를 맞이하여 국가는 묘회를 금지시킬 방도를 강구해야 한다. 만약 상공업을 발달시키려면 신령을 영접하는 행사를 개최해서는 안 된다. 마땅히 문명적 묘회 방법을 탐구해야할 것"이라고 건의하였다.[51] 당시 사람들도 전통적인 묘회의 상업 기능을 포착하였고, 근대 서구국가를 쫓아 상공업 발전에 보탬이 되는 묘회의 형식을 만들어내고자 하였음을 알 수 있다. 다만, 일정 기간의 노력이 필요했다.

하지만 어디까지나 묘시는 신앙풍습으로 말미암아 형성된 것이다. 일정 정도 민속 성질을 가질 수밖에 없다. 초기 묘회시장의 대부분은 일상의 여가를 조절하기 위한 것이었다. 그런데 근대에 들어선 이래 수

51) 「白話 : 說賽會」, 『盛京时報』 1909.4.21.

많은 묘회시장이 발전을 거듭하여 주요 상품의 집산지가 되었고, 농업의 1차 생산물도 출시되었지만 동시에 근대적 산업 생산품도 유입되었다. 근대적 공업 방식으로 생산된 상품이 묘시에서 유통되었고, 이를 따라 일련의 근대적 경영이념이나 판촉 방식이 묘시로 유입되었다.

이는 모두 이전에는 없던 근대시기 묘시의 새로운 특징이었다. 한 경제학자는 근대중국에 이원적 경제구조가 존재했음을 인정하면서 다음과 같이 지적하였다. 즉, "전통 경제와 근대 산업경제의 병존은 전통사회가 근대사회로 넘어가는 과도기 중에 흔히 보이는 현상"이며, "양자 간에는 대립되는 일면도 있지만, 상호 보완적으로 작용하는 측면도 있다"[52]는 것이다. 그렇다면 묘시는 분명 전통사회와 근대사회가 병존했던, 양자를 이어주는 매우 좋은 연결 통로였던 셈이다. 나아가 이러한 기능을 매우 잘 해주었다.

▒▒ 제3절 묘시의 경제적 영향

근대시기 동북지역사회의 발전이 묘시를 일으켰고, 묘회는 신앙이나 오락과 같은 다른 기능보다 경제적 기능이 더욱 현저하여 경제발전을 촉진하는 데에 크게 기여했다. 아래에서는 근대시기 동북지역 묘시의 경제적 영향에 대해 살펴본다.

묘시는 묘회의 경제적 기능이 부각된 것으로 근대에 들어서도 묘시의 개최는 줄어들지 않고 증가하였다. 작게는 향촌의 집산지로부터 크게는 현성縣城에 이르기까지 전통적인 묘시의 정기시장 기능은 시대의 변화

52) 吳承明, 『市場、近代化、經濟史論』, 雲南大學出版社, 1996, 187~190쪽.

에도 침체되거나 제한되지 않았다. 오히려 당시 사람들은 묘시의 경제적 기능을 매우 중시하였다. 아래 『성경시보』의 보도에서 당시 묘회에 수반되는 경제적 효과가 충분히 인정되고 있었음을 확인할 수 있다.

옛 풍습에 따라 4월 18일을 낭랑묘의 묘회 날짜로 삼았는데, 현재에는 낭랑묘 문 앞의 빈터에 경기회관京畿會館이 들어서 있어 묘회를 개최할 수 없게 되었다. 이에 묘회 장소를 풍운뇌우대風雲雷雨臺로 옮기기로 하고, 이로써 참배의 편리를 도모하고 아울러 상업을 진흥하고자 한다.[53]

뿐만 아니라, 묘시가 개최될 때마다 많은 인파가 몰려나오는 장면이 장관을 연출하면서 마치 공동체의 모든 구성원이 회합을 갖는 모습을 보였다. 이때에는 읍성의 여러 번화한 거리가 일시 소강상태를 보일 정도였다. 『성경시보』에 따르면,

서문 앞에는 여러 다관과 만담 공연장이 있는데 근래에 극히 한산하여 예전의 번화함을 찾아볼 수가 없다. 이는 일반 관람객들이 천제묘 묘회로 빠져나갔기 때문이다. 묘회로 인해 서문은 돌연 한적하게 된 것이다.[54]

특히 도시에서 비교적 먼 향촌지역의 묘시는 대부분 농한기에만 이루어졌다. 교통이 불편한데다 농산물의 수확 시기와 관련된 계절성을 고려해야 했기 때문이다. 또한 동북지역의 기후 특성상 겨울에는 혹독한 추위가 찾아오기 때문에 동절기에는 묘회를 거의 개최할 수가 없었

---

53) 「廟會遷移」, 『盛京時報』 1909.5.27.
54) 「西門臉冷落之原因」, 『盛京時報』 1912.5.18.

다. 묘회가 열리는 기간은 지역에 따라 조금씩 달랐지만 대개 3~5일간 열리는 경우가 많았다. 그러나 어떤 묘시는 보름 동안이나 계속된 경우도 있었다. 예로부터 있었던 묘회 정기시장은 여러 방면에서 지방경제에 중요한 기능을 하였고 일정한 영향력을 발휘했다.

첫째, 묘시는 주변 민중이 생활필수품과 상품을 얻는 데에 편리한 조건을 제공하면서 일반 정기시장의 부족을 보완하였다. 또한 지방 특산물의 유통을 촉진하였고, 자원 배분을 조절하는 기능을 담당하였다. 동시에 읍성으로부터 멀리 떨어진 지역에도 근대적인 생활방식이 전파되는 것을 촉진하였다.

근대시기 묘회는 일반적으로 파종 전이나 추수 후에 열렸는데, 대규모 소상인을 불러 모았고 규모는 일반적인 정기시장을 뛰어넘었다. "여순 영성자둔營城子屯에는 사원 한 곳이 있었는데 해마다 음력 4월 초파일에 연회를 개최하였다. 이때 상인들이 몰려들어 농가에서 원하는 일용품을 판매하였다."55) 특히 농기구와 종자, 가축 등을 출시하여 농사의 편리를 도모하였다.

묘시는 거의 모든 생활용품을 충분히 갖추고 있었고, 진귀한 물건들이 눈앞을 가득 채웠다. 각양각색의 판매대를 설치하여 각종 식품과 완구를 판매하였고, 남녀노소의 수많은 관람객들로 크게 붐비었고, 형형색색의 인파로 자못 떠들썩하였다.56) 일용잡화와 화장품 등은 아낙네들이 1년 동안 쓸 만큼 충분히 구입하였다.57) 일부 물품은 묘시에서 한 번 구입하면, 1년 동안 장터에 가서 구매하지 않아도 되었다. 그래서 묘회 때까지 기다렸다가 혼수품을 준비하는 사람들도 많았다.

---

55) 「演戲酬神」, 『盛京時報』 1929.5.22.
56) 「廟會盛志」, 『盛京時報』 1929.5.11.
57) 宮城調明, 「滿洲國娘娘巡禮記」, 200쪽.

묘시를 기다렸다가 1년에 한두 번 의류를 구입하는 사람들도 많았다. 묘회는 저렴한 가격으로 옷을 구입할 수 있는 모처럼의 기회이기도 했던 것이다. 예컨대, "길가에 늘어선 헌옷 판매대 3~4곳에는 천막 가득 헌옷이 쌓여 있었다. 가죽, 면사, 홑옷, 겹옷 등 종류가 다양했고, 안감을 댄 상의, 겉옷, 바지, 긴치마 등이 다양한 색깔로 구비되어 있었다. 장사꾼들은 박자에 맞춰 큰소리로 손님을 끌었다. 매상이 하루 3~4백 원에 이르렀으니 영업이 매우 잘 되었음을 알 수 있다."[58]

묘회는 이처럼 민중의 일상적 수요를 만족시켜 주었다. 묘회는 상품이 풍부하였고, 입고 먹는 데에 필요한 것들이 모두 갖추어져 있었다. 이는 농산품 및 그 부산물 위주로 거래되는 평소의 정시시장을 보완하는 역할을 하기에 충분했다.

둘째, 일상용품 이외에 여러 가지 기호품이 출시되고 다양한 서비스업이 활기를 띠어 무미건조한 향민의 삶에 활력소를 제공했다. "사원 앞의 시장에는 만담, 기예, 관상, 약장수 등도 매우 활기를 띠었다. 이를 구경하려는 인파가 끊이지 않았고 분위기가 매우 떠들썩하였다."[59] 상인들은 도시에서 사용하는 고급 상품과 서비스, 새롭게 유행하는 물품과 서비스를 다수 가져왔다. 이는 도시에 가기 어려운 촌민들에게 하나의 구경거리가 되었다.

일례로, 동악묘는 매년 음력 3월 28일에 향화회香火會를 열었는데, "예년처럼 수많은 상인들이 운집하여 소형음식점과 찻집을 열고, 각종 완구 및 생소한 음식, 폭음탄 등을 팔았다."[60] 뿐만 아니라, 근대에 들어 막 발전하기 시작한 사진, 영화 등과 같은 문물도 선보여, "노천에서

---

58) 宮城調明, 「滿洲國娘娘巡禮記」, 200쪽.
59) 「老君廟會花花絮絮」, 『盛京時報』 1935.5.23.
60) 「萬人空巷」, 『盛京時報』 1932.5.1.

사진을 찍는 자가 적지 않았고", "임시 영화관에는 관객들이 매우 많았다"고 한다.[61] 이것들은 워낙에 향촌 밖으로 나가기 어려운 향촌 주민의 무미건조한 생활에 활력소를 제공해 주었을 뿐만 아니라, 생활방식의 변화를 가져오기도 했다.

셋째, 묘시는 소비사슬을 이용하여 여러 업종의 발전을 이끌어 나가면서 지역경제의 번영을 촉진하였고, 일정 정도 도시의 발전을 추동하기도 하였다.

묘회는 지역사회의 사원이 여러 신령들에게 제사를 지내며 개최한 정기적인 집회로서 대량의 유동인구를 끌어 모았기 때문에, 5일장과 같은 일반적인 정기시장과는 분명하게 구별되었다. 묘회에서는 여러 계층의 사람들이 만족을 얻을 수 있었고, 자연스럽게 상업경제활동에 대량의 고객을 제공하였고, 따라서 일반 정기시장과 다른 거대한 구매력을 형성할 수 있었다.

여성을 예로 들면, 전통 중국에서 여성의 역할은 가정의 주부나 어머니로 한정되었기 때문에 여성이 오락이나 여가 활동에 참여하는 경우는 극히 드물었다. 일부 부유한 대가족 안에서 생활하는 여성을 제외하고, 시골의 농촌 부녀자가 오락이나 여가 활동에 참여하는 일은 거의 없었다. 하지만 묘회는 독특하게도 가정을 보살피거나 자녀를 축복한다는 것을 명분으로 삼았기 때문에, 여성들도 명분이나 도리에 저촉됨이 없이 마음껏 참여할 수 있었다. 또한 여성들이 필요로 하는 장신구, 화장품, 옷감, 의류 등을 묘시에서 많이 팔았기 때문에 여성들이 자연스럽게 묘회에 참여할 수 있었다. 이런 물품들은 일반 장터에서 쉽게 구할 수 없는 것이었다. 『성경시보』에 따르면,

61) 「萬人空巷」, 『盛京時報』 1932.5.1.

지난달에 낭랑묘에서 묘회가 있었는데, 읍성과 인근 향촌의 부녀자들이 앞 다투어 사원에 나와 분향하는 것이 울긋불긋하고 지극히 떠들썩하였다. 이날 옷가게는 시골 부녀자들로 발 디딜 틈이 없었고, 이들은 앞 다투어 자질구레한 천과 실, 노리개 등을 샀다. 음식점도 모두 열배의 이익을 얻을 수 있었다.[62]

묘회가 열려 사람들의 왕래가 떠들썩하였는데, 읍내와 향촌의 부녀자들이 개중에 섞여 있었고 그 열기를 주체하지 못하는 듯 보였다.[63]

묘회시장이 열리면 부근의 농가가 잉여생산물을 가지고 와서 판매하기도 했지만, 역시 주된 판매 주체는 직업적인 상인이나 묘회를 따라 돌아다니는 소규모 행상들이었다. 이들은 서둘러 묘시에서 판매할 상품을 구입해 두었다. 따라서 묘시는 소비사슬뿐만 아니라 생산영역에도 커다란 영향을 끼쳤다. 즉, 소비가 지방의 생산 생태계에 동력을 전달하여 움직이게 한 것이다. 『성경시보』에 따르면,

음력 4월 8일, 18일, 28일에 낭랑묘에서 묘회가 열렸다. 지난 여러 해 동안 8일과 28일의 묘회는 흥행에 성공하지 못했지만, 18일만은 남녀노소 할 것 없이 많은 사람들이 몰려와 분향하였다. 그런 까닭에 온갖 직종과 종파, 말 묘기를 부리는 사람, 줄 타는 사람, 장사하는 점포가 몰려들어 묘회가 들썩였다. 읍내의 식당들은 여러 음식을 만들어 도소매로 판매하였고, 주변 시골을 돌아다니며 장사하는 행상들이 이것들을 매입하여 모든 음식점이 매우 분주하였다.[64]

---

62) 「娘娘廟會」, 『盛京時報』 1907.6.2.
63) 「遊覽天齊廟廟會紀」, 『盛京時報』 1917.5.19.

경제와 민간신앙 : 시장으로서의 묘회

이처럼 묘시는 도시의 상품경제를 촉진하고, 지방시장을 활성화하는 구실을 했다. 장사꾼의 고함 소리가 요란하고 상인들이 운집함에 따라, 처량하게 버려졌던 사원이 생각지도 못하게 사람들이 운집하여 어깨가 서로 스치고 수레바퀴가 서로 부딪히는 지역으로 변화하였다.[65] 이 때문에 어떤 지방에서는 특정 계절에만 열리던 정기 묘시를 장터처럼 개최 횟수를 늘려 지방경제를 활성화하고자 하였다.

전술했듯이, "천제묘, 낭랑묘, 약왕묘 3대 묘회는 관례에 따라 매년 봄 한차례 열었는데, 이것을 공안국이 도시와 농촌 간의 상업 유통을 원활히 하고 고질적인 미신을 제거하기 위하여, 특별히 북평의 방식을 본떠 임시시장으로 삼고, 매월 사원마다 9회씩 개방하고자 한다. 천제묘는 끝자리가 1, 4, 7로 떨어지는 날(1, 11, 21, 4, 14, 24, 7, 17, 27)로 정하여 개방하였고, 낭랑묘는 끝자리가 2, 5, 8로 떨어지는 날을, 약왕묘는 3, 6, 9로 떨어지는 날로 정하였다. 지금 바로 일체를 계획하고 검토했으니, 장차 실행하려고 한다."[66] 여기에서 묘시가 도시 상업에 끼친 영향이 깊었음을 짐작해 볼 수 있다.

넷째, 묘시의 개최는 도시와 향촌 간의 인구 이동을 증진시켰고, 이로써 경제뿐만 아니라 사회적으로도 상당한 영향을 끼쳤다. 말하자면, 묘시는 사회적 교류의 중요한 방식이 되었고, 필연적으로 견문을 넓히는 기회가 되었으며, 심지어 전통적인 생활방식의 변화를 촉진하기도 했다.

묘시는 향촌사회의 경제, 문화, 오락 생활에서 상당히 중요한 지위를 차지하였다. 묘시가 개최될 때면 각지의 상인들이 몰려들었고 촌민들은

---

64) 「飯館熱鬧」, 『盛京時報』 1928.6.8.
65) 「廟會熱鬧」, 『盛京時報』 1926.9.7.
66) 「省城廟會革新大觀, 每月分期开放九次」, 『盛京時報』 1929.8.11.

평소 보지 못하던 친척이나 친구를 만날 수 있었다. "읍내에 사는 사람들은 묘회가 열리면 대개 친척이나 친구의 방문을 맞이하게 된다."[67] 묘회가 열리면 모처럼 눈요기를 한껏 할 수 있으니, 이 기회를 빌려 "향민들이 먼 곳에서 읍내의 친지를 방문해 묘회에 참가한다."[68] 이처럼 묘회는 친척이나 친구들이 오랜만에 모이는 좋은 기회가 되었다.

심지어 민족이나 국적이 서로 다른 사람들이 만나는 기회이기도 했다. "속설에 자손낭랑묘 묘회에 와서 기도를 하면 바로 임신하여 아이를 낳을 수 있다고 전해지는 까닭에 여러 해 동안 향불이 지극히 왕성하였는데, 올해도 만주족 여성들이 가장 많은 수를 차지하였다"[69]고 한다.

근대에 들어 요녕지역에 개항장이 많이 생겨 이곳에 사는 적잖은 외국 여성들이 묘회를 찾아왔다. 금발과 파란 눈의 여성이 묘회에 모습을 나타낸 것은 근대에 들어 새로 생겨난 풍경이라고 할 수 있다. 또한 안동현은 한반도와 인접해 있어 다수의 한국인들도 압록강을 건너 묘시에 참가하였다. 예컨대, 전술했듯이 안동 원보산의 낭랑묘 묘회에는 조선 여성들이 강을 건너 참가했고, 일본의 마상도 빈번하게 왕래하였다.[70]

묘시는 또한 자녀의 맞선을 주선하기에 아주 좋은 기회였다. 생계에 쫓겨 평소 향촌에 틀어박혀 농사만 짓던 농민들은 사회적 교제의 기회가 지극히 적었다. 더욱이 촌락 간의 거리가 지극히 멀었기 때문에 혼인할 상대를 만나기가 매우 힘들었다. 그런데 묘시가 열리면 부근의 여

---

67) 「戒嚴声中之廟會續志」, 『盛京時報』 1918.5.8.
68) 「仍有豫備逛廟者」, 『盛京時報』 1910.5.26.
69) 「香火極盛」, 『盛京時報』 1907.2.13.
70) 「廟會盛況」, 『盛京時報』 1913.5.27.

러 촌락에서 같은 때에 묘시가 열리는 읍내로 몰려들었기 때문에 맞선을 보기에 편리했던 것이다.[71]

이상과 같이, 묘시는 도시와 농촌 및 촌락 상호 간에 교류할 수 있는 장소였고, 견문을 확대하고 경험을 풍부하게 할 수 있는 기회였으며, 사람들의 생활 관념과 방식에 일정한 영향을 끼쳤다.

71) 宮城調明, 「滿洲國娘娘巡禮記」, 172~173쪽.

5 민중생활의 공간과 사원 : 일상으로서의 민간신앙

전통사회에서는 사원을 중심으로 일상생활과 신앙, 오락, 상업 활동의 공간이 형성되었고, 이는 자선활동, 의사 결정, 분규 해결이 이루어지는 公共의 공간이 되기도 했다. 사원은 지역사회의 랜드 마크일 뿐만 아니라 동시에 촌락과 도시 생활의 중요한 구성 부분이기도 하다. 특히 농업을 위주로 하는 향촌 지역에서는 민중들이 파종에서 수확에 이르기까지 모두 신령의 보호가 필요하다고 믿었기 때문에, 사원을 중심으로 촌락 생활을 조직했다. 도시에서도 사원은 어떤 사회조직이나 사회 집단이 응집력을 체현하고 내부 역량을 통합시키는 성전 구실을 했다.

그러나 근대 이래 국가가 국민을 개조하고 전통을 '미신'이라고 규탄하는 흐름이 일어나면서, 전통적 공공영역이었던 사원이 개혁을 명분으로 한 관방 및 사회 엘리트의 공격에 직면하게 되었다. 이리하여 사원은 근대적으로 재구성되기에 이르렀고, 새로운 형식과 내용을 갖게 되었다.

제1절 사원과 일상생활

일반 민중의 생활은 비교적 단순하다. 먹는 것, 입는 것, 자는 것, 사용하는 것, 다니는 것이 일상생활의 거의 전부였다. 부지런히 일하는 것이 대부분의 시간을 차지했지만, 그들의 생활이 무미건조하고 무료하기만 했다고는 결코 말할 수 없다. 전통사회에는 사원이 없는 곳이 거의 없어서, 사원을 중심으로 마을이 구성되었다. 사원은 기본적으로 종교적 공간이지만, 동시에 대중의 일상적 정신 및 물질생활에 지대한 영향을 끼쳤고, 민중의 일상생활에 즐거움과 활기를 제공하기도 했다.

근대에 들어서도 사원은 일을 할 때 일정한 절차를 수행하는 주요 공간으로서 민중의 일상생활과 밀접한 관계를 가졌다. 청대 동치 2년 (1857) 11월, 성경장군盛京將軍 옥명玉明은 동북 변경 일대 유민의 사적인 개간 상황에 대해 보고한 상주문에서, "동변문東邊門의 바깥으로부터 혼강渾江에 이르기까지 ……… 밭을 개간하고 집을 짓고 인삼을 재배하고 벌목하는 일이 많다. ………… 사람들은 모두 유랑민들이고 모이면 수가 매우 많은데 이미 사원을 지었고 연희를 열고 ………. 있습니다."[1]라고 하였다. 이처럼 이주민들이 동북지역에 정착하면서 가장 먼저 했던 것이 사원을 짓는 일이었고 연희를 개최하는 것이었다. 사원을 구성하는 공간은 일상생활과 적잖은 부분에서 얽혀 있었고, 근대에도 여전히 중요한 영향을 발휘했음을 알 수 있다.

1. 정신적 위안의 공간

사원은 사람들의 신앙에 의지하여, 일반 신도가 그곳에 와서 기도하고 기원하여 심령의 안위를 얻도록 끌어들인다. 절대 다수 민중의 신앙은 분명한 공리성을 지녀 아무 사원에라도 대고 절을 한다. 특별히 어떤 종교를 믿는다고 말할 것이 없고, "종교적 신앙이라고 부를만한 것

1) 王樹楠等, 「大事志 '淸十五', '穆宗一'」, 『奉天通志』 卷41, 東北文史叢書編輯委員會, 1983. 832쪽.

도 없다. 때로는 도교를 믿고, 때로는 불교를 믿는다."[2] 따라서 정확한 신앙 인구 통계를 집계하는 것은 거의 불가능하다. 계량화를 할 수가 없다.

하지만 각종 실지조사를 분석해 보면, 정신신앙의 전당으로서 사원이 가진 중요성을 알 수가 있다. 봉천성(1928년 요녕성으로 개칭해 오늘날에 이름) 서풍현에 대한 조사에 따르면, "마을의 대다수 사람들은 불교를 믿는다. 또한 이교理教를 신봉하는 자도 있다. .... 예수교를 믿는 자는 없다. 농민들의 마음속에는 진정한 종교가 없다. 자신들의 조상에게 제사를 지낼 뿐이다. 그들의 제사는 모두 복을 빌고 화를 면하고 하는 미신 활동"[3]이라고 하였다. 민중의 신앙행위가 '미신'인가 아닌가는 잠시 접어두고, 재해를 만나면 곧 신령에게 제사를 드리고 일상적으로 복을 기원하는 것으로 보아, 민중의 생활 속에서 민간신앙이 얼마나 중요했는지는 충분히 알 수 있다. 더욱 구체적인 예시는 아래에서 볼 수 있다.

이주민들이 처음 동북지역으로 이주해 왔을 때, 필시 생활이 빈곤하였고 의료나 위생 조건이 매우 열악했을 것이다. 더욱이 천재인화가 더해져 거의 매번 큰 흉년을 만났다. 이 때문에 신앙에 의지하는 심리가 더욱 강해졌고 신앙 활동 역시 빈번해졌다. 예컨대,『수중현지綏中縣志』에는 명말 및 청대 전체 시기에서부터 1929년 지방지를 찬수하기 이전까지 해마다 발생한 재해 상황을 기록하고 있는데, 이를 사원의 건설 및 유지 상황과 연계해 비교해 보면 아래와 같은 그래프를 얻을 수 있

2) 國務院實業部臨時產業調查局,『農村實態調查一般調查報告書－安東省莊河縣』, 369쪽.
3) 國務院實業部臨時產業調查局,『農村實態調查一般調查報告書－安東省莊河縣』, 442쪽.

민중생활의 공간과 사원 : 일상으로서의 민간신앙

다.4)

|도표 14| 수중현 재해와 사원 건설 상황 곡선도

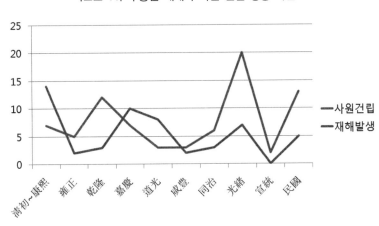

비록 데이터가 완전히 정확하다고는 할 수 없지만, 위 그래프에서 2
개의 곡선이 거의 동일한 추세를 유지하고 있는데, 여기에서 우리는 재
해와 신앙에 분명 매우 밀접한 관계가 있었음을 알 수 있다. 재해가 닥
쳤을 때 더욱 많은 사원을 짓거나 보수하여, 신령을 기쁘게 하는 데에
박차를 가했다. 민중에게 신앙이 얼마나 중요했는지를 입증하고 있다.
　의료나 위생 조건이 나쁘고 의학 지식이 부족하던 시절이었기에, 사
원에 나가서 향을 피우는 것은 일반 민중에게 어쩔 수 없는 일이었다.

---

4) 『綏中縣志』에 따르면, 淸初에서 康熙 연간에 이르기까지 7차례 사원을 건설하거
나 중수했고(14차례 재해 발생), 雍正 연간에는 5차례(2차례 재해), 乾隆 연간에는
12차례(3차례 재해), 嘉慶 연간에는 7차례(10차례 재해), 道光 연간에는 3차례(8차
례 재해), 咸豊 연간에는 3차례(2차례 재해), 同治 연간에는 6차례(3차례 재해), 光
緖 연간에는 20차례(7차례 재해), 宣統 연간에는 2차례(재해 발생 없음), 民國 원
년부터 民國18년 지방지를 찬수하기까지 13차례(5차례 재해) 사원을 건설했다.(「
天文 '災樣'」, 『綏中縣志』 卷1 ；「建置 '廟宇'」, 『綏中縣志』 卷4, 1929年 鉛印本.)

제1부 근대시기 동북지역 민간신앙의 구성과 특징

"어리석은 남녀들이 종종 귀신을 숭배하고 믿는 것이 이미 습관처럼 되었다. 질병이나 고난을 만나면 향을 피우고 기도를 한다. 기도 비용이 얼마나 들든지 아까워하지 않는다."[5] 사람들은 사원에 있는 신선과 신령이 도움과 보살핌을 줄 것이라고 믿었다. 때때로 사원에서 얻은 부적과 향불의 재에 신통력이 있어 질병을 물리치는 데에 도움이 될 것이라고 여겼다. 봉천성 수중현에 대한 조사에 따르면, 사람들은 병이 나면 보통 토지묘에 가서 향을 피웠다. 눈병이 나면 향불의 재를 물에 타서 눈을 씻었다. 이밖에 위장병이 상당히 많았는데 합당한 약물을 복용하지 않고 신통력이 있다는 '마법의 약'을 먹었다.[6] 물론 효과가 있기만무하다. 다만, 사람들은 잠깐 동안이나마 위안을 얻을 수 있었고, 이렇게 하는 것 이외에 뾰족한 다른 대책도 없었다.

마르크스는 종교가 '민중의 아편'이라고 말했으나, 근대시기 동북지역 이주민의 간단치 않았던 생존 환경을 고려한다면, 그들이 분향하고 기도하고 신령에 서원했던 약속을 지킴으로써, 정신적으로 신앙에 의탁하여 위안을 얻었던 것이 가장 좋은 약이었을지도 모르겠다. 당연히 긍정적인 측면이 작지 않았고, 더욱이 당시의 이런 민간신앙이 통제할 수 없는 광기로 흐르지는 않았다. 사람들은 신령의 보살핌을 간구하면서도 다른 한편으로는 그들의 기술과 경험, 지식을 버리지 않았다. 다만 민간신앙에서 어떤 정신적 위안을 얻고자 희망했을 뿐이었다. 그것이 그들의 삶 자체였으니, 누구라도 함부로 쉽게 없앨 수 있는 것이 아니었다.

5) 滿洲帝國大同學院, 『滿洲國地方事情-奉天省瀋陽縣事情』 第1號, 大同印書館, 1935. 78쪽.
6) 滿洲國大同學院, 『滿洲國鄉村社會實態調查抄』, 大同印書館, 1934. 241쪽.

민중생활의 공간과 사원 : 일상으로서의 민간신앙

2. 여가 및 오락의 공간

근대에 들어서도 제사 활동은 여전히 보편적이었다. 묘회가 대개 3일이나 5일 동안 계속되었고, 묘회에 수반된 각종 연희와 잡기 활동은 민중이 보고 즐기는 소중한 오락이었다. 대개의 경우 묘회가 열리면 사원의 한 가운데에 널찍한 무대를 설치했다. 여기에서 근대시기 동북지역의 민간신앙이 가진 문예·오락적 특징이 분명하게 드러난다.

근대에는 공원이나 경마장, 극장, 각종 구기 종목 운동장 등 많은 새로운 형태의 오락과 레저 공간이 개발되었지만, 평범한 일반인이 쉽사리 접근할 수 있는 것은 아니었다. 특히 오랫동안 농촌에 거주한 농민에게는 평생 한번 보기도 어려운 것이어서 그림의 떡도 되지 못했다. 그러나 사원을 거니는 것은 매우 익숙하고 비용도 들지 않는 여가 방식이었기 때문에 하층 민중이 가장 일상적으로 즐기는 오락이었다.

비교적 규모가 큰 사원들은 대개 자연 풍광이 좋은 곳에 자리를 잡았고, 게다가 분향 행사(香會)를 꽤 자주 열었기 때문에 더욱 많은 대중을 끌어들일 수 있었다. 예컨대, 철령현 용수산龍首山에 있는 크고 작은 사원들은 산의 경치와 어울려 장관을 이루었다. "용수산은 초목이 무성하고 경치가 그윽하다. 매해 봄과 여름 사이에 처녀 총각들이 구름처럼 모여들어 참으로 성황을 이루었다."[7] 사람들은 농사일을 놓아두고 하루를 쉬면서 사원의 아름다운 경치를 보고 즐겼다. 다른 한편으로는 사원 안팎에 민간 예능인의 공연이 가득하여, 이곳에 와서 평소에는 보기 어려운 오락 프로그램들을 관람했다. 당시 민간에 유행했던 가요가 이

---

7) 「滿洲國統計資料匯編」, 『鐵嶺縣公署統計匯刊』 1937年 1期, 北京 : 線裝書局, 2009, 476쪽.

러한 오락의 즐거움을 잘 표현했다. "아가씨들이 사원에 노니네, 어깨가 덩실덩실 들썩이네, 물건을 많이 사서 들고 갈 수가 없네."[8]

민간 가무(秧歌), 대말 놀이(高脚), 인형극, 그림자극, 2인극(蹦蹦戲) 등 민간 문예가 묘회 때마다 총출동하였다. 예컨대, 안산현의 철도서노군묘鐵道西老君廟에서는 "음력 4월 초파일에 성대한 묘회를 거행했는데, 매년 경강대고京腔大鼓, 관리락자關裏洛子, 고각회高脚會, 사자회獅子會, 한선용등汗船龍燈 등 각종 볼거리를 준비하였다. 주변 20여 촌락의 남녀노소가 구름처럼 몰려들어 인산인해를 이루었고 매우 떠들썩하였다."[9] 그들의 공연은 농후한 향토의 정취를 지니고 있어 하층 군중의 정서에 잘 맞았고 사람들의 몸과 마음을 편안하게 했다.

이런 오락 기능은 근대에 들어서도 민간의 묘회가 끊이지 않고 거행되었던 주요 이유이기도 하였다. "묘회의 준비를 맡은 사람들은 의장을 갖추고 피리를 불고 북을 치며 신령을 맞이하러 간다. 아울러 사자獅子, 한선旱船, 고교高蹻, 죽마竹馬, 대각擡閣 등의 각종 잡극을 공연하니 사람들이 앞 다투어 빨리 가서 보려고 한다. 수 백리 밖에서 오는 사람도 있다."[10]

한때 동북지역에서 명성이 높았던 곡예사 한경문韓敬文, 유문하劉問霞 등은 모두 묘회에서 가무와 기예를 공연한 적이 있다. "어제는 묘회가 있던 날이다. 무대가 설치되고 좋은 연희가 펼쳐졌다. 한경문, 손대옥孫大玉, 유문하가 무대에 올라 공연해 흥을 돋우었다. 손대옥은 「흑려黑驢」의 한 토막을 불렀고, 유문하는 「소배년小拜年」을 불렀다. 각기 나름대로 기예를 발휘하니 모두 신통하였다. 두 사람이 노래를 마치자 큰

8) 蕭紅, 『呼蘭河傳』, 經濟日報出版社, 2003, 209쪽.
9) 「老君廟會熱鬧」, 『盛京時報』1934.5.23.
10) 廷瑞 等, 「人事志 '禮俗'」, 『海城縣志』卷7, 民國十三年(1924)鉛印本.

박수가 터졌다." 또한 "한경문이 '유술柔術'이라는 무술을 보여 사람들을
놀라게 했다. 매번 기예가 끝나면 무대 아래에 갈채를 보내고 환호하는
자들이 있었다. 모두들 넋이 빠졌다."[11]

이밖에 근대에 들어 생겨난 신기한 물건들도 사람들의 이목을 끌었
다. 예컨대, 사진기나 요지경 등이 인기를 끌어, 근대시기 사원의 특수
한 경관을 형성했다.

결론적으로, 사원은 오락 공간으로서 사람들에게 레저 및 오락의 수
요를 충족시켜 주었다. 묘회가 대중의 스트레스를 해소하고 즐거운 기
분을 갖도록 해주었지만, 근대적 풍속 개량을 주장하는 엘리트 집단으
로부터는 호된 질책을 받았다. 예컨대, "동북 각지에는 붕붕희崩崩戱라
는 남녀 2인극을 공연하는 자들이 있어 분장이 괴이하고 추하며 하는
말이 저속하다. 개항장에서는 남김없이 금지되었는데, 향촌의 궁벽한
곳에서는 여전히 공연하는 자가 있다"고 비판하였다. 또한 "음란한 연
극은 풍속에 막대한 장애가 된다. 관리하는 자가 빨리 금지해야 옳을
것"[12]이라고 하였다. 하지만, 민간신앙은 여전히 성황을 이루었고, 무
엇보다 가장 광범위한 계층에 영향을 주었다. 끌어들인 사람의 수도 가
장 많고 가장 보편적인 오락 공간이었다.

3. 공익사업의 공간

사원은 능동적으로 공익사업을 기획해 시행하고 공익을 성취하는 장
소로서 전통적인 자선공익사업의 공간이기도 했다. 포괄하는 범위가
넓고 내용이 풍부하여, 중국의 공익사업 발전과정 중에서 역사가 가장

11) 「藝術家各膺賞賚」, 『盛京時報』 1921.5.7.
12) 「淫戲宜禁」, 『盛京時報』 1929.6.8.

오래되었으며 영향이 가장 광범위하였다고 할 수 있다. 근대시기의 동북지역 사원도 마찬가지였다. 재해가 발생하면 난민들을 구제하였고, 평상시에는 빈곤한 자들을 구휼하였다. 사원의 구제는 정신적인 위로와 문화교육, 의료위생 등을 포함하였다. 거의 모든 공익사업에 민간신앙의 참여가 있었다.

예로부터 불교사찰이나 도교사원 등은 '백성을 교화하고 도탄에 빠진 사람을 불쌍히 여긴다(度化蒼生, 悲天憫人)'는 종교적 정서에 의거하여 기꺼이 선행을 베풀었다. 이것이 바로 민간신앙이 공익사업에 관심을 가진 근본 원인이었다. 예컨대,

> 철령현의 도사 유신일劉信一은 묘회나 연희가 있을 때마다 거기에 모인 많은 사람들에게 차를 대접했다. 또 직접 석공들을 이끌고 백탑사白塔寺를 보수하였으며, 북쪽 성벽 밖의 수레가 다니는 돌다리를 보수했다.13)
>
> 봉성현鳳城縣 관제묘 승려 심징心澄은 베푸는 것을 좋아하여 재물을 춤고 배고픈 곳에 내주었다.14)
>
> 당본신唐本信은 도성 남쪽 삼의묘三義廟의 도사로서 동정심이 많았다. 사당 옆에 남북의 요충지인 홍기령紅旗嶺이 있는데 그 길이 몹시 험해서 다니는 사람들이 모두 두려워했다. 당본신은 나이가 칠순이 넘었는데 혼자 힘으로 도로를 수리하였다. 춥든 덥든 쉬지 않고 수년에 걸쳐 그 일을 마쳤다. 총 10여리의 길이 넓고 평평해져 수레와 말이 다니기 쉬웠고, 상인과 백성들이 왕래하니 부처가 베푼 것이라 칭송했다.15)

---

13) 楊宇齊,「慈善志」,『鐵嶺縣續志』卷9, 民國二十二年(1933)鉛印本, 吉林大影印.
14) 馬龍潭·瀋國冕 等,「人物志 ‘方外’」,『鳳城縣志』卷9, 民國十年(1921)石印本.
15) 馬龍潭·瀋國冕 等,「人物志 ‘方外’」,『鳳城縣志』卷9, 民國十年(1921)石印本.

필신청畢信淸은 봉황산 자양관紫陽觀의 도사이다. 절의 승려들과
함께 재물을 모아 숭정학교를 세웠고, 스스로 경학관 한 곳을 세웠
다.[16]

당시 신문들은 사원이 돈을 내어 도로나 다리를 건설하고, 학교를
설립하고, 빈민을 구제하는 공익활동을 지지하는 의미로 이 소식을 적
극 보도하곤 했다. 예를 들어, 개원현開原縣 상제묘上帝廟의 주지는 금선
하金線河에 돌다리를 만들기 위해 성금을 기부했다. 자선가들에게 도움
을 요청하는 한편[17] 다리의 보수유지를 자발적으로 담당했다. 요중현
遼中縣 영안사永安寺의 승려는 돌다리 수리비를 담당했다.[18] 본계현本溪
縣 관제묘의 주지는 특별히 성금을 거두어 湖湖山公園湖湖山公園을 만드
는 데에 기부했다.[19] 조양현朝陽縣 성황묘의 주지 도사는 빈민학교를
설립하여 가난한 아동들을 수용했다.[20] 사원 자체적으로도 빈민을 구
제했는데, "음력 5월 13일 관제묘 묘회 기간에 주지 승려가 음식을 베
풀고 재물을 나누어주어 가난하고 배고픈 사람들을 구제하였다"[21]고
한다.

전통적으로 사원들은 선당善堂을 부설하여 교인들로 하여금 선행을
베풀도록 하였다. "부근에 사원이 있는 곳에는 항상 선당이 있었다. 본
디 신선이 도리를 세운 뜻은 사람들이 악한 것을 고치고 선하게 살도
록 권하는 것이기 때문이다."[22]

---

16) 馬龍潭·潘國冕 等,「人物志 '方外'」,『鳳城縣志』卷9, 民國十年(1921)石印本.
17)「樂善好施」,『盛京時報』1913.8.1.
18)「熱心公益」,『盛京時報』1915.1.9.
19)「擬修公園」,『盛京時報』1922.11.19.
20)「道士辦學」,『盛京時報』1928.12.8.
21)「廟會放賑」,『盛京時報』1916.6.16.
22) 張丹墀修·宮葆廉纂·王瑞岐續修·朱作霖續纂,「善擧」,『凌源縣志』卷12, 民國

또 사원은 객사한 무연고 시신을 위해 임시로 매장할 땅을 제공했다.

> 지장암地藏庵은 귀왕묘鬼王廟라고도 하는데, 건륭 18년(1753) 마
> 을의 원로들이 노인회老人會라는 자선모임을 만들고 임시 매장 터
> 를 제공했다. 아울러 객사해 돌아갈 곳이 없는 시신을 위해 기골사
> 寄骨寺를 지었다.[23]

사원은 의료위생의 중임을 맡아 의료 서비스를 제공하기도 했다.

> 자은사慈恩寺는 매년 봄에 천연두 백신을 접종하여 무수한 영아
> 의 사망을 막았다. 참으로 대단한 자선 활동이라 할 수 있다. 듣자
> 니 이번에도 전례에 따라 천연두 백신을 접종해 준다고 한다. 읍성
> 과 촌락의 주민들은 매일 오전 자은사에 가서 주사를 맞을 수 있
> 다.[24]
> 자은사의 승려는 자애로운 마음을 품어 매년 천연두 백신을 접
> 종해 영아를 구제한다. 백신을 맞는 시기가 되면 널리 방을 붙인
> 다. 어린아이가 있다면 가서 주사를 맞을 수 있다. 1인당 0.2원만
> 내면 된다.[25]

향촌 지역에서 사원은 의료 장소로 쓰이기도 했다. 예컨대, 촌민들이
와서 천연두 백신을 맞을 수 있도록 사원에 모이게 하였다.

> 3월에서 4월까지 종괴묘鐘魁廟에서 촌공소村公所가 1인당 1角을

민중생활의 공간과 사원 : 일상으로서의 민간신앙

　　二十年(1931) 油印本, 1984年復制.
23)　馬龍潭·潘國晃 等,「宗教志`道教」,『鳳城縣志』卷11, 民國十年(1921年)石印本.
24)　「慈恩寺施種牛痘」,『盛京時報』1912.5.11.
25)　「引種牛痘」,『盛京時報』1922.4.4.

받고 천연두 백신을 접종한다.[26]

결론적으로, 근대시기 동북지역의 사원이 구성한 공공자선의 공간은 민중의 일상생활과 밀접한 관계가 있었고, 공익사업 전반을 보완하고 조절하는 역할을 수행했다.

4. 공공생활의 공간

전통시기 사원은 정치생활과도 일정한 관계가 있었다. 예컨대, 황제의 최신 명령을 공포하거나 사회 하층민에 대한 교화와 훈계를 진행하고자 할 때, 우선 "지현이 소속 관원과 함께 예복을 갖추어 입고 사원에 모여, 생원 중에 용모가 단정하고 목소리가 맑은 사람을 골라 조목조목 읽게 하였다." 연후에 명령이나 교훈의 주된 의미를 향리의 민중에게 전달하였는데, "나이가 많고 덕이 있는 원로 인사를 약정約正으로 위촉하고, 이들을 향촌에 파견하여 향촌의 어른과 젊은이들에게 권면하도록 했던 것이다. 약정에게는 매년 소정의 은량을 지급했다."[27] 근대에 들어서는 이러한 정치공간으로서의 기능은 약화되었고, 하층 민중의 공공생활 공간으로서의 기능은 더욱 두드러졌다.

근대시기 동북사회에서 사원은 전술했듯이 민중의 사적인 일상생활과 일정한 관계가 있었을 뿐만 아니라, 사람들의 공공생활과 관련해서도 매우 중요한 역할을 수행했다. 민중의 공공생활을 위해 공공의 공간을 제공했을 뿐만 아니라, 사회 역량의 응집과 통합을 위해서도 힘을

26) 國務院實業部臨時産業調査局, 『農村實態調査一般調査報告書－安東省莊河縣』, 編者刊, 1936.
27) (淸)全祿(修)・張式金(纂), 「禮制 '宣講聖諭'」, 『開原縣志』卷5, 淸咸豊七年(1857) 刻本, 吉林大學圖書館抄本.

제1부 근대시기 동북지역 민간신앙의 구성과 특징

보탰다. 이러한 역할은 촌락의 집단생활과 민중의 조직생활에서 중점적으로 나타났는데 구체적인 것은 아래와 같다.

1) 공공 집회

근대 이래 동북의 일부 지역에서 도시화가 급격하게 진행되기도 했으나, 여전히 향촌지역이 광범위하게 퍼져 있었다. 도시의 생활방식이 널리 전파되면서도, 전체 인구의 절대 다수를 차지하는 향촌의 농민과 도시 주변의 하층민은 전통적인 생활방식을 유지하는 수밖에 다른 선택의 여지는 없었다. 전통적인 사원 공간과 불가분의 관계에 있었던 향촌의 집단생활은 여전히 사회 하층민의 주요 생활방식이었다.

촌락의 향민들이 거주한 지역에는 어느 곳에나 사원이 존재했다. 사원은 촌락의 입구에 세워지기도 했고 산속에 들어서기도 했다. 일반적으로 촌락에는 1~2개의 사원이 꼭 있었고, 경제력이나 촌락의 규모에 따라 그 수가 달랐는데 어떤 촌락에는 3~4개의 사원이 있기도 했다.[28] 지방지에는 "마을의 전경을 두루 살펴보니 무릇 궁벽하고 더러운 골목에까지 사당이 들어서 있지 않은 곳이 없었다거나"[29], "경내의 성읍 안팎을 두루 조사하니 작은 촌락에 이르기까지 사당이 없는 곳이 없었다는"[30] 기사가 자주 등장한다. 봉천성 영구현 석교자촌石橋子村을 예로 들면 다음과 같다.

한 촌락에 대개 1~2개의 사원이 있었다. 사원에는 관리를 전담

---

28) 廷瑞 等(修)·張輔相(纂),「地理志 '區村'」,『海城縣志』卷2;「地理志 '壇廟'」,『海城縣志』卷3, 民國十三年(1924)鉛印本.

29) (民國)裴煥星 等(修), 白永貞 等(纂),「壇廟志」,『遼陽縣志』卷5, 民國十七年(1928)鉛印本.

30) 李毅, 趙家語(修)·王毓琪(纂),「壇廟」,『開原縣志』卷2, 民國十八年(1929)鉛印本.

민중생활의 공간과 사원 : 일상으로서의 민간신앙

하는 도사가 있었다. 또한 자체로 소유하고 있는 토지가 대략 20무
畝 있었고 여기에서 나오는 재원 이외에 기타의 비용은 촌락에서
부담했다. 신도들은 일반적으로 촌민 전체였으며 제사를 거행할 때
는 부근 촌락에서도 참배하러 왔다.[31]

　사원의 재산은 촌회村會가 관리했으며 일반적으로 1~2명의 승려나
도사를 고용하여 사원을 관리하게 했다. 사원은 촌민의 공동 소유로 인
식되었고, 그래서 촌락 공동생활의 중심이 될 수 있었다.
　1년 동안 개최하는 집회의 횟수는 매우 많았다. 사원을 보수하고나
면 꼭 연회를 열었고 모든 촌민이 참가했다. 이때에는 인근 촌락의 주
민도 참여했다. 이에 관한 영구현의 기사를 보면 다음과 같다.

　　현내의 대관둔大官屯에 약왕묘가 하나 있는데 오랫동안 수리를
　　하지 않아 볼썽사나운 모습이었다. 이에 촌민이 재물을 모아 새로
　　보수하니 수려한 모습을 되찾았다. 이미 수리가 완료되어 낙성을
　　축하하는 연회가 5일간이나 계속되었고, 부근의 촌민들까지 이를
　　관람하려고 몰려들어 인파가 끊이질 않았고 매우 떠들썩하였다.[32]

　또한, 매년 중요한 명절이 되면 제사를 거행하거나 묘회를 열었다.
공동제사를 성대히 치루고 나서는 제사 음식을 다함께 나누어 먹었는
데 이것이 공공집회에서 가장 중요한 차례가 되었다. 예컨대, 옛 풍습
에 6월 6일은 충왕의 탄신일로, "당일 가장 중요한 일은 여러 사람들이
촌락의 사원에 모여서 희생물을 잡고 제사를 올리며 제사 음식을 나누
어 먹고, 해당 촌의 농사일이나 회비 등 각종 사무를 의논하는 것이

31) 滿洲國大同學院編, 『滿洲國鄉村社會實態調査抄』, 大同印書館, 1934, 350쪽.
32) 「營口-開光演戱」, 『盛京時報』 1921.10.30일

다."[33] 근대에 들어서도 여전히 이와 같아서 무순撫順에서는 "6월 6일을 충왕의 탄신일로 삼아 돼지를 잡고 虫王에게 제사를 지냈다. 이날 관례에 따라 농무회農務會를 열기도 했다. 제사를 마치고 나서는 모두가 저녁까지 제사고기를 나누어 먹으면서 놀았다."[34]

6월에는 용왕에게도 제사를 지냈다. "13일이나 24일에 한두 명을 우두머리로 삼고, 돼지를 잡고, 토지묘 앞에 구덩이를 파서 밥을 짓는다. 촌민들이 모두 도착하면 우두머리가 향을 피우고 음식과 술을 올려 제사를 지낸다. 이때 폭죽을 터뜨리기도 한다. 제사가 끝나면 사람들은 사원 앞에 앉아 제사 음식을 나누어 먹고 비용을 분담한다." 7월에 김매는 일이 끝나 조금 한가해지면 "토지묘 앞에서 며칠 밤 동안 그림자극을 공연했다. 대개가 하층 사회의 기상천외한 이야기이거나, 충효 및 권선징악을 강조하는 이야기였다."[35]

요컨대, 묘회 등의 집회는 신령 숭배를 구실로 삼았으나 사실은 사원에 모여 놀고, 먹으며 여가를 즐기려는 것이었다. 제사를 구실로 사원에 모일 때는 항상 무대를 설치하여 흥을 돋웠고 촌민들도 적극적이었다. 봉천성 서풍현에 대한 실지 조사를 예로 들면, 가뭄이 발생하면 기우제를 드려야 했는데, 대개 촌민 전체가 촌락 안에 있는 호선묘狐仙廟와 마신묘馬神廟에 모여서, 버드나무 가지를 엮어 모자를 만들어 쓰고 기도하여 비를 청했다. 이렇게 해서 마침내 비가 내리면 반드시 감사의 뜻으로 신령에게 제를 올렸다. 사원에 모두 모여 돼지고기를 재물로 바쳤다. 필요 경비는 농사짓는 사람들이 균등하게 분담했다.[36] 사원에서

33) 丁世良/趙放 主編, 『中國地方志民俗資料匯編(東北卷)』, 114쪽.
34) 「撫順-致祭蟲王」, 『盛京時報』 1924.7.13.
35) 丁世良/趙放 主編, 『中國地方志民俗資料匯編(東北卷)』, 244쪽.
36) 國務院實業部臨時産業調査局, 『農村實態調査一般調査報告書-奉天省西豊縣』, 407쪽.

의 기우제는 사람들이 다시 모이는 계기가 되었다. 특별한 행사로는 소원이 이뤄진 뒤 기도할 때 서원했던 바를 이행하는(還願) 의미로서 신령에게 재물로 감사를 표시하는 고사를 지냈고, 행사가 끝난 다음에는 모두가 사원 앞에서 제사음식을 나누어 먹었다. 이러한 촌락의 집단적인 집회를 통해 촌민 상호간의 왕래와 응집력이 증진되었다.

이러한 공동 집회는 집단적인 협업의 결과이기도 했다. 우선 필요 경비는 촌장이나 대표자가 중심이 되어 집단적으로 갹출하여 마련했다. "혹독한 가뭄을 만나 비를 기원하거나, 풍년이 들었을 때 보통 연희를 거행한다. 연희를 위해 집집마다 5전씩을 거두었다."[37]라는 기록이 있다.

촌민들이 즐기는 오락 문화 활동도 공동으로 거행했다. 신상과 사원 앞에서는 모든 사람이 평등하였고, 일반 촌민들이 이러한 형식의 집회를 더욱 더 즐겼기에, 경우에 따라 부유한 사람이 특별한 이벤트를 제공하기도 했으나, 기본적으로 비용은 평균적으로 전체 촌민이 부담하였다.[38] "마을에 토지묘가 있는데 여기에서 1년에 3차례 정도, 대개 음력 7월과 8월, 정월 보름에 부유한 가문에서 마을 사람들을 위해 술과 가무를 제공하였다."[39]

이러한 활동은 촌민의 공동 활동을 구성하는 주요 내용 중의 하나이다. 촌민들은 사원에서 매년 매우 많은 종류의 행사를 가졌다. 통상의 제사와 특별한 감사 제사, 연희 등이 있었다. 이러한 공공의 집회는 민

---

37) 「奉天省蓋平縣風俗習慣」, 遼寧省檔案館, 『中國近代社會生活檔案(東北卷一) 第9冊』, 327~328쪽.
38) 「錦州省綏中縣風俗習慣及宗教」, 遼寧省檔案館, 『中國近代社會生活檔案』(東北卷一) 第10冊」, 264~266쪽.
39) 「錦州省盤山縣農村自治及社會生活」, 遼寧省檔案館, 『中國近代社會生活檔案』(東北卷一) 第11冊」, 40쪽.

제1부 근대시기 동북지역 민간신앙의 구성과 특징

중의 적극적인 공동 참여와 협력을 통해 완성될 수 있었던 것으로, 사회적 교류를 활성화시키는 동시에 촌락의 응집력을 증강시켰다.

2) 의논과 조정

촌락의 사원은 마을의 공공 공간으로서 공동의 사무를 의논하고 조정하는 공간이기도 했다. 농사나 충왕에 대한 제사와 같이 촌민들이 공동으로 관심을 가지는 일이 본래 민간신앙과 깊은 관련을 가지기 때문에 이런 일을 사원에 모여 의논했던 것이다. 더욱이 촌민들은 사원에 대해 공통의 신앙을 가지고 있었기 때문에 모두가 사원을 신성하고 엄숙한 장소로 여겼고, 따라서 사원은 성스러운 권위를 가졌다. 나아가 이러한 권위에 의거해 사원에서 의논해 결정한 일은 일정 정도 공정성을 보장받을 수 있었다. 그래서 촌락의 공동 이익에 관련되거나 조정이 필요한 사무에 대해서는 일반적으로 사원에 모여 해결하였던 것이다.

향촌에서 상의했던 것으로는 사원을 유지 보수하는 일, 어린 모종의 보호나 기우제와 같이 농사와 직결된 일, 지역의 안전을 도모하고 분규를 조정하는 일들이 있었다.

어린 모종을 돌보는 일은 촌민들이 매년 상의해야 하는 중대한 일이었다. "촌락의 유지들이 사원에 모두 모여, 돼지와 양, 술과 음식을 갖추어 제사를 올리니 이를 '충왕제虫王祭'라고 한다. 『시경』에서 말하는 '신농을 맞이하여 병충해를 막는 풍습'과 같다. 제사가 끝나면 벌칙을 정해 모종을 보살핀다"[40]는 기록이 있다. 농가에서 매우 중시하는 일이었다.

---

40) 田萬生(監修)·張滋大(纂修), 「政事 '禮俗'」, 『建平縣志』 卷4, 一九八七年建平縣志編委會, 民國二十年抄本에 근거하여 復印.

촌락의 안전을 도모하는 일도 상의해야 하는 중대한 일이었다. 아래 비문은 이를 잘 보여준다.

우리 마을의 사원은 강희 20년(1681)에 지어져 근근이 버텼으나 경자년에 이르러 무너졌다. 러시아 군대가 들이닥치고 토비들이 혼란을 틈타 전횡하였으나 마을에는 안전을 지킬 장정이 없었다. 이에 장경보章京堡 인근의 촌민 42명이 무리지어 관제묘에서 맹세하고 훈련하여 향단을 조직하니, 마을을 지키고 마침내 토비를 무찔렀다. 우두머리를 사로잡고, 각자 생업으로 돌아가니 슬퍼하는 사람이 없고 일이 평안해졌다. 모두 신령의 은혜에 감사하며 재물을 추렴해 관제묘를 보수하고, 세 칸짜리 관음각觀音閣을 새로 건립하고, 사당 앞의 태평하太平河를 준설하였다. 공사가 모두 잘 되었다.[41)]

위의 비문에서 알 수 있듯이, 관제묘는 강희 20년(1681)에 건립되었고 218년의 역사를 거쳐 근대시기까지 이어졌다. 42명의 촌민들이 공동으로 상의한 장소로서, 그들은 관제묘에 모여서 지역의 안전을 지키기 위해 훈련하기로 협의했다. 이는 사원이 신앙적 요소를 가진 특수 공공영역으로서의 기능을 수행했음을 보여주는 것이다. 애초부터 관공關公(관우)에 대한 굳건한 신앙이 있었기 때문에 무예와 충의를 숭상하는 관제묘가 태평을 보장하고 도울 수 있다고 믿었다. 따라서 무묘(관제묘)에서 안보 문제를 상의하고 군사를 조직함으로써 확실하게 신의 보호를 받을 수 있다고 믿었고 조직 내부의 응집력을 강화할 수 있었던 것이다.

41) 王寶善(修)·張博惠(纂), 「古跡 '碑碣' ; 淸重修章京堡關廟碑」, 『新民縣志』 卷17, 民國十五年(1926)石印本.

제1부 근대시기 동북지역 민간신앙의 구성과 특징

사원은 촌락의 일을 조정하는 데에 공간을 제공하기도 했다. 요컨대, 촌민들이 사원을 신성한 장소로 생각했기 때문에 안건을 판결하는 장소로 사용했던 것이다. 그래서 이를 '신판神判'이라고 불렀는데, 이곳이 관청이나 경찰서가 아니라 사원이었다. 이와 관련, 『성경시보』는 일찍이 봉천성 서쪽 사대자촌四臺子村의 주민 마馬씨와 유劉씨 할머니의 전당典當 분쟁에 대한 사례를 보도했다. 두 사람은 결국 사원에 가서 '자기 말이 거짓이면 신령의 저주를 받겠다는 맹세(賭誓)'로 이 일을 해결하기로 결정한다. 기사의 내용은 다음과 같다.

> 마씨는 갑자기 형편이 어려워져 예전에 저당 받았던 토지의 값을 찾으려 했다. 상의한 결과 유씨가 우선 30원을 갚기로 하고, 쌍방이 약정서를 쓰고 중개인을 통해 돈을 지급하기로 합의했다. 열흘이 지나고 마씨가 다시 유씨에게 돈을 갚으라고 요구했고, 유씨는 깜짝 놀라 '돈을 이미 주어 청산했는데 허투루 발뺌을 하는가!'라고 말했다. 마씨는 끝끝내 받지 않았다고 하고, 두 사람은 다투었으나 끝내 결말을 짓지 못했다. 유씨는 어쩔 수 없이, '당신은 분명 내가 돈을 주지 않았다고 하니, 우리 둘이 대묘大廟에 가서 서약을 하자! 신령에게는 영험함이 있으니, 반드시 판결이 있을 것'이라고 말했다. (사대자촌의 서쪽에는 관제묘가 있는데 평소 매우 영험했다.) 마씨도 이에 동의해 두 사람은 향과 지전을 사들고, 자기가 거짓이면 신령의 저주를 달게 받겠다는 맹세(賭誓)를 하러 관제묘로 갔다. 이를 구경하는 촌민이 백 명을 넘었다. 관제묘에 이르러 두 사람은 향에 불을 붙였다.[42]

분명히 사원에서 맹세 서약(賭誓)하는 것이 근본적인 해결책이 될 수

42) 「報應不爽」, 『盛京時報』 1921.5.26.

민중생활의 공간과 사원 : 일상으로서의 민간신앙

는 없다. 다만, 촌민의 마음에 깃들어 있는 사원의 신성함은 충분히 간취할 수 있다. 사원의 신성한 지위를 충분히 인정했기 때문에 신령이 판결하는 방식(神判)으로 이해 충돌을 해소할 수 있었던 것이다.

또한, 향촌의 사원은 공중이 준수해야 할 법규를 제정하는 장소로 가장 많이 활용되었다. 민사 분규를 조정, 처리하거나 공동의 규칙을 제정하기에 가장 적합한 장소로 인식되었던 것이다. 이는 물론 사원의 신성함이 법규의 정당성을 뒷받침해 주었기 때문이다.

예컨대, 홍경현 반용촌盤龍村에서 몰래 보호궁普護宮의 숲을 침범하여 산림을 훼손하는 사람들이 있었다. 촌민들은 이 문제를 해결하기 위해 함께 의논했고 의견의 일치를 보았다. 사원 안에 비석을 세우고, 비문에 일의 전말과 금지 사항을 기재하기로 한 것이다. 비문의 내용은 다음과 같다.

우리 마을의 남쪽과 북쪽에는 산이 하나씩 있는데 초목이 무성하여 아름답다. 숲이 우거지고 울창함이 빼어나니, 나무를 길러 목재로 자라나면 후손들이 이것으로 보호궁普護宮을 유지 보수할 수 있을 것이다. 그러나 나무꾼들에 의해 나무들이 남벌되고 있다. 이미 하루 이틀의 일이 아니다. 그런데 이를 금지하는 법규가 없으니 어찌 후일을 기약할 수 있겠는가. 그러므로 성문을 닫고 함께 의논하였다. 이제부터 땔나무를 하거나 꼴을 베고 방목하는 것을 금지한다. 사사로이 산림에 들어가 나무 자르는 것을 허용하지 않는다. 혹시 무지한 무리들 가운데 목재를 밀매하거나 사적으로 목재를 벌채하는 자가 있으면, 우리 마을의 주민이라 할지라도, 사원이 주재하여 가볍게는 죄를 헤아려 징벌하고, 무겁게는 관청으로 보내 처벌하도록 할 것이다. 이에 비석을 새겨서 오랜 기간 동안 폐지되지 않기를 바랄 뿐이다. 함풍 10년(1860)에 세움.[43]

제1부 근대시기 동북지역 민간신앙의 구성과 특징

신민현新民縣에도 유사한 비문이 있었다. 촌락의 주민들이 공동으로 방목하여 가축을 기르는 황무지가 있었는데, 그 땅을 개간하겠다고 하는 사람들이 나타나 분쟁이 발생했다. 분쟁이 송사로 이어져 촌락 공동의 방목지이므로 개간할 수 없다는 판결이 났다. 이후에도 여러 차례의 개간될 위기가 있었지만 우여곡절을 거쳐 방목지로 유지되었다. 이에 촌민들은 나중에라도 이 땅이 다시 분쟁에 휘말리지 않을까 걱정하여 사원에 개간할 수 없음을 알리는 비문을 세우게 되었다.[44]

비문은 주로 토지의 사용에 관한 분규를 해결하기 위한 최종적인 방책으로 세워졌다. 말하자면, 사원에 비석을 세워 최종적인 결론을 규정하는 방식으로 민사 분규를 해결했던 것이다. 이러한 방법은 향촌 내외의 민사 분규를 해결하는 데에 사용되었다. 「청강호둔오성신사비淸綱戶屯五聖神祠碑」가 하나의 사례인데 비문의 내용은 다음과 같다.

촌락의 주민들이 돈 900적吊을 추렴하여, 파달해巴达海 명의로 책봉되어 있던 유휴 토지 한 필지를 대표자 왕정명王廷名 명의로 구입하였다. 모두 72무이며 백기보白旗堡 경계의 포도타자葡萄坨子에 자리 잡고 있다. 이 토지는 사원의 비용 및 공용을 위한 것으로 영원히 촌락의 공동 소유이다. 왕정명王廷名이 대리해 관리하는 것을 보장하지만 결코 왕씨의 사유 재산은 아니다.[45]

결론적으로 사원은 공공의 사무를 의논하는 공간으로서, 향촌의 공

---

43) 張耀東(修)·李屬春(纂), 「古跡 '廟宇'」, 『興京縣志』 卷10, 民國二十五年(1936)鉛印本.

44) 王寶善(修)·張博惠(纂), 「古跡 '碑碣', '淸生生不息碑'」, 『新民縣志』 卷17, 民國十五年(1926)石印石印本.

45) 王寶善(修)·張博惠(纂), 「古跡 '碑碣', '淸綱戶屯五聖神祠碑'」, 『新民縣志』 卷17, 民國十五年(1926)石印本.

공성을 담보해주는 중요한 수단이었다. 더욱이 사원은 촌민들 사이에서 신성함이 공인되어 있었기 때문에 사원을 매개로 한 분규 해결 방식은 향촌 질서의 안정에 크게 기여하였다.

3) 사원 기능의 다양한 양태

향촌의 사원이 민중의 집단생활에 중대한 영향을 끼쳤음은 이미 살펴보았다. 촌락이 공공집회를 조직하거나 마을의 사무를 상의하고 민사 분규를 조정할 때, 사원이 중요한 역할을 했다. 민중의 집단생활이 관여하는 범위가 비교적 넓었고, 공공집회, 회식, 농작물의 보호, 안전 보장, 분규 해결 등은 일정한 자치성을 가졌는데, 이러한 촌민들의 공동생활을 조직함에 있어 사원은 항상 큰 공헌을 하였다. 그 중에서도 가장 중요한 공헌은 향촌을 응집시키는 데에 중요한 작용을 하였다는 것이다.

사원은 촌락을 구성하는 중요한 요소로서, 촌민의 공동 신앙을 구체적으로 보여준다. 신령은 촌민의 마음속에서 진정한 권위를 가지고 있었기 때문에 신령을 전면에 내세우면 촌민의 집단 활동을 조직해 내는 데에 매우 효과적이었다. 요컨대, 매년 거행되는 제사 의례가 촌민을 일치단결시키는 작용을 했다. 제사에서 음식을 나누어 먹거나 음복에 참여함으로써, 사람들은 촌민으로서의 강한 정체성과 촌락 공동체에 대한 강한 일체감을 갖게 되었다. 이는 필연적으로 촌락의 응집력을 강화시켰다. 또한 사원의 연중행사는 촌민 상호 간의 교류를 증가시켰다. 수많은 촌민들이 사원을 중심으로 단결하여 농사일을 잠시 놓고 서로 소통하고 의견을 물으며 교류했다. 이런 교류의 활성화도 촌락의 응집력을 강화시켰다.

이밖에 사원은 촌락의 사무를 상의하고 분규를 처리하는 장소로도 활용되었는데, 이는 향촌자치의 중요한 체현이었으며, 향촌질서의 문제를 해결하는 데에 보탬이 되었다. 사원은 신령이 거주하는 장소였기 때문에 이곳에서 공무를 의논하면 공정성이 배가될 수 있다고 믿었다. 이른바 '고개를 석자만 들면 신명이 있다'는 말처럼, 사원의 신성한 권위를 빌려 세속을 다스리려는 구상이기도 했다. 전술했듯이, 사원에 와서 조정과 화해를 모색하고, 또한 사회적 합의를 비문에 새겨 그 비석을 사원에 세워둔 것은 신령의 권위로 세속의 일을 해결하려는 의도였다. 이렇게 하면, 소송을 제기해 관부의 힘을 빌리지 않고도 다양한 민사 분규를 해결할 수 있었다. 이처럼 신성한 권위로 분산된 역량을 응집시키고 촌락 공동체를 통합시키는 것이 바로 향촌 사원이 수행했던 가장 중요한 역할이었다.

그러나 이러한 기능은 동전의 양면처럼 다른 방향으로 작용하기도 했다. 향촌의 통합과 응집을 촉진했지만, 동시에 분열을 조장하기도 했던 것이다.

근대 서양 문화의 전래로, 각종 서양 종교가 맹렬한 기세로 향촌에까지 전파되어 전통적 신앙 구조에 충격을 가했다. 향촌 사원의 권위 및 기능이 엄중한 시험을 받는 가운데, 기존의 응집 작용이 도리어 집단 간의 대립과 충돌을 조성하기도 했고, 내부의 분열을 만들기도 했다. 1914년 6월 14일자 『성경시보』는 민간신앙과 관련된 집단 간의 충돌을 다음과 같이 보도한 바 있다.

> 읍성의 북쪽 사람들이 오랫동안 가뭄이 계속되자, 수백 명의 농부들이 모여 맨발로 엎드려 절하며 간절히 비를 기원했다. 향촌 원로들은 여러 사람들이 모임에 따라 혹여나 불상사가 일어날 것을 염려했고, 백가장百家長에게 경찰 파견을 요청해 불상사에 대비해

줄 것을 주문했다. 그런데 뜻밖에도 도착한 경장警長이 사원에 참배를 하지 않았다. 이에 여러 향민들은 경장의 태도 때문에 부정을 타지 않을까 하는 불만을 마음에 품게 되었고, 기우제의 법도를 무너뜨렸다고 경장을 비난했다. 이런 불만과 비난은 급기야 주먹질로까지 이어졌다. 경찰들은 수가 적어 많은 사람들을 당해낼 수 없었고 씩씩거리며 백가장에게로 와서 자초지종을 알렸다. 향민들은 이 일을 항의하기 위해 용가마(龍駕)를 어깨에 메고 백가장의 집으로 몰려왔다. 백가장은 본래 천주교도라 귀신의 이야기를 믿지 않았기 때문에, 이 일로 크게 화가 나서 읍성의 성당으로 달려가 신부에게 알렸다. 신부는 사람을 파견해 자초지종을 조사하게 했고, 현 관청으로 가서 '향민들이 마귀를 들쳐 업고 교도(百家長)의 집으로 쳐들어갔으니 자신들의 종교를 무너뜨린 것이고 응당 중벌로써 다스려야한다'고 항의하였다. 향민들도 '사소한 다툼으로 용가龍駕를 슬프게 하였으니, 용왕께서 진노하시어 큰 홍수로 농작물을 손상시킬 것이므로, 절대 그냥 넘어갈 수는 없다'고 주장하였다. 양측에서 서로 다투고 있음에도 상부에서는 어떻게 결말을 지어야 할지 몰라 다시 보고하라고 종용하고만 있다.[46]

촌락에 신앙의 차이 때문에 분쟁이 생기고, 향리를 응집시키는 민간신앙의 기능이 잘 작동되지 않는 사례도 있었음을 알 수 있다. 『성경시보』에는 또 다른 충돌 사례가 보도되고 있다. 요컨대, 봉천의 서쪽 갑상촌闸上村에서 신령을 숭상하는 것이 예전만 못하지 않다고 생각하여, 예전에 있던 사원을 보수하고 그 비용을 모든 가구에 부담시켰다. 그런데 이李, 손孫, 장張씨 집안은 천주교를 믿어 우상을 숭배하지 않기 때문에 결코 비용을 부담할 수 없다고 하였고, 그 때문에 큰 다툼이 생겼

46) 「民教相爭」, 『盛京時報』 1914.14.

다.[47)]

예전에 사원을 수리하는 일은 누구나 참여해야 하는 촌락의 대사였지만, 근대 서양에서 전래된 기독교와 천주교가 전파되면서 기존의 견고한 구조에 금이 가기 시작했던 것이다. 이제 같은 마을에서도 신앙이 서로 달라 사원을 수리하는 자금을 모으는 것이 어렵게 되었다. 사원의 권위에 틈이 생겼고, 통합 작용은 크게 약화되었다.

결론적으로, 향촌 사원은 촌락공동체 생활에서 매우 중요한 지위를 차지했지만, 때때로 지역에 따라서는 점차 새로운 종교의 전파라는 충격이 가해져 그 기능이 약화되기도 했다.

◦◦ 제2절 민간신앙과 민간조직

사회학은 '사회조직'에 대해, "일정한 사회 직능을 집행하고 특정한 사회적 목표를 완성하기 위하여 명확한 규범과 제도를 가진 독립된 단위로서 정식화된 사회 집단"[48)]이라고 정의하였다. 민간조직은 일정한 사회적 목표를 위해 결성되며, 일정한 사회적 직능을 가지고 있으며, 일정한 규율과 제도를 행동 준칙으로 삼지만, 정부, 기업, 학교, 군대 등과 같이 비교적 엄격하고 규범적인 사회조직에 비하면 비교적 느슨한 사회조직에 속한다. 다만 민간조직은 민간사회와 긴밀히 연계되어 있고 여러 방면에서 관계를 맺고 있으며 또한 민간사회를 단결시키고 통합시키는 작용이 강하기 때문에, 민간 자치의 추진에 매우 유리하다.

---

47) 「集款修廟之糾葛」, 『盛京時報』 1920.5.5.
48) 王雪梅, 『社會學槪論』, 中國經濟出版社, 2001, 79쪽.

민중생활의 공간과 사원 : 일상으로서의 민간신앙

나아가 민간조직은 민간사회와 민중의 공공생활이 보다 계통적이고 고급화되도록 만든다.

근대시기 동북지역의 민간신앙은 몇몇 민간조직과 매우 긴밀한 관계를 가졌다. 우선, 사원은 민간조직을 위해 공공의 공간을 제공하였다. 뿐만 아니라 민간조직이 내부 집단의 정체성 및 일체감을 강화하고, 흩어진 자원들을 결합시키는 데에도 기여했고, 이는 민간조직이 자신의 기능을 발휘하는 데에 큰 도움이 되었다. 민간신앙과 관련이 있는 민간조직은 당연히 신앙행위와 떼려야 뗄 수 없는 관계에 있었는데, 주된 기능에 따라 나누어 보면 다음과 같다. 비밀종교결사를 포함한 민간종교결사, 향회香會, 청묘회靑苗會, 용왕회龍王會, 기우회祈雨會 등과 같은 민간제사조직(會社), 동업단체, 동향조직(會館) 등 4종이 그것이다. 아래에서 상세히 서술한다.

1. 민간종교결사

민간종교는 불교, 도교, 회교와 같은 기성종교와는 다르다. 민간종교는 민간사회에 뿌리를 두고 있다. 제도화된 기성종교의 신령 및 민간의 속신들을 흡수하여 수호신으로 삼는다. 근본취지는 비교적 단순한데, 인생을 고난의 바다로 전제하고 오로지 자기 종교를 신봉해야 비로소 고난에서 벗어날 수 있다는 것이다. 따라서 신도는 대부분 생활이 궁핍한 사회 하층민들이다. 일반적으로 사원을 집회와 전도의 거점으로 삼아 신도를 확대하고, 부분적으로는 비밀성을 띤다. 역사적으로 사회변혁과 밀접히 관련되어 있었기 때문에, 항상 관방으로부터 합법성이 의심받았고, 조직은 관방의 배척과 탄압의 대상이 되곤 하였다. 특히 관방의 입장과 배치되는 인식 형태로 발전했을 때에는 관방의 저지와 타격을 받아야 했다. 그러나 관방이 탄압과 억제만 했던 것은 아니고, 어떤 때는 "자신의 상징을 창조하고 이것을 민간에 주입하기 위하여, 선택적으로 민간의 상징을 나서서 제창하기도 했다."[49]

민간종교결사로는 우선 공개적인 종교결사가 있었다. 근대시기 동북지역의 민간종교결사는 명목이 다양하였다. "천지교天地教는 천지를 받들고, 혼원문混元門은 혼원노조混元老祖를 섬기며, 대승문大乘門은 대개 부처와 남해대사南海大士를 신봉한다. 협회가 있어 화로를 청소하거나 경전을 외는 일을 한다."[50] 이밖에도 이교理教, 황천교黃天教, 홍만자교紅卍字教 등이 비교적 유행하였는데, 조직상으로 공개성과 비밀성을 동시에 모두 가졌다. 공개적 민간종교결사는 일반적으로 특정 사원을 본부로 삼고 주교 역할을 하는 최고지도자를 두었다. 홍경현을 예로 들면 다음과 같다.

> 구성사九聖祠는 청대 도광 11년에 건설되었으며 충서당공소忠恕堂公所가 부설되어 있다. 이교의 영정領正은 왕지정王志廷이며 묘우 역시 왕지정이 관리한다.
> 정원궁靜遠宮은 원래 이름이 죽림사竹林寺이며, 승려 상태常泰가 주지를 맡은 후 민국8년에 이교의 사원으로 고쳤다. 도인 낭명산郎明山이 정원궁으로 개명하여 관리하니 1년 내내 향불이 끊이지 않았다.[51]

공개적인 민간종교결사는 사회에서 공개적으로 생존 공간을 모색하

49) 王銘銘, 『社會人類學與中國研究』, 廣西師範大學出版社, 2005, 136쪽.
50) (民國)孫維善·傅玉瑛(修)·王紹武·孟廣田(纂), 「人事 '宗教'」, 『臺安縣志』 卷3, 民國十九年(1930)鉛印本.
51) 張耀東(修)·李屬春(纂), 「古跡」'廟宇', 『興京縣志』 卷10, 民國二十五年(1936)鉛印本.

민중생활의 공간과 사원 : 일상으로서의 민간신앙

였기에 어느 정도 사회적으로 인정받을 수 있도록 자신을 개량하였다. 그래서 대개는 자선활동을 결사 설립의 취지로 삼았고 실제로도 공익 사업에 종사했다. 예컨대, 조양현의 심선당心善堂은 이교에 속한 자선 단체로서 신도들이 공동으로 재물을 내어 세웠다. 특이하게도 술과 담배를 금지하는 등 검소하고 선량한 생활습관을 주창하여 많은 사람들의 호응을 이끌어 냈고, 이를 통해 사회적으로 일정한 생존 공간을 확보하였다. 지방지를 통해 이런 내용을 확인할 수 있는데 다음과 같다.

심선당 안에는 양조楊祖의 신상과 신위를 모셔두었다. 양조에 대해 알아보니 이름이 굉인宏仁이며 호는 보조普照이다. 측천무후가 국정을 담당했을 때, 진사로 추천되었으며 관서關西 사람 양진楊震의 12세손이다. 후에 수련하여 득도하였다. 심선당은 오로지 담배와 술을 경계하는 것을 종지로 삼았다. 그래서 무릇 이교에 입문한 자는 음주와 흡연을 허락하지 않는다.[52]

|도표 15| 요서지역 일부 민간종교결사의 일람표

명칭	소재지	성립시기	회원 (명)	자선활동
朝陽孔教會	縣城 關帝廟	1923년 8월	2,400	현재 진행하는 사업은, 幼兒福利院이 104명을 수용하며, 安老懷幼園이 11명을 수용한다. 순회 강연단을 조직했다.
博濟慈善會 朝陽分會	縣城 藥王廟	1933년	200	관으로 쓸 목재를 제공하고, 노인을 봉양하여 쌀을 제공하며 의약품을 제공하는 활동을 했다. 모두 회원들의 기부에 의존한 돈으로 진행했다.
凌源縣	縣城	1924년	262	理善會의 거의 모든 일은 모두 사원

---

52) 周鐵錚(修)·潘鳴詩等(纂), 「寺觀二」, 『朝陽縣志』 卷8, 民國十九年(1930)鉛印本.

명칭	소재지	성립시기	회원 (명)	자선활동
理善勸戒煙 酒分會	財神廟			안에서 행해지며 소위 담배와 술을 금하고 생활을 개선하는 것이다.

출처 : 民生部社會司, 『宗教調査資料第四輯 : 熱河, 錦州兩省宗教調査報告書』, 雙發洋行
印刷部, 康德四年(1937).

비록 종교결사가 사원을 거점으로 삼았으나, 조직 운영에 필요한 비용은 회원이 부담하였다. 활동 내역을 보아도, 자선사업을 소임으로 삼아, 점을 치는 일 따위는 거의 볼 수가 없다. 이것은 그들이 관방으로부터 합법적인 지위를 인정받을 수 있었던 이유이기도 했다.

또 다른 유형의 민간종교결사로는 반공개적 비밀 상태의 종교결사가 있었다. 사원을 은폐의 수단으로 삼아 교세를 확장하고 집회를 거행했다. 특히 비밀스런 종교결사에는 일정한 신비주의와 황당무계함이 있었다. 대개 대재앙이 임박했음을 예고하고 자신의 종교에 들어와야지만 재앙을 면할 수 있다고 하였다.

조양부朝陽府 항요령촌缸窯嶺村에서 어떤 사람이 비밀종교결사를 바탕으로 새로 큰 사원을 하나 지었는데, 『성경시보』에서는 그 전말을 다음과 같이 전하고 있다.

그는 오로지 죽을 때까지 시집가지 않는 것을 종지로 삼아 종교를 만들었고, 사방으로 동냥하면서 각 향촌을 돌아다녔다. 하지만 그에게 향을 들고 와서 가르침을 구하는 자가 끊이질 않았다. 그래서 이미 태수가 이를 금지하였다.

하루 종일 점치는 것을 일삼고, 걸핏하면 대재앙이 발생할 것이니 재물을 내어 사당을 짓지 않으면 벗어날 수 없다며 사람들의 마음을 흔들어 놓았다. 어리석은 백성들은 미혹되어 많은 사람들이

동조했다. 너나 할 것 없이 재물을 갖다 바쳤다. 집안이 박살나고
생업을 잃으면서도 그 잘못을 깨닫지 못하였다.

각종 서적을 편찬하니 명목이 번잡하여 열거할 수가 없다. 내용
은 대부분 황당무계한 것들이다. 제멋대로 헛소리를 하면서도 거리
낌이 없으니, 드러나지 않은 은밀한 행동들은 짐작할 수도 없다.[53]

대개의 비밀종교결사는 갖가지 명목으로 혹독하게 재물을 갈취했다
는 이유로 줄곧 지탄의 대상이 되었다. 비밀종교를 '사교邪教'라고 지칭
했던 사회 지배층 내지 엘리트층의 일방적인 의견이 반영된 것으로 보
이지만, 아래와 같은 『성경시보』의 기사에는 비밀종교결사에 대한 적
대감이 잘 나타나 있다.

나라에서는 사도邪道의 혹세무민을 금지하고 있다. 근자에 듣자
니 서양사西陽寺 산묘山廟에 '이각이전오二角二錢五'라는 사교가 있는
데, 종교를 권한다는 것은 명목뿐이고, 실제로는 향민들을 우롱하
여 금전을 편취한다고 한다. 속아서 돈을 주는 사람들은 우르르 몰
려가서 귀한 금전을 다른 사람의 주머니에 넣고도 잘못을 깨닫지
못한다. 이것이 오랫동안 계속되면 지역에 큰 재앙을 초래할 것이
다. 바라건대 지방에 책임이 있는 자는 조사하여 금지하는 것이 옳
다.[54]

최근 무지한 무리들이 유언비어를 퍼뜨리며 하는 말이 금년 7월
에 반드시 큰 재앙이 있을 것이라고 한다. 또 며칠 전에는 화려한
옷을 입은 선녀가 이대자二臺子의 소묘小廟에 내려와 설법하였는데,
재난을 면하려면 정해진 날짜에 채식만 하면서 염불을 해야 하고,

제1부 근대시기 동북지역 민간신앙의 구성과 특징

53) 「奉直省境居民之迷信」, 『盛京時報』 1909.6.4.
54) 「邪教惑人」, 『盛京時報』 1919.10.14.

그렇게 하지 않으면 하늘의 재앙이 내려와 막을 수가 없고, 오로지 선녀의 부적과 주문만이 부정함을 없앨 수 있다고 한다. 그 하는 말이 정말 터무니없다.[55]

민간종교결사는 대개 하층민을 대상으로 하였으나, 사회 지위가 높은 사람들도 가입하였다. 일례로, 양조교羊祖敎의 교주인 장대법사莊大法師가 마신묘馬神廟에서 집회를 열자 다수의 하층민이 몰려왔으나, 그 중에는 육군 부대장이 휘하 병사 60여명을 이끌고 오기도 했고, 군의관도 참가하였다고 한다.[56]

민간종교결사와 관방의 관계는 긴장과 이완을 거듭하였는데, 관방이 종교결사의 급격한 확산에 대해 항상 경각심을 가졌던 것은 확실하다. 예컨대, 관방의 입장이 반영되어 있는 지방지에, "자고로 신령의 도리를 빗대어 가르침을 세우니(神道設敎, 나쁜 짓을 하면 하늘의 벌을 받는다는 방식의 가르침), 벽촌의 서민들 사이에 미신이 매우 심하고, 정리해 말할 수 없을 정도로 교파가 복잡하다. 생각건대 국가가 계속해서 간섭해야"[57] 한다고 기재되어 있다.

실제 관방은 몇몇 소규모의 집회를 통해 전도하고 약간의 재물을 모으는 것에 대해서는 비교적 온건하게 대처했다. 그러나 일단 일정 범위를 넘어서면 안전을 위협한다고 보고 거리낌 없이 진압하였다. 예컨대, 황천교는 명대에 직예성 일대에서 유행한 비밀종교결사로서 조직이 매우 엄격했다. 건륭 연간 관부의 진압으로 잠잠해졌다가, 광서 초기에 다시 크게 일어났다.[58] 『성경시보』의 보도에 따르면, 황천교는 동북지

55) 「謠言宜禁」, 『盛京時報』 1919.5.24.
56) 「信羊祖敎者之勇躍」, 『盛京時報』 1909.8.18.
57) (民國)孫維善 · 傅玉璞(修) · 王紹武 · 孟廣田(纂), 「人事 '宗敎'」, 『臺安縣志』 卷3, 民國十九年(1930)鉛印本.

역 각지에 흩어져 있었는데, 동북지역에 페스트가 크게 유행하자 "사람들이 황천교를 믿지 않아 하늘이 벌을 내린 것"이라고 하여 민중들을 두렵고 놀라게 하였다. 아울러 부적을 허위로 강매하는 등 대중의 재물을 편취하니 현재 우두머리는 이미 체포되었다.[59] 요컨대, 민간의 비밀종교결사가 사회의 안정에 위협이 될 정도라고 판단되면, 일반적인 종교결사도 관방의 진압 대상이 되었다. 동시에 민간신앙 차원의 사원에도 주목하여 그 동향을 항상 감시하였다. 관방은 민간의 사원 건축과 집회에 대해 줄곧 제한적인 태도를 취하여 엄격한 통제를 가했을 뿐만 아니라 약간의 경미한 사고에도 단호하게 대처하였다.

결론적으로, 관방의 입장에서 보면 민간종교결사는 사회적 불안을 조성할 수 있는 잠재적 위협이었으나, 실제로 사회적 안정에 영향을 주지 않는 상황에서는 일정한 생존 공간을 확보할 수 있었고, 때에 따라 심지어는 관방이 종교결사를 이용하는 경우도 있었다. 다만, 통치 질서에 위험이 된다면 즉시 배척과 타격을 받았다. 근대시기 동북지역의 민간종교결사에 대해서는 제2부에서 상세히 서술할 것이다.

2. 민간제사조직

제사조직은 흩어진 개인들을 응집시키기 위해 시작되었다. 한 지방지에 따르면, "한족들은 흩어져 거주했고, 그 세력이 흩어진 모래 같아 결합하기 쉽지 않았다. 지혜로운 자들은 이에 향화회를 열었고, ... 이로써 외부의 공격을 막고 위험을 줄였다"[60]고 한다. 이후

58) 王卡, 『道敎文化100問』, 東方出版社, 2006, 203쪽.
59) 「黃天敎蔓延如此」, 『盛京時報』 1914.6.24.
60) 周鐵錚(修)·潘鳴詩 等(纂), 「種族」, 『朝陽縣志』 卷26, 民國十九年(1930年)鉛印本.

이러한 제사조직의 기능이 점차 확대되어 사원의 공동 재산을 관리하고, 사원을 유지 보수하였을 뿐만 아니라, 어떤 제사조직은 촌락의 공공 사무에 참여하여 영향력을 확대하기도 했다. 하지만 민간제사조직은 어디까지나 신령에게 제사를 지내기 위해 조직되었다. 그래서 조직 체계는 비교적 느슨했고 평상시 활동은 매우 적었다. 대개 섬기는 신령이나 부처의 탄신일, 특정한 기념일을 위해서만 활동을 했다.

민간제사조직의 종류는 다소 번잡하다. 무릇 신통력이 뛰어나고 매우 영험하다고 전해져 민간의 신봉을 받는 신령에 대해서는 반드시 제사 지내는 사람이 있었고, 그들이 구성한 제사조직도 있었다. 제사조직은 대개 제사의 대상을 가지고 이름을 지었으니, 예를 들면 용왕회, 낭랑회, 충왕회, 약왕회 등이 그렇다.

설령 같은 신령을 섬긴다고 하더라도 제사조직을 구성하는 집단은 다를 수가 있고, 민간에 각종 제사조직이 존재함으로써 흩어져 있던 것처럼 보이는 사람들이 일정한 유대를 갖게 되었다. 예컨대, 관음각觀音閣으로 이름이 바뀐 귀왕묘鬼王廟의 음력 2월 19일 묘회는 속칭 마마회媽媽會라는 제사조직이 모든 것을 준비했는데, 마마회는 오직 중년의 여성들로 구성된 조직이다.[61] 또 다른 지역의 지장암이라고 불린 귀왕묘는 자선활동을 위해 향촌의 원로들이 조직한 노인회老人會가 관리하였다. 이들은 객사하여 둘 곳 없는 시신을 위해 전각 뒤에 기골사寄骨寺를 지었다.[62] 이처럼 같은 귀왕묘라고 해도 지역에 따라 관리의 주체가 다를 수 있었다.

제사조직의 활동에 대해서는 사원의 비문을 통해서도 살펴볼 수 있다. 일례로, 『흥성현지興城縣志』에 기재되어 있는 「흥성현비기興城縣碑記」[63]

---

61) 「廟會復活」, 『盛京時報』 1921.3.30.
62) 馬龍潭·潘國晃 等, 「宗教志 '道教'」, 『鳳城縣志』 卷11, 民國十年(1921)石印本.

에는 향회(제사조직)가 설립된 원인 및 활동을 기록해 두어 우리의 인식을 돕고 있다. 먼저, 「사산정낭낭궁향회비기蛇山頂娘娘宮香會碑記」에서는 '사산蛇山의 성모에 대해 고을 사람들 모두가 믿고 존중하여 향회를 조직하고, 매년 성모의 탄생일이 되면 성심성의껏 제사를 지냈다'고 한다. 또한, 「신간관제성상기新刊關帝聖像記」에서도, '관제께서 칼 한 자루만 들고 적장의 초대연에 나갔던 이른바 '단도부회單刀赴會'의 고사가 있던 음력 5월 13일에 관제의 신상을 어깨에 메고 순행을 나가는데 이때 모임을 조직해 모든 사람이 참여했다'고 한다.

이상의 자료로 보건대, 민간의 제사조직은 일반적으로는 신주에게 제사를 지내는 것을 주요 기능으로 삼았다. 향회는 민중이 신령에게 제사를 지내기 위해 자발적으로 구성한 가장 일반적인 조직으로, 공동 출자하여 신령을 찬양하는 활동을 거행하거나 사원을 유지 보수하는 일을 담당했다. 이러한 조직은 대개 촌락을 단위로 구성되었으며, 제사활동을 거행할 때는 공동으로 참가하였다. 제사조직은 제사 활동을 통해 촌락에서 영향력을 확대했다.

다시 개평현 팔사묘의 묘회를 예로 들어 보자. 개읍蓋邑의 팔사묘는 읍성에서 5리 떨어진 곳에 위치해 있는데, 팔사에 대한 제사가 있어 촌민들이 때에 맞추어 그 해의 풍년을 기원하거나 추수에 감사를 드렸다. 시간이 지나면서 점차 사원이 노후하여 무너지자 모임에서는 단체로 재물을 모아 사원을 수리하고 새롭게 단장하였다. 이어 음력 6월 6일 농사 일이 좀 한가할 때 성대한 묘회를 개최하였다. 공사에 참여하지 않았던 사람들도 모두 참여했다. 이런 묘회의 의미는 신령의 공적과 은덕을 찬송하는 것에 그치지 않고, "동향간의 우의를 돈독히 하는 데에

63) 恩麟·王恩士(修)·楊蔭芳 等(纂), 「藝文 '碑記'」, 『興城縣志』 卷15, 民國十六年 (1927)鉛印本.

도 있었다." 또한 촌락에 묘회를 준비하는 조직과 시스템이 잘 갖추어
져 있어 혼란과 나태함이 없었다.[64]

　민간의 제사조직은 제사를 준비하고 진행하는 기능 이외에 다른 마
을 공동의 사무에도 관여하기 시작하였다. 예컨대, 충왕회는 충왕에게
제사 지내기 위해 조직된 모임이다. 대개 음력 6월 6일은 충왕이 탄생
한 날로 촌락에서 돼지를 잡고 각종 제사용품을 준비해 충왕에게 제사
지냈다.[65] 동시에 이때를 빌어 어린 모종을 관리하는 장가莊家의 사무
를 의논하기도 했다. 이를 "청묘회靑苗會"라고 불렀다. 향민들에게는 무
엇보다 농사가 중요했기 때문에 청묘회 조직이 생겨나자 급격히 각지
로 퍼져나갔다. "보통 벼가 이삭을 팰 때 향민들이 스스로 청묘회를 결
성했다. 이를 통해 모종을 돌볼 사람을 지정하였고 잘못하면 벌을 주는
방법도 정했다."[66] 이처럼 민간의 제사조직은 농작물의 모종을 관리하
기 위한 조직으로 확대되었는데, 어떤 지역의 청묘회는 점차 지역의 안
전을 도모하는 조직으로까지 발전해 농사일의 범위를 넘어섰다. "어린
모종(靑苗)을 보살핀다는 명목으로 장정을 모집해 '자경단自警團'을 결성
했다. 단원은 대개 10~20인이었고 소총을 사용했다. 농사일이 바쁠 때
는 매월 12원 정도의 수당을 받았다."[67] 일부 지역의 청묘회는 그 역
할이 또 다른 차원으로 확대되었음을 알 수 있다.

64)　石秀峰・辛廣瑞(修)・王郁雲(纂),「藝文志 '碑記', '重修八蠟廟賽會碑記'」,『蓋平
　　　縣志』卷16, 民國十九年(1930)鉛印本.
65)　「致祭蟲王」,『盛京時報』1924.7.13.
66)　張丹墀(修)・宮葆廉(纂)・王瑞岐(續修)・朱作霖(續纂),「風土」,『凌源縣志』卷
　　　12, 民國二十年(1931)油印本, 1984年復制.
67)　國務院實業部臨時産業調査局,『農村實態調査一般調査報告書－安東省莊河縣』,
　　　339쪽.

3. 민간의 동업단체

민간의 동업단체는 직업 조직을 가리킨다. 거의 모든 업종이 자기 나름의 수호신이나 시조신을 섬겼기 때문에, 이런 공동의 신앙을 바탕으로 동업단체를 결성하였다. 동업단체에게 이런 행업신이 매우 중요했기 때문에 이를 모시는 사원을 잘 관리하였고, 동업단체의 집회도 이 사원에서 열었다. 근대에 들어 동업단체의 형식과 내용이 복잡해지고 근대적 성격의 상인단체가 형성되어 발전하기 시작했음에도, 동업이 공동으로 행업신에게 제사 지내는 전통은 계속 되었고, 어떤 업종에 따라서는 행업신이 여전히 매우 중요한 역할을 수행하였다.

동업단체는 비교적 다양했다. 대개 회원의 복리 증진을 목적으로 했는데, 행규行規나 업규業規를 통해 시장에서의 경쟁을 제한하고 기득권을 유지하려고 했다. 따라서 가격 통제 및 담합, 시장 진압 장벽 설치, 도제 인력의 스카우트 제한 등을 시행하였다. 하지만 이런 조치들은 어떤 공권력이나 강제력을 수반한 것이 아니기 때문에, 내부의 단결이나 보이지 않는 압력이 뒷받침되지 않으면 실효를 거두기 어려운 일이다. 따라서 동업단체는 행업신의 권위를 빌려 내부의 결속을 도모하였고, 내부의 준칙을 위반하면 '왕따'를 시킬 뿐만 아니라 행업신의 징벌을 받는다는 식으로 보이지 않는 압력을 가하였다. 그래서 동업단체와 민간신앙은 밀접한 관계를 가졌던 것이다.

동업단체는 일반적으로 사무실을 사원에 두는 경우가 많았고, 또는 별도로 돈을 들여 사무실을 짓거나 임대하는 경우도 있었다. 이는 해당 동업단체의 재력에 따라 결정되었다. 예컨대, "조선공회艚船公會는 용왕대전龍王大殿을 건립했는데, 이곳에서 신령을 모셨고 공회의 사무도 처리하였다"[68]고 한다. 그러나 규모가 비교적 작은 동업단체는 일정한 건물을 가지고 있지 못해 모임이 있을 때마다 사정에 맞추어 장소를 정했다. "피혁업자들은 이미 공회를 결성했으나 일정한 장소가 없어 동관東關의 조군묘皀君廟에서 회의를 열고 사무를 논의했다고 한다."[69]

통상적으로 동업단체는 정기적으로 회의를 개최하여 사무를 논의하고 공동의 활동을 진행하였다. 정기적인 회의에서는 다음과 같은 안건을 처리했다. 첫째, 행업의 규칙(行規)을 제정했다. 일례로 『성경시보』의 다음과 같은 보도에서 그 내용을 확인할 수 있다.

> 음력 3월 3일 맹인 점쟁이들이 삼황회三皇會라는 집회를 열었다. 맹인 부정상傳廷相 등의 공동 제안에 따라 회장, 부회장, 간사 등을 선출했다. 집회는 매우 질서정연하게 진행되었다. 삼황三皇에 대한 축문을 읽었고, 상정된 규칙에 대해 점을 쳐서 평가하고 오행의 상생상극도 따져 보았다. 눈이 없다고 마음대로 망언을 할 수 없으며 세력에 기대어 남의 것을 속여서 빼앗을 수 없다고 했다. 혹여 모임이 정한 규칙을 범하면 처벌하기로 했다.[70]

둘째, 가격을 정하였다. 일례로, 점을 치는 맹인들이 최근 생활의 곤란으로 인해 성황묘에서 회의를 열고 한번 점을 칠 때마다 1마오씩 인상하기로 결정하였다고 한다.[71] 또한, 철령현의 이발업 종사자들이 음력 7월 13일 시조신의 탄생일에 조월사祖越寺에서 집회를 열고 급료와 요금의 인상을 정하였다. 이밖에 회장을 새롭게 선출하고, 공동으로 연회를 열어 상호 친목을 도모하였다.[72]

---

68) 關定保 等(修)·於雲峰 等(纂), 「宗教志 '安東艚船會修建龍王碑記」, 『安東縣志』卷7, 民國二十年(1931)鉛印本.
69) 「靴匠集會」, 『盛京時報』1921.5.8.
70) 「瞽者集會」, 『盛京時報』1919.4.6.
71) 「瞽者集會」, 『盛京時報』1919.8.20.

셋째, 제사 활동을 조직했다. 대개 행업신의 탄신일에 제사를 지내고 대규모 묘회를 개최했는데, 이에 필요한 업무를 당연히 동업단체가 맡아 처리하였다. 예컨대, 뱃사람들은 전통적으로 천후성모天后聖母를 섬겼는데, 항해라는 위험에 항상적으로 노출되어 있었기 때문에 그 섬김이 매우 각별하였다. 안동현 원보산의 천후궁에서는 음력 3월 23일 천후성모의 탄신일 맞이하여 조선회艚船會라는 묘회를 개최하였다. 수백 명의 뱃사람들이 아침 8시부터 요란하게 연주를 하며 공손하게 제사를 드릴 준비를 하고 분향하였다.73) 또한, 연말에도 다시 원보산 천후궁에 이르러 제사를 드리고 묘회를 열었다. 그 묘회가 매우 성대하여 많은 재물이 소용되었다고 한다.74)

넷째, 사원에 속한 재산을 관리했다. 마찬가지로 천후궁을 예로 들자면, 조선회艚船会가 사원의 재산을 관리하였고 사원의 제반 업무를 일상적으로 담당하는 승려를 채용하기도 했다. 이와 관련 『안동현지』는 다음과 같이 전하고 있다.

> 사원의 수입과 지출은 정기적으로 공개하여 남용되지 않도록 한다. 사원이 소유한 산지, 가옥과 택지, 기물 등은 천후궁과는 별도로 관리한다. 관련 증빙서류를 항상 잘 갖추어 놓아야 하고, 주지 승려가 간섭하지 못하게 한다. 믿을만한 주지 승려를 초빙하여 그에게는 향불과 경전을 관리하는 일을 맡긴다. 향을 판매한 대금이나 공사와 관련된 일, 기물을 유지하는 일 등은 남의 손을 빌리게 않고 동업단체가 직접 처리하여 재물이 새나가는 일을 막아야 한다.75)

---

72) 「理發集會」, 『盛京時報』 1925.9.3.
73) 「迷信難除」, 『盛京時報』 1921.5.4.
74) 「迷信難除」, 『盛京時報』, 1921.1215.

제1부 근대시기 동북지역 민간신앙의 구성과 특징

이상에서 살펴보았듯이, 민간의 동업단체는 민간신앙과 긴밀히 결합되어 있었다. 근대에 들어 근대화의 흐름 가운데 일부 지배 엘리트층에서는 동업단체의 민간신앙을 '미신적'이고 몽매하다고 비판하기도 했으나, 동업단체로서는 민간신앙과의 결합이 필수불가결한 삶의 일부였다. 따라서 근대적 '과학'과 합리성을 앞세운 일부 엘리트층의 어설픈 비판으로 해소될 수 있는 성격의 관행은 아니었다. 동업단체는 민간신앙을 통해 집단을 응집시켰고 내부의 단결을 촉진시켰다. 또한, 민간의 영세 수공업자들은 이러한 전통적 관행을 통해 거대한 공장제 근대공업이 가한 충격에 대응할 수밖에 없었다.

4. 민간동향조직

근대시기 동북지역의 인구는 매우 유동적이었다. 주지하듯이 근대시기 동북사회는 생계를 위해 내지에서 이주해온 사람들로 구성된 이민사회였다. 그들은 생계를 위해 원적지를 떠나 머나먼 타향에서 살고 있었기 때문에, 동향 간의 우의를 다지고 서로 돕기 위하여 곳곳에 각종 동향조직을 결성했다.

동향의 규모와 재력에 따라 다양한 편차를 보였으나, 민간의 동향조직은 '회관會館'이라 불리는 고정적인 장소를 가지고 있었다. 예컨대, 산서 사람들은 '산서회관', 산동 사람들은 '산동회관', 복건인은 '복건회관'을 설립하였다. 회관은 대개 출신 지역의 신령과 긴밀하게 연관되어 있어 그 자체로 하나의 사원이기도 했는데, 이는 기본적으로 동향으로서

---

75) 關定保 等(修)·於雲峰 等(纂), 「宗教志 '曲贖平天后記'」, 『安東縣志』 卷7, 民國二十年(1931)鉛印本.

의 일체감 내지 유대감을 확보하기 위함이었다. 산서회관은 관제를 산서의 지역 보호자로 여겼기 때문에 실제로는 관제묘이기도 했다. 복건 사람들이 세운 민강회관은 마조媽祖를 신봉했기 때문에 곧 천후궁이었다. 이 때문에 회관은 거의 일반적인 사원 건물과 다를 바가 없었고, 이처럼 회관이 재산을 관리하는 사원이 상당수를 차지했다. 아래『성경시보』의 기사는 한 사례이다.

> 이주민 중에는 직예(하북)와 산동 출신이 많았으나, 아직 동향회관이 성립되지 않았다. 이에 직예 출신의 이주 상인 왕패란王沛瀾이 고향에 관심이 많고 공익에 열정적이어서, 특별히 올해 가을 직예 회관의 조직을 발기했다. 직예 동향 다수의 찬동에 힘입어 자금을 모금하고 사원을 건축했다.76)

이처럼 동향회관은 기본적으로 동향의 지연地緣 조직이지만, 동향의 동업단체이기도 했고, 민간신앙이 체현되는 사원이기도 했다. 민간의 동향조직 = 회관은 동향을 응집시켰을 뿐만 아니라, 각종 편의를 제공하였고 동시에 지역의 민중생활에 지대한 영향을 끼쳤다.

동향조직의 첫 번째 목적은 당연히 동향간의 우의를 다지고 정서를 공유하는 것이었다. 즉, 기본적으로 사교의 기능을 수행했다. 당시 민강회관과 관련된 한 보도는 회관을 통한 사교의 정황을 잘 보여준다.

> 민강회관 즉, 천후궁은 매년 봄이 되면 관례에 따라 복건 동향을 소집하여 단배식團拜式을 개최하였다. .... 기일에 앞서 초대장을 발송해 복건 동향을 초청하니 모든 사람들이 집회에 와서 향을

76)「隸同鄕會成立」,『盛京時報』1921.12.27.

제1부 근대시기 동북지역 민간신앙의 구성과 특징

올리고 2원씩을 납부했다. 집회에 와서는 가장 먼저 천후낭랑에게 참배하고 다음으로는 선현들에게 참배하고 연후 모여서 식사를 하고, 마술이나 만담으로 구성된 연희로 여흥을 돋우었다.[77]

삼강회관三江會館, 산동회관, 복건회관, 섬서회관은 4대 회관으로 불린다. 규모가 방대하고 불교사원(紺宇)이나 도교사원(琳宮)과 같이 훌륭한 경관이다. 특히 산동회관과 삼강회관은 재원이 매우 풍족하고 규모가 크다. 성대한 묘회가 매월 열리는 것은 아니지만, 이번 정월 대보름(元宵)에는 거의 모든 회관이 연희를 열었다. 연희는 인산인해를 이루었는데, 흥에 겨워 보러 가지 않는 자가 없었다.[78]

동향 간의 일체감과 유대감을 제고하는 것인 동향조직에 매우 중요한 일이었음을 알 수 있다. 공동으로 경축하는 행업신의 탄신일이나 각종 묘회가 있는 날이면 연희를 적극적으로 기획하여 손님을 대접했다. 동향 민중들을 위해 모임의 기회를 제공하였던 것이다.

자선사업도 동향조직의 중요한 기능이었다. 동향조직의 구성원은 대부분 외지에서 이주해 온 사람이었는데, 사망했다고 금방 고향으로 돌아갈 수도 없으니 현지에서 시신을 안장할 곳을 마련해야 했다. 이를 위해 회관은 동향들을 위한 공동묘지를 마련했다. 예컨대, 조양현에는 소흥紹興 사람들에 의해 건립된 소흥묘紹興廟가 있는데, "동향사람이 죽으면 소흥묘 옆에 있는 빈터에 시체를 임시로 안치해 두거나 매장한다. 매년 백중날이 되면 이곳에서 우란회盂蘭會를 열고 공동으로 제사를 지낸다."[79] 영구의 직예 출신 동향조직도 사원을 건립하면서 '시신 안치소(寄柩公所)'를 부설하였다.[80]

77) 「閩江同鄉會團拜」, 『盛京時報』1919.5.6.
78) 「會館演戱」, 『盛京時報』1922.2 14일.
79) 周鐵錚(修)·潘鳴詩等(纂), 「寺觀二」, 『朝陽縣志』 卷8, 民國十九年(1930)鉛印本.

이밖에 회관은 여러 가지 공익사업을 벌였다. 예컨대 개평현에는 복건회관, 삼강회관, 산동회관 등 굴지의 회관들이 즐비했는데, 서로 도와 각종 자선사업을 실행하고, 경비를 모아 학교를 세웠으니 각자 국민소학교를 하나씩 창립하여 학비를 받지 않았다고 한다.[81]

동향조직의 거점으로서 회관을 관리하는 일도 동향조직에 필요한 기능이었다. 회관의 동향이 공동으로 출자하여 사원의 재산으로 삼고, 사원의 유지 보수 및 운영에 사용하였다. 고용한 주지 승려가 사원의 재산을 횡령하는 일이 발생하자 사원의 재산을 관리하는 데에 주지 승려를 배제하기도 했다.[82] 아무튼 묘회를 열고 제사를 지낼 때마다, 동향 사람들이 공동으로 출자해 공동으로 재산을 관리한다는 사실 자체가 동향의 응집과 단결에 큰 도움이 되었다.

결론적으로, 근대시기 동북사회의 민간조직은 사원을 중심으로 한 민간신앙과 밀접한 관계를 가졌고, 서로가 깊이 의존하였다. 민간신앙이 민간조직을 통해 자신을 구현하기도 했고, 민간조직이 민간신앙의 기능에 기대어 집단의 응집력과 통합성을 제고하기도 했다. 나아가 사회적 역량을 통합시키고 사회생활 전반에 일정한 영향을 끼쳤다.

80) 「直隷同鄕會成立」, 『盛京時報』 1921.12.27.
81) 石秀峰·辛廣瑞(修)·王郁雲(纂), 「建置志 '祠宇'」, 『蓋平縣志』 卷2, 民國十九年(1930)鉛印本.
82) 石秀峰·辛廣瑞(修)·王郁雲(纂), 「藝文志 '碑記'」, 『蓋平縣志』 卷16, 民國十九年(1930)鉛印本.

6 민간신앙의 근대적 재구성 : 변용과 지속

근대시기 동북사회의 변화에 수반하여 각종 새로운 사조와 신문화, 특히 서양의 물질문명이 대량으로 흘러들어왔다. 과학과 미신이 민간 신앙에 거대한 충격을 가했고, 서구의 종교 및 교회가 점차 종교에 대한 전통적인 준거를 변화시켰다. 사회 상층부는 민간신앙에 대해 본격적으로 '혁신'이라는 칼날을 들이대었고, 이에 따라 민간신앙의 공간이 개조되는 과정은 공로와 과실이 동시에 수반되었다. 이처럼 민간신앙이 근대적으로 재구성되는 과정은 근대가 전통을 일방적으로 대체하였다고 볼 수 없고, 개조와 지속의 흐름이 긴장관계를 가지면서 전개된 복합적 과정이었다고 할 수 있다.

▓ 제1절 민간신앙에 대한 엘리트층의 인식

사회 엘리트층의 범위는 매우 넓어, 신사, 지식인, 상인 등의 집단을 포함한다. 특징적인 것은 모두 신식교육을 받았고 일정한 경제력을 갖추었지만, 가시적인 권력을 가진 관원과는 구별되었다는 점이다. 근대 이후 사회에 대한 엘리트층의 관심도가 갈수록 높아졌고 그들의 방식대로 사회를 개량하기를 희망했고, 적극적으로 공공의 영역에 참여했다. 민간신앙은 사원이라는 구체적인 공간을 뛰어넘어 전통을 대표하였고, 근대가 창도한 과학, 민주 등 근대 이후의 새로운 주류 문화와는 배치되는 측면이 있었다. 따라서 사회의 엘리트 지도층 인사들은 민간 하층민들이 일상적으로 출입하는 공공 공간인 사원에 대해 비판과 질책을 가하였다.

묘회에 대한 사회 엘리트층의 비판적 언설은 흔하게 발견할 수 있다. 묘회에 관한 『성경시보』의 보도와 논평은 이러한 일부 사회 엘리트층의 관점을 대표한다. 그들은 대개 묘회를 낡은 풍습, 재물과 시간의 낭비라고 여겼다. 일례로 영구營口에서는 음력 4월 28일에 약왕묘 묘회가 열렸는데, 보도의 논평에서는 "묘회가 열릴 때마다 사람들이 소비하는 금전이 수 천원을 넘는다. 아~ 소중한 금전을 이렇게 쓸데없이 낭비하는구나! 미신이 이렇게 깊으니 타파하고 싶어도 어찌 할 도리가 없다"[1]고 탄식하였다. 또한, 앞에서도 언급했듯이 병에 걸린 어린아이를 암자에 맡겼다가 장성하면 환속시켜 데려오는 '담 넘기'(跳牆) 풍습을 언급하면서, "일전에 어떤 사람이 어린 자식을 도장跳牆하는 데에 많은 돈을 허비했다. 지금 문명세계가 되었음에도 이러한 미신이 타파되지 않았으니 국민의 오점이 되기에 충분하다"[2]고 비판하였다. 안동현에서 거행된 대규모 천후궁 묘회에 대해서도, "관청에서 금지하는 법을 만들어 미신을 타파해야 할 것이다. ……. 유용한 금전을 쓸데없는 곳에 낭비하는 것이 도리에 맞는 일인가!"[3]라고 평가했다. 농촌의 사원에서 열리는 연회에 대해서도, "재물과 시간을 허비하여 농사일에 장애가 되니, 미신의 피해가 심각하다"[4]고 하였다.

또한, 일부 엘리트층은 민간신앙의 공간에서 벌이는 오락이 저속하

1) 「迷信難除」, 『盛京時報』 1919.5.30.
2) 「迷信宜破」, 『盛京時報』 1909.3.4.
3) 「演戲酬神」, 『盛京時報』 1917.5.16.
4) 「演戲酬神」, 『盛京時報』 1929.5.5.

고 비천하여 '선량한' 풍속을 해친다고 비판하였다. 묘회에 참가하는 대다수는 사회 하층민이었기 때문에 오락의 내용이 일상생활을 적나라하게 반영해야 환영을 받았다. 이는 사회 상층부의 '고상한' 문예오락과 비교되었고 호된 비판을 받았다. 『성경시보』는 다음과 같이 묘사하고 있다.

> 동북 각지에는 붕붕희崩崩戲라는 남녀 2인극을 공연하는 자들이 있어 분장이 괴이하고 추하며 하는 말이 저속하다. 개항장에서는 남김없이 금지되었는데, 향촌의 궁벽한 곳에서는 여전히 공연하는 자가 있다. .... 여학교 아래의 비탈에 둘러서서 구경하는 자들이 인산인해를 이루고 있어 가까이 가서 살펴보니, 두 사람이 남자와 여자로 분장해 포옹하고 입을 맞추며 온갖 추태를 부리고 더러운 말을 한다. 사람들을 이미 마비시켰기 때문에 관람객은 이런 음란한 공연이 아름답다고 생각한다. 풍속에 막대한 지장을 주므로 관리 책임자들은 이를 시급히 금지하기 바란다.5)

엘리트층은 남녀가 뒤섞여 묘회에 참가함으로써 '불미스러운' 일이 발생하고 풍속을 해친다고 강조하였다. 이런 기사는 수없이 많다. 간략히 몇 편만 정리하면 다음과 같다.

> 시정의 잡배가 향불을 피운다는 핑계로 사원에 뒤섞여 들어가서 혼잡하게 들락날락하니, 끝내 남녀가 어수선하게 되어 고상하지 못하다. 지금은 민국이 성립되고 문명이 진화한 때이다. 이러한 미신과 누습이 아직도 타파되지 못하니, 새롭게 풍속을 교화할 필요가

---

5) 「淫戲宜禁」, 『盛京時報』 1929.6.8.

있다. 바라건대 백성을 다스리는 책임자는 하루 빨리 금지를 선포하여 교화에 힘써야 한다.[6]

　묘회가 열리면 매우 혼잡하여 色徒들이 혼잡한 틈을 타서 마음대로 희롱한다.[7]

　시끌벅적하여 ……… 각지의 몸 파는 여성들이 묘회 기간 수일 동안 전부 나와 이목을 끄니 일하지 않고 먹으려고 하는 천성에 기대는 것이다. 그리고 젊은 것들은 묘회를 남녀 간에 서로 희롱하는 기회로 여긴다. 내우외환으로 나라가 위태로운데 어리석은 자들이 아직 깊은 잠에서 깨어나지 못하는 것 같다. 쓸데없는 것에 정력과 시간을 허비하는 것을 보니, 뜻있는 사람들이 분개하지 않을 수 없음이 이미 오래되었다.[8]

　사원에서 향을 피우고 영험한 약을 구하는 일도 '미신타파'라는 사회개량의 관점에서 단호하게 비판하였다. "악습에 따라 남녀노소가 성각선인동成角仙人洞이라는 곳에 가서 향을 피우고 복을 기원하나 아무 효과도 없다. 그럼에도 어리석은 사람들은 그것을 경건하게 신봉한다. 미신이 오랫동안 전해져 내려와 뇌리에 뿌리박혀 깨뜨릴 수 없다"[9]고 비판하였고, 또 "민국이 수립되어 일체의 미신이 타파되어야 함에도 ……… 미신을 믿는 부녀들이 무리지어 사원에 가서 향을 태우고 복을 기원하고, ……. 종이 인형을 손에 들고 병을 낳게 해달라고 기도하니 ……. 미신이 뇌리에 깊다"[10]고 탄식했다. 이러한 기사는 이밖에도 수없이 발견할 수 있다.

---

6) 「迷信難除」, 『盛京時報』 1915.5.23.
7) 「迷信如故」, 『盛京時報』 1916.5.2.
8) 「廟會熱鬧」, 『盛京時報』 1915.6.1.
9) 「迷信難除」, 『盛京時報』 1912.10.26.
10) 「迷信不易破除」, 『盛京時報』 1913.5.27.

제1부 근대시기 동북지역 민간신앙의 구성과 특징

요컨대, 근대시기 동북사회 엘리트층의 민간신앙에 대한 인식은 전국의 다른 지역과 마찬가지였다.[11] 동북지역을 포함한 전국의 엘리트층은 각종 대책을 강구하여 '미신' 사회에 대한 개량을 추진하고자 했다. 구체적으로 사상계몽, 신식학당의 건립, 강연 프로그램의 개설 등과 같은 민간신앙 개조 방안을 제시하였다. 사회 엘리트층은 사회개량자로 자처하면서 사회 하층의 민간신앙 활동을 '미신', '낡은 습속', '추태'라고 비판하였다. 이러한 당시 엘리트층의 언설은 20세기에 시대적으로 공유되던 비판 주제였다는 점에서 중국사회가 전진하는 과정에서 나올법한 '정상적인' 담론이기는 했지만, 동시에 사회 하층 민중이 가졌던 민간신앙 활동의 진정한 의미를 객관적이고 전면적으로 인식하지 못한 단편적인 판단이기도 했다.

●● 제2절 관방의 조치와 사원 개조

근대 이후 동북지역은 여러 정권의 통치를 거쳤다. 일본의 엄격한 식민지배가 실행되었던 만주국시기에 대해서는 2부에서 상세히 서술하기로 하고, 청조 및 민국정부가 통치하던 시기를 살펴보면, 관방이 사회에 대해 일련의 개조를 진행하였는데, 여기에는 민간신앙에 대한 개조도 포함되었다.

---

11) 20세기에 사원은 사회개량주의자들의 집중적인 비판 대상이었다. 각종 간행물과 잡지들은 연이어 전통적인 사원에 대한 개혁을 주장했고 다양한 대책을 제안했다. 참고할만한 비교적 전형적인 사례로서, 『申報』는 1920년 9월 18일자 "家庭常識"란에 「祠堂之改良」이라는 글을 실었고, 1923년 7월 9일자 "宗教"란에는 「寺院改良之我見」이라는 본격적인 논설문을 실었다. 이들은 20세기 사회 주류 엘리트층의 사원에 대한 인식을 잘 보여주고 있다.

첫째, 위생 분야에서 조치가 취해졌다. 근대사회에서 위생은 국민의 건강한 신체와 밀접히 관련되어 있었기 때문에 매우 중시되었다. 우선은 사람과 가축이 함께 거주하고, 오폐수가 거리에 흐르고, 마음대로 가래를 뱉는 등의 위생 문제를 다스렸다. 민간신앙과 관련해서도 위생 문제를 중시했는데 관방은 특별히 사원의 위생 상태에 주목해 상당한 노력을 기울여 관리했다.

자고로 사원은 임시로 시신을 안치해 둘 수 있는 장소를 제공했다. 사원은 대개 풍수가 좋은 곳이었기 때문에 사람들이 시신 안치 장소로 선호했고, 공익사업의 차원에서 연고가 없는 시신을 보관하기도 했다. 그러나 날이 더워지면 시체가 쉽게 부패하여 악취를 풍기곤 하였다. 이에 대해 관방은 여러 차례 시신 안치의 금지를 명령했다. 청말 신정시기부터 관방의 위생의식이 높아지면서 위생을 저해하는 행위에 대처하기 시작했던 것이다.

> 성읍 안팎의 사원에 시체가 들어 있는 관을 방치하는 곳이 많은데 오래되어도 관리하는 사람이 없다. 비바람이 불면 시체가 드러나 공공 위생에 큰 해를 끼친다. 따라서 총국總局에서는 소속 당국에 조사하여 처리하라고 지시했다. 듣자니 각 당국은 이미 일률적으로 조사했다고 한다.[12]

1909년 3월 25일에는 「사원에 방치되어 있는 시신의 매장에 관한 지침」[13]을 공포했다. 그 내용을 보면 전후의 사정이 잘 드러난다.

> 봉천 「경총警總」이 위생 도리를 알아보니, 위생에 가장 중요한

---

12) 「調査廟宇停放靈柩」, 『盛京時報』 1909.1.17.
13) 「曉諭掩埋停放廟宇屍棺」, 『盛京時報』 1909.3.25.

제1부 근대시기 동북지역 민간신앙의 구성과 특징

것은 방역이다. 그리고 방역의 방법으로는 오래 방치된 관을 조사하는 일이 가장 중요하다. 그런데 성읍 내외의 점포 주민들은 객사한 사람이 있을 때마다 시신을 원적지로 옮기지 못하고 오래된 사찰에 기탁하여 두었다. 또한 이곳 토착민은 미신에 따라 사람이 죽으면 풍수가 좋은 사원에 안치해 놓고 곧바로 매장하려들지 않는다. 관리하지 않고 오랜 시간이 경과하니 비바람이 침범해 백골이 드러났다. 봄날에 날씨가 따뜻해지고 많은 병이 발생하는 때가 되면, 시체의 기운이 사방에 넘치고 악취가 들끓으니 실제로 공공의 건강에 유해하다. 이에 총국의 명령으로 소속기관에서 조사하니, 여러 사원에서 보관하고 있는 시체가 일 백여 구이며 대부분 시간이 오래되고 연고가 없다. 이름을 알지 못하는 것도 다수이다. 신문에 실어서 널리 알리는 이외에, 각 주지에게 명령하여 무연고 시신은 서둘러 매장하고, 연고가 있는 시신은 연고자가 살펴본 후, 3월 29일 이전에 안장하라. 안장할 수 없으면 반드시 본 총국에 보고한 뒤 심사해서 결정하도록 하라. 기한이 넘어도 지침에 따르지 않은 시신은 본 총국이 직권으로 매장하여 위생적이게 할 것이다. 신중히 사태를 살펴 실수하지 않도록 특별히 알린다.

철령현에서도 당국이 사원에 임시로 안치되어 있는 시신을 방치하지 말라고 지시하였다. 이에 따르면, 경무국이 이 문제를 해결하기 위해 조치를 취했던 적이 있으나 효과가 좋지 않았는데, 동북지역에 페스트가 크게 유행하여 문제의 심각성이 드러나자 위생문제를 더욱 중시하여 사원의 시신 보관을 단호하게 제지하였다.[14]

둘째, 사회 치안과 관련해서도 사원에서 거행하는 묘회 등의 활동에

---

14) 陳藝(修) · 蔣齡益 · 鄭沛(編纂), 「自治志」, 『鐵嶺縣志』 卷4, 民國六年(1917年)鉛印本.

문제가 있어 조치를 취했다. 온갖 종파들이 무리를 지어 집결했기 때문에 예기치 못했던 불상사가 발생하지 않을 수 없었던 것이다. 이에 관방에서는 군경을 배치하여 묘회의 치안을 유지하기 위한 조치를 취했다. 특히, 묘회의 혼란한 틈을 타서 벌어지는 비적의 침입, 절도, 사기, 도박, 유해 약품의 판매 등을 염려하여 경계하였다. 이렇듯 관방은 민간의 묘회를 엄격히 감독하고 통제하려는 태도를 취했다.[15]

이상으로 언급한 개량 조치 이외에, 관방은 민간신앙의 사원 공간을 리모델링하는 조치를 취하기도 했다. 이는 근대 이후 관방이 민간신앙에 대해 시행한 가장 철저하고 근본적인 조치였다. 지방지에서도 사원 공간의 개조가 가진 의미를 잘 지적해 놓았다.

> 사원 공간을 다른 용도로 개조하는 새로운 법을 시행한 이래, 거액을 모금해 사원을 중건하는 일이 완전히 없어지지는 않았으나, 사원의 터를 빌려 학교를 개설하거나 공공기관을 건립하는 일이 지방관 책임 아래 진행되었다. 이러한 시세에 힘입어 그런 일을 보다 유리하게 이끌 수 있게 되었으니, 민간신앙을 억제해 풍속을 고치기도 어렵지 않다.[16]

청말 신정시기 이래 사원의 터에 다른 용도로 개조하는 조치는 국가권력이 민간신앙에 가했던 가장 급진적이고 충격적인 조치였다. 때로는 민의를 돌아보지 않고 폭력적인 수단을 동원해 철거를 강행하기도 했다. 『성경시보』와 지방지는 이런 사정을 여러 곳에서 전하고 있다.

읍내의 한 구역에 나한묘羅漢廟가 있는데 그 안에는 꽤 많은 신

15) 「禁止擧行盂蘭會」, 『盛京時報』 1911.8.31. ; 「禁演蹦戱」, 『盛京時報』 1924.3.29.
16) 李毅, 趙家語(修)·王毓琪(纂), 「壇廟」, 『開原縣志』 卷2, 民國十八年(1929)鉛印本.

상이 모셔져 있었다. 이제 그곳을 모범학당模範學堂으로 개조하려고
한다. 그래서 어제 순경총국이 이 구역 순경에게 향동鄕董과 협력하
여 신속히 이 사원의 신상을 철거하라고 지시하였다. 아~ 개량의
시대를 맞이하니 신상도 액운을 피할 수 없구나!17)

　　사원은 학교뿐만 아니라, 공공기관, 경찰서, 자선 장소 등으로 개조
되었다. 철령현에서는 "소방대를 관제묘의 뒤뜰에 설치하였는데, 소방
서가 있어 신속히 화재를 진압하고 인명을 구할 수 있으니 주민들이
의지할 만하였고, 또한 수용소를 성황묘 뜰 안에 설치했는데, 가난한
아편 중독자를 강제 수용하여 치료하니 개장한 이래 꽤 많은 성과가
있었다고 한다."18) 이밖에 '농신묘에 자치전습소自治傳習所를 설치하고
강사를 초빙하여 대중을 교육하기도'19) 했다. "조월사祖越寺의 땅과 건
물을 빌려 긴급 피난 쉼터를 개설하고, 외롭고 의탁할 곳이 없는 남녀
노소를 수용했다."20)
　　봉성현에서는 사원을 개조해 도서관이나 강습소를 만들었다. 용봉사
龍鳳寺 앞의 빈터에 도서관을 설립했는데 연간 1만여 명의 이용자가 방
문하였고, 용봉사 안에는 강습소를 설치하였다.21) 봉천성 도성에서는
성황묘 안에 강습소를 개설했다.22)
　　이처럼 사원이 여러 가지 용도로 개조되었으나, 역시 가장 광범위하

---

17)「神像亦遭劫數」,『盛京時報』1910.2.8.
18) 陳藝(修)·蔣齡益·鄭沛(編纂),「慈善志」,『鐵嶺縣志』卷6, 民國六年(1917年)鉛
　　印本.
19) 陳藝(修)·蔣齡益·鄭沛(編纂),「自治志」,『鐵嶺縣志』卷4, 民國六年(1917年)鉛
　　印本.
20) 楊宇齊,「慈善志」,『鐵嶺縣續志』卷9, 民國二十二年(1933)鉛印本, 吉大影印.
21) 馬龍潭·潘國晃 等,「教育志 '社會教育'」,『鳳城縣志』卷4, 民國十年(1921)石印本.
22)「城隍廟內之演說大會」,『盛京時報』1917.2.7.

고 영향이 비교적 크고 성과가 가장 탁월했던 것은 사원을 학교로 개조하는 조치였다. 청말 신정의 일환으로 사원을 학교로 개조하는 방침을 정한 이후 각지에서 이를 시행하였다. 특별한 것은 향촌지역이었다. 다수의 사원 전체가 소학교로 개조되거나 일부가 소학교의 교실로 사용되었다. 예컨대, 장하현 촌락에 대한 조사에 따르면, "원래 마을에는 학교나 사설 학당이 없었는데, 1919년 봄 우지향于圵촙이 마을 안에서 집 한 채를 빌려 공부방으로 고치고 우진작于振作을 감독 선생님으로 삼았다. ·········· 1927년에 이르러 공부방을 종괴묘鐘魁廟로 이전해 새로운 학사를 세우니, 이것이 현재 장동촌莊東村 종괴묘 초급소학교이다."[23] 처음에는 일반 가옥에서 학교를 시작했으나 나중에 비준을 얻어 사원을 학교로 개조한 것이다.

요약컨대, 근대에 들은 관방은 민간신앙의 사원 공간과 활동을 개량하려는 체계적인 조치를 취하였고, 심지어 다른 용도로 개조하는 리모델링을 꾀하기도 했다. 이로써 근대적 사회개량의 요구에 대응하고 근대화의 진전을 촉진하려 했지만, 후술하듯이 절반씩의 공적과 과오가 있었다.

◦◦ 제3절 민간신앙의 근대적 개조와 지속

근대시기 동북지역사회는 고대에서 근대에 이르는 변화과정에서 정신적으로나 물질적으로 매우 큰 변화가 발생했다. 민간신앙은 사회 하

---

23) 國務院實業部臨時產業調査局, 『農村實態調査一般調査報告書－安東省莊河縣』, 353-354쪽.

제1부 근대시기 동북지역 민간신앙의 구성과 특징

층민의 생활과 긴밀한 관계에 있었기 때문에 이 과정에서 많은 영향을 받았다. 민간신앙은 사회 엘리트층이나 관방과 같은 사회 상층부의 개조 대상이 되었다. 사회 상층부는 미신에 대한 비판과 혁신을 호루라기 삼아 민간신앙을 혁파해야 한다고 계속해서 선전하였다. 이때 사원은 자연스럽게 '악행과 더러운 것을 감추는' 장소로 인식되었다. 그러나 사실이 증명하듯이, 민간신앙 및 사원의 사회적 기능과 의의를 일방적으로 폄하하는 방식으로는 결국 개혁도 효과를 보기 어려웠다.

먼저, 민중은 민간신앙에 대해 호감을 가지고 있으나, 사회 엘리트층은 미신에 반대하고, 사원을 철폐해야 하며, 과학적인 생활방식을 제창해야 한다고 주장하였다. 그렇게 해야 비로소 이전과 다른 새로운 국가를 건설할 수 있고, 20세기 사회의 주류인 개조사상을 담보할 수 있다고 보았다. 20세기의 여러 간행물들은 연이어 사회 하층민의 케케묵은 낡은 풍속, 미신 행위를 보도했고, 사회 엘리트층의 개혁 요구는 점점 더 거세졌다. 객관적으로 이러한 보도에는 적극적인 개혁 방안이 포함되었는데, 예컨대 사원의 자선사업을 발전시켜 사원 건물을 공익기관으로 개조하자는 것이다. 또한, 공원이나 유원지, 극장 등으로 개조하자는 대책도 있었다. 사회개혁과 근대화를 이루어 근대국가로 진입하자는 유익한 제안이 제출되었다. 아울러 일부 엘리트층은 스스로 사회 개혁에 투신하여 공원, 신문사, 자선단체의 건립에 투자했다.

그러나 이러한 개혁은 기본적으로 민간신앙이나 사원 공간에 대한 불완전한 인식에 기초했기 때문에 민간신앙이 가진 사회적 기능의 현실적 의의를 간파하지 못했다. 게다가 실천 과정에서 불량한 악덕 인사에게 이용당하여 사원에 대한 개조는 재산 착복의 수단으로 변질되곤 하였고, 개혁 자체가 엉망이 되어버렸다. 이러한 사실들은 사회 엘리트층이 비록 사회를 개혁하려는 이상을 갖고 있었지만, 개혁할 능력이 충분하지 못했음을 구체적으로 보여준다.

　다음으로, 관방은 근대국가 수립의 주체로 자처하며, 민간신앙에 대한 개혁을 전통 문화와 민간 풍속, 심지어 비루한 습속에 대한 개조로 바라보았다. 동시에 전통적 사원을 일종의 문화적 상징으로 여겼고, 이를 점차 정치적 코드로 변화시켜 정치적 평형추로 삼았다. 하지만 본래 사원은 국가권력에게 단순한 신앙 공간으로 여겨져 왔기 때문에, 신령의 도리를 빗대어 가르침을 세우고(神道設敎) 민중을 교화시킬 수만 있다면 황권의 비호를 받을 수 있었고, 이 경우 민간신앙과 관방의 관계는 비교적 여유로웠다. 그러나 근대에 들어서 새로운 것을 세우려면 반드시 옛것을 타파해야 한다는 단순 논리가 등장했고, 이것은 근대사회가 급격히 변화한 중요 원인이기도 했다. 이런 상황에서 사원은 전통을 문화적으로 상징하는 아이콘이 되었고, 그래서 근대 신문화의 집중적인 비판을 받기 시작해, 구시대를 대표하는 상징으로 인식되었다. 때문에 관방은 새로운 형태의 근대국가를 수립하기 위해 사원을 개조할 필요가 있었고, 반드시 이 장애물을 제거해야만 했다. 이로써 사원은 어떤 의미로든 정치적 함의를 갖게 되었고 일종의 정치적 부호가 되었다. 이제 정치적 개혁의 대상이 된 것이다.

　따라서 사원의 긍정적인 사회적 기능은 더욱 홀시되기 쉬워졌다. 공익사업으로부터 시작해 비루한 습속을 개혁하고, 사원을 철거하고, 신상을 옮기고, 새로운 사원 존폐 표준을 반포하고, 각종 학교와 공공기관으로 개조했지만, 이러한 과정에서 정작 민간의 요구는 거의 무시하였으니, 이것이 사회 충돌의 도화선이 되는 것을 피하기 어려웠다. 더욱 중요한 것은 관방이 이전 향촌사회의 전통적 생활공간을 파괴함으로써 원래 존재했던 향촌의 권력구조가 영향을 받지 않을 수 없었다는 사실이다. "청조는 관제를 비롯해 지방사회에서 민중이 숭배하던 대상을 이용해 국가권력의 권위를 확보했다. 그러나 청말과 민국시기에 걸쳐 국가권력이 민간신앙에 타격을 가한 이후에는 더 이상 지방사회에서 강력한 조직적 기초를 건립할 힘이 없었다. 따라서 지방사회에서 국가권력의 권위는 오히려 약화되었다."[24] 근대시기 동북지역의 향촌에서도 마찬가지였다.

마지막으로, 사회 엘리트층과 관방의 강력한 사원 개조에 직면하여, 민간신앙의 생존이 위기에 몰리는 듯했으나, 사실상 민간신앙은 이전과 마찬가지로 계속되었고, 매년 묘회는 예년과 다름없이 개최되었다. 어느 정도 관방의 방해와 통제를 받았지만, 민간에서는 여전히 묘회의 즐거움을 포기하지 않았다. 더욱이 관방의 사원 개조 방침이 중단되지 않았기 때문에 민간에서는 사원의 보수와 중건이 이루어지지 못했지만, 근대의 몇몇 유명한 사원은 문화재의 보존과 같은 또 다른 이유로 관방의 지원을 받아 중건될 수 있었다. 이는 민간신앙의 문화적, 일상적, 현실적 생명력이 구체적으로 나타난 것일 뿐만 아니라, 민간신앙 및 사원의 사회적 기능이 여전히 대체 불가한 지위를 가졌음을 보여준다.

---

24) Prasenjit Duara, "Superscribing Symbols: The Myth of Guandi Chinese God of War," *Journal of Asian Studies Vol. 47, No. 4*, 1988, pp. 778-795 ; Prasenjit Duara, "Knowledge and Power in the Discourse of Modernity : The Campaigns against Popular Religion in Early Twentieth-Century China," *Journal of Asian Studies, Vol. 50, No. 1*, 1991, pp. 67-83.

2부

근대시기 동북지역 민간신앙의 전개와 지역적 특성

이민의 유입과 동북지역 민간신앙의 전개

1부에서도 살펴보았듯이, 민간신앙은 고대에서 오늘날에 이르기까지 중국인의 일상적인 삶과 민간사회의 변화와 지속에 빼놓을 수 없는 존재로서, 기층민중의 생활 깊숙한 곳에 자리 잡고 있는 중국 사회와 문화의 중요한 구성 요소였으며, 장기적인 역사변천과정에 있어 일반민중의 사유방식과 사회관계, 일상생활에 지대한 영향을 미쳐왔다.

여기서 말하는 '민간신앙'이라는 용어는 '민간의 원시신앙으로부터 변이되고 전승되어진 사유 관념의 습속이자 관례'[1]라는 의미로 흔하게 쓰이고 있지만, 크게 보면 몇 가지 층위를 포함한다. 첫째, 불교나 도교, 유교, 이슬람교, 기독교와 같은 지배적 '기성종교'가 있는데, 이는 정교하게 정리된 교리와 방대한 조직체계를 가지고 있다. 둘째, 일정한 교리와 조직체계는 갖추고 있으나 공인된 '기성종교'와는 구분되는 '민간비밀종교결사'가 '사교邪敎'로 규정되어 국가권력의 탄압을 받곤 했으나 민간에서 상당한 영향력을 유지했다. 셋째, 역대로 「사전祀典」에 기재되어 국가에서 공식적으로 제사를 지내는 '정사正祀'와 구분되어 '음사淫祀'라 칭해졌지만, 민간이 주도해 제사를 지내고 묘회를 개최하는 광범위한 신앙 활동이 공개적으로 전개되었다. 여기에는 주술, 점복 및 예언, 풍수, 금기 등 지배세력에 의해 '미신'으로 치부되었던 일상적인 신앙행위가 포함된다. 여기에서는 세 번째 좁은 의미의 '민간신앙'을 대

---

1) 江沛, 「近代華北城鄉民間信仰述評」, 『河北大學學報(哲學社會科學版)』 第27卷 第4期, 2002, 18쪽.

상으로 삼는다. 국가권력이 일정 정도 관여하지만, 말 그대로 '예부터 전해져 내려와 민간에서 일상적으로 영위되는, 체계화되지 않은 신앙 활동'을 의미한다.

아래에서는 근대시기 동북지역의 민간신앙을 대규모 이민에 따른 이식과 융합이라는 관점에서 살펴본다. 구체적으로 내지의 신앙요소가 동북에 이식되는 양태에 대해 간략히 살펴보고, 주로는 동북지역 민간신앙의 지역적 특성에 주목할 것이다. 시기적으로는 19세기 중반 이후에서 만주국 성립 이전까지의 상황에 주목한다. 주지하듯이 1860년대에 동북 이민이 본격화되었기 때문이고, 만주국 성립 이전으로 시기를 한정한 것은 우선은 자료의 제한 때문이지만 만주국 성립으로 이전과 질적으로 다른 상황이 조성되었으므로 별도의 차원에서 접근해야 한다고 보았기 때문이다. 만주국시기에 대해서는 별도의 장에서 본격적으로 다룬다.

제1절 동북지역의 고유성과 민간신앙의 이식

청조를 수립한 만주족은 동북지역을 '조상의 성지'로 여겨 봉금封禁 지역으로 선포하였다. '성경변장盛京邊牆'이라는 나무 말뚝을 박아서 만든 벽(木柵)으로 구별하고 이민족의 유입을 금지시켰다. 만주족 지배층의 대규모 관내 이주와 봉금으로 인해 동북은 사실상 무주공산이나 다름없는 상태에 놓이게 되었다. 그러나 봉금이 엄격하기만 했던 것은 아니어서, 입관入關 전에 명조와의 전투에서 포로로 잡은 수십 만 명의 '한군漢軍', 반청 투쟁에 가담했던 사람들, 죄수들, 실직자 등을 동북 변방에서 살게 했다. 그렇지만 동북에 본격적으로 인구가 유입되기 시작한 것은 1860년대 이른바 '이민실변移民實邊' 정책으로 봉금정책이 이완되면서부터였다. 러시아의 남하정책에 대응해 동북지역을 마냥 비워둘 수 없게 된 청조는 이민을 통해 황무지를 개간하는 조치를 취하였고 이민이 지속적으로 유입되었다. 1920년대에 이르기까지, 개항과 철도의 부설, 제국주의의 경제침략 등으로 새로운 사회경제구조가 형성되었고 이 과정에서 노동수요가 급증하여 이민이 대거 유입되었다.[2]

주지하듯이 이주민의 급증은 개항, 철도, 제국주의의 침략 등과 함께 동북지역의 근대적 변화와 지역사회의 형성에 결정적 변수로 작용했다. 이는 신앙체계에서도 마찬가지여서, 청대 함풍 연간 봉금정책의 완화 이후 급증한 내지인의 이주는 '기성종교'의 전파, 민간종교결사의 유입을 가져왔을 뿐만 아니라, 동북지역 민간신앙 전반에도 매우 큰 영향을 끼쳤다.

청대 중기 이민이 이루어지기 이전, 동북지역 고유의 민간신앙은 샤머니즘이 대세였다. '샤먼'은 본래 시베리아 퉁구스족의 종교지도자를 이르는 말인데, 무술과 의식에 종사하면서 신령과 인간을 연결해주는 역할을 했다. 구체적으로 가신家神 제사를 주재하고, 굿판(跳神)을 벌여 신령과 소통했고, 이를 통해 질병을 치료하고, 재앙을 물리치고, 복을 기원하고, 점복을 행하였다. 『만주원류고滿洲源流考』에서도 굿(跳神)이 본래부터 오래된 습속'임을 말해주고 있다. 「사신祀神」 조항에서 '만주에서 신에게 제사지내는 의식에서는 사축司祝이 허리에 방울(腰鈴)을 묶고, 손에는 북을 잡고 앞뒤로 움직이거나 빙빙 돌면서 쟁쟁 소리를 낸다. 무릇 노래를 불러 기원하는 가사가 있다'고 적고 있다.[3] 일반적으

2) 尹輝鐸, 「邊地'에서 '內地'로 : 中國人 移民과 滿洲(國)」, 『中國史研究』 第16輯, 2001.12, 42~51쪽.
3) 남주성 역주, 『欽定滿洲源流考(下卷)』, 글모아, 2010, 384~385쪽.

로 굿판을 벌여 제사를 지냈음을 알 수 있다. 또한, 『유변기략柳邊紀略』에는 "만주인은 병이 나면, 약 먹기를 가볍게 여기고, 굿판을 중히 여긴다. 병이 나지 않아도 굿판을 벌이는데, 부귀한 집안은 월마다 또는 계절마다 한 번씩 한다. 연말이 다 되도록 한 번도 하지 않는 경우는 없다"[4]고 하였다. 병이 들어 굿판을 벌이려면 대개 무의巫醫를 찾는데 이들은 - '샤먼(薩滿)'이라고 불리지만 - 신령에 제사 지내는 사축司祝과는 구별되었다. 월마다 혹은 계절마다 그리고 연말에 굿판을 벌이는 자가 『만주원류고』에서 언급한 사축이고, 양자는 분명히 구분되었다고 한다.[5] 아무튼 샤머니즘은 동북지역 민간신앙의 대세를 이루었던 오래된 습속이었다.

샤머니즘은 만물에 영혼이 존재하고 영혼은 불멸한다고 믿는 원시신앙의 신념체계와 밀접히 관련되어 있고, 숭배하는 신령도 동식물을 비롯한 자연신 숭배와 토템 신앙, 조상숭배가 강세를 보였다. 동북지역의 자연환경과 관련해 채집 및 수렵이 중요한 생산방식이 되어왔고, 산에서 나는 산물이나 짐승을 얼마나 많이 획득하느냐는 결국 천신이나 산신, 조상의 보우하심에 달려있고 그들의 은사라고 여겼다. 따라서 사람들은 신령의 보살핌을 기원하게 되고 이로써 일련의 제사활동이 형성되었던 것이다.[6] 이처럼 샤머니즘은 자연숭배, 조상숭배, 토템숭배 등의 내용과 제사의식 활동을 포괄하였다.[7]

---

4) 「柳邊紀略」(第5卷, 1931~1934年 金毓黻이 펴낸 遼海書社 출판 《遼海叢書》 本), 丁世良/趙放 主編, 『中國地方志民俗資料匯編(東北卷)』, 北京圖書館出版社, 1989, 3쪽.

5) 「奉天通志」(第260卷, 1934年 출판), 丁世良/趙放 主編, 『中國地方志民俗資料匯編(東北卷)』, 20~21쪽.

6) 範立君, 「近代東北移民與社會變遷：1860~1931」, 浙江大學 博士學位論文, 2005.5, 127쪽.

7) 邵小翠, 「試論近代移民對東北文化的影響」, 延邊大學 碩士論文, 2010.5, 31~32쪽.

청대 중기 이래 이민이 급증하고 이민자에 의해 동북사회가 새롭게 건설되면서 동북지역 민간신앙의 지형도 크게 변하였다. 이민자들은 자신이 본래 가지고 있던 신앙체계를 함께 가지고 왔으며 동북사회에 복제, 이식하였다. 요컨대, 동북에서는 원래 낭랑묘, 관제묘, 성황묘, 용왕묘 등과 같은 묘우廟宇가 거의 없었으나, 이민 이후에는 이민의 유입과 비례해서 사원이 건립되었고, 그 사원에서 숭배했던 신령들도 내지의 그것과 같은 것이었다.[8]

중국 국립 북경도서관이 펴낸 『중국지방지민속자료회편中國地方志民俗資料匯編』[9](이하 '민속자료'로 칭함)은 각지의 지방지에 수록되어 있는 민속 관련 자료를 모아놓아, 각지의 민간신앙을 비교하는 데에 매우 유용하다. 특히, '동북권東北卷'과 '화북권華北卷'에 수록되어 있는 '신앙민속' 파트를 정리하면,[10] 지역별 민간신앙의 대강을 비교하기에 편리하다. 이에, '동북권'과 '화북권'의 내용을 간략하게 정리하여 말미의 부표附表로 수록하였다. 주지하듯이, 동북이민이 주로 화북지역에서 출발하였음을 고려할 때 양자의 비교는 이민의 유입에 따른 민간신앙의 이식을 살펴보기에 적절하다.

부표-1과 부표-2를 비교해 보면, 동북지역과 화북지역의 숭배 대상이 대체로 일치함을 알 수 있다. 예컨대, 요녕성의 『해성현지海城縣志』에 따르면, 숭배 대상으로 천지, 문신門神, 조신灶神, 장선張仙, 관음보살,

---

8) 杜臻, 「近代山東移民對東北文化的影響(1860—1911)」, 山東大學 碩士論文, 2006. 5, 24~33쪽.

9) 丁世良/趙放 主編, 『中國地方志民俗資料匯編(華北卷 ; 東北卷)』, 北京圖書館出版社, 1989.

10) 『中國地方志民俗資料匯編』은 華北, 東北, 西北, 西南, 中南, 華東 권역으로 나누어 6권이 발행되었는데, 各卷마다 禮儀民俗, 歲時民俗, 生活民俗, 民間文藝, 民間語言, 信仰民俗, 其他로 나누어 편재하였다.(丁世良/趙放 主編, 「內容提要」, 『中國地方志民俗資料匯編(華北卷)』, 0쪽.)

안광낭랑眼光娘娘, 성황, 토지, 화신火神, 재신, 약왕, 용왕, 산신, 하신河神, 구성九聖, 호선胡仙 등이 언급되었다. 허원許願(誓願)과 기우도 널리 행해졌다고 한다.11) 또한, 길림성의 『장춘현지』에 따르면, 관제묘, 벽하원군묘碧霞元君廟(낭랑묘)가 매우 성황을 이루었고, 충왕, 용왕, 마왕馬王 등의 사원은 일일이 열거할 수 없을 정도라고 하였다.12) 흑룡강성의 『쌍성현지双城縣志』에서는 토지, 산신, 하신, 문신, 조신, 재신, 구성, 호선狐仙, 안광낭랑, 장선 등이 숭배 대상으로 언급되고, 서원이나 기우, 굿판(跳神)이 전형적으로 소개되었다.13) 이밖에, 『성경시보』에 동북지역 각현의 낭랑묘, 관제묘, 약왕묘, 천제묘(東嶽廟), 성황묘, 천후궁 등에서 떠들썩하게 묘회가 열렸음을 전하는 기사가 수시로 게재되었고,14) 묘회의 전반적인 양상도 내지와 거의 동일하였다.15)

이민의 유입과 함께 동북지역의 사원들이 갈수록 증가되었던 만큼, 동북지역의 신앙이 샤머니즘 위주의 단일구조에서 벗어나 다원화되었고, 위에서 보았듯이 새로 생긴 사원들은 내지와 비슷하였다. 하북성의 전형적인 사례를 보아도, 『무안현지武安縣志』에서 민간신앙의 숭배 대

---

11) 「海城縣志」(六卷, 1937년판), 丁世良/趙放 主編, 『中國地方志民俗資料匯編(東北卷)』, 80쪽.

12) 「長春縣志」(六卷, 1941년판), 丁世良/趙放 主編, 『中國地方志民俗資料匯編(東北卷)』, 277쪽.

13) 「双城縣志」(十五卷, 1926년판), 丁世良/趙放 主編, 『中國地方志民俗資料匯編(東北卷)』, 416쪽.

14) 『盛京時報』의 1929년 5~6월분만 살펴보아도, 「演戲酬神」(1929.5.5.) ; 「廟會盛志」(1929.5.11.) ; 「演戲酬神」(1929.5.22.) ; 「演戲預聞」(1929.5.22.) ; 「廟會熱鬧」(1929.6.8.) ; 「沙尖鎭 - 淫戲宜禁」(1929.6.8.) 등 이외에 매우 많다. 물론 다른 시기에도 마찬가지이다. 盛京時報에는 張作霖이 주도한 祈雨祭(「上將軍躬親求雨」, 『盛京時報』1926.5.22.)를 비롯해 祈雨祭에 관한 기사도 매우 많은데, 그 양상을 보면 대개 내지와 유사하였다.

15) 일반적인 廟會에 대해서는 刘峰, 「淸代民間的酬神演戏和迎神賽会」, 『湖南城市學院學報』第32卷 第6期, 2011.11. 참조.

상으로 성황, 용왕, 문창文昌, 여조呂祖, 토지, 송자낭낭送子娘娘, 재신, 온신瘟神, 조신(灶君), 호선狐仙 등을 열거하였고,[16] 또한, 『양릉현지襄陵縣志』에 따르면, 성황묘, 이랑묘二郎廟, 화신묘, 낭랑묘, 동악묘, 관제묘, 재신묘, 용왕묘, 약왕묘 등이 있었고,[17] 『신하현지新河縣志』에는 이상의 모든 사원의 명칭이 망라되어 있다.[18] 이밖에, 산동성의 『추평현지鄒平縣志』를 보아도, 풍운뇌우산천단風雲雷雨山川壇, 읍려단邑厲壇, 성황묘, 관제묘, 문창각文昌閣, 규성각奎星閣, 팔사묘, 용왕묘, 토지사土地祠, 옥신묘獄神廟, 마신묘馬神廟, 복생사伏生祠 등이 언급되어 있다.[19]

뿐만 아니라, 내지의 신앙이 유입되면서 동북지역에서는 샤머니즘에 의지하는 현지인들이 갈수록 적어졌고, 특히 이민자와 함께 거주하거나 교통이 편리한 지역에 거주하는 현지인들은 전통적 샤머니즘과 더욱 더 멀어졌다고 한다.[20] 『봉천통지奉天通志』에 보이는, "근년에 날로 극심하게 세상이 변하여, 이제 만주의 구전舊典은 대부분 다시 찾아볼 수가 없다"[21]는 서술에서 변화의 정도를 짐작할 수 있다. 또한 『길림신지吉林新志』에는, "기인旗人이 제사 지내는 신과 한인의 그것이 같은데, 특별히 중시하는 것은 관세음보살, 복마대제伏魔大帝(관우) 및 토지신이다. 돼지를 잡고 술을 올리는 것이 반드시 매우 경건하다"[22]고 적고 있

---

16) 「武安縣志」(十八卷, 1940년판), 丁世良/趙放 主編, 『中國地方志民俗資料匯編(華北卷)』, 471쪽.

17) 「襄陵縣志」(二十四卷, 1923년판), 丁世良/趙放 主編, 『中國地方志民俗資料匯編(華北卷)』, 681쪽.

18) 「新河縣志」(二十四卷, 1929년판), 丁世良/趙放 主編, 『中國地方志民俗資料匯編(華北卷)』, 514쪽.

19) 「民國鄒平縣志 卷五 - 壇廟」, 『中国地方志集成·山西府县志辑』, 鳳凰出版社, 2005, 91~94쪽.

20) 邵小翠, 「試論近代移民對東北文化的影響」, 32쪽.

21) 「奉天通志」(二百六十卷, 1934년판), 丁世良/趙放 主編, 『中國地方志民俗資料匯編(東北卷)』, 19쪽.

다. 이렇게 보면, 청대 함풍 연간 이래의 이민의 증가와 함께 내지의 신앙체계가 동북에 이식되면서, 기본적으로 일종의 문화적 복제와 이식을 통해 내지의 신앙체계가 동북지역에 전파되었음을 알 수 있다.

제2절 동북지역 민간신앙의 다원화

대규모 이민 이후 동북지역에 새로운 민간신앙이 형성되는 과정에 복제와 이식만이 있었던 것은 아니다. 동북지역의 민간신앙을 구성했던 많은 요소들은 이민과 함께 유입된 것에서 연원을 찾을 수 있지만, 동시에 동북지역 토착의 신앙체계와 융합되고 동북지역의 특수한 사회적, 지리적 조건이 반영되면서 나름의 다원적 색채를 띠게 되었다. 근대 이후 동북지역의 민간신앙은 다층적 '복합화'를 통해 '복합성'을 가지게 되었고, '복합성'을 동북지역 민간신앙의 특성 중에 하나로 볼 수 있겠다. 아래에서는 다원적 색채 내지 '복합성'의 양상을 살펴볼 것이다.

1. 샤머니즘의 상대적 활성화

요녕성당안관에 소장되어 있는 방대한 당안자료를 수록하고 있는 『중국근대사회생활당안』(이하 '당안자료'로 칭함)에 따르면,[23] 무의巫醫의

---

22) 「吉林新志」(二編, 1934년판), 丁世良/趙放 主編, 『中國地方志民俗資料匯編(東北卷)』, 267쪽.

23) 辽宁省档案馆 編, 『中國近代社會生活檔案(東北卷一)』(全27冊), 广西师范大学出版社, 2005. 이 자료집은 총 27冊에 걸쳐 약 13,500페이지에 달하는 방대한 자료를 수록하고 있는데, 民俗 및 文物古跡에 관한 檔案資料 외에 官方祭祀(제4~5책), 演劇酬神(제5책), 邪教와 迷信(제8책) 및 滿洲國時期 향촌조사 보고서(제

'의료행위'로 인한 인명 사고가 자주 문제가 되었음을 알 수 있다. 예컨대, 1919년 2월 금서현錦西縣에서는 장문덕張文德이라는 사람이 그의 아내가 폐결핵에 걸려 차도가 없자 무의에게 치병治病을 의뢰하였고, 무의가 병을 고치매 굿판을 벌이고 환자의 배꼽 아래를 칼로 절단해 출혈 과다로 사망에 이른 사건이 있었다.[24] 1919년 7월에는, 동풍현東豐縣의 주민 유운귀劉雲貴가 굿판에서 치료를 받다가, 칼로 배를 절단 당해 죽음에 이른 사건도 있었다.[25] 금서현과 동풍현의 사건으로 봉천성 정부에서 경계령을 내렸으나 머지않아 반산현盤山縣에서 부녀자 곽곡郭谷씨가 무의의 치료를 받다가 사망하는 사건이 발생했다.[26] 해성현 주민 영장생甯長生의 아들 영충문甯忠文이 매독에 걸렸는데, 1924년 3월 무의가 성기를 작두로 잘라 사망하는 사건도 있었고,[27] 7월에는 봉성현에서도 왕국복王國福이라는 무의가 작두와 점술(邪乩)로 치병한 일이 적발되었다.[28] 1927년 6월에는 개원현 대가장자戴家庄子 주민 양옥태梁玉泰가 '동생 양옥형梁玉衡이 황천교 수령 양자수梁自修라는 무의의 감언이설에 홀려 의료업을 배척하고 온갖 선법仙法, 선단仙丹, 부적에 의지해 많은 돈을 탕진하고 있다'[29]고 경찰에 신고하였다.

9~12책) 등 민간신앙에 관한 방대한 자료를 포함하고 있다.

24) 「開原縣巫醫治病害人致死(1919.2.26)」, 遼寧省檔案館 編, 『中國近代社會生活檔案(東北卷一) 第8冊』, 55~57쪽.

25) 「黑山縣嚴禁邪術治病(1919.7.25)」 遼寧省檔案館 編, 『中國近代社會生活檔案(東北卷一) 第8冊』, 58~60쪽.

26) 「奉天全省警務處查禁巫醫邪術治病殘害人命(1921.6.22)」, 遼寧省檔案館 編, 『中國近代社會生活檔案(東北卷一) 第8冊』, 63~64쪽

27) 「海城縣巫醫治病害人致死(1924.3.17), 遼寧省檔案館 編, 『中國近代社會生活檔案(東北卷一) 第8冊』, 106~109쪽.

28) 「奉天全省警務處查禁巫醫害人(1924.7.22)」, 遼寧省檔案館 編, 『中國近代社會生活檔案(東北卷一) 第8冊』, 136~139쪽.

29) 「開原黃天教邪術騙財戕害生命(1927.6.10)」, 遼寧省檔案館 編, 『中國近代社會生活檔案(東北卷一) 第8冊』, 150~152쪽.

이런 구체적인 사건이 꾸준히 이어졌을 뿐만 아니라, 관계 당국은 '각지 사원에서 일상적으로 선단, 약첨藥籤(일종의 제비뽑기), 신방神方, 계방乩方(점술 처방)으로 치병하는 일이 많고, 선단을 신선이 선사한 좋은 처방으로 여기고, 이로 인해 매년 사망하는 자가 셀 수 없다'고 지적하였다.[30] 또한, '곳곳에 무의가 있어 굿판(跳大神)을 벌이고 치병을 구실로 재물을 편취하고 있는데, 환자가 의약으로 생명을 지킬 기회가 없어져 마땅히 엄히 단속해야'[31] 한다고 누차 강조하였다. 『성경시보』에서도 이런 사정을 전하고 있는데, 「봉천성장공서훈령奉天省長公署訓令」에서 누차 지적하기를, 각처에 무녀가 있어 사원을 가차하여 약품을 배합해 신방神方이라고 하고, 심지어 (독극물인) 비소까지 복용할 수 있다고 했다고[32] 한다.

그러나 당국의 엄격한 금지에도 불구하고, 기층사회에서는 무의의 '의료행위'를 비롯한 샤머니즘(巫俗)에 대한 거부감이 기본적으로 없었고, 인명 피해가 있을 경우에만 형사적으로 대응하였던 것으로 보인다. 요컨대, 봉천성정부는 기층에서 '무격巫覡(무당)이 사람을 미혹해도 (현장에서는) 오랫동안 엄금하지 않았음'[33]을 여러 차례 지적하였다. 또한, 1924년 3월 「창도현공서포고昌圖縣公署布告 제4호」는 다음과 같이 지적하고 있다.

거듭 포고하니 엄금하라. 목청껏 노래를 부르며 북을 치는 굿판

30) 「衛生部嚴禁各地廟宇中施給仙丹神方(1921.4.13)」, 遼寧省檔案館 編, 『中國近代社會生活檔案(東北卷一) 第8冊』, 61~62쪽.
31) 「遼寧省民政廳嚴令査禁巫醫跳大神証騙金錢(1929.4.24)」, 遼寧省檔案館 編, 『中國近代社會生活檔案(東北卷一) 第8冊』, 160~162쪽.
32) 「禁止神方」, 『盛京時報』 1913.11.6.
33) 「盤山縣巫醫殘害病人致死(1921.7.31)」, 遼寧省檔案館 編, 『中國近代社會生活檔案(東北卷一) 第8冊』, 65~67쪽.

을 살펴보니 풍속을 크게 해쳐 나타날 때마다 거듭 엄금하였으나 시간이 지나면 금방 소홀해진다. 근일 향촌을 방문해보니 또 떠들썩한 액막이 굿판을 벌인 무리가 멋대로 행동하고 전혀 거리낌이 없다. 각 구장區長 및 경갑警甲, 촌장은 맡은 바 소임이 무엇인가. 저들이 제멋대로 망동하는 것은 전혀 이해할 수 없다. 이 거듭 표명하는 포고는 읍 전체의 신민紳民이 일체로 잘 숙지해야 한다. 이제부터는 향촌의 어느 누구를 막론하고, 떠들썩한 액막이굿을 수용하는 사람이 있으면, 각 구장 및 경갑, 촌장이 책임을 지고 조사금지(査禁)를 엄격히 실행하고, 마을에서 내쫓아야 한다. .... 의도적으로 관망하거나 형식적으로 대처하거나 책임을 회피하는 경우, 발각되거나 고발되면 해당 관할의 구장, 경갑, 촌장을 독직률에 따라 징계 처분하라. .... 34)

성정부나 현정부 차원에서 엄단하라는 지시가 누차 거듭되었음에도 불구하고, 정작 이를 실행해야 할 기층의 각 구장區長, 경갑警甲, 촌장은 '의도적으로 관망하거나 형식적으로 대처했음'을 알 수 있다. 봉성현 경찰서가 현공서에 보낸 공문에서 보이는 무녀에 대한 '동정어린' 시선에서도 기층사회의 분위기를 짐작할 수 있다. '3~4년래에 신 내림을 받은 한 무녀가 움직이지 못하는 남편을 대신해 생계를 꾸리기 위해 신에 의탁하여 질병을 치료하고 이것으로 입에 풀칠을 하다가 붙잡혔는데 이를 어떻게 처리할지'를 묻고 있다.35)

이처럼 무의, 무속과 같은 샤머니즘이 이주민으로 구성된 동북사회

---

34) 「昌圖縣嚴禁跳大神布告(1924.3.22)」, 遼寧省檔案館 編, 『中國近代社會生活檔案(東北卷一) 第8冊』, 110~111쪽.

35) 「鳳城縣查獲男女巫醫及器物(1924.4.27)」, 遼寧省檔案館 編, 『中國近代社會生活檔案(東北卷一) 第8冊』, 117~120쪽.

각지에서 상대적으로 활발하게 작용했음을 알 수 있다. 그러나 전통적으로 내지에서는, '무의'라는 것이 '중의中醫'와 서로 배척되지 않았고 오히려 상호 의존하고 포용하는 관계였으나, 이른바 무속과 의술을 구분하지 않고 직결시키는 것('巫醫不分')은 예전부터 심히 경계되어 왔다고 한다.36) 말하자면, '무의巫醫'라고 해도 위에서 열거한 사례처럼 굿판을 벌여 치료를 하거나 작두로 사람을 해치는 것과는 완전히 다른 것이었다. 굳이 '무의'임을 숨기지 않았고 분향하고 신령에 빌어 처방을 내렸지만, 이미 의술에 통달해 있었고 이런 의료행위 방식은 일정한 신앙행위를 통해 (신뢰감을 높여) 이득을 얻고자 할 따름이었다고 한다.37) 따라서 전통시기 중의의 관점에서 보더라도, 내지에서는 의료행위에 굿판(跳大神)을 동원하는 일이 그다지 일반적이지 않았다고 볼 수 있다.

근대 이후 지배세력은 '미신'이라는 개념과 표상으로 '샤머니즘'과 같은 민간의 일부 신앙 양태를 비판하였으나, 이는 사실 전통시기부터 이어져 오던 것이었다. 전통시기 엘리트 세력도 경전에서 인정하지 않은 신앙을 '음사'라는 개념으로 비판하였다. 풍속과 인심을 해친다거나 낭비를 초래해 백성의 살림살이를 어렵게 한다는 논리로 '음사'를 비판하였는데 이런 논리구조는 근대 이후 '미신타파'의 논리와 맥락을 같이한다. 물론 중국의 엘리트 전통이 모든 민중세계의 신령을 배척한 것은 아니지만, 관건은 그 신앙이 정통의 윤리 교화에 부합하느냐, 조정의 향촌 지역에 대한 통치 질서에 부합하느냐에 있었다. 말하자면, '음사'에서 '미신'으로 개념과 표상에는 변화가 있었지만, 내지에서는 전통시

36) 朱敏为/王繁可/赵晶晶/李柳, 「明朝对巫医的批判研究」, 『湖北中医药大学学报』 第15卷 第6期, 2013.12, 45쪽.
37) 王晓翠, 「民国时期中西医论战研究」, 曲阜师范大学 碩士論文, 2010.4, 7~8쪽.

기부터 엘리트 세력에 의해 샤머니즘과 같은 신비주의적 요소가 배척되고 있었다.[38] 따라서 근대 이후 동북지역에서 샤머니즘이 상대적으로 활성화되어 있는 상태는 지역적 특성에 속한다고 할 수 있다.

앞에서 언급한 '민속자료'를 통해 동북과 화북의 민간신앙을 비교해 보아도, 전통적으로 동북지역 신앙체계의 주축이었던 샤머니즘이 근대 이후에도 상대적으로 활발하였음을 짐작해 볼 수 있다. 부표-1에서 보듯이, 동북지역에서는 샤머니즘을 표상하는 '도신跳神'이나 '무신巫神' 등을 하나의 항목으로 언급하는 현지縣志가 절대 다수를 차지하고 있다. '신앙민속'을 포함하고 있는 34곳의 현지 중에 환인현桓仁縣, 장하현, 안동현, 봉성현, 의현義縣, 흥성현, 조양현(이상 요녕성), 장춘현, 반석현盤石縣, 해룡현海龍縣, 임강현臨江縣, 집안현輯安縣, 이수현梨樹縣, 서안현西安縣, 동풍현(이상 길림성), 용성현龍城縣, 호란현呼蘭縣, 쌍성현双城縣, 빈현賓縣, 수화현綏化縣, 망규현望奎縣, 안달현安達縣, 동녕현東寧縣, 보청현寶清縣, 애혼현瑷琿縣(이상 흑룡강성) 등 25현이 해당된다. 특히, 흑룡강성의 경우에는 11곳 중에 10곳이 해당되었다. 반면에, 화북지역의 경우 총 32곳 중에 무속을 언급한 경우가 7곳에 불과하다. 물론 현지의 해당 내용 전체를 수록하지 않아 정확한 실태가 반영되었다고 할 수는 없으나 확연한 차이에서 드러나는 경향성은 확인할 수 있을 것으로 보인다.

이상과 같이, 동북지역에 무의와 굿판(跳大神)이 문제가 된 사건이 유난히 많았고, 지방지의 언급에서도 동북지역에 샤머니즘의 경향이 상대적으로 농후했다면, 샤머니즘이 비교적 활발하게 작용했던 점을 동북지역의 특성이라고 할 수 있을 것이다. 그렇다면, 이는 대규모 이민

---

38) 沈洁, 「反对迷信与民间信仰的现代形态——兼读杜赞奇"从民族国家拯救历史"」, 『社会科学』 2008年 第9期, 168~169쪽.

이전에 있었던 동북지역 고유의 특성, 즉 샤머니즘 위주의 민간신앙체계라는 특징이 이주민의 신앙생활에 영향을 끼친 것은 아닐까. 이렇게 보면, 이민과 함께 유입된 내지의 민간신앙체계가 동북지역에 단순히 이식, 복제되었던 것이 아니라, 동북지역에 내재해 있던 요소가 이주민의 신앙체계에 영향을 끼치기도 했음을 알 수 있다.

민간신앙에 있어 동북의 고유한 특성이 이주민에게 영향을 끼치는 경향이 이주민에 의해 내지의 신앙요소가 이식되는 흐름과 결합되면, 다소간의 비대칭성이 있더라도 외래와 토착이 공존하는 현상으로 나타날 개연성이 높다. 이런 현상을 『수화현지綏化縣志』의 기록에서 한 장의 사진처럼 볼 수 있어 흥미롭다. 그대로 옮겨보면 다음과 같다.

> 액막이 기원을 드리다(祈禳) - 한족과 만주족이 신령에게 기도하는 것은 대체로 같다. 오랫동안 비가 오지 않으면, 용왕묘와 관제묘에 모여 분향하고 기원하며 향정香亭(역주-제사나 장례를 지낼 때 향로 따위를 놓아두는 화려한 정자)을 들어 올린다. 위로는 신령의 위폐를 모셔두고 교외 지역을 순행巡行한다. 무리는 모두 신발을 벗고, 버드나무 가지를 모자에 꽂아, 비가 내리는 형상을 만들어낸다. 이것이 '구우求雨'이다.
> 푸닥거리를 해서 병을 쫓는 것(禳病) - 이것도 한족과 만주족이 크게 다르지 않다. 무당을 불러 굿판을 벌인다.[39]

전자는 기우에 관한 내용이다. 기우제는 농경사회의 전형적인 의식 중의 하나로 거의 중국 전역에서 행해졌던 대표적인 민간의 신앙 활동

---

39) 「綏化縣志」(十二卷, 1920년판), 丁世良/趙放 主編, 『中國地方志民俗資料匯編(東北卷)』, 444쪽.

이다. 용왕묘와 관제묘를 중심으로 기우제를 진행하고 '신발을 벗고, 버드나무 가지를 모자에 꽂고 행렬을 지어 비가 내리는 형상을 만들어 내는' 내지의 방식이 오랜 세월에 걸쳐 흑룡강성 궁벽한 곳까지 유입되어 정착된 것이다. 말하자면, 이는 내지 신앙의 이식을 표상한다. 후자는 샤머니즘이 체현된 것인데, "한족과 만주족이 크게 다르지 않다"는 언급에서 알 수 있듯이, 무당을 불러 굿판을 벌이고 이를 통해 병을 이겨내려는 방식은 동북의 고유성이 이주민(漢族)의 신앙생활에 녹아들어 간 것이다.

2. 지역적 편차와 지역성의 반영

상기한 '당안자료'에는 제9~12책에 걸쳐 총 76편의 '사회생활 조사보고서'가 수록되어 있다.[40] 모두가 만주국시기에 작성된 보고서로서, 보고서마다 하나의 현을 대상으로 주제별로 일정한 포맷 하에 작성되었다. 토지관계, 소작제, 노동 및 고용관계, 매매관계, 차대관계借貸關係, 금융관계, 자치와 사회생활, 풍속, 습관, 촌락의 형태와 분포, 연혁 등의 내용이 담겨 있는데, '풍속 및 습관' 부분에서 간략하나마 민간신앙과 관련된 내용을 담고 있다. 부표-3은 그 내용의 대부분을 정리한 것이다.

부표-3에서 보듯이, 대체로 동북삼성東北三省을 남북으로 나눌 때 남부지역 향촌의 신앙생활과 북부지역이 뚜렷하게 구별되고 있음을 알 수 있다. 말하자면, 동북삼성 중에 내지와 가깝고 경제와 문화가 비교

---

40) 遼寧省檔案館 編, 『中國近代社會生活檔案(東北卷一) 第9~12冊』, 廣西師範大學出版社, 2005. 참조.

적 번영했던 지역, 즉 요녕성 지역(만주국시기의 지역구분으로는 열하성熱河省, 봉천성, 금주성錦州省, 안동성安東省 등)과 길림성 지역에는 주로 낭랑묘, 토지묘, 칠성사七聖祠, 약왕묘, 관공묘關公廟, 공자묘, 재신묘 등이 있어 산신, 재신, 충왕, 마왕, 관성제군關聖帝君, 용왕, 화덕진군火德眞君, 우왕牛王, 묘왕苗王, 오도군五道君 등의 신위가 배치되어 있고, 정월대보름, 단오절, 중추절, 연말연시 등에 때때로 묘회 및 연희를 열었다. 또한 필요에 따라 기우제나 충절제虫節祭를 지내기도 했다.

반면에 흑룡강성 지역(만주국시기에는 흥안남성興安南省, 흥안북성興安北省, 흥안서성興安西省, 용강성龍江省)은 남부지역과 일정한 차이를 보였는데, 여전히 고유의 샤머니즘과 라마교가 민간의 신앙생활을 상대적으로 강하게 지배했던 것으로 나타난다. 전술했듯이, 상기한 '민속자료'에서는 흑룡강성에 해당되는 11현의 지방지 중에서 10곳이 샤머니즘 요소를 중심으로 민간신앙의 양태를 서술하였다. 이는 대개 '소수민족'의 정체성이 상대적으로 뚜렷하게 반영되는 형태로 나타난다. 요컨대, 흑룡강성에 해당되는 현지에서는 애초부터 만주인, 한군기인漢軍旗人(청조 입관 전에 명조와의 전투에서 잡은 수십 만 명의 한인漢人 포로로 구성한 집단), 한족, 회족 등으로 나누어 민간신앙을 설명하고 있다. 물론 각 민족의 민간신앙 양태가 일정한 차이를 보이고 있다. 말하자면 만주인은 고유의 샤머니즘 전통을 상대적으로 많이 함유하고 있고, 한군기인은 이주 한인보다 동북지역에 오래 거주했기 때문에 만주 고유 신앙의 영향을 많이 받았으나 여전히 한족의 전통을 지니고 있고, 한족은 내지의 성향을 상대적으로 많이 가지고 있는 식이다.

이처럼 동북지역 토속의 신앙체계에 이민을 통해 들어온 새로운 요소가 중첩되고 누적되는 과정에서 발생한 시차나 영향의 강도에 따라, 동북지역 내에서 일정한 지역적 편차가 발생한 것인데, 이러한 지역적 편차 또한 동북지역의 특징 중에 하나로 볼 수 있을 것이다. 이러한 지역적 편차는 동북 고유의 사회적 상황이나 지리적 환경과 같은 지역성이 민간신앙에 반영되면서 나타난 결과이기도 하다. 이는 묘회와 관련된 다음 두 가지 사례에서 확인할 수 있다.

묘회는 일정한 목적과 체계를 가진 사원의 정기 및 비정기 행사로서 민간신앙의 꽃이라고 할 수 있다. 부표-1과 부표-2에서 보듯이, 각 현지에서 가장 많이 다루는 신앙 활동도 묘회였다. 성황묘, 화신묘, 낭랑묘, 동악묘(천제묘), 관제묘, 재신묘, 용왕묘, 약왕묘 등에서 개최되는 정기적인 묘회 이외에도, 부표에서 언급된 기우나 허원許願, 환원還願, 원심愿心, 보사報祀, 보새報賽, 수신酬神 등은 모두 실제로는 묘회를 의미한다. 특히 허원, 환원, 원심, 보사, 보새, 수신 등은 '이 소원을 들어주면 어떻게 보답하겠다는' 식으로 신령에게 서원했던 것을 실행에 옮기는 것으로 '신령의 은혜를 입었으니 이에 보답하는 일은 너무나 당연하다'[41]는 사회적 통념이 작용했다. 대개는 3일이나 5일간의 연희를 개최해 신령의 보우하심에 보답하고 또 신령의 보살핌을 기원하는 개념이다. 그래서 관용적으로 '연희수신演戲酬神'으로 표현되곤 하였다.

상기한 '당안자료' 제5책에는 모두 63건에 이르는 '연희수신' 관련 공문이 수록되어 있다.[42] 지방당국에서는 재물을 낭비하고 치안을 해칠 우려가 있다는 이유로 원칙적으로 '연희'를 금지하였으므로, 구장이나 촌장, 상회 회장 등이 '연희'를 개최해야 하는 불가피한 이유를 들어 말단 경찰당국에 신고하면, 이를 상급기관에 上申하는 내용이다. 이를 통

---

41) 「海城縣管飯寺村爲祈禱得雨演戲酬神(1916.10.16)」, 遼寧省檔案館 編, 『中國近代社會生活檔案(東北卷一) 第5冊』, 384쪽. 이런 인식은 다른 문서에서도 일반적으로 나타난다.
42) 遼寧省檔案館 編, 『中國近代社會生活檔案(東北卷一) 第5冊』, 375~500쪽.

해 '연희수신'에서 기원하는 바의 내용을 파악할 수 있는데, 이를 분석해 보면 다음 표와 같다.

|도표 16| 연희에서의 기원 내용 비율

기원 내용	건수	비율(%)
자연재해(祈雨 포함)	33	52.38
사회 안녕	14	22.22
감사/기념	11	17.46
전염병	3	4.76
전쟁승리 기원	1	1.59
경제발전	1	1.59
	63	100

가장 많은 경우는 자연재해와 관련된 것이다. 그 중에서도 '기우'가 28건으로 절대 다수를 차지한다. 오랜 가뭄으로 수확을 기대할 수 없는 지경에 이르러 향민들이 공동으로 기도했는데 마침내 큰 비가 내려 모두 희색이 만연해졌고 서원한 대로 연희를 베푼다는 내용이었다. 자연재해와 관련해서는 가뭄 이외에도, 충재, 수재, 우박 피해와 관련된 것이 있었고, 단순히 날씨를 순조롭게(風調雨順) 해달라는 기원을 담기도 하였다. '감사/기념' 항목도 일반적이라고 할 수 있다. 사원의 중수重修 완공(開光)을 기념하는 연희가 많았고, 창립을 기념하는 연희도 있었다.

이밖에, '사회 안녕', 전염병, 전쟁승리 기원, 경제발전 등은 일정 정도 동북의 상황을 반영한다고 할 수 있다. '사회 안녕'과 관련해서는, 전화戰禍, 병재兵災, 비적의 우환을 당하지 않게 해달라는 바람에서 연희를 개최했다. 특히 1925년 5월 봉직전쟁奉直戰爭의 와중에서 열린 연희는 직예군의 유린을 당하지 않게 해달라는 기원이 이루어져 그 보답의 뜻으로 열렸다. 또한 1921년 10월 개원현에서 열린 연희는 큰 화재

를 당하여 시는 화재가 일어나지 않게 해달라는 기원이었다.[43]

전염병과 관련된 연희는 유난히 전염병이 극성을 부렸던 동북지역의 지역성을 반영하고 있는데, 전염병이 유행하여 참혹한 인명피해가 발생한 상황에서 신령에 의지해 위안을 얻으려는 의도였다고 볼 수 있다. 이밖에 1923년 8월 1차 직봉전쟁에 출전한 영장營長 조헌지趙獻之의 승리를 기원하기 위해 연희를 베풀기도 했고, 특이하게 1931년 6월 복현復縣에서는 현공서縣公署가 이전함에 따라 시장 상황이 황폐해지자 지역경제의 회복과 진흥을 기원하는 연희를 열기도 했다.

또한, 부표-3을 보면, 둔내屯內에서는 묘회가 열리지 않고 주민이 비교적 멀리 떨어진 곳의 사원에까지 가서 묘회에 참여하는 경우를 발견하게 된다. 예를 들면 다음과 같다.

> 서풍현 : 본둔本屯에는 토지묘가 있지만, 별도로 제사는 없다. 현성이나 둔외의 묘에서 축제가 있을 때는 나가서 참배한다.
> 이수현 : 본둔에서는 사원이 마련하는 祝祭는 하지 않는다. 묘회는 없다.
> 수중현 : 둔내에 사祠가 하나 있는데, 제사는 행하지 않는다. 낭랑묘회는 4월 18일에 행해지는데, 이것은 홍성현과 수중현 경계 지역, 즉 15리 떨어진 곳에 사원이 있다. 이 묘회에 본둔의 절반 이상이 참여한다. 이밖에 4월 28일에 열리는 제2구 만보산萬寶山의 약왕묘회에도 둔민이 참석한다.

이처럼 둔내에서 묘회를 행하지 않고 농민이 수 킬로미터 떨어진 대

---

43) 이와 유사한 사례로, 같은 해 5월에는 本溪縣 邑內의 商會에 큰 화재가 있었는데 인명피해가 없어 火神의 은공을 기리는 演戲를 개최하기도 했다.(「本溪-演戲酬神」, 『盛京時報』 1921.5.12.)

형 묘회에 참여하는 경향에 대해, 한 연구자는 묘회가 촌내에서 완결적으로 이루어지는 화북과 구별되는 동북의 특성으로 지적하였다.[44] 그 이유에 대해서는 동북지역은 워낙에 현성縣城의 경제적 응집력이 강하여 향촌의 중상층 농민을 현 규모의 대형 묘회로 흡수하였기 때문이라고 풀이하였다. 둔내의 묘회를 주도해야 할 중상층 농민이 대형 묘회로 빠진 상태에서 남은 소농의 힘만으로는 묘회를 열기가 어려웠던 것이다. 경제적 응집력이 대형 묘회로의 흡수로 어떻게 이어지는지에 대해서는 특별한 설명이 없지만 방대한 분량의 연구서 전체가 현성의 응집력을 다루고 있어 일정한 근거는 가지고 있는 듯하다. 다만 한 가지 덧붙이고 싶은 것은 상대적으로 생산력이 낮고 인구가 희박한 동북 향촌의 둔이 자체적으로 묘회를 개최하기가 상대적으로 어려웠을 것이라는 점이나 장거리 이동을 두려워하지 않는 유목지대로서의 지역성도 함께 고려할 만하다고 생각한다. 아무튼 이는 동북의 지역성이 민간신앙의 특성으로 반영된 사례라고 볼 수 있다.

3. '다신혼잡성'의 심화

이민과 함께 민간신앙이 다양하게 유입되었고 그래서 생겨난 동북지역 민간신앙이 가진 또 하나의 특징적인 면모는 '여러 다양한 신위가 하나의 사원에 몰려 배치되는 현상'이 농후했다는 점이다. 하나의 사원에 여러 신위가 병렬되어 있거나 한 사람이 여러 신령을 숭배하는 일 자체는 내지에서도 이상할 것이 없다. 주지하듯이, '다신혼잡성多神混雜

---

44) 深尾葉子/安富步, 「廟に集まる神と人」, 『滿洲の成立』, 名古屋大學出版會, 2009. 11, 263쪽.

性'은 중국 민간신앙의 특성 중에 하나로 지적되어 왔다.[45] 다만, 동북 지역에서는 그러한 경향이 상대적으로 훨씬 심했다는 것이다.[46]

이는 '당안자료'를 통해서 확인할 수 있는데, 숭배대상이나 목적에 상관없이 여러 종류의 '연희수신'이나 묘회가 토지묘나 낭랑묘와 같은 몇 곳의 사원에서 거행되었다.[47] 또한, 봉천성 서풍현에 대한 '사회생활 보고서'에 따르면, '둔에서는 하나의 토지묘가 있어 대개의 축제가 여기에서 이루어졌다'고 한다.[48] 하나의 사원에서 여러 종류의 묘회가 열린 것이다. 길림성 부여현扶餘縣과 흑룡강성 조남현洮南縣의 본둔本屯 에는 토지묘 1개가 있는데, 토지, 산신, 묘왕, 우왕, 용왕, 마왕, 충왕, 재신, 오도五道 등 9개의 신위를 세워놓고 제사를 지냈고, 벽에는 용왕 그림을 중심으로 좌우에 각 신령의 형상을 묘사한 그림이 걸려 있었다 고 한다.[49] 또한, 장하현庄河縣 農村의 '제신祭神은 마왕, 우왕, 충왕, 용왕, 견왕犬王 및 천제天帝, 토제土帝, 수신水神의 8체'[50]에 이르렀다.

또한, 여러 신령을 合祀하는 경향이 강했다는 점도 지적할 수 있다. 삼성사三聖祠, 칠성사, 구성사 등과 같이 여러 신의 합사를 보이는 명칭

---

45) 沈洁, 「反迷信与社区信仰空间的现代历程-以1934年苏州的求雨仪式为例」, 46쪽.

46) 『中國東北史』에서도 '多敎一廟와 一人多敎'를 동북지역 종교 및 신앙 발전에서 주목할 만한 현상으로 지적한 바 있다.(佟冬 主編, 『中國東北史(修訂版) 第4卷』, 吉林文史出版社, 2006.1, 1921쪽.)

47) 遼寧省檔案館 編, 『中國近代社會生活檔案(東北卷一) 第5冊』, 广西师范大学出版社, 2005.

48) 「奉天省西豊縣農村自治及社會生活(1935年)」, 遼寧省檔案館 編, 『中國近代社會生活檔案(東北卷一) 第10冊』, 18쪽.

49) 「吉林省扶餘縣四家子屯風俗習慣、生活水平(1938年)」, 遼寧省檔案館 編, 『中國近代社會生活檔案(東北卷一) 第11冊』, 202쪽. ; 「龍江省洮南縣農村自治及社會生活(1935年)」, 遼寧省檔案館 編, 『中國近代社會生活檔案(東北卷一) 第12冊』, 17쪽.

50) 「安東省庄河縣農村自治及社會生活(1935年)」, 遼寧省檔案館 編, 『中國近代社會生活檔案(東北卷一) 第11冊』, 112쪽.

의 사원이 많았을 뿐만 아니라, 단일 신령의 명칭을 가진 사원에서도 여러 신령을 섬겼다. 예컨대, 단가보자單家堡子라고 하는 둔의 대묘大廟는 관제묘이었지만, 여기에서는 재신, 희신禧神, 화신火神, 관제, 용왕, 충왕, 묘왕이 병렬되어 제사 지내졌다. 대묘에서 뿐만 아니라, 규모가 극히 작은 군소의 사원에서도 여러 신선이 수없이 합사되어 있다. 다양한 원망에 부응하기 위해 신령을 망라할 필요가 이런 합사의 원인이었을 것이다. 이런 현상은 화북 농촌에서는 일찍이 볼 수 없었던 것으로, 화북과 동북의 차이를 보여주는 것이고, 게다가 종교적, 경제적, 혹은 촌락의 발생사적인 차이를 말해주고 있는 것이라고[51] 볼 수 있다.

이처럼 동북지역에서 '다교일묘多敎一廟' 현상이 두드러진 것은 이민과 함께 새로 유입된 신령이 기존의 신령을 대체한 것이 아니라, 그 위에 덧붙여져 축적되었기 때문이다. 따라서 거주 인구에 비해 신봉하는 신령이 너무 많아졌고 전담 사원을 갖는 것이 불가능해져 '아파트 방식의 묘우廟宇'[52]가 나타난 것이다. 또한 이는 사원들이 여러 지역에서 이주해 온 이주민의 다양한 요구에 적응한 측면이 있고, 여기에 동북지역 고유의 특성이 중첩되어 '혼잡성'이 가중되었다. 이는 신앙이 각기 다른 정황에 따라 편의적으로 채택된 결과이기도 하다. 지방의 재원이 유한한 조건에서, 하나의 사원을 지어 여러 종류의 신앙 수요를 만족시킬 수 있었고, 재원을 아껴서 사원의 생존 능력을 증강시킬 수 있었다. 신도의 측면에서 보면, 대다수 신앙생활의 목적이 기복이었으므로, 그들이 추구하는 금전적 행복이나 재해나 질병을 물리칠 수 있다는 희망을 줄 수만 있다면, 그것이 무엇이든지 상관없었다.[53]

---

51) 深尾葉子/安富步, 「廟に集まる神と人」, 『滿洲の成立』, 259쪽.
52) 黃雲鶴, 「淸至民國時期的東北民神」, 96쪽.
53) 佟冬 主編, 『中國東北史(修訂版) 第4卷』, 1921~1923쪽.

이런 실용주의적 신앙관과 함께, 이민으로 인해 동북사회에 축적된 신앙에 대한 다양한 욕구가 하나의 사원에 여러 신령이 섞여 들어가게 했고, 이로써 동북지역에 민간신앙의 다원화 내지 복합성이 초래되었다고 생각한다.

4. 자연숭배 경향의 강세

동북지역 민간신앙의 또 다른 특징으로 자연숭배 경향이 상대적으로 두드러졌음을 지적할 수 있다. 요컨대, 동북지역에서는 동물을 신격화한 신령의 세력이 내지에 비해 두드러지게 우세했다. 일례로 음력 12월에 농업과 관련된 8종의 신령에게 제사지내는 '팔사묘'라는 일종의 합사가 내지에 광범위하게 분포해 있었다. 그 8종의 신령은 선색先嗇(神農), 사색司嗇(后稷), 농농(神農), 우표철郵表畷, 묘호猫虎, 방坊(堤), 수용水庸(城隍), 곤충昆虫이다. 그런데 이것이 동북에 들어온 후에는 점차 충왕(昆虫)에게 작물의 보호를 기원하는 충왕묘로 단순화되었다고[54] 한다.

이런 농후한 자연숭배 경향은 동북지역의 자연 지리적 특성과 어우러져 다양한 방면에서 나타난다. 동북지역 북부에는 동굴이 많고, 산이 깊고 삼림이 우거져 야수가 출몰함으로써 때때로 사람들의 근심이 되었고, 수렵, 채집, 벌목 등을 위해 산림에 자주 출입하였기 때문에 산신을 숭배하여 보호를 기원하는 산신묘가 매우 성행하였다. 이밖에 목조 가옥이 많아 화재의 위험이 높았기 때문에 화신묘火神廟가 많았다. 말을 키우는 일이 매우 중요해, 매년 봄에 '마조馬祖'에게 제사를 지냈고, 가축이 번성하고 전염병이 돌지 않도록 마왕묘馬王廟를 짓고 마왕에 제

54) 佟冬 主編, 『中國東北史(修訂版) 第4卷』, 1914쪽.

사를 지냈다. 또한 여우, 족제비, 고슴도치, 뱀, 쥐를 신격화해 호선胡仙 (胡三太爺), 황선黃仙(黃三太爺), 백선白仙, 유문柳門, 회문灰門으로 존숭하 였는데, 이를 통칭하여 '오대문五大門' 또는 '오대가五大家'라 하였다.[55]

특히 여우와 족제비를 신격화한 호선과 황선은 동북에서 특별히 인기 있는 신령이었다. 부표-1에서도 5차례에 걸쳐 언급되고 있을 뿐만 아니라, 동북지역에서는 기녀들이 행업신으로 섬기기도 했다고[56] 한다. 창기는 최초로 관창을 설립했다는 이유로 춘추시대 제齊나라 재상이었던 관중管仲을 행업신으로 모시는 것이 일반적이었는데, 동북에서는 이와 함께 호선까지 행업신으로 제사 지냈던 것이다. 여기에는 샤머니즘의 영향도 있었다. 호선과 황선은 무당이 신 내림을 받는 신령 중에 하나이기도 했다.[57] 이민 이전 동북지역에서는 샤머니즘 위주로 신앙체계가 구성되었고, 샤머니즘은 자연숭배, 토템숭배를 중시한다는 점에서 맥락이 상통한다.

하지만 사원을 세워 동물 신령을 숭배하는 방식이 동북 고유의 것은 아니었고, 이민과 함께 출현한 신앙체계의 일부로서 그 연원은 대개 내지에 있다. 유입과 동시에 현지화 과정을 거쳐 일정한 동북지역의 특징이 되었는데, 이는 단순한 복제나 이식이 아닌 다원적 색채 내지 복합성을 나타낸다고 볼 수 있다. 말하자면, 호선이나 황신이 동북에만 있는 것은 아니지만, 중원은 유가사상의 영향으로 그 구속력이 약한데, 동북은 수풀이 우거진 지역이라 구속력이 강해 호선과 황선에 대한 숭배가 보편화된 것이다.[58] 화북지방의 경우, 청말민국에 이르면 동물신

---

55) 佟冬 主編, 『中國東北史(修訂版) 第4卷』, 1913~1916쪽. ; 黃雲鶴, 「淸至民國時期的東北民神」, 97쪽.

56) 劉揚, 「近代遼寧地域社會視野下的寺廟文化研究」, 72쪽.

57) 瀧澤俊亮, 『滿洲の街村信仰』, 滿洲事情案內所, 1940, 217쪽.

58) 黃雲鶴, 「淸至民國時期的東北民神」, 97쪽.

앙이 점차 쇠락하여 숭배 의식이 한층 더 간단해지고 제물도 감소하였고, 자연현상에 대한 숭배는 워낙에 많지 않았다고 한다.[59] 내지와 동북지역이 상대적으로 달랐음을 알 수 있다.

●● 제3절 동북지역 민간신앙의 '복합성'

이상에서 근대 이후 동북지역의 민간신앙이 가진 지역적 특성에 대해 살펴보았다. 우선, 청말 이민의 증가가 동북지역 민간신앙 전개와 매우 밀접한 관계에 있었음을 알 수 있었다. 다양한 '기성종교'나 민간 종교결사들과 마찬가지로 민간신앙도 대개는 이민과 함께 내지에서 유입된 것이었고, 숭배 대상이나 사원, 묘회 등의 영역에서 내지의 민간신앙이 이식되고 복제되는 과정을 통해 동북지역의 새로운 민간신앙이 형성되었다.

하지만, 근대시기 동북지역의 민간신앙이 단순히 내지에서의 이식과 복제만으로 이루어진 것은 아니었다. 내지 민간신앙의 유입과 동북 고유의 신앙체계 및 자연 지리적 조건이 만나 상호 작용하면서 동북지역 나름의 지역성이 나타났다. 첫째, 내지의 민간신앙이 유입되어 확산되는 과정에서도 동북 고유의 샤머니즘이 내지에 비해 상당히 활성화되어 있었다. 둘째, 내지의 민간신앙이 동북지역에 중첩되고 누적되면서 영향 정도에 따라 지역적 편차가 뚜렷이 나타났고, 동북 고유의 지역 사정이 반영되었다. 셋째, 내지의 신령이 순차적으로 기존의 신령을 대체하면서 유입된 것이 아니라 겹겹이 쌓이면서 유입되었고, 이민으로

---

59) 江沛, 「近代华北城乡民间信仰述评」, 21~22쪽.

이민의 유입과 동북지역 민간신앙의 전개

인해 동북사회에 축적된 신앙에 대한 욕구가 다양하게 표출됨에 따라, '여러 신위가 하나의 사원에 배치되는 현상'이 상대적으로 농후하게 나타났다. 넷째, 산림지대가 발달한 동북지역의 자연 지리적 요인이 반영되면서 동물신 등 자연숭배를 중시하는 경향이 나타났다.

결국, 이주와 함께 이주민이 동북에 가져온 신앙이 있었고, 또한 수용하는 측으로서의 동북에도 본래의 신앙체계가 있었고, 자연 지리적 환경의 특성도 있고, 이주민이 동북에 와서 처하게 된 사회적 환경도 있었다. 이런 요인들이 상호 작용하면서 '복합화' 과정을 거치게 되었고 그 결과 나름의 독특한 '복합성'을 가지게 되었던 것이다. 이처럼 내지의 신앙이 동북에 영향을 끼치고 동북의 신앙이 내지에서 온 이주민에 영향을 끼치는, 서로 다른 방향성을 가진 상호 작용이 공존하였고, 이러한 공존은 외래와 토착이 융합된 하나의 양태라고 볼 수 있다. 이는 전통의 지속이나 단절이라는 단선적 발전 과정이 아니라, 현실적 필요에 따라 '끊임없이 누적되고 해석되는'[60] 역사 과정이었다.

동북지역이 '이산, 정착, 유리流離, 탈출, 방황으로 점철된, 무수한 정체성이 형성되고 경험되어왔던 역사적, 현재적 장소'[61]이었음을 고려하여, 민간신앙이 근대적으로 재구성되는 과정을 다기한 모순이 집결해 요동쳤던 동북사회의 근대적 변화와 결부시켜 고찰해 보았다. 동북

---

60) 祈雨祭를 통해 본 지역사회 전통의 연속과 근대적 재구성에 대해서는 沈洁,「反迷信與社區信仰空間的現代歷程-以1934年蘇州的求雨儀式爲例」,『史林』2007年 第2期. 참조. 이 논문은 농민, 상인, 지방정부, 儀式 전문가 등의 주체가 祈雨祭에 어떻게 개입했고 어떤 관계를 맺으면서 어떻게 상호 작용했는지, 다양한 신령들이 祈雨祭에서 어떤 역할을 했는지, 祈雨祭가 어떻게 진행되었는지를 상세히 서술하고 있다. 전통의 지속과 단절이라는 단선적 관점에서 한 걸음 나아가 역사는 끊임없는 누적과 해석의 과정임을 지적하고 있어 흥미롭다.

61) 김경일/윤휘탁/이동진/임성모 공저,『동아시아의 민족이산과 도시 : 20세기 전반 만주의 조선인』, 역사비평사, 2004, 17쪽.

지역에서는 청말 이래 대규모 이주와 함께 내지의 전통이 공간적으로 이전되어 근대적으로 재구성되는 과정을 보여주었다. 즉, 동북에는 전통에서 근대로의 지속과 단절이라는 시간적 변화가 공간적으로 전개되는 특이성이 있었다. 이에 이런 동북지역의 지역적 특성에서 출발해, 민간신앙의 지속과 단절을 살펴보고, 이를 통해 다시 동북의 지역적 특성에 접근해보았던 것이다.

성별	현지 (출판연도)	주요 내용
遼寧省	海城縣志 (1937)	天地, 門神, 灶神, 張仙, 觀音菩薩, 眼光娘娘 등을 숭배. 이 상 張仙, 菩薩, 眼光娘娘은 여자가 섬기는 신령, 비록 各戶 에 모두 보급된 것은 아니지만, 4~50%는 해당된다. 城隍, 土地, 火神, 財神, 藥王, 龍王, 山神, 河神, 九聖, 胡仙 을 숭배. 이상 神仙은 모두 사회가 통틀어 믿는 것이고, 부차적으로 제사 지내는 신은 三霄娘娘, 子孫娘娘, 雷公, 電母 등이 있다. 許願(誓願)과 祈雨도 널리 행해진다.
	桓仁縣志 (1930)	祈雨 ; 巫覡 ; 神道로는 土地廟, 七聖祠, 山神廟, 狐仙堂이 향촌 도처에 있음.
	興京縣志 (1921)	賽團 - 廟會. 山神, 虫王 ; 祈禱 - 祈雨, 關帝와 龍王에게 제 사를 지냄.
	鐵嶺縣志 (1933)	祈雨
	西豊縣志 (1938)	祈禱 ; 祈雨 ; 報祀 ; 愿心, 酬神
	莊河縣志 (1934)	跳大神 ; 燒香 - 농민의 개인적 기원 ; 老母, 天后, 娘娘, 藥 王, 城隍, 牛王, 馬王 ; 胡仙.
	安東縣志 (1931)	神道 - 山神廟, 土地廟가 가장 많음. ; 胡仙, 黃仙, 常仙도 숭배. ; 愿心 ; 燒香 ; 跳神.
	鳳城縣志 (1921)	水火, 胡仙, 衙神(縣署 설치), 獄神, 門神 ; 禱雨 ; 愿心 ; 燒香 ; 跳神 ; 送罩子(跳神과 같은 종류) ; 請茅姑(뒷간을 맡은 신)
	阜新縣志 (1934)	報賽 - 신령의 은덕에 보답하는 廟會(演戲酬神).
	義縣志 (1931)	土地, 山祀, 河神, 門神, 灶神, 財神, 九聖, 狐仙(黃仙, 常仙), 眼光娘娘, 其他各神(三霄娘娘, 子孫娘娘, 雷公, 閃母 등등) 숭배. ; 許願 ; 求雨 ; 跳神
	北鎭縣志 (1933)	報賽 - 신령의 은덕에 보답하는 廟會(演戲酬神).
	黑山縣志 (1941)	祭神 의식은 조상 제사와 대체로 비슷하다. 민간에서 제 사 지내는 신은 대개가 일치하지는 않는데, 집에서는 門 神, 灶神을 숭배하고, 이밖에는 天地, 觀音菩薩을 숭배하

성별	현지 (출판연도)	주요 내용
		고, 商家에서는 關帝, 財神을 숭배한다. 行業은 祖師를 숭배한다. 七聖祠는 火神 위주, 藥王, 虫王, 苗王, 馬王, 牛王, 財神을 從祀한다. 九聖祠는 龍王 위주로, 山神, 土地, 藥王, 虫王, 苗王, 馬王, 牛王, 財神을 從祀한다. 至聖先師孔子와 關岳은 國祀에 속하는 신이다.
	興城縣志 (1927)	紙造 - 몸 대신에 돈을 태워, 부처에 求福하는 것이다. ; 信巫 - 婦人이 무당을 믿는 것은 縣城이나 鄕村에서 모두 그렇다. 심지어 1개월 미만의 영아가 병이 나도 巫治를 부른다.
	朝陽縣志 (1930)	跳鬼(蒙族) - 蒙古 큰 사찰에서도 굿판을 벌인다. ; 佛喇嘛(蒙族)
吉林省	長春縣志 (1941)	神敎 - 報賽로 祈福한다. 關帝廟, 碧霞元君廟(속칭 娘娘廟)가 매우 성황을 이룬다. 虫王, 龍王, 馬王 各祠는 일일이 열거할 수 없이 많다. 巫覡이 이를 통해 생계를 유지하고 있어, 미신을 타파하기가 더욱 어렵다.
	農安縣志 (1927)	漢族 ; 回族 - 回族의 습관은 漢族과 조금 다르다.
	盤石縣鄕土志 (1937)	還願 - 미신이 많고, 전염병이 돌면 무당을 불러 굿판을 벌여 대처함.
	海龍縣志 (1937)	海龍縣에는 滿洲族과 漢族이 섞여 거주하여 동화된 세월이 오래되어, 祭典에는 같은 것이 있고, 다른 것도 있다. 돼지를 잡아 신령의 보우하심에 보답하는 제사를 드리는데, 이를 일러 '還願'이라고 하였다. 祈雨 ; 跳神 ; 燒香(속칭 跳單鼓神)
	臨江縣志 (1935)	祈雨 ; 神道 - 山神廟, 土地廟, 狐仙堂이 도처에 있다. ; 跳神
	輯安縣志 (1931)	巫醫 - 향촌 사람들은 병이 나면 대부분 무당을 믿지 의사를 믿지 않는다.
	梨樹縣志 (1934)	북을 치며 무당춤을 추며, 나무 장대(神竿)를 숭배함.
	西安縣志略 (1911)	關帝, 龍王, 娘娘廟 등을 숭배한다. 병이 나면 남자 무당에게 요청해 굿판(跳大神)을 벌인다.
	東豐縣志 (1931)	跳神 ; 祈雨 ; 占卜 ; 燒香 - 胡仙, 黃仙을 숭배함.

성별	현지 (출판연도)	주요 내용
黑龍江 省	龍城舊聞 (1919)	祈雨 - 龍神 숭배 ; 禳病 - 푸닥거리로 병을 고칠 때는 巫祝을 이용한다. 한족 출신은 이를 "燒太平香"이라고 하고 滿洲에서는 굿을 중시해서 '跳太平神'이라고 한다. 3월 3일과 9월 9일은 굿판이 벌어지는 날이다.
	呼蘭縣志 (1920)	祭禮 家祭 - 漢族 ; 滿族 ; 漢軍 ; 蒙古 : 祭禮 墓祭 - 漢族 ; 滿族 ; 回族 祈雨 ; 跳神
	双城縣志 (1926)	滿人祭禮 ; 漢軍旗人祭禮 ; 漢人祭禮 土地, 山神, 河神, 門神, 灶神, 財神, 九聖, 狐仙, 眼光娘娘, 張仙, 其他各神(三霄娘娘, 子孫娘娘, 雷公, 閃母 등) 숭배. 許願(愿心) ; 求雨 ; 跳神
	賓縣縣志 (1964)	祭禮 - 漢人은 祖堂에 제물을 받치고 분향한다. 天地, 門, 灶에 긴 향을 피운다. 滿洲人의 제사는 漢族과 다르다. 만주인의 제사는 '祭祖'와 '祭星'이다. 祭星은 곧 祭杆이고 祭天이다. 漢軍旗人의 조상 제사는 '跳單鼓神'이 포함되어 있다.
	綏化縣志 (1920)	祈禳 - 漢族과 滿洲族의 신에게 기도함이 대략 같다. 오랫동안 비가 오지 않으면, 龍王廟와 關帝廟에 모여 분향하여 기원하고 香亭을 들어 올린다. 위에는 神牌를 두고, 교외 지역을 巡行한다. 무리는 모두 신발을 벗고, 버드나무 가지를 모자에 꽂아, 비가 내리는 형상을 만들어낸다. 이것이 '求雨'이다. '禳病'도 한족과 만주족이 크게 다르지 않다. 무당을 불러 굿판을 벌인다.
	望奎縣志 (1919)	祈禱 - 병이 났을 때 巫覡을 부른다. ; 祈雨 ; 習慣
	安達縣志 (1936)	跳神 ; 祈雨 ; 燒香
	寧安縣志 (1924)	祭禮 - 漢族 및 滿族 : 한족은 특별한 것이 없고, 滿族은 공동의 조상에 제사 지내고, 장대에 제사(祭杆)를 지낸다. ; 回族
	東寧縣志略 (1920)	迷信 - 跳神, 占卜.
	寶淸縣志	神道 - 土地, 山神, 灶神, 門神, 財神, 狐仙, 眼光娘娘, 張仙,

성별	현지 (출판연도)	주요 내용
	(1964)	其他 - 三霄娘娘, 子孫娘娘, 催生娘娘, 送生娘娘, 豆娘娘 등. 許願 및 還願;求雨;跳神
	瑷琿縣志 (1920)	祈雨;禳病 - 푸닥거리로 병을 고칠 때는 巫祝을 이용한 다. 한족 출신은 이를 "燒太平香"이라고 하고 滿洲에서는 굿을 중시해서 '跳太平神'이라고 한다. 3월 3일과 9월 9일 은 굿판이 벌어지는 날이다.

|도표 18| 화북지역 지방지를 통해 본 민간신앙의 양상(부표−2)

省別	縣志 (出版年度)	主要 內容
北京市	順天府志 (1902)	祈雨
天津市	天津志略 (1913)	전염병(種痘)
河北省	薊縣志 (1944)	日月蝕 - 救護儀式(태양을 구원하는 의식)
	晉縣志 (1927)	日蝕 ; 月蝕 - 救護儀式(태양을 구원하는 의식)
	藁城縣志 (1698)	日蝕, 月蝕 - 救護儀式(태양을 구원하는 의식)
	口北三廳志 (1758)	귀신을 경외하고, 점복을 믿는다. 귀신을 경외하고, 天地, 日月, 星辰, 山川 및 先大人을 제사한다.
	蔚州志 (1877)	會醵 - 모금하여 함께 廟會를 개최함. 其他 - 백성은 巫鬼를 믿어, 질병이 나면 巫覡을 불러, 북을 두드려 신령을 맞이한다. 이로써 신령의 보우하심을 기원한다. 가뭄이 들면 버드나무를 머리에 꽂고, 열을 지어 행진을 해 龍神을 영접한다.
	蔚縣志 (1739)	會醵
	張北縣志 (1935)	謝土 ; 領牲 ; 卜筮 ; 星相 ; 堪輿 ; 巫蠱 ; 廟會
	陽原縣志 (1935)	祀神 - 天地, 至聖先師孔子, 玉皇大帝, 五路財神 등을 숭배한다. 天地는 모든 백성이, 龍神은 농민이, 財神은 상인이 주로 섬긴다. 孔子 ; 關岳 ; 城隍 ; 天地 ; 灶神 ; 五道 ; 土地 ; 泰山 ; 閻羅 ; 龍神 ; 魯班 ; 馬王 ; 財神 ; 醫巫 ; 占卜 ; 命相
	懷安縣志 (1934)	부녀들의 경우, 병이 생기면 巫婆에 의존한다.
	萬全縣志 (1934)	卜筮 ; 預兆 ; 星相 ; 堪輿 ; 巫蠱 ; 宗敎 ; 迷信 - 狐仙, 馬王 등 숭배함.
	承德府志 (1887)	귀신을 경외하고, 占卜을 믿는다.

2부 근대시기 동북지역 민간신앙의 전개와 지역적 특성

省別	縣志 (出版年度)	主要 内容
	玉田縣志 (1889)	巫祝
	滿城縣志略 (1931)	祈雨 - 버드나무를 머리에 꽂고, 열을 지어 행진하면서 龍王에게 비오기를 기원한다. 비가 내리면 演劇으로 보우하심에 보답하는데, 이를 "謝雨"라 한다.
	滄縣志 (1933)	鄕民祈雨
	交河縣志 (1916)	日月蝕 - 救護儀式(태양을 구원하는 의식)
	南皮縣志 (1933)	祈雨
	鴻澤縣志 (1766)	향촌에서 社를 결성해 廟會(賽神)를 열고, 봄에는 풍년을 기원하고 가을에는 신령에 보답한다. 神廟에서 演戲를 열어 酬神한다.
	武安縣志 (1940)	神權을 迷信함 - 城隍, 龍王, 文昌, 呂祖, 土地, 送子娘娘, 財神, 瘟神, 灶神(灶君), 狐仙을 숭배한다. 風水를 迷信함.
	新河縣志 (1929년)	祈雨 ; 家庭의 신령 - 天、地、人(三皇), 석가모니, 南海菩薩, 關羽, 財神, 門神, 宅神, 倉神, 灶君, 牛馬王, 地藏王, 靑龍, 白虎, 張仙. 村鎭廟觀 - 全神廟, 東嶽廟, 泰山聖母廟, 天齊廟, 天宮地母廟, 八蜡廟, 火神廟, 三敎堂, 全聖廟, 三聖廟, 五聖廟, 九聖宮, 七聖廟, 大聖廟, 三官廟, 三大士廟, 三皇廟, 天地廟 ;佛爺廟, 如來廟, 大悲廟, 白馬天將廟, 九蓮廟 ; 關帝廟, 孔子廟, 周公廟, 太公廟, 三義廟, 二郎廟, 后稷廟, 土地廟, 文昌廟, 東陽廟, 玄武廟, 眞武廟, 玉皇廟, 人祖廟, 慈光廟, 菩薩廟, 觀音堂, 送子觀音廟, 王靈官廟, 府君廟, 金龍大王廟, 劉秀廟, 龍王老張廟, 龍王廟, 瘟神廟, 十大名醫廟, 藥王廟, 白玉廟, 牛王廟, 馬王廟, 虫王廟, 九神廟, 七神廟, 財神廟, 路神廟, 張仙廟, 天仙廟, 大仙廟, 白衣庵.
	廣宗縣志 (1933)	迎神報賽, 演戲修醮
山西省	榆次縣志	가뭄이 들면 신령에게 기원, 두 마을이 서로 신령을 보

省別	縣志 (出版年度)	主要 内容
	(1863)	내고 맞이하는데 일러 '神親'이라고 한다. 龍神이나, 狐大夫, 李韋公, 麻姑, 小大王 등에게 祈雨한다. 一廟의 神 모두에게 청하기도 하는데, 이를 "請后神"이라고 한다.
	榆社縣志 (1881)	救護日蝕 - 救護儀式(태양을 구원하는 의식) 祈禱 - 가뭄이 들어 城隍廟에 壇을 세운다.
	翼城縣志 (1929)	귀신을 迷信하는 습속이 오래되어, 村마다 廟가 있고 戶마다 神이 있다. 가장 보편적인 것은 정월 초하루에 여는 廟會로 社를 조직해 迎神한다. 演戲賽會의 일은 평시에 대부분 행하고 있지만, 村村마다 모두 그런 것은 아니다.
	沃史 (1668)	會醮 - 무릇 城市, 鄕村의 寺觀과 廟宇는 설날, 정월 대보름, 淸明 등의 날에 돈을 거두어 각종 활동을 벌인다. ; 또한 里社가 있어 이를 조직적으로 운영한다. 幼習 - 어리석은 습속, 특히 부녀가 더욱 巫覡에게 '問神' 하는 일. ; 女誡
	隰州志 (1709)	賽(廟會) - 神廟에 많은 사람이 모여 神前에서 歌舞를 즐기는 것을 賽라고 한다. 南門의 東嶽廟는 3월 28일, 西門 三義廟는 4월 초파일, 北門 龍王廟에서는 4월 13일에 개최한다.
	浮山縣志 (1935)	廟會
	襄陵縣志 (1923)	廟會 - 城隍廟, 二郎廟, 火神廟, 娘娘廟, 東嶽廟, 關帝廟, 財神廟, 龍王廟, 藥王廟에서 개최한다.
	聞喜縣志 (1919)	賽神(廟會) - 보리 추수가 지나고, 창고가 가득하니, 조금 큰 마을에서는 모두 演戲를 열어 酬報한다.

|도표 19| '사회경제조사'를 통해 본 민간신앙의 양태(부표-3)

省別	縣別	内容
遼寧省	豊寧縣	4월 1일, 屯内의 娘娘廟에서 열리는 祭典, 老老男女가 모여 성대하게 행한다. 1926년에는 경제사정이 여의치 않아 演戱와 高脚子를 거행하지 못함.
	蓋平縣	祭는 1월 15일에 행하는데, 때때로 演戱를 베풀기도 한다.(10년 4번 정도) 가뭄이 들어 비를 기원하거나 풍년을 기원하는 제사를 때에 맞추어 거행한다. 演戱를 거행할 때는 비용을 염출한다. 농민의 수확에서 거두기도 한다. 대표자는 村長으로 한다.
	西豊縣	本屯에는 土廟가 있지만, 별도로 祭는 없다. 縣城이나 屯外의 廟에서 축제가 있을 때는 나가서 참배한다. 土廟의 축제는 年末, 三月節, 七月節, 八月節 등에 향을 피우고 제물을 바쳐 참배한다. 기타 祈雨祭라도 드릴 경우에는 白石村에 있는 廟에 참배해 기원하고, 풍년에 대한 感謝祭를 드리거나 蟲害에 대한 迷信에 근거해 기원하는 경우도 마찬가지이다. 이런 제사는 白石村長이 주최하여 거행하고, 비용은 富農의 기부에 의거하는 경우가 많다.
	梨樹縣	本屯에서는 廟가 마련하는 祝祭는 하지 않는다. 端午節, 仲秋節, 年末, 正月 등에 屯民은 각자 서로를 대접해 먹는다. 廟會는 없다. 屯内의 土地廟에서 祈雨를 행한다. 비용은 약 100엔 정도이다. 비가 내리게 되면 2~30엔 정도의 비용을 요한다. 해당 비용은 경작지 면적에 따라 안배한다. 대표자는 村長이 한다.
	海龍縣	平安村의 廟에서는 4월 18日에 廟會를 연다. 大平村, 安樂村의 善男善女가 모여 분향한다. 이밖에 臨時로 祈雨, 豊年 등을 위해 농민이 기원하는 것이 있다. 平安村의 廟는 光緒 20년(1894)에 郡道인 사람이 부근에 권면하여 金을 모아 건립하였다. 남은 金으로는 烟을 매입하고 이를 재원으로 하여 廟의 비용을 충당한다. 기본 재원으로 매년 지출한다.
	綏中縣	廟의 祭禮는 娘娘廟, 關公廟, 孔子廟 등에서 연다. 娘娘廟에서는 高足踊이 개최된다. 농촌에 있어서는 祈雨의 때나 害蟲이 생겼을 경우에 廟 등에서 기원하는데, 그 경우는 演戱를 개최한다. 돼지 등을 잡아 희생으로 바치고, 그 영혼을 기다리는 것이다. 비용은 농민 전체가 부담하고, 특히 富農이 대접하는

이민의 유입과 동북지역 민간신앙의 전개

253

省別	縣別	内容
		일은 없다. 屯内에 祠가 하나 있는데, 祭는 행하지 않는다. 土地神(七聖祠)인데 光緖 5년(1879) 10월 2일에 설립된 것이다. 娘娘廟會는 4월 18일에 행해지는데, 이것은 興城縣과 綏中縣 경계 지역, 즉 15滿里 떨어진 곳에 廟가 있다. 이 廟會에 本屯의 절반 이상이 참여한다. 이밖에 4월 28일에 열리는 第2區 萬寶山의 藥王廟會에도 屯民이 참석한다. 만약 가뭄이 든 경우에는 祈雨를 위해 土地祠 앞에서 1戶마다 1人이 순차로 祈雨를 한다.
	黑山縣	元宵節, 端午節, 燈節(7월15일), 仲秋節, 年關, 虫節祭(6월7일) 등을 행한다.
	盤山縣	屯内에 廟가 없기 때문에 廟會도 없지만, 단 하나의 土廟에서 1년에 3회, 즉 7월 15일, 8월 15일, 정월에 미신적으로 참배하는 정도이다. 祈雨는 屯民의 사활이 걸린 문제이기 때문에 필사적으로 행하지만, 이 경우에도 富農이 屯民에게 술이나 음식을 대접하지는 않는다.
	庄河縣	本屯의 南方으로 2滿里에 지점에 오래된 2基의 祠가 있다. 이제는 비바람에 삭아 겨우 서 있을 정도로 낡았다. 祭神은 馬王, 牛王, 虫王, 龍王, 犬王 및 天帝, 土帝, 水神의 8体이다. 2곳의 祠에서 1월 1일과 15일, 2월 2일, 7월 15일, 10월 1일에 향을 피우고, 만두를 진상하는 의례를 행한다. 이는 屯 전체로 거행하는 것은 아니고, 各人이 알아서 참배하는 방식이다. 이밖에 山中에 나무나 돌을 숭배하는 祠가 있는데, 蠶場을 지키는 神으로서 때때로 만두를 바친다. 연중행사로서는 正月, 龍頭節, 端午節, 仲秋節, 年關 5개가 있다. 祈雨는 3월 中旬 本屯에서 서쪽으로 數滿里에 있는 鍾魁廟에서 莊東村의 祈雨가 행해진다. 그 때 비용은 1戶마다 1~2角, 경작자는 3圓를 징수한다.
吉林省	扶餘縣	정월 대보름, 廟에서 향을 지피고, 만두, 술, 음식을 예물로 제사를 지냄. 端午節과 仲秋節에는 각 가정에서 음식을 만들어 먹고 논다. 5월 15, 16일 저녁에는 좁쌀과 석유를 섞어 마당이나 무덤 옆에 뿌리고, 불을 붙여 태운다. 仲秋節은 마당에서 달이 나오기 前에 月餠을 바치고, 線香을 태워 月出을 기다린다. 달이 나오면 종이를 태우고(燒紙), 가족 전부가 예배한다. 祈雨는 가뭄이 들었을 때 大地主가 주최자가 되어, 농민을 전

省別	縣別	内容
		부 廟로 모아, 술과 만두를 바치고, 線香을 태워 기도하고, 祭文을 태워, 祈雨祭를 행한다. 나중에 비가 내리면, 돼지 한 마리, 만두, 술을 바쳐 演戲祭禮를 행한다. 演戲는 지주, 자작농, 소작농이 면적에 따라 할당하여 비용을 부담한다. 이 祭를 올릴 때, 地主群은 雇農群에게 술과 만두를 대접한다. 土地廟의 祭禮에 참배하는 것은 정월 1일부터 15일까지이고, 나머지는 사람이 죽었을 때 하루에 3번 참배해 향과 종이를 태우고 곡을 한다. 이렇게 해야 死者의 영혼을 廟에 居하게 할 수 있다고 한다. 土地廟에서는 山神, 財神, 虫王, 馬王, 關聖帝君, 龍王, 火德眞君, 牛王, 苗王, 五道君 등의 位牌를 모셔놓았고, 벽에는 龍王 그림을 중심으로 좌우에 各神의 형상을 묘사한 그림이 걸려 있다.
黑龍江省	泰來縣	불교와 샤머니즘이 대세이고, 신앙 정도는 매우 깊다. 조상과 신령에 대한 제사는 연말에 1회 정도 할 뿐, 평상시에는 하지 않는다. 家廟나 村廟도 지극히 적고, 승려도 없다.
	洮南縣	정월 대보름, 端午節, 仲秋節에 各家가 서로 음식을 대접하며 논다. 정월 대보름 저녁에는 黃表紙를 태운다. 祈雨는 풍작을 기원하는 의미이다. 本屯에는 土地廟 1개가 있는데, 여기에 土地神, 山神, 苗王, 牛王, 龍王, 馬王, 虫王, 財神, 五道의 位牌가 놓여 있다. 廟에 참배하는 것은 매월 1~15일에 한다. 屯民이 모두 참배하는 것은 祈雨, 元宵節(대보름)이다. .... 屯內 祈雨의 경우, 필요한 비용은 소유 토지의 면적에 따라 할당하여 징수함. 富農은 특별히 음식을 대접하는 정도이다.

255 이민의 유입과 동북지역 민간신앙의 전개

8 백두산신앙 : 동북지역 특유의 신앙 공간

자연신 숭배는 만물에 영혼이 있다는 원시사회의 사고방식에서 비롯된 것으로, 동북지역의 풍부한 자연생태자원이 민간신앙에 심원한 영향을 끼쳐 생겨난 것이라고 할 수 있다. 또한 동북의 자연생태는 동북의 산신신앙을 만들어낸 물질적 기초이기도 하다. 백두산 구역은 동북 동부의 대부분 지역을 뒤덮고 있고, 물질적, 정신적 측면 모두에서 동북 민중의 생활에 지대한 영향을 끼쳐 왔다. 특히 근대의 동북사회에 이르러, 백두산신앙이 민간에 뿌리내리면서 이민문화와 토착문화의 교차로 특징지어지는 동북 특유의 독특한 생태민속문화로 발전해갔다.

아래에서는 동북지역 특유의 신앙 공간에 주목하여 백두산신앙의 근원을 탐구해 보고자 한다. 특히 천 년래 백두산신앙이 어떻게 시작되었고, 어떻게 변화되어 왔는지에 초점을 맞출 것이다. 동시에 신앙과 민중의 상호 관계에 주목하여, 백두산신앙의 사회적 기능에 대해 살펴볼 것이다.

⣿ 제1절 근대 백두산신앙의 형성과정

백두산은 동북지역 동부의 소수민족과 한족에게 衣食의 보고였다. 일찍이 선진시기先秦時期의 『국어國語 · 노어하魯語下』에 동북의 숙신족肅慎族이 '싸리나무 화살과 돌로 만든 화살촉(楛矢石砮)'을 가지고 조공을 왔다는 기록이 있는데 중원의 왕조와 관계를 유지했음을 알 수 있다. 그 중에 '고시楛矢'는 백두산에서 자라는 일종의 목재이다. 당시에 이미 백두산이 개발되어 이용되었음을 알 수 있다. 이러한 인간의 개발 활동은 근대에까지 계속되었고, 백두산신앙도 인간의 활동과 함께 근대까지 이어져왔다. 백두산신앙의 발생과 발전은 정태적이어서 한번 형성되면 변하지 않는 것이 아니라, 천 년의 세월이 흐르는 동안 신앙 대상 및 내용이 끊임없이 씻기고 닦였다. 그래서 시간의 흐름에 따라 원시종교, 제도 종교, 관방 종교 및 대중 신앙의 흔적이 고스란히 남아있고,[1] 근대에도 여전히 계속해서 변화되고 풍부해졌다.

1. 백두산신앙 발생의 근원

백두산은[2] 현재의 행정구역으로 보면, 길림성 동남부에 위치해 있다. 백두산 주봉을 중심으로 주변 길림, 흑룡강, 요녕 등의 지역으로 뻗어져 있다. 역사적으로 일찍이 '불함산不鹹山', '도태산徒太山', '태백산太白

---

[1] 기존 연구에 기초하여 역사상 백두산신앙의 네 가지 서로 다른 산신의 상징 부호(動物神, 護國神, 佛敎偶像, 行業守護神)를 고증하고 정리한다. 네 가지 상징부호는 당연히 서로 다른 역사 단계에 출현하기도 하고, 또는 동시에 존재하기도 한다.(劉揚, 「論長白山山神信仰的多元性與俗世性」, 『東北史地』 2013年 第4期. 참조)

[2] '백두산' 지역에 대한 이해는 협의와 광의 두 가지로 해석할 수 있다. 협의의 백두산은 백두산의 으뜸 줄기를 의미한다. 즉 해발 1,800미터 이상의 초대형 화산 척추이다. 또 하나의 이해는 백두산 화산구를 가리킨다. 그 범위는 북쪽으로 吉林省 安圖縣의 松江鎭, 서쪽으로는 撫松縣, 동남부로는 북한-중국의 변경까지로, 북한 경내의 산지와 연결되어 일체를 이룬다. 광의의 백두산은 동북지역 동부의 산지 전체를 총칭하는 것이다. 그 범위는 북쪽으로는 黑龍江省 三江平原의 남쪽 가장자리, 서쪽으로는 松遼平原의 동쪽 가장자리, 남쪽으로는 遼東半島 남단, 동쪽으로는 중국-러시아 변경, 동남부로는 북한-중국 국경을 포함한다. 역사변천의 맥락에서 보면, 백두산 신앙 문화의 '백두산'은 광의의 지역 범위가 더 적합하다.(吉林省地方志編纂委員會, 『長白山志』, 吉林人民出版社, 2002, 3쪽.)

山' 등의 명칭이 사용되었다. 근본으로 돌아가 살펴보면, 백두산신앙이 발생한 원인은 지역 생태 및 원시종교사상관념과 밀접히 연관되어 있다. 백두산 지역은 여러 민족들이 모여 살아온 곳이고, 수많은 민족의 발원과 떼려야 뗄 수 없는 관계에 있다. 고대의 숙신족, 읍루挹婁, 물길 勿吉, 말갈靺鞨 및 후대의 여진족, 만주족, 조선족 등이 이곳에서 살았다. 동북의 민중은 백두산이 베풀어 주는 풍부한 자연 물자에 의존해 먹고 살았기 때문에 그 고마운 마음에 백두산을 신의 산으로 여겼다. 게다가 만물에 영혼이 깃들어 있다는 원시사회의 사고방식이 영향을 끼쳐, 이 곳에서 태어나 이곳에서 죽는 사람과 백두산 사이에 깊은 정감이 생겨나게 되었다. 그래서 백두산에 대해 일종의 경외감과 숭배의 마음을 품게 되었고, 백두산을 영성이 내재해 있는 신산으로 여기게 되었다.

이로 말미암아 각종 신화와 전설이 생겨났고, 산신을 상징하는 여러 가지 이미지들이 만들어졌다. 이는 인류학의 아버지로 불리는 에드워드 버넷 타일러(Edward Burnett Tylor)가 말한 애니미즘과 매우 비슷하다. 만물에 영혼이 깃들어 있다는 믿음이 "인류 최저 단계의 특징을 구성하였고, 이것이 끊임없이 상승하면서 전파과정에서 심각한 변화가 발생하였으나, 시종일관 일종의 완결된 연속성을 유지하였고, 고도의 현대문화로까지 진보하였다." 게다가 이는 "아무런 예외 없이 모든 어리석은 사람들이 가지고 있는 믿음"이었다.[3] 백두산신앙의 근원은 동북지역 인류의 유년 시기까지 거슬러 올라 갈 수 있고, 근대에 이르러서도 여전히 동물신령을 숭배했다. 호랑이 형상을 한 산신이 심마니들의 새로운 행업신(老把頭)으로 나타나기도 했다. 아무튼 노파두老把頭 산신에 대한 숭배는 그것이 동물신령을 숭배하는 것이든 영혼을 숭배

3) [英]愛德華·泰勒, 連樹聲 譯 / 謝繼勝 等 校注, 『原始文化』, 上海文藝出版社, 1992, 414 ; 482쪽.

백두산신앙 : 동북지역 특유의 신앙 공간

하는 것이든, 원시시대의 애니미즘이 이어져 내려온 것이다.

2. 백두산신앙의 '신 만들기'

백두산신앙의 발전은 관방과 민중 쌍방이 만들어낸 것으로 천년의 세월이 지났지만 근대시기에도 여전히 계속되었다.

백두산에 대한 기록을 거슬러 올라가 보면, 『산해경山海經·대황북경 大荒北經』에 "지극히 먼 곳에 불함산이라고 있는데 그곳에 숙신씨肅愼氏 가 사는 나라가 있다"는 기록이 있다. 여기에서 '불함산'은 바로 백두산 이다. 그 의로움이 신의 경지에 이른 산, 이런 측면에서 백두산의 영험 함이 배어나온다.

요遼나라는 북방의 거란인이 세운 정권으로 불교를 믿고 있었다. 그 래서 관방에서 북방의 백두산과 불교의 '백의관음白衣觀音'이 사는 곳을 연계시켜, "백의관음이 사는 곳이라서, 그 산의 날짐승과 들짐승이 모 두 하얗고, 사람이 감히 들어 갈 수 없다. 그 곳을 함부로 더럽히면 필 히 독사로부터 해를 당한다"고 하였다.4) 이 시기에는 백두산신앙과 원 시사회의 애니미즘 사이에 상당한 거리가 있음을 알 수 있다. 관방이 백두산에 불교라는 외피를 씌운 것이다. 보타산普陀山이나 낙가산珞珈山 을 보살이 사는 곳으로 설정한 것과 마찬가지인데, 백의관음은 백두산 의 유일한 신주神主가 되었다.

백두산 지역에 있다가 뜻을 이루어 세상에 나온 여진족은 금金나라를 세웠다. 이들은 제왕이 명산대천에 제사를 지내는(封禪) 한족 정권의 관 행을 받아들여 백두산신앙에 대해 개조를 진행하였고, 민족을 통합시킬

---

4) [宋]葉隆禮,「卷二十七 歲時雜記」,『契丹國志』, 賈敬顏 等 點校, 上海古籍出版 社, 1985, 256쪽.

수 있는 관방신앙으로 만들었다. 금나라 대정大定 12년(1172), 관리가 주청하기를, "백두산은 왕이 흥기하는 땅이니, 예에 맞게 존숭하고, 작위를 봉하고, 사당을 지어야" 한다고 아뢰었다. 12월에는 "예부, 태상太常, 학사원學士院이 칙지勅旨를 받들어 백두산을 '흥국령응왕興國靈應王'으로 봉하고, 백두산 북쪽에 사당을 세웠다."[5] 나중에는 '개천굉성제開天宏聖帝'로 봉했다. 왕에서 제帝로 관방 지위가 높아졌다. 금나라 때 백두산신앙은 명백히 관방신앙으로 존재했던 것이다. 건주여진이 여진의 각 부락을 통일하여 만주족 정권인 청조를 세우고 나서는, 백두산신앙에 대해 "백두산의 신으로 봉하고, 세시에 오악五嶽의 예우로써 제사를 지냈다."[6] 청조 황제는 여러 차례 백두산으로 친히 가서 제사를 지냈다.

백두산신앙은 지속적으로 관방신앙의 색채를 띠었고, 이는 태산신앙泰山信仰과 비슷한 점이다. 하지만, 백두산은 자고로 여러 민족이 모여 살았던 곳이고 동북에 치우쳐 있는 귀퉁이에 위치해 있으며 오랫동안 봉금되어 있었다. 반면에 태산은 교통이 편리한 중원의 한족 집거지역에 위치해 있다. 따라서 백두산신앙의 발전 맥락 및 사회적 영향이 태산신앙의 경우와 달랐음은 매우 자연스러운 일이다. 그러나 근대 백두산신앙은 점차 민중의 제사신앙에 융합해 들어갔고 이로써 새로운 발전을 이루었다.

근대시기 황제권력이 몰락하면서 신성불가침이었던 백두산에 대규모 이민이 들어오고 개발이 이루어졌다. 이와 함께 백두산신앙의 관방 색채도 점차 퇴색되었고, 민중이 산신을 만들어 내는 활동이 조금씩 시작되었다. 동북지역의 민간에서는 늙은 호랑이를 산신의 상징으로 신봉하는 방식이 일찍부터 존재했었는데, 근대에 들어서도 여전히 산신

  5) [元]脫脫 等 撰, 『金史』卷三十五, 志十六, 禮八, 中華書局, 1975, 819쪽.
  6) [清]張鳳台, 『長白匯征錄』卷二山川, "長白山", 吉林文史出版社, 1987, 50쪽.

을 모시는 아담한 사당을 발견할 수 있다.

그러나 그 영향력은 점차 산신 노파두老把頭가 대신하게 되었다. 산신 제사의 의식은 근대 동북지역 동부 산악지대에서 가장 특수하고 중요한 민간신앙활동이었다. 산삼 캐기는 백두산에서 민중이 종사하는 중요한 행업 중에 하나인데, 노파두는 심마니의 시조로 여겨졌고, 매년 3월 16일 손량孫良의 생일에 노파두에 제사를 지냈다. 지방지의 기록에 따르면, "현재 심마니들은, 현지인이 노한왕老罕王이라고도 부르는, 심마니의 시조에게 제사를 재낸다"[7]고 한다. "혹은 노파두를 반덕마발班德瑪發이라고도 했는데, 황제가 사냥을 나갈 때 제사를 드렸고, 관리를 두어 지키도록 하였다."[8] "혹은 왕고王皐 또는 유고柳古라고도 했다는데, 모두 지금은 고증할 수가 없다."[9] '노파두'의 신상에 관한 지방지의 기록을 보면 여러 설이 분분한데, 그 중에는 만주족이 관련되어 있는 설이 있고, 일찍이 관내에서 산해관을 넘어 대규모로 이주한 한족의 축소판이라는 설도 있다. 아무튼 이는 백두산신앙이 여러 민족에 의해 공동으로 만들어진 것이라는 특징을 잘 보여준다.

근대 백두산신앙은 아득히 먼 인류 초기에 발원하였고, 단일한 주체에 의해 고립적으로 만들어지지 않았음을 알 수 있다. 서로 다른 시기에 걸쳐 여러 가지 요인들이 일정하게 작용하였고, 근대에 이르기까지 발전을 거듭하여 이미 지역의 지워지지 않을 흔적들이 깊숙이 새겨졌다. 이리하여 백두산신앙은 동북 민간신앙 형성의 여러 가지 특징을 대표하고 있다. 말하자면, 역사상 여러 왕조가 빈번하게 교체되면서 민간신앙의 성립에 종종 단절성과 비연속성이 체현되어 나타났다. 동시에,

---

7) [民國]張元俊, 『撫松縣志』 卷四 人事禮俗, 成文出版社, 1974, 420쪽.
8) [淸]雷飛鵬, 『西安縣志略』 禮俗篇, 石印本, 淸宣統3年(1911).
9) [民國]陳國鈞, 『安圖縣志』 卷四 人事志, 禮俗, 台北成文出版社, 1974, 287쪽.

2부 근대시기 동북지역 민간신앙의 전개와 지역적 특성

청대 이래에 한족이 대거 이민해 오면서는 전설, 신화 등의 아이콘을 이용하여 동북 민간신앙에 적응하면서 이를 개조하였다. 이를 통해 비로소 근대적 지역 특색이 선명한 동북의 민간신앙이 형성되었다.

제2절 근대 백두산신앙의 함의

백두산신앙은 동북지역 신앙문화의 중요한 구성 요소이다. 그것은 단일하고 고정된 신앙부호가 아니라, 역대 왕조의 교체, 민족의 변천, 끊임없이 채워지고 발전을 거듭한 동북 특유의 문화가 체현되어 있다. 동북의 지역적 특색을 체현하고 있을 뿐만 아니라 풍부한 함의를 내포하고 있다.

우선, 역사상의 백두산은 동북지역 첫 번째 산으로서 그 지위가 으뜸이기 때문에, 그 신앙문화에는 동북 여러 왕조의 문화가 반영되어 있다. 천하의 명산대천에 드리는 왕의 전례와 제사, 즉 하늘과 땅에 대한 경배 행위는 고대 군왕이 하늘의 아들로서 홀로 누렸던 특권이었다. 그 목적은 제왕의 권위를 드높이고 사직과 정권을 지키는 데에 있었다. 동북에서 일어난 왕조들은 종종 백두산을 정권의 수호신으로 여겼고, 국가전례를 이용하여 제사를 지내고 분봉分封을 하였다. 이는 또한 한족의 문화가 여러 이민족에게 끼친 영향이기도 하다.

동북에서 흥기한 여진족은 금나라를 세우고, 백두산을 '흥국령응왕'으로 봉했다.[10] 봉작을 수여하고 제사를 지냈음은 백두산이 관방신앙에서 차지한 지위를 잘 보여준다. 특별히 청조는 "백두산을 발상지로 여겨"

---

10) [元]脫脫 等 撰, 『金史』 卷三十五, 志十六, 禮八, 中華書局, 1975, 819쪽.

"백두산의 신으로 봉하고, 세시에 오악五嶽과 같이 제사를 드렸다"[11]고 한다. 길림에 세워진 백두산 망제전望祭殿에서는 제왕이 백두산에 대해 망제를 지냈다. 이처럼 만주족은 자신의 발상지로서 백두산을 매우 중시 했는데 이는 실제로 민족의 응집력을 키웠다. 청대 내내 만주족은 백두 산을 민족의 신성한 산이자 죽어서 영혼이 돌아갈 곳으로 여겼다.

둘째, 백두산신앙은 방사형으로 매우 넓은 지역에 분포되어 있다. 좁 은 의미의 백두산 지역에 한정되어 있지 않다는 것이다.[12] 백두산 산 악지구의 범위는 북으로 흑룡강성 삼강평원三江平原의 남쪽 가장자리에 이르고, 서쪽으로는 송료평원松遼平原의 동쪽 가장자리에 이르며, 남쪽 으로는 요동반도 남단에 이르고, 동쪽으로는 중국-러시아 변경에 이르 며, 동남쪽으로는 북한-중국 국경에 이른다. 이러한 구역 안에서 백두 산신앙은 가장 주요한 신앙 중의 하나가 되었을 뿐만 아니라, 이민의 흐름을 따라 각지로 퍼져나갔다.

지금 만주인은 실내의 서쪽 담장 벽 중간에 판자(神板)를 설치해 공 간을 마련하고 그 위에 조상의 신위를 모시고 분향을 하는데, 이는 조 상이 동쪽을 향할 수 있도록 하기 위함이다. 즉, 민족의 성산聖山인 백 두산을 경배하는 의미가 있다. 근대시기 민중이 백두산 산신에 제사를 지내는 풍속은 매우 흔한 일이었다. 봉천성에서는 "3월 16일에 산신에 제사를 지냈고, 농민들은 함께 제사 음식을 나누어 먹었다. 이 날을 속 칭 '노파두의 생일'이라고 하였다."[13] 길림 지역에서는 3월 "16일에 '산

11) [清]張鳳台, 『長白匯征錄』 卷二山川, "長白山", 吉林文史出版社, 1987, 50쪽.
12) 필자는 동북의 지방지를 살펴보았는데, 이 범위 내에서의 縣志에는 거의 모두 산 신신앙 및 제사활동에 관한 기록이 있으나, 이 범위를 넘으면 老把頭와 虎神信仰 에 관한 기록이 매우 적다.
13) 王樹楠 等, 『奉天通志』 卷九十八, 禮俗二, 歲事, 東北文史叢書編輯委員會, 1983, 2252쪽.

신묘회'를 열었는데, 각호에서 돈을 추렴해 연회를 개최하였다. 산촌에서 고기와 술을 내어 산신에 제사 지내는 일은 더욱 많았다."[14] 이처럼 백두산신앙은 광범위한 민중을 기초로 하였다.

근대에 들어 황제의 힘이 약화됨에 따라 동북은 점차 봉금에서 풀려 개방되었고, 백두산신앙은 민간 쪽으로 끌려들어갔다. 원래는 제왕의 봉선체계에 속했던 관방 제사였으나, 민간제사 쪽으로 방향을 전환한 것이다. 백두산의 자연자원을 생활의 토대로 삼는 심마니, 벌목꾼, 사냥꾼은 백두산신앙의 가장 경건한 집단이 되었고, 백두산신앙은 그들의 생존 기술이나 생활 경험을 뭉치게 하였다. 동북지역 여러 민족의 발전과 한족 이민의 증가는 백두산신앙의 전파와 끊임없는 발전에 반석이 되었고, 주된 신앙대상은 더욱 더 민간신앙 쪽으로 기울었다.

역사는 백두산신앙에 풍부한 함의를 부여하였고, 백두산신앙의 변천은 애니미즘이 작용하던 시절의 물신신앙에서 우상숭배, 인격신숭배로 나아가는 과정을 거쳤다. 비록 일찍이 관방신앙과 제도종교를 겪었던 흔적이 남아 있으나, 최종적으로 체현한 것은 여전히 민간신앙의 산물이다. 근대시기 백두산신앙은 민간 풍속 및 민중의 생존기능을 집결시켰고, 이는 동북지역 민간의 물질문명 및 정신문화의 중요한 구성 요소가 되었다.

제3절 근대 백두산신앙의 사회적 기능

근대 백두산신앙이 동북지역의 동부에서 매우 광범위한 민중적 기초

---

14) [淸]長順, 『吉林通志』 卷二十七, 興地志十五, 風俗, 吉林文史出版社, 1986, 477쪽.

를 마련할 수 있었던 까닭은 사회 하층 민중의 숭배와 제사를 받을 수 있었기 때문이었고, 이는 백두산신앙이 이 지역에서 대체 불가능한 사회적 기능을 수행했기 때문이었다.

1. 민중에 대한 심리조절 기능

근대시기 백두산신앙은 민중에 대해 심리조절 기능을 수행했다. 백두산지역은 청조에 의해 발상지로 여겨졌고, 한족에 대해서는 봉금을 실행했다. 그러나 근대에 들어 관내의 대규모 파산 농민이나 유랑민이 산해관의 초소를 돌파해 백두산 구역으로 들어왔고, 게다가 조선의 굶주린 백성이 기근을 이기지 못하고 사사로이 변경을 넘어 이곳에 생활의 터전을 마련하였다. 백두산 지역의 인구가 끊임없이 증가하고 호적이 날로 늘어났다. 백두산 지역은 자원이 풍부하여 살 궁리를 찾아오기에 좋았고, 황무지 개간, 수렵, 어로, 산삼 캐기, 벌목, 사금 캐기는 이지역 민중이 제일 먼저 선택한 직업이었다. 이에 따라 백두산 산신은 행업의 조사祖師나 수호신이 되었고, 정신적으로 위안을 주는 심리조절 기능을 발휘하였다.

백두산 구역에서는 맹수의 출현이 잦아, 주변의 주민들은 특별히 조심할 필요가 있었다. 특히 일상적으로 백두산을 왕래하는 심마니, 사냥꾼, 벌목꾼 등은 흠칫흠칫 놀라게 되는 일을 피할 수 없었고, 따라서 늘 산신에게 신명의 보우하심을 빌게 되었다. 백두산의 심산유곡은 바로 동북 호랑이의 서식지였고, 옛사람들은 호랑이를 숭배하여 늙은 호랑이를 산신 할아버지로 여겼다. 『후한서後漢書』에는 백두산 일대에 거주하던 옛사람들이 '호랑이를 신으로 여겨 제사 지냈다'[15] 신앙 습속이 기재되어 있다. 근대에 들어서도 이러한 신앙 습속은 여전히 민중의 신앙 심리를 장악하고 있었다. 백두산 지역의 지방지에는 호신신앙虎神信仰에 관한 내용이 다수 기재되어 있다. "호랑이는 현지인들이 감히 업신여겨 말하지 못하는 존재로서 산신 할아버지라고 칭한다."16) 작은 사당을 지어놓고 제사도 드린다. 민중이 늙은 호랑이를 초자연적 능력을 가진 존재로 인식해, 능히 다른 야수들을 제압할 수 있고, 평안을 보장할 수 있으며, 큰 수확을 가져다 줄 수 있다고 믿었음을 알 수 있다.

근대에 이르러 노파두는 새로운 산신의 형상이 되었다. 그 출신이 민간이었기 때문에 더욱 더 신봉하게 되었다. 반드시 산마다 향을 피우고 산신에 절을 해야만 했다. 이는 무엇보다 긴장, 두려움으로부터 오는 정신적인 문제를 해결해 주었다. 신명의 보우하심을 믿게 됨으로써, 노동에 대한 믿음도 커졌다. 설령 미로에 빠지거나 아무런 수확을 얻지 못하게 되더라도, 신명에게서 정신상의 도움을 얻음으로써, 적어도 속수무책에는 이르지 않았고, 고민을 완화시키는 진정제를 얻을 수 있었다.

2. 공동체 통합 기능

근대시기 백두산신앙은 민중을 통합시키는 기능을 수행했다. 근대 백두산신앙의 통합 기능은 주로 공동의 산신 신앙을 기초로 생겨난 신앙 정서와 집단 내부의 공동 인식으로 표현된다. 해당 집단으로 하여금 하나의 통일된 집체를 형성하게 했고, 집체의 역량을 응집하게 했으며, 내부의 단결을 촉진시켰다.

한편으로, 산신절山神節 제사활동은 산악지대에서 생활하는 사람들을 통합시키는 작용을 한다. 동북지역 동부에서는 보통 3월 16일에 노파

15) [宋]範曄, 『後漢書』 卷八十五 東夷列傳七十五, 中華書局, 1965, 2818쪽.
16) [淸]黃維翰, 『呼蘭府志』 卷十一 物産略, 台北成文出版社, 1974, 790쪽.

두에 제사를 지내는데 이를 '산신절'이라고 한다. "속칭 '산신절'에는 술과 음식 그리고 놀이가 있는데 산중에서 더욱 성행하고 있다."[17] 동부 산악지대에 사는 민중이 산신절을 더욱 중시함을 알 수 있다. 해당 행업 인원들, "즉 산에 들어가 일하는 사람들은 보통 3일을 쉬면서 산신절을 기념한다."[18] 이 날, 산악지대에 사는 사람들은 가축을 잡아 제물로 드리고, 향을 피워 산신 할아버지에게 사람과 가축의 왕성함, 가내의 두루 평안함을 빈다. 한족의 전통 명절과 비교해 보면, 그들이 백두산 산신신앙을 얼마나 중시하는지를 알 수 있다.

명절, 축하의례, 제사 등의 형식은 해당 지역 민중이 백두산신앙에 대한 믿음을 드러내는 하나의 표현 방식이다. 이런 외재적 표현 방식을 통해, 산악지대 민중 내부의 사회적 교감을 심화하고, 동북의 다른 지역과 대비해 공동의 신앙 의식을 더욱 긍정하게 하고, 해당 지역 민중이 가진 무형의 역량을 통합하였다.

다른 한편으론, 백두산 산신이 사냥꾼, 심마니, 벌목꾼 등의 행업 인원을 뭉치게 만드는 작용을 하였다. 생계를 위해 산에 들어가 일하는 사람들 입장에서 보면, 수확이 많을지, 적을지를 고려해야 할 뿐만 아니라, 인력과 물력을 조직하는 데에 드는 비용도 고려해야 한다. 따라서 거대한 위험에 부닥쳐 안전과 수확은 그들이 가장 중요하게 생각하는 일이다. 산에 들어가 일을 하기 전에 산신에 고사를 지내야 하므로 산에 들어가기에 앞서 간이 사당을 지어 놓았다. 일반적으로 돌덩어리나 목판으로 지었는데 매우 누추하다. 다만 산속 이곳저곳에서 볼 수 있다. 산신묘를 완공하면 또 산신에 고사를 지낸다. 늙은 호랑이를 숭배하든, 노파두를 숭배하든 제물을 올리고, 향로에 향을 피운다. 대오

---

17) [民國]白純義, 『輝南縣志』 卷三 人事志 禮俗, 台北成文出版社, 1974, 281쪽.
18) [民國]孫荃芳, 『珠河縣志』 卷十五 風俗志, 台北成文出版社, 1974, 620쪽.

가운데 우두머리가 다른 사람들을 이끌고 나아가 향을 피우고 엎드려 절하여, 평안과 풍성한 수확을 기원한다. 의식은 간단하지만 매우 경건하다.

사냥꾼, 심마니, 벌목꾼은 대개 집단적으로 협동 작업을 하므로, 집단 내부의 단결과 응집력이 매우 중요하다. 산신 신앙은 행업 내부에 공동의 신앙 기초를 제공함으로써, 내부의 일체감을 달성하는 데에 기반이 되는 심리적 토대를 마련해 준다. 이러한 신명의 보살핌과 묵인 아래에서 제정된 모든 행업 내부의 규정은 구성원들이 당연히 받아들여 지켜야 하는 것이 되고, 백두산신앙은 이로써 통합의 기능을 완수하게 되었다.

3. 사회질서 유지 기능 : 신도설교

근대시기 백두산신앙은 사람들의 행위를 규율하고 도덕윤리를 지키게 하는 제약 기능을 수행했다. 민간신앙은 비록 제도종교처럼 완결적인 종교사상과 종교도덕체계를 가지고 있지 못하지만, 그 발생의 배후에는 종종 도덕상의 동기가 내포되어 있다. 근대 백두산신앙은 백두산 지역에서 생활하던 민중의 주요한 신앙 중의 하나이다. 그 신앙의 내용 중에는 풍부한 권선징악의 도덕적 요소가 포함되어 있어, 사람들의 행위를 제약하는 기능을 수행한다.

백두산은 자고로 신성한 땅으로 여겨졌고 누구도 함부로 들어가지 못했다. 더욱이 더러운 것을 산속에 남겨 두어서는 절대로 안 된다는 생각이 있었다.[19] 객관적으로 볼 때 해당 지역의 생태환경에 대한 일

---

19) [宋]葉隆禮,「卷二十七 歲時雜記」,『契丹國志』, 賈敬顔 等 點校, 上海古籍出版

종의 보호이고, 소박한 생태윤리사상이 내재되어 있다. 근대 이래로 동북의 인구가 끊임없이 증가하였는데, 이것이 동북 개발에 크게 기여하기도 했지만, 동시에 원래의 생태환경에 영향을 끼치기도 하였다.

백두산신앙이 동북지역에 끼친 영향은 실로 광범위하다. 특히 신에 대한 인간의 존중, 순종, 경애 등 종교 도덕적 정서는 수많은 금기와 계율을 만들어냈다. 그 가운데 어떤 것은 사람들의 행위를 규율하였고, 이는 민중이 자연계와의 관계를 처리함에 있어 규범을 제공했다. "호랑이는 현지인들이 감히 업신여겨 말하지 못하는 존재로서 산신 할아버지라고 부른다"[20]는 기록에서 보듯이, 근대시기에 내지에서 동북으로 이주해 온 한족은 사나운 산속의 왕 호랑이를 더욱 더 두려워했고, 로마에 가면 로마법을 따라야 하듯이, 산신 할아버지를 섬겼다. 호랑이를 잡아 죽일 수 없음은 말할 것도 없고, 나쁜 말로 호랑이의 행실을 꾸짖어서도 안 되었다. 이는 객관적으로 야생동물을 보호하는 작용을 했다.

백두산 산악지대에는 지금도 산신 노파두에 관한 전설이 널리 퍼져 있다. 전하는 바에 따르면, 손량(老把頭)이 동료와 함께 산삼을 캐러 산에 들어갔다가 숲속에서 변고를 만나 흩어지게 되었다. 동료를 찾아 헤매다가 결국 동료는 찾지 못하고 날고하蝲蛄河 강변에 이르러 굶어죽게 되었는데, 죽기 직전에 마지막 남은 사력을 다해 한 편의 시를 남겼다. 그는 나중에 오는 심마니의 안내자가 되기를 바랐고 백두산을 관리하는 산신이 되었다고 한다.

이리하여 산에 들어오는 사람들은 노파두에게 고사를 지내야 했고, 신앙 금기를 지켜야 했다. 예컨대, 사람들은 나무 그루터기에 앉아서는 안 된다. 나무 그루터기는 산신의 자리로 여겨졌기 때문이다. 소나무

社, 1985, 256쪽.
20) [淸]黃維翰, 『呼蘭府志』 卷十一 物産略, 台北成文出版社, 1974, 790쪽.

관솔에도 앉아서는 안 된다. 산신의 양초로 여겨졌기 때문이다. 불에 검게 그을린 목재에도 앉아서는 안 되었는데, 산신의 붓으로 여겨졌기 때문이다.[21] 열심히 일해서 얻은 것이 아니라면 산속의 풀 한 포기, 나무 한 조각도 함부로 가져가서는 안 되었다. 이는 바로 산신에 대한 존경과 애정의 표현이고, 산림 자원의 이용을 스스로 절제하려는 방법이며, 뜻하지 않게 산림 환경을 파괴하는 일을 방지하려는 무형의 규범이었다.

이밖에 백두산신앙은 종종 신화와 전설을 차용하였다. 단순 논리의 권선징악과 인과응보의 도덕규범 및 원칙을 민중에 주입하려는 것으로, 일정 정도 도덕규범으로서의 역할을 수행하였다. 산신 노파두의 전설도 마찬가지이다. 노파두는 모친의 병환을 치료하기 위해 산삼을 구하러 온 사람으로 설정되었다. 그래서 그는 백두산에 들어가게 되었는데, 산속에서 의형제를 맺은 동반자들과 헤어지게 되었고, 의형제를 찾아 헤매다가 미로에 빠져 산속에서 굶어죽게 되고, 나중에 산신으로 섬겨지게 된 것이다.[22] 산신의 이미지를 만드는 과정에서 효도, 충의와 같은 전통적인 미덕이 끼워 넣어졌다. 후대인이 산신 노파두를 신봉하면서 자연스럽게 그 선행도 본받게 될 것이니 보이지 않게 사람들의 행위를 제약하는 효과가 있는 것이다. 나머지 산신에 관한 이야기 중에서는, 산신이 항상 흰 수염을 늘어뜨린 할아버지로 나타나 약자를 돕거나 탐욕을 징벌한다. 신화는 믿는 자들에게 권선징악의 윤리 사상을 주입하였고 이로써 사람들의 행위를 일정 정도 제약하였다.

결론적으로, 근대시기 백두산신앙의 발전은 원천 없는 물도 아니고 뿌리 없는 나무도 아니다. 오늘날 백두산과 관련 있는 종이공예(剪紙),

---

21) 吳强稼, 「試論長白山采參的民俗」, 『人參文化研究』, 時代文藝出版社, 1992, 158쪽.
22) 「山神老把頭孫良」, 『長白山日報』 2008.9.4.

전설, 신화 등 민간 문예 형식은 동북의 특색 있는 지역문화 중에서 여전히 중요한 지위를 차지하고 있다.

새로운 시기를 맞이해서도 백두산신앙은 결코 걸음을 멈추지 않았다. 사회주의시기 백두산신앙은 '샤머니즘적 요소를 제거하는' 자각적 행동을 실천했고, 그 뒤에도 시대에 적응하기 위해 끊임없이 자기를 개조하였다. 그래서 이미 지역을 대표하는 일종의 문화상품 브랜드로 성장하였다. 무송현撫松縣이 신청한 백두산 산삼 캐기 습속은 이미 중국의 무형문화유산에 이름을 올렸고, 그 중에 산신 노파두에 제사 지내는 의식은 중요 문화재가 되었다. 노파두부老把頭府의 건립으로 사람들은 가시덤불을 헤치고 나아가 선한 일을 이룩한 선인을 회고할 수 있게 되었고, 효행이나 충의와 같은 전통적인 미덕을 전달할 수 있게 되었다.

9   민간종교결사와 지방당국의 대응

1부에서 민간종교결사의 존재에 대해서는 다소 언급한 바 있다. 본 장에서는 민간종교결사에 대해 본격적으로 다룬다. 존재양태 및 지방 당국과의 대응 등에 주목하여 근대시기 동북지역에서 당국이 '사교邪敎'로 규정했던 민간종교결사에 대해 살펴볼 것이다.

우선 민국시기 동북지역에서 활동했던 민간종교결사에 어떤 것이 있 었는지 그 개황을 고찰한다. 개별 종교결사 하나하나가 그 자체로 매우 큰 주제이므로 이를 일일이 상세하게 다룰 수는 없고, 초보적으로 대략 적인 지형도를 그리는 데에 머물 수밖에 없다. 나아가 존재양태 및 특 성, 이에 대한 당국의 인식과 대응, 당국과 민간의 관계 등에 대해 살 펴본다. 전반적으로 동북지역이 이주민에 의해 개발된 이민사회임을 고려할 것이고, 민간종교를 정치적 맥락에서 볼 것인가, '비정치적' 측 면에서 볼 것인가의 문제도 염두에 둘 것이다.

●● 제1절 민간종교결사의 개황과 흥기의 배경

주지하듯이 백련교白蓮敎를 비롯한 민간종교결사는 민중반란을 통해 국가권력과 정치적으로 대립하면서 주목을 받았기 때문에, 정치적 '반 역'의 이미지가 강하게 남아 있고 이런 경향이 연구에도 일정 정도 반 영되었다. 그렇다면 민국시기 동북지역의 민간종교는 실제 어떤 존재

양태를 보였을까. 아래에서 우선 『중국근대사회생활당안』[1](이하 '당안 자료'라고 칭함)에 나타나는 민간종교결사가 대략 어떤 양태를 보였는 지에 대해 살펴보고, 양태의 특징적 면모를 간취해 보고자 한다.

1. 민간종교결사의 개황

'당안자료'에는 다수의 '사교' 사건이 등장한다. 적발한 민간종교결사 의 교도를 상부에 송치하거나 어느 지역에 '사교'가 창궐하니 엄격히 단속하라는 지시가 대부분이다. 이를 통해 우선 당시 동북지역에 어떤 민간종교결사들이 존재했는지를 알아본다.

1) 유입된 민간종교결사 : 황천교, 대승문, 백양교, 가리교

'당안자료'에 보이는 동북지역의 민간종교결사를 보면, 내지에서 이 미 일정한 세력을 갖고 있던 결사가 동북지역으로 유입된 경우가 많았 다. 민간종교의 유입은 주지하듯이 근대 이후의 동북 사회가 내지로부 터의 대규모 이민을 통해 성립되었음을 고려할 때 매우 자연스러운 일 로 여겨진다.

동북지역에서 가장 활발하게 활동했던 민간종교결사는 황천교黃天敎 이었다. 황천교는 황천도黃天道, 황천도교黃天道敎라고도 했는데, 명대 가정 연간에 하북성 만전현萬全縣 사람 이빈李賓에 의해 창립된 것으로 알려져 있다. 이빈은 군대에 갔다가 전쟁 중에 눈을 잃고 명말의 여러 비밀교문秘密敎門을 떠돌다가 황천도교를 창립했다고 한다. 청대 초기

---

1) 辽宁省档案馆 編, 『中國近代社會生活檔案(東北卷一)』(全27冊), 广西师范大学出 版社, 2005.

에 그의 후예들이 계속 전도에 나서 화북지방에 널리 퍼졌고, 당시 영향력이 비교적 컸던 민간종교의 하나가 되었다. 이후, 건륭 28년(1763) 4월, 황천교의 오랜 거점이었던 벽천사碧天寺(하북성 만전현 선방보膳房堡 소재)에서 회동하고 있던 지도부가 대거 체포되는 사건을 비롯해, 다수의 황천교도가 체포되는 일이 몇 차례 이어지면서, 청말에는 교세가 상당히 침체되어 있던 터였다.[2]

동북지역에서는 민국 초년에 갑작스럽게 그 존재를 드러낸다. 1914년 6월과 8월에 『성경시보』에는 황천교의 내용, 만연함, 최근의 거동을 알리는 장문의 기사들이 실리는데,[3] "쌍양현雙陽縣의 저명한 황천교 교주 채국산蔡國山이 체포되어 황천교의 내용이 알려지기 시작한"[4] 것이 계기가 되었던 것으로 보인다. 교주 채국산의 존재는 '당안자료'에서도 확인할 수 있다.[5]

황천교를 비롯해 민간종교가 흥기하는 배경에는 대개 인민의 생명을 위협하는 재난이 도사리고 있었다. 『성경시보』의 관련 기사는 1910~12년간 동북에 크게 유행했던 콜레라 전염병이 황천교의 흥기에 일정한 계기를 제공했다고 한다. 1912년 콜레라가 유행했는데, 황천교는 목판을 만들어, '콜레라의 발생을 인민이 황천교를 믿지 않아 하늘이 재앙을 내릴 징조라고' 선전하였고, 전염병에 대한 인민의 공포심을 부추겨 입교하도록 유도했다는 것이다. 나아가 콜레라를 피할 수 있는

---

2) 張莉, 「黃天教在淸代的傳播」, 『歷史檔案』 1996年 3期.
3) 「東三省之邪教世界」, 『盛京時報』 1914.6.6. ; 「黃天教之內容」, 『盛京時報』 1914. 6.12. ; 「黃天教蔓延如此」, 『盛京時報』 1914.6.24. ; 「黃天教最近之擧動」, 『盛京時報』 1914.8.21. 등.
4) 「黃天教之內容」, 『盛京時報』 1914.6.12.
5) 「北鎭縣査明縣屬境內並無黃天邪教(1915.8.31)」, 遼寧省檔案館 編, 『中國近代社會生活檔案(東北卷一) 第8冊』, 广西师范大学出版社, 2005, 15쪽.

부적을 인쇄해서 판매하였고 그 돈으로 각지에 영암각靈岩閣과 같은 시설을 건축하자 다수의 인민이 앞 다투어 입교했다고 한다.[6]

　콜레라의 유행이 황천교의 확산에 좋은 밑거름이 되었던 것은 황천교가 설파한 교의를 보아도 앞뒤가 맞아떨어진다. 입교를 권유하는 교의의 골격은 비교적 단순하다. 머지않은 장래에 반드시 대재앙이 있을 터인데, '입교하지 않은 자는 이를 피할 수 없고, 입교한 자는 낙토樂土로 들어가 일하지 않아도 금은과 토지, 먹거리를 얻을 수 있다'는 것이다. 다만, 기부금을 포함한 기여도에 따라 등급이 매겨졌는데, 중생衆生, 천은天恩, 보은保恩, 정은正恩, 정행丁行이라는 다섯 등급이 있었고, 그나마 여성은 정은까지만 올라 갈 수 있었다.[7] 주지하듯이 백련교 이래 비밀결사종교가 갖는 권교勸敎의 기본 골격과 맥락을 같이 한다.[8]

　전도 방법으로는 단도법單度法(남자는 남자를, 여자는 여자를 전도) 또는 제도법齊度法(남녀가 상호 전도)이라 하여 '맨투맨'으로 전도하는 방법이 가장 일반적이었다.[9] 또한, 명정학당明正學堂과 같은 '선강당宣講堂'을 빌려 선강宣講을 통해 전도하기도 하였다. 이밖에, 계단乩壇을 세우고 사반砂盤과 목필木筆 등을 마련해 매일 오전 11시부터 오후 6시까지 부계扶乩를 시행했다고 하는데,[10] 이는 전통적으로 내려오던 점술의 일종이다.

　이상의 황천교는 동북지역에서 민간종교 가운데 가장 만연하였던 것으로 보인다. '당안자료'를 살펴보면, 봉천, 하얼빈, 호란, 요양, 금서錦

6) 「黃天教蔓延如此」, 『盛京時報』 1914.6.24.
7) 「黃天教之內容」, 『盛京時報』 1914.6.12.
8) 특히, 黃天教는 워낙에 '無生老母' 신앙이 체계화되는 과정에 일정하게 기여했다고 한다.(沈伟华, 「当议黃天教无生老母信仰的形成及其在民间宗教信仰体系中的地位」, 『淮阴师范学院学报』 第35卷, 2013.5.)
9) 「黃天教之內容」, 『盛京時報』 1914.6.12.
10) 「黃天教蔓延如此」, 『盛京時報』 1914.6.24.

西, 홍성, 서풍, 본계, 쌍양, 북진, 흑산黑山, 개평, 개원 等 거의 전역에서 황천교가 연루된 사건이 발생했거나, 황천교도가 적발되었다.

민국시기 동북지역에서 당국이 주목한 또 다른 민간종교는 대승문大乘門(大乘敎)이다. 대승문 역시 워낙에 전국적인 종교결사였다. 주로 하북, 산동, 안휘, 절강, 강서, 복건, 대만, 감숙, 영하 등에 널리 퍼져 있었다. 계통으로 볼 때 대승문은 황천교와 마찬가지로 나교羅敎에서 연원하는 하나의 지파로 볼 수 있다. 원대 말기 미륵신앙과 백련종白蓮宗의 융합으로 이루어진 백련교의 탄생이 민간종교결사의 기점이었다면, 나교의 등장은 백련교 이후 민간종교결사의 역사에서 하나의 커다란 획기를 이루었다. 나교는 명대 중기 나청羅淸이라는 인물에 의해 창시되었는데, '무생노모無生老母'라는 전에 없던 새로운 신격을 창출하고, 이를 최고의 신으로, 인류의 구원자로 설정하였다. 나교는 백련교와 명확히 다른 교파였지만 명말청초 백련교의 교리, 특히 미륵하생신앙과 혼용되면서 여러 중요한 교파들을 창출시켰다. 나교가 등장한 이래 청대에 걸쳐 성립한 민간종교결사는 대부분 나교의 교리와 백련교의 미륵하생신앙이 혼용되어 형성된 것이라고 할 수 있다.[11] 대승문 또한 이런 맥락에서 성립된 수많은 교문敎門 중의 하나이다.

하지만, 민국 이후 대승문은 일정 정도 변질되어 관료나 정객과 결합해 세력을 확장하고 기층 인민을 압박하는 행태를 보이기도 했고, 다수의 수령이나 간부가 지주 토호나 지방 관리였다고도 한다.[12] 일반적으로 말해서, 명청시기에는 일부 몰락 지식인과 유민, 무뢰 등을 제외하고 농민이 민간종교결사의 대부분을 이루었지만, 민국시기에 들어서면서는 군벌, 관료, 지주, 자본가 등도 참여하였다는[13] 점에서 상통하

---

11) 이은자, 『중국 민간 종교 결사, 전통과 현대의 만남』, 책세상, 2005, 35~44쪽.
12) 趙嘉朱, 「綜論會道門的流傳演變與活動特點」, 『貴州文史叢刊』 2005年 第3期, 3쪽.

는 바가 있다. '당안자료'를 보아도, 봉성현에서 대승문 교도를 적발했는데 길림성 성의원省議員 전가인全家人 등이 대승문을 믿었고, 1922년 1월 사교邪敎 혐의로 체포된 양수태楊樹泰가 '필경 성의원省議員의 명의를 빌려 사람들을 속이고 입교하게 했다'고 한다.[14] 정치적 유력자와의 결탁이 엿보인다.

이런 대승문 교도가 동북지역에서 가장 많았던 곳은 봉성현 대탕구大湯溝 일대였다.[15] 아무튼 대승문은 민국시기 봉천성의 봉성현 일대를 장악했고, 대승문과 봉성현의 관계가 특별했다. '당안자료'에서도 대승문 관련 언급은 봉성현에서만 나오고, 봉성현에서 발견된 민간종교는 대승문뿐이었다.

봉천성의 흑산현과 창도현昌圖縣에서는 백양교白陽敎가 활발하게 활동하였다. 청대 민간종교가 보편적으로 수용했던 이른바 '삼기말겁설三期末劫說'에 따르면, 무생노모가 창조한 우주는 시작부터 최후 멸망까지 세 개의 단계를 거치는데, 과거는 연등불練燈佛이 장악한 청양세靑陽世이고, 현재는 석가불釋迦佛이 장악한 홍양세紅陽世이며, 미래는 미륵불彌勒佛이 장악한 백양세白陽世가 된다. 민간종교는 대개 '미래의 구원'을 간절히 기원했기 때문에, '백양白陽'은 민간종교결사의 명칭으로 흔하게 사용되었고, 명청대에 걸쳐 용천교龍天敎, 나교의 별칭 내지 지파의 이름으로 사용되었다.[16] 가깝게는 1815년에 '천리교天理敎 반란'을 일으

13) 이은자, 「秘密結社의 遺産과 現代中國 ― 法輪功의 歷史的 起源」, 『中國學報』 第47輯, 2003, 594쪽.
14) 「鳳城縣查獲大乘門邪敎敎徒(1922.1.20)」, 遼寧省檔案館 編, 『中國近代社會生活檔案(東北卷一) 第8冊』, 74쪽.
15) 「鳳城縣解送邪敎大乘門首領焦玉珍、張萬通(1923.11.14)」, 遼寧省檔案館 編, 『中國近代社會生活檔案(東北卷一) 第8冊』, 83쪽.
16) 馬西沙/韓秉方, 『中國民間宗敎史』, 中國社會科學出版社, 2004.8, 689 ; 691 ; 986쪽.

켰던 임청林淸이 본래 홍양교紅陽敎 계통의 백양교 교도였다. 그가 나중에 천리교라는 새로운 교명을 만들었던 것이고, 이들 홍양교, 백양교, 천리교 등은 모두 산동에서 홍기했던 팔괘교八卦敎에서 연원한다.[17]

'당안자료'에 따르면, 동북지역에서 백양교는 1924년 6월 이몽월李夢月을 비롯한 15명의 신도가 적발되면서 알려졌다. 손경해孫慶海라는 순관이 순찰 도중에 흑산현 소삼가자小三家子 서가西街에서 손에 영기令旗와 영전令箭을 들고 북을 치며 길가에서 전도를 하고 있던 이몽월 무리를 갑자기 발견하고 치안을 어지럽힐 우려가 있어 체포했다는 것이다.[18] 이밖에, 1925년 7월 창도현 팔면성八面城에서 경찰이 백양교 신도 곽귀원郭貴元 등을 체포하는 사건도 있었다.[19]

가리교家理敎는 1930년에 요녕성 경무처警務處에서 '사교'로 규정하고 각현에 단속을 지시한 바 있다. 1930년 4월 7일 「요녕전성경무처훈령遼寧全省警務處訓令 제451호」에, '가리교, 즉 안청방安淸帮(安靑帮)[20]의 일종이 따르는 무리를 모아 결당하였는데, 사교로서 사람을 미혹함이 오래 되어 만연되었고, 우환을 양성할 수 있으니, 철저히 단속하라'[21]고 지시하였다.

가리교('家裡敎' 또는 '在家裡'라고도 함)에 대한 정보는 매우 적은데,

---

17) 李尙英, 「八卦教的淵源、定名及其与天理教的关系」, 『淸史硏究』 1992年 第4期.
18) 「黑山縣拿獲斂財邪敎敎匪李夢月等(1924.6.14)」, 遼寧省檔案館 編, 『中國近代社會生活檔案(東北卷一) 第8冊』, 121~128쪽.
19) 「查禁昌圖縣境內白陽邪敎(1925.7.25)」, 遼寧省檔案館 編, 『中國近代社會生活檔案(東北卷一) 第8冊』, 142~147쪽.
20) 安靑帮은 靑帮의 한 집단인데(池子華, 「流民與近代盜匪世界」, 『安徽史學』 2002年 第4期, 2002.11, 41쪽.), 주지하듯이 靑帮은 淸初 이래 가장 널리 전파되고 영향력도 가장 컸던 會党의 하나로, 淸末民國時期에는 洪門, 哥老會와 함께 3대 帮會 중의 하나였다.
21) 「遼寧全省警務處查禁家理敎收徒結黨(1930.4.7)」, 遼寧省檔案館 編, 『中國近代社會生活檔案(東北卷一) 第8冊』, 177쪽.

만주국시기에 만주사정안내소에서 펴낸 자료에 따르면, 가리교는 달마대사達磨大師를 시조로 섬기는 임제선臨濟禪의 한 지파에 해당하는 민간 종교로서, 천天, 지地, 군君, 친親, 사師의 5자를 본존本尊으로 섬기고, 충, 효, 제, 인, 의, 예, 치恥 7자를 교범敎範으로 상호부조를 실행하는 청방靑幇에 속했다고 한다. 절강 항주 출신의 반덕림潘德林, 산동의 옹덕정翁德正, 철덕혜鐵德慧 3인이 청대 강희 연간에 화북지방에서 곡류穀類의 수입을 위해 다수의 노동자를 모집하여, 종교적으로 결성하였다. 청대 강희제도 조운을 위해 이용할 바가 있어 옹호하였고, 널리 유포하는 성황을 보기에 이른다.22) 이후 광서 27년(1901) 조운이 중단되어 운송노동자들이 일자리를 잃자 다시 전교를 시작하여, 민국 초기에 산동, 하북 등에 신도가 매우 많아졌다. 나중에 이들이 동북으로 이주하면서 동북에도 가리교 신도들이 크게 증가하였다.23)

동북에서도 가리교는 공개적인 외곽조직을 갖추었다. 특히 하얼빈을 중심으로 하는 흑룡강 지역에서 활발히 활동했는데, 1928년 11월에 길림권계연주총회吉林勸戒煙酒總會에서 분리되어 빈강지회濱江支會가 생기고, 1930년에는 독립해 빈강이교연합총회濱江理敎聯合總會가 되었다. 조직은 재정, 지도, 규찰, 문서, 선전의 각부로 나누고, 가리 사원 건설, 공공 묘지 구입, 의무소학교 건설 등의 사업을 진행하였다. 철도 종사자나 송화강松花江을 중심으로 하는 선원, 선주, 기타 군인, 순경, 중요 인물에 이르기까지 모든 계층을 망라하여 공고한 단결을 도모했다고 한다.24)

22) 瀧澤俊亮, 『滿洲の街村信仰』, 滿洲事情案內所, 1940, 292쪽.
23) 何妍, 「民國時期東北民間宗敎問題硏究」, 東北師範大學 碩士論文, 2003.5, 11쪽.
24) 瀧澤俊亮, 『滿洲の街村信仰』, 292쪽.

2) 동북 고유의 민간종교결사 : 대성문, 이각이분오

'당안자료'에서 발견되는 민간종교결사 중에 대성문大聖門, 이각이분오二角二分五라는 것은 다른 어디에서도 흔적을 찾을 수 없는, 동북지역 특유의 민간종교결사였던 것으로 보인다. '당안자료'에 따르면, '1919년 1월에 흑산현과 개원현의 지사가 각각 산하 경찰소警察所에 대성문이라는 일종의 사교가 사람들을 흘려 재물을 편취하고 있으니 조사해 단속하라'는 지시를 내리고 있다.[25] 지시의 결과는 알 수 없지만, 1926년 1월에도 봉천전성경무처奉天全省警務處가 흑산현 지사에게 대성문으로 인한 인민의 피해가 속출하고 있으니 조사해 엄금하라는 훈령을 내리고 있는[26] 것으로 보아, 대개의 민간종교가 그렇듯이 당국의 일시적 단속으로는 근절되지 않았다. 아무튼 대성문은 '대성大聖'이라는 명칭에서 유교적 색채가 엿보이는 특이함이 있는데, 그래서인지 공교회孔敎會의 회원증과 휘장 등을 도용하여 공교회 회원임을 사칭하기도 했다.[27]

1913년 6월 손립지孫立志라는 일반인의 신고로 적발된 '이각이분오二角二分五'라는 민간종교도 다른 지역에서는 자취를 찾아볼 수 없다. '당안자료'에 따르면, 요양, 해성, 영구, 개평 등에서 '이각이분오'라는 '사교'가 '큰 재난(大劫)이 와서 모두가 죽음을 면치 못할 터인데, 자기 교문에 들어오는 자만이 살아날 수 있고, 나중에 관직을 얻어 진주眞主를 모시고 승평升平을 누릴 수 있다'고 전도하여 수만 명의 신도를 모았다. 또한 헌금에 따라 토반土盤, 동반銅盤, 금반金盤이라는 등급을 부여해 거

25) 「黑山縣査禁邪敎(1919.1.8)」；「開原縣査禁大聖門邪敎(1919.1.27)」, 遼寧省檔案館 編, 『中國近代社會生活檔案(東北卷一) 第8冊』, 44~54쪽.
26) 「奉天全省警務處査禁邪敎巫醫騙財害人(1926.1.28)」, 遼寧省檔案館 編, 『中國近代社會生活檔案(東北卷一) 第8冊』, 148~152쪽.
27) 「開原縣査禁大聖門邪敎(1919.1.27)」, 遼寧省檔案館 編, 『中國近代社會生活檔案(東北卷一) 第8冊』, 53~54쪽.

액을 편취하였다고 한다.[28] 1919년 1월 14일자 『성경시보』에서도 '해성현 북쪽의 서양사西陽寺 산묘山廟에 이각이전오二角二錢五라는 사교가 있어 권교勸敎를 명분으로 삼지만, 실은 향민을 우롱하여 금전을 편취'한다고 전하고 있다.[29]

3) 사회단체 형태의 민간종교결사 : 북경보국인의군, 만국도덕회, 법사회

'당안자료'에는 동북지역 민간종교로 북경보국인의군北京輔國仁義軍, 만국도덕회萬國道德會, 법사회法師會 등의 명칭이 나온다. 이들은 '사교'의 혐의를 회피하기 위하여 종래의 모모교某某敎라는 명칭을 피하고 조직체계도 일반 사회단체를 모방하였다는 특징을 갖는다.

1924년 3월 봉천전성경무처와 보갑총판공소保甲總辦公所가 공동으로 흑산현 지사에게 보낸 「밀령」에 따르면, '홍성현, 능원현凌源縣, 조양현 등에서 자칭 북경보국인의군이라는 사교가 호신 부적으로 인민을 현혹하고, 유보선劉寶善이라는 교주가 군대처럼 사령부를 설치해 지휘하고 있다'고 하였다. 북경보국인의군라는 조직이 동북 이외의 다른 지역에도 있었는지는 확인할 수 없으나, 아무래도 이들이 이런 명칭을 사용한 것은 당시 군벌내전 즉, 1, 2차 직봉전쟁直奉戰爭과 관련이 있을 듯하다. 당시는 1922년 4월에 일어난 1차 직봉전쟁과 1924년 9월에 발발한 2차 직봉전쟁의 와중에 있었다.

1930년 7월 무순현撫順縣 공안국장이 요녕전성경무처에 '교비敎匪 수령 유민봉劉敏峯, 양조륭楊兆隆, 장운보張雲普 등이 만국도덕회라는 이름

---

28) 「遼海營盖等處邪敎惑衆幷借名斂財應通筋查拿(1913.7.2)」, 遼寧省檔案館 編, 『中國近代社會生活檔案(東北卷一) 第8冊』, 3~6쪽.

29) 「邪敎惑人」, 『盛京時報』 1919.10.14.

으로 전교 행위를 벌여 체포했다'[30]고 보고하였다. 만국도덕회는 1919년 산동 제남濟南 출신의 강종수江鍾秀, 강희장江希張 부자에 의해 창설되었다. 강희장은 6살 때에 「백화사서白話四書」를 지었을 정도로 신동이었다고 한다. 1911년에는 황제의 학우學友가 되기도 했는데, 얼마 되지 않아 청조가 망하면서 고향으로 돌아갔다. '국내외 인심의 동요에 마음이 아팠던' 신동은 아버지와 함께 제남에서 만국도덕회를 창설하였다. 당시 유명인사, 학자들이 찬성하여 발기인으로 참여했다. 유교, 불교, 도교, 기독교, 이슬람교 5교를 혼용해 '도덕의 회복을 통한 구세'를 교리로 내세웠고, 정교한 장정과 조직체계를 갖추었다.[31] 1920년에는 청도青島에 분회가 세워지고, 1921년에는 정부의 인가를 얻어, 강유위康有爲가 회장에 취임하였다. 더욱이 외국 공사나 영사의 주선으로 외국에서도 분회를 설립했다.[32]

만국도덕회가 동북에 전해진 것은 1926년 길림의 기인旗人 상익침常翼忱이 가입하여, 길림총분회를 설립하면서이다. 1927년에는 흑룡강 안달참安達站에 분회가 설립되고, 같은 해 7월에는 제남에서 김현서金顯瑞가 와서 대련공의회大連公議會 회장 장목정張木政 등의 지원을 받아 대련분회를 설립하였다. 이후 수년 동안 동북과 내지를 합쳐 150여 곳의 분회를 설립되었다고 한다.[33] 봉천 지역에서는 조양현 사람 왕봉의王鳳儀가 중요한 역할을 수행했다.[34]

---

30) 「遼寧全省警務處查禁邪教萬國道教會(1930.7.2)」, 遼寧省檔案館 編, 『中國近代社會生活檔案(東北卷一) 第8冊』, 186~192쪽. 제목에 '萬國道教會'로 되어 있는 것은 편집자의 오기인 것으로 보인다. 본문에 '萬國道教會'가 한 차례 나오지만, 그 뒤에는 '萬國道德會'로 되어 있고 다른 자료 어디에도 '萬國道教會'라는 것은 없다.
31) 萬國道德會에 대해서는 雷輝, 「萬國道德會的歷史考察」, 山東師範大學 碩士論文, 2008. 참조.
32) 瀧澤俊亮, 『滿洲の街村信仰』, 293쪽.
33) 瀧澤俊亮, 『滿洲の街村信仰』, 293쪽.

'당안자료'에서 만국도덕회가 '사교'로 거론되어 단속 대상이 된 것에는 두 가지 가능성이 있는데, 하나는 만국도덕회와 무관한 민간종교가 당국의 압박을 피하기 위해 공개된 조직의 명의를 이용하였을 가능성이고, 또 하나는 이들이 사실상 '사교'에 속하지 않음에도 단속 대상이 되었던 '과잉 단속'의 가능성이다. '당안자료'의 「요녕전성경무처훈령遼寧全省警務處訓令」에서도 이들을 '사교'로 명확히 규정하고 있지는 않고, 교비敎匪 수령으로 체포된 자들도 진술에서 자신의 활동이 정당하고 공개적이었음을 역설하고 있다. 기본적으로 만국도덕회를 교비로 몰아 신도를 체포한 이유가 명확하지 않다.

법사회法師會의 경우에도 '사교'의 혐의가 분명하지는 않았다. 흑산현 대하와보촌大夏窩堡村에서, 삼황三皇을 매개로 사람을 모으고, 집회를 열어 경법經法을 강연하고, 창기槍旗를 만드는 등의 일이 있자, 촌장이 혹시나 예기치 못했던 일이 일어날까 염려해 이들을 고발하였고, 해당 지역의 대대장大隊長이 체포에 나섰다. 이에 법사회 회장이 '우리가 관부에 반항했던 적인 있었느냐'고 항의하자, 대대장은 상황이 여의치 않음을 깨닫고 우선 회장만 체포한다. 결국에는 22명의 신도가 체포되고, 다수의 장물이 압수되었다.[35]

이상에서 보았듯이, 기본 자료로 채용한 '당안자료'에는 이각이분오, 황천교, 대성문, 대승문, 북경보국인의군, 백양교, 가리교, 만국도덕회, 법사회 등의 민간종교결사가 등장하였다. 물론 이것이 전부는 아니었고, 전국적으로 명망을 얻었던 구궁도九宮道, 선천도先天道, 재리교在理敎, 도원道院의 홍만자회紅卍字會 등이 동북지역에서 활동했던 것으로

34) 雷輝, 「萬國道德會的歷史考察」, 188~189쪽.
35) 「黑山縣拿獲邪敎法師會敎徒(1931.11.21)」, 遼寧省檔案館 編, 『中國近代社會生活檔案(東北卷一) 第8冊』, 195~202쪽.

알려져 있다.36) 특히, 도원의 홍만자회는 동북지역을 매우 중시하였고, 종교 및 사회사업의 영역에 상당한 영향을 끼쳤던 것으로 보인다. 이는 민국시기 민간종교의 새로운 경향으로서 주목할 가치가 매우 크지만, 그 자체로 매우 방대한 작업이어서 초보적으로 동북지역 민간종교결사의 대략적인 지형 정도를 다루는 본서에서는 깊이 천착할 겨를이 없다.

2. 민간종교의 유입과 흥기의 배경

이상과 같이 동북지역의 민간종교를 보면, 내지에서 이미 세력을 떨치던 민간종교결사가 이민과 함께 동북지역으로 유입된 경우가 대부분이었다. 황천교, 대승문, 백양교, 가리교, 재리교, 북경보국인의군, 만국도덕회, 도원의 홍만자회 등이 관내에서 유입된 사례들인데, 이각이분오나 대성문과 같은 자생적인 것보다 훨씬 비중이 크다. '당안자료'에서도 황천교 하얼빈 분부의 부장部長 이계업李繼業이라는 사람은 산동 사람으로서, 하얼빈의 황천교가 이민과 함께 유입되었음을 분명히 보여주고 있다.37) 동북에 크게 유행했던 재리교도 청대 도광 및 함풍 연간에 산동 비성현肥城縣에서 일어났던 황애교주黃崖教主 장적중張積中의 후예들이 우여곡절을 거쳐 화북과 동북의 도처로 흩어졌고, 항상 연계를 유지하라는 지령을 지켜오다가, 동북에서 재리교로 결합했다는 것

---

36) 濮文起,「民國時期民間秘密宗教簡論」,『天津社會科學』 1994年 第2期, 94~96쪽. ; 何姸,「民国时期东北民间宗教问题研究」, 8~13쪽. ;「東三省之邪教世界」,『盛京時報』 1914.6.6. 등등 참조. 특히 在理教가 상당한 비중을 차지했던 것으로 보이는데, 일례로 扶餘縣에서는 在理教가 佛教, 儒教를 포함한 전체 종교에서 10%를 차지했다고 한다.(「吉林省扶餘縣四家子屯風俗習慣、生活水平(1938年)」, 遼寧省檔案館 編,『中國近代社會生活檔案(東北卷一) 第11冊』, 202쪽.)

37)「北鎮縣查明縣屬境內並無黃天邪教(1915.8.31)」, 遼寧省檔案館 編,『中國近代社會生活檔案(東北卷一) 第8冊』, 15~18쪽.

이다.38) 두 사례 모두 내지에서의 민간종교결사가 이주와 함께 동북으로 유입되었음을 분명히 보여준다.

근대 이후의 동북 사회가 내지로부터의 대규모 이민을 통해 성립되었음을 고려할 때, 이민에 따른 민간종교의 유입 또한 매우 자연스러운 일로 여겨진다. 청대 함풍 연간 봉금정책이 철폐된 이후, 다양한 요인으로 인해 내지인의 동북 이주가 급증하였고, 이는 민간 종교 및 신앙 전반에 매우 큰 영향을 끼쳤다. 이민자들은 자신이 본래 가지고 있던 종교를 함께 가지고 왔으며 동북사회에 복제, 이식하였다. 민국시기 동북지역의 민간종교는 일단은 기본적으로 일종의 문화적 복제와 이식을 통해 성립되었다고 할 수 있다.

민간종교결사가 동북에 유입되고 홍기하는 데에는 천재天災와 인화人禍가 기본적인 베이스를 제공했다. 2천년에 걸친 중국 민간종교결사의 역사로 볼 때도 이는 일관되게 지속되는 하나의 특징이다.

재해의 경우는 이미 전술했듯이 콜레라의 유행을 하나의 사례로 들 수 있다. 예컨대, 황천교는 '콜레라의 발생을 인민이 황천교를 믿지 않아 하늘이 재앙을 내릴 징조라고' 선전하였고, 전염병에 대한 인민의 공포심을 부추겨 입교하도록 유도했던 것이다.39)

인재人災와 관련해서는, 1922년 4월 1차 직봉전쟁으로 인한 사회 불안이 민간종교의 홍기와 연결되는 명확한 사례를 발견할 수 있다. 1922년 6월 21일자 「봉천성장공서훈령」에 따르면, 당시 아군(奉天軍)이 패퇴하자 흉흉한 '유언비어'가 횡행하였는데, 첫째, 봉천군이 이번 패배로 철저하게 괴멸 당하였으니, 아무도 군대에 가서는 안 된다. 군대에 가게 되면 곧 바로 돌아가겠다고 울부짖어라. 둘째, 군대의 패배에 이

38) 瀧澤俊亮, 『滿洲の街村信仰』, 288쪽.
39) 「黃天教蔓延如此」, 『盛京時報』 1914.6.24.

어 대재앙이 따라올 것이니, 지금 회개(修改)하지 않으면 모두가 횡사할 것이고, 회개하면 능히 초탈할 수 있다. 여자는 반선伴仙이라고 하여 산에 올라 밤을 지새워야 한다.(당국은 이때 온갖 음탕한 일이 벌어졌다고 주장함.) 셋째, 괘호掛號라 하여, 긴급하게 매인 대양 5원을 보내면 재액을 면할 수 있다. 넷째, 장래 만인이 구덩이에 묻힐 것이니, 인민은 가능한 빨리 이사를 해야 한다. 단, 산 속으로 피신해서는 보우비保佑費라고 해서 반드시 대양 2원을 보내야 한다. 이는 황양교의 경우인데, 이를 통해 직예 쪽과 가까운 봉천성 서부 일대를 중심으로 교도가 수만에 이르렀다고 한다.[40]

기본적으로 인민이 민간종교를 찾는 이유가 불안과 위험에 대처해 안위를 추구하는 것이라고 한다면, 불안이 고조되었을 때 민간종교가 더 잘 확산될 것이라는 점은 어렵지 않게 짐작할 수 있겠다. '당안자료'를 통해, 민간종교결사 이외에 묘회나 연희를 통해 기원하는 것을 살펴보아도,[41] 각종 자연재해와 전염병, 병란과 전화戰禍, 비재匪災 등을 피하는 것이었다.

이밖에, 이주하여 새로운 삶의 터전을 개척해야 하는 어려운 상황이 이민자들로 하여금 종교결사에 더욱 의존하게 만들었을지도 모르겠다. 이런 측면은 동북 고유의 특징으로 볼 수 있겠다. 요컨대, 만주국시기 만주사정안내소가 편찬한 자료에서는 가리교가 흥기하는 과정과 관련 다음과 같이 서술하고 있다.

만주에서 사는 사람들 중에는 원래부터 살던 토착민이 적고, 서

---

40) 「奉天省長公署査禁邪說惑衆(1922.6.21.)」, 遼寧省檔案館 編, 『中國近代社會生活檔案(東北卷一) 第8冊』, 78~82쪽.
41) 遼寧省檔案館 編, 『中國近代社會生活檔案(東北卷一) 第5冊』, 375~500쪽.

민간종교결사와 지방당국의 대응

287

로 면식이 없어 항상 불안하게 살았다. 그들은 자기 보존의 필요를 위해서도 유력한 단결을 갈망하였다. 그래서 그들 동지 간의 보신을 위한 방어적 비밀 엄수 및 상호 의사 전달은 의외로 놀랍다. 저들이 타향에 살면서 회의와 불안으로 망령되게 행동한다면, 위정자로서도 고려할 점이 있다고 생각된다. 무지한 무리는 이런 부안을 이용한 입회 권유를 많이 받았고, 많은 편익이 있다는 말에 쉽게 걸려든다.[42)]

이민을 와서 불모지를 개척하는 과정 자체가 고난이었을 것이고, 여러 지역에서 이주해 온 이주민 간의 이질감이 상호 갈등 요인이 되었을 것이고, 이런 상황에서 살아남기 위해 '자기편'을 만들고 '자기편' 상호 간의 의리와 협조, 단결이 매우 중요했을 것이다. 이런 동북 특유의 배경이 내지의 민간종교가 이식되는 과정에도 작용했을 것이고, 근대 이후 동북 특유의 '복합성' 내지 '복합구조'가 민간종교의 전개에도 많은 영향을 끼쳤을 것이다. 그 구체적인 양상에 대해서는 차후의 연구를 기대한다.

▪▪ 제2절 민간종교의 존재 양태와 지방당국

이상에서 민국시기 동북지역에 어떤 민간종교결사가 있었고 그들이 대략 어떤 특징적 면모를 보였는지를 살펴보았다. 이제까지는 개별 종교결사에 대해 서술하였는데, 아래에서는 전반적인 존재 양태와 지방당국의 민간종교에 대한 대응에 대해 살펴본다.

---

42) 瀧澤俊亮, 『滿洲の街村信仰』, 292쪽.

1. 민간종교의 존재 양태와 특징

민간종교결사의 결성과 입교는 기본적으로 천재인화天災人禍의 위기
상황에 대처해 자신을 보호하기 위한 최소한의 조치였고, 마음의 위안
을 얻기 위한 '수세적' 행위였다. 이러한 '수세적' 태도는 당국의 처벌에
대응하는 상황에서도 그대로 이어진다. 청말의 상당수 '민변'이 이른바
'관핍민반官逼民反, 신핍민사紳逼民死'의 모순과 구호를 배경으로 일어났
다는 점에서,[43] 민간종교결사가 본래 저항을 위해 결성된 것이 아니라
는 점을 이해할 수 있는데, 민국시기 동북지역에서는 '관핍官逼'(당국의
단속과 탄압)에 대해서조차 '민반民反'(저항)을 하지 않고 이를 '회피'하
려는 태도를 보였다.

예컨대, 1923년 11월 '사교' 혐의로 체포된 대승문 교도 초옥진焦玉
珍, 장만통張萬通 등은 '보갑에 의해 무고를 당한 것으로 농사꾼인 자신
들은 감히 이단에 힘 쓴 일이 없고, 불학무술不學無術한 잘못밖에 없으
니, 살펴주시면 대덕무극大德無極하겠다'고 관용을 간청하고 있다. 또한
다른 교도들은 이들이 체포되었다는 소식을 듣고 곧 바로 잠적하였
다.[44] 또한, 전술했던 백양교 수령 이몽월은 '자신들은 기우제에 참가
했을 뿐이고, 깃발이나 화살과 같은 물품은 대민둔大民屯에 얻은 것이
며, 부정 행위를 한 적이 없고, 다만 세상 사람들을 구제하기 위해 좋
을 일에 힘쓰고 있으니 너그러이 살펴주기를' 간청하였다.[45] 하지만 또

---

43) 章征科, 「辛亥革命時期乡村民变的特点及成因探析」, 『华东师范大学学报(哲学社
　　会科学版)』第33卷 第2期, 2001.3. ; 王先明, 「士绅阶层与晚清"民变"──绅民冲突
　　的历史趋向与时代成因」, 『近代史研究』 2008年 第1期. 참조.
44) 「鳳城縣解送邪教大乘門首領焦玉珍、張萬通(1923.11.14)」, 遼寧省檔案館 編, 『中
　　國近代社會生活檔案(東北卷一) 第8冊』, 83~89쪽.
45) 「黑山縣拿獲斂財邪教教匪李夢月等(1924.6.14)」, 遼寧省檔案館 編, 『中國近代社

다른 공문에서는, 조사를 통해 이들이 '지방에서 패거리를 지어 분향하고, 요언謠言으로 대중을 미혹한 정황이 모두 사실로 드러났다'고 보고하였다.[46] 결국 이몽월은 경황 중에 도망해 숨고, 몇 명의 교도들은 체포되어 영기令旗, 영전令箭을 포함한 다수의 장물과 함께 현경찰소縣警察所로 송치되었고, 나머지 교도들은 해산하였다고 한다.[47] 저항이나 '반역'보다는 곤란을 회피하려는 '수세적', '소극적' 태도가 역력하다.

또한, 동북지역 민간종교결사의 활동이나 조직을 보면 '공개성'이 잘 드러난다. 요컨대, 전술한 황천교의 사례에서 보듯이 전도 방식이 상당히 공개적이었다. '맨투맨'으로 전도하는 방법 이외에, 선강당宣講堂을 빌려 선강을 통해 전도하는 방법이 사용되었다. 황양교의 경우에도 여러 곳의 선강당에서 집회를 열면 40~50명의 인원이 참가했다고 한다.[48] 1923년 11월의 「봉천성장공서포고」에서도 '각 사원이 대담하게도 학당을 가차하여 선강 명의로 사교를 성대히 제창하고, 당도黨徒를 모으니 그야말로 무법천지'라고 지적하였다.[49] 또한, 민국시기에는 '부계扶乩'라고 불리는 일종의 전통적인 점술이 전도나 신앙생활에서 일상적으로 활용되었는데,[50] 이런 경향이 동북지역에서도 마찬가지였음을 '당안자료'를 통해 확인할 수 있다.[51] 부계라는 점술은 보통 여러 사람

會生活檔案(東北卷一) 第8冊』, 121~128쪽.

46) 「黑山縣淸査邪敎白陽敎情形(1924.6.25), 遼寧省檔案館 編, 『中國近代社會生活檔案(東北卷一) 第8冊』, 129~131쪽.

47) 「黑山縣拿獲邪敎白陽敎餘黨(1924.7.4)」, 遼寧省檔案館 編, 『中國近代社會生活檔案(東北卷一) 第8冊』, 132~135쪽.

48) 「奉天省長公署査禁邪說惑衆(1922.6.21.)」, 遼寧省檔案館 編, 『中國近代社會生活檔案(東北卷一) 第8冊』, 78~82쪽.

49) 「奉天省長公署査禁邪敎惑衆斂財(1923.11.17)」, 遼寧省檔案館 編, 『中國近代社會生活檔案(東北卷一) 第8冊』, 90~105쪽.

50) 陳明華, 「扶乩的制度化與民國新興宗敎的成長-以世界紅卍字會道院爲例(1921-1932)」, 『歷史硏究』2009年 第6期, 2009.12, 63~64쪽.

이 참여해 공개적으로 한다. 이밖에, '길거리 전도' 같은 것도 보인다. 일례로 전술했듯이 백양교도 이몽월 무리는 '손에 영기와 영전을 들고 북을 치고 폭죽을 터뜨리며 노상에서 권교를 하다'가 체포되었다. 전술한 대승문의 사례에서 보듯이, 민간종교결사가 지역의 유력자와 결탁했던 경향도 공개적인 성격을 보여준다. 전술했듯이 일반 사회단체를 모방한 북경보국인의군, 만국도덕회, 법사회나 당시 '남만주 지역 중국인의 종교계 및 사상계에 가한 신선한 충동이 적잖았고'[52] 민간종교의 새로운 경향으로서 크게 주목받았던[53] 도원 부설 홍만자회의 다양한 사회활동도 민간종교의 공개성을 잘 보여준다. 이러한 동북지역 민간종교결사의 '공개적 성격'을 볼 때, 공세적 '반역'을 함의하는 '비밀결사'로서의 성격(비밀성)은 상대적으로 약했다고 볼 수 있다.

서두에서 언급했듯이, 백련교를 비롯한 대개의 민간종교결사는 민중반란을 통해 국가권력과 정치적으로 대립하면서 세상의 주목을 받았기 때문에, 정치적 '반역'이나 '비밀결사'로서의 이미지가 강하게 남아 있고 이런 경향이 연구에도 일정 정도 반영되어 있다. 그러나 이상에서 언급한 동북지역 민간종교결사의 '수세적', '소극적' 태도나 '공개성'은 이러한 이미지와 상당히 배치된다. 필자는 민간종교결사에 상기한 '정치적' 기능과 일상의 신앙생활을 담보해주는 '일상적' 기능이 중첩되어 있다고 생각한다. 이렇게 본다면, 민국시기 동북지역의 민간종교결사에서

---

51) 「東三省總督等嚴令禁止入廟燒香扶鸞請乩(1910.4.14)」, 遼寧省檔案館 編, 『中國近代社會生活檔案(東北卷一) 第8冊』, 1~2쪽. ; 「奉天省長公署查禁邪敎惑衆斂財(1923.11.17)」, 遼寧省檔案館 編, 『中國近代社會生活檔案(東北卷一) 第8冊』, 90~105쪽.
52) 松尾爲作, 『南滿洲=於ケル宗敎槪觀』, 敎化事業奬勵資金財團, 1931, 33쪽.
53) 滿洲事情案內所 編, 『滿洲國の宗敎(滿洲事情案內所報告 48)』, 新京 : 編者刊, 1939, 45~46쪽.

는 일상에서 드러나는 신앙 혹은 종교적 성격이 한층 더 강했다고 할 수 있다.

2. 민간종교에 대한 당국의 인식과 대응

이상과 같은 민간종교결사의 성격은 당국의 민간종교결사에 대한 대응을 통해서도 살펴볼 수 있을 것이다. 우선, 민국시기 동북의 지방 당국은 민간종교결사를 어떻게 인식하였을까.

민국시기 동삼성 성정부 및 현정부는 상기한 민간종교를 모두 '사교'로 규정하고, 철저히 조사하여 엄격히 금지할 것을 천명하였다. 이런 '사교'에 대한 엄단 의지는 한대漢代 이후 역대로 이어져 내려온 것이었다. 대대로 왕조 말기에는 어김없이 '비밀종교결사'가 '반역'의 중심에 서 있었기 때문에, 엄단 의지의 저변에는 민간종교결사가 언제 '반역'의 중심에 서서 기존 질서와 체제를 무너뜨릴지 모른다는 우려가 깔려 있었다.

그렇다면 실질적으로 민국시기 동북지역에서는 당국이 '사교'의 어떤 측면을 우려하였을까? 1925년 7월에 발령된 「봉천성장공서훈령」은 당국이 '사교'에 대해 무엇을 우려하는지가 비교적 잘 정리되어 있다.

> 사교의 해로움은 작게는 다중을 홀려 우민의 재물을 편취하고, 때로는 실업을 야기하고, 크게는 반역(不軌)을 도모하고 치안을 어지럽히는 것에 있다. 황건적이나 백련교를 다시 불러낼 수도 있으니, 지방을 책임 맡은 자는 마땅히 진지하게 조사하고 금지해야(査禁) 한다.[54]

---

54) 「査禁昌圖縣境內白陽邪敎(1925.7.25)」, 遼寧省檔案館 編, 『中國近代社會生活檔

'당안자료'를 분석해 보면, '사교'에 대한 우려와 관련해 가장 많이 나오는 말이 '혹중렴재惑衆斂財'이다.[55] 즉, '다중을 미혹하여 재물을 편취한다'는 뜻인데, '사교'가 거론되는 거의 모든 공문에서 관용적으로 지적되고 있다. 전술했듯이, 실제로 민간종교결사에서는 각종 명목으로 돈을 걷는 사례가 많았다. 대성문의 경우, '재물을 내면 장생할 수 있다'고 했고, 이각이분오는 헌금 액수에 따라 토반, 동반, 금반 등으로 등급이 매겨졌다. 황양교도 '괘호'라 해서 '긴급하게 대양 5원을 내면 액운을 면할 수 있다'고 했다. 당국은 조사과정에서 이런 사정을 알게 되었을 것이고, 인민이 재물을 편취 당하는 바를 '사교'의 가장 큰 폐단으로 인식하였던 것이다. 심지어 '사교를 선전하는 것은 바로 재물을 편취함에 그 뜻이 있다'[56]고 규정하기까지 했다.

　「봉천성장공서훈령」에서 보듯이, '치안'이나 '반역'에 대한 우려 또한 당국이 '사교'를 보는 주요 시각 중에 하나였다. 따라서 '사교'를 엄격히 '사금査禁'하여 '치안'을 확보하라는 언급이 상기한 '혹중렴재'와 대구를 이루어 관용적으로 표현된다. 다만, 전술한 민간종교결사의 '수세적' 태도나 후술하는 단속의 느슨함을 고려해 볼 때, '반역'에 대한 우려는 그다지 '현실적'이지는 않은 듯하다. 치안에 대한 언급은 많지만, '반역'에 대한 우려를 언급하는 경우는 상기한 「봉천성장공서훈령」을 제외하면 거의 없다. 전체적으로 '당안자료'의 문맥을 보아도, 국가권력 차원의

案(東北卷一) 第8冊』, 144쪽.

55) 「遼海營盖等處邪敎惑衆幷借名斂財應通飭査拿(1913.7.2)」 ; 「奉天省長公署査禁邪敎惑衆斂財(1923.11.17)」;「黑山縣拿獲斂財邪敎敎匪李夢月等(1924.6.14)」;「黑山縣政府嚴令査禁邪敎巫醫惑衆斂財(1929.4.26)」 ; 「復縣縣政府取締復縣白雲山朱仙姑惑衆斂財(1931.8.19)」, 遼寧省檔案館 編, 『中國近代社會生活檔案(東北卷一) 第8冊』, 3~6쪽. ; 90~105쪽. ; 121~128쪽. ; 163~168쪽. ; 193~194쪽. 등등.

56) 「奉天全省警務處査禁邪敎巫醫騙財害人(1926.1.28)」, 遼寧省檔案館 編, 『中國近代社會生活檔案(東北卷一) 第8冊』, 148쪽.

293

민간종교결사와 지방당국의 대응

저항에 대한 우려는 거의 없었다는 느낌이다.

이밖에, 인민이 '사교'에 빠져 일을 하지 않아 생업을 잃게 될 것이라는 우려[57) 이외에, 남녀 교도가 야심한 밤에 어울려 풍속을 해칠 것이라는 우려도 다소 있었다. 예컨대, 1918년 8월 흑산현공서에서 각지 게시한 「고시」에는 '근자에 남녀 교도로 인해 도성의 야심한 밤이 어지럽다'[58)는 구절이 있다. '남녀의 혼잡'에 대한 우려는 '미신'에 대한 당국의 인식에서 상당한 비중을 차지하고 있는데, 유교적 사고방식의 연장선에서 '사교'와 관련해서도 언급되었던 것으로 보인다.

이런 인식 아래 성정부나 현정부는 산하 경찰 및 향촌의 보갑, 촌장 등에게 '사교'를 엄히 단속하라는 지시를 거듭해 발령하였다. 은밀히 비밀요원(密査員)을 보내 조사하기도 하였으나,[59) '사교'의 활동이 향촌 단위에서 광범위하게 이루어지기 때문에 이에 대한 단속은 기층의 보갑, 경갑警甲, 촌장의 손에 달려 있었다.[60)

그러나 '사교'를 대하는 기층과 상급의 인식과 태도에는 상당한 괴리가 있었던 것으로 보인다. 기층의 행정체계는 적극적으로 움직이지 않았고, 아래에서 보듯이 상급에서는 기층의 이러한 태도를 계속해서 책망하였다. 심지어는 촌장으로 하여금 해당 향촌에 '사교'가 없다는 보증서(切結)를 제출하도록 했고 이에 대해 책임을 묻겠다고 했다.[61)

57) 「奉天省長公署布告第1號(1923.11.17)」, 遼寧省檔案館 編, 『中國近代社會生活檔案(東北卷一) 第8冊』, 105쪽.
58) 「黑山縣公署查禁邪敎維護治安(1918.8.22)」, 遼寧省檔案館 編, 『中國近代社會生活檔案(東北卷一) 第8冊』, 42쪽.
59) 「黑山縣查禁邪敎北京輔國仁義軍(1924.3.24)」, 遼寧省檔案館 編, 『中國近代社會生活檔案(東北卷一) 第8冊』, 112쪽.
60) 「開原縣查禁大聖門邪敎(1919.1.27)」, 遼寧省檔案館 編, 『中國近代社會生活檔案(東北卷一) 第8冊』, 53~54쪽.
61) 「黑山縣淸查邪敎白陽敎情形(1924.6.25)」, 遼寧省檔案館 編, 『中國近代社會生活檔案(東北卷一) 第8冊』, 129쪽.

'사교'를 단속해야 하는 구장, 경갑, 촌장 등이 이를 방임하는 태도를 보이고 있다.[62]

각현은 (사교를 단속하는) 일에 대해 경솔히 형식만 갖추고 내용이 없는 규정으로 여기고 열심히 성실하게 실행하지 않았다.[63]

사술邪術로 재물을 편취하는 일은 본디 법률에서 허용하지 않는 일로, 성정부에서 거듭해 명령을 내렸으나, 날이 좀 지나면 다시 해이해져 경찰이 단속에 힘을 쏟지 않는다.[64]

여러 차례 사금查禁을 공식 엄명했는데, 각 지방관은 봉행하는 데에 힘쓰지 않고, 시일이 흘러 소홀한 마음이 생겼다.[65]

이상에서 보듯이, 기층에서는 대체로 민간종교에 대한 단속에 그다지 적극적이지 않았음을 짐작할 수 있겠다. 연구에 따르면, 청대에도 '사교' 단속에 대한 민간의 태도는 완전 무관심이었고, 보갑제는 사교의 체포를 위한 관방의 무기가 되지 못했을 뿐만 아니라, '사교'를 적극적으로 고발한 사건을 보면 그 동기가 사적인 이득을 취하거나 개인적인 보복을 하기 위한 것이었지, 사교 자체에 대한 인식은 없었다고 한다.[66] '당안자료'에서도 유사한 상황을 발견할 수 있는데, 일례로 1923년 11월 대승문 혐의로 체포된 진득화陳得和 등은 보장, 구장, 촌정村正

---

62) 「査禁昌圖縣境內白陽邪教(1925.7.25)」, 遼寧省檔案館 編, 『中國近代社會生活檔案(東北卷一) 第8冊』, 142~147쪽.

63) 「遼寧省政府嚴令査禁邪教(1929.3.11)」, 遼寧省檔案館 編, 『中國近代社會生活檔案(東北卷一) 第8冊』, 156쪽.

64) 「安東縣嚴禁巫醫跳大神騙錢(1930.5.30)」, 遼寧省檔案館 編, 『中國近代社會生活檔案(東北卷一) 第8冊』, 184쪽.

65) 「奉天省長公署布告第1號(1923.11.17)」, 遼寧省檔案館 編, 『中國近代社會生活檔案(東北卷一) 第8冊』, 105쪽.

66) 梁景之, 「從"邪教"案看淸代國家權力與基層社會的關系」, 『淸史硏究』 第3期, 2003. 8, 53~57쪽. ; 周向陽, 「査禁"邪教": 淸代民間的回應及原因探析」, 『南昌航空大學學報(社會科學版)』 第14卷 第2期, 2012.6. 참조.

이 모두 근일에 제멋대로 취임한 무뢰배로서 자신들을 허위로 고발해 무고를 당했다고 호소하였다.[67]

민간종교결사는 교도 나름의 필요성이 확실하게 있었기 때문에, 당국의 느슨한 대응으로는 근절될 수 없는 것이었다. 전술했듯이 단속을 계속해서 지시하는 것으로 보아 민간종교결사는 계속되었다. 일례로, 봉성현 양욕羊峪의 주민 양수태楊樹泰는 대승문을 믿었는데, '안동심판청에서 도형(징역)을 판결 받아 죄 값을 치른 후에도 여전히 사교를 신앙했다'고 한다.[68]

이상에서 민간종교결사에 대한 당국의 대응을 간략히 살펴보았는데, '재물 편취'에 치중된 인식, '사교'에 대한 태도와 인식에 있어 상급 정부와 기층 행정체계의 괴리와 그로 인한 느슨한 대응, 이에 따른 민간종교의 지속 등을 고려해 볼 때, 지방당국의 대응에서도 민국시기 동북지역 민간종교의 '비정치적', 일상의 신앙적 성격을 엿볼 수 있지 않을까 생각한다.

제3절 민간종교결사의 일상성과 장기지속성

이상에서 민국시기 동북지역의 민간종교의 개황, 존재 양태와 지방당국의 대응 등에 대해 살펴보았다. 황천교, 대승문, 백양교, 가리교, 대성문, 이각이분오, 북경보국인의군, 만국도덕회, 법사회 등의 민간종

---

67) 「鳳城縣解送邪敎大乘門首領焦玉珍、張萬通(1923.11.14)」, 遼寧省檔案館 編,『中國近代社會生活檔案(東北卷一) 第8冊』, 87~89쪽.

68) 「鳳城縣查獲大乘門邪敎敎徒(1922.1.20)」, 遼寧省檔案館 編,『中國近代社會生活檔案(東北卷一) 第8冊』, 74쪽.

교결사가 활동했고, 이들은 당국에 의해 '사교'로 규정되어 단속의 대상이었음을 확인하였다. 물론 이밖에도 전국적 규모의 구궁도, 선천도, 재리교, 도원의 홍만자회 등이 동북지역에서 활동하였다. 이들은 대부분이 청대 중엽 이후 급증한 이민과 함께 동북에 유입된 것이었다. 초기에는 - 나중에는 동북 특유의 변모가 발생하겠으나 - 문화적 이식과 복제에 의해 동북지역의 민간종교가 형성되었다고 할 수 있을 것이다.

2천년에 걸친 중국의 민간종교결사가 대개 그렇듯이, 민간종교결사가 흥기하는 데에는 천재인화가 바탕에 깔려 있다. 그런데 동북의 경우에는 이주민의 사회라는 특성이 민간종교의 흥기에도 영향을 끼쳤다. 말하자면, 이주하여 새로운 삶의 터전을 개척해야 하는 어려운 상황이 이민자들로 하여금 종교결사에 더욱 의존하게 만들었던 것이다. 이런 측면은 동북 고유의 특징으로 볼 수 있겠다.

민간종교는 기본적으로 천재인화의 위기상황에 대처하기 위한 인민 나름의 방편이었고, 위험에 대한 '수세적' 행위였다. 당국의 단속에 대해서도 일관되게 이를 '회피'하려는 '소극적' 태도를 보였다. 활동이나 조직 측면에서도 '비밀결사'로서의 성격보다는 '공개적'인 양태를 많이 보여주었다.

'사교'에 대한 당국의 인식을 보면, 이들이 인민을 속여 재물을 편취한다는 점을 가장 크게 우려하였다. 또한 치안을 어지럽힐 가능성에 대해서도 우려하였다. 부차적으로는, 인민이 '사교'에 빠져 생업을 잃게 될 것이고, 남녀 교도가 무분별하게 어울려 미풍을 해칠 것이라고 걱정하였다. 이를 명분으로 거듭해서 '사교'에 대한 단속을 지시하지만, 실질적으로 '사교'를 단속해야 할 향촌의 구장, 보갑, 경갑, 촌장 등은 단속에 그다지 적극적이지 않았다.

이상의 논의는 아래 몇 가지로 정리할 수 있겠다.

첫째, 근대 이후 동북지역의 민간종교는 이주민과 함께 내지에서 유입되어 성립된 것이었다. 이는 여타 민간신앙도 마찬가지였다. 사원과 묘회, '연희수신' 등과 같은 민간신앙도 처음에는 내지의 것이 이식되고 복제되는 과정을 통해 형성되었을 것이다. 따라서 '이민사회'라는 특성이 동북지역 민간 종교 및 신앙의 형성과 전개에 크게 영향을 끼쳤을 것으로 보인다. 예컨대, 동북 특유의 '오방잡처五方雜處'가 민간신앙의 다원성 내지 복합성을 초래했을 개연성이 있다. 이에 대한 구체적 양상은 후속되는 연구를 기대해 본다.

둘째, 민간종교결사에는 본래 '정치적' 맥락과 일상의 신앙적 기능이 중첩되어 있는데, 민국시기 동북지역의 민간종교결사에는 후자 한결 강했다는 점이다. 이는 동북지역 민간종교결사의 '수세적', '소극적' 태도, 다양한 측면의 '공개성' 등을 통해 짐작할 수 있었다. 또한 '재물 편취'에 치중된 인식, '사교'에 대한 상급 정부와 기층 행정체계의 괴리와 그로 인한 느슨한 대응, 민간종교의 지속성 등 지방당국의 대응이라는 측면에서도 확인할 수 있었다.

셋째, 민간종교를 포함한 민간신앙이 중국사회의 '장기 지속적' 토대로서 이어진다는 점이다. 성정부나 현정부는 민간종교결사를 '사교'로 규정하고 엄격한 단속을 누차 강조하고 있으나, 실질적인 단속의 주체인 기층사회의 보갑, 경갑, 촌장 등은 민간종교에 대하여 매우 느슨한 태도를 취하였다. 이런 현실상의 느슨함은 민간신앙과 관련된 '미신타파'의 문제에서도 드러날 것으로 보인다. 특히 그것이 일반 인민에게 삶 그 자체였다는 점을 고려한다면, 국가권력이 의도한다고 해서 근절할 수 있는 것은 아니었다. 이런 점에서 근대 이후 '사교'와 '미신'이라는 비판 담론을 기초로 해 표면상 드러나는 국가권력 및 지배엘리트의 지속적인 압박에도 불구하고, 민간종교결사를 포함한 민간신앙이 중국

사회의 '장기 지속적' 토대로서 이어질 수 있었다고 생각한다. 이는 개혁개방 이후 봇물처럼 부활되는 중국의 민간신앙을 설명하는 데에도 참고가 될 수 있다. 그 구체적 양상에 대해서는 후속 연구를 기대한다.

동북지역 관방제사의 지속과 변화

1부에서 이미 관방제사에 대해 간략히 언급한 바 있는데, 본장에서
는 이에 대해 본격적으로 살펴본다. 특히 유구한 역사를 가진 중국의
전통적 국가제사가 근대에 들어 동북지역에서 어떻게 변화하고 지속되
는지에 주목할 것이다.

제1절 중국의 전통적 국가제사

전통적으로 제례는 중국문명을 핵심적으로 상징하는 대표적인 문화
양식이다. 제사는 중국인을 중국인이게 만드는 하나의 요소였다. 그래
서 중국에는 조상과 각종 신령(귀신 포함)에 제사 지내는 다양한 제단
이나 사당이 집집마다, 향촌마다 전국적으로 어느 곳에나 없는 곳이 없
었고, 일상적으로 제사가 이루어졌다. 민간신앙이나 기성종교(유교, 불
교, 도교 등) 영역에서도 다양한 제사 활동이 이루어졌지만, 지방정부
를 포함한 국가권력도 예외가 아니었다. 제례는 국가의 오례五禮(吉禮,
凶禮, 軍禮, 賓禮, 嘉禮) 중에 길례에 속하는 것으로 가장 중시되었다.

국가제사는 매우 일찍이 시작된 것으로 보이는데,[1] 언제 시작되었는

───────────

1) 春秋時期에 '祀典'이라는 말이 나오는데, 이것이 비록 '國家祀典'과 연원 관계를
   가지고 있으나 같은 것이라고 할 수는 없다. 전통시기 國家祀典의 형성은 그 나름
   의 사회적, 역사적 조건을 가지고 있었다는 점에서 쉽사리 일도양단할 수 있는 일

지를 명확히 규정할 수는 없으나 『예기·곡례』편에는 천자, 제후, 대부, 사士가 매년 드려야 하는 제사가 등급별로 기록되어 있다.[2] 이후 당대는 국가 예제의 전개에서 매우 중요한 시기였다. 유명한 국가 전례가 차례로 완성되어 후대 제국이 모범으로 삼게 되었는데, 제사의 종류와 의례 절차를 명확히 통일하였을 뿐만 아니라, 지방제사의 정비와 보급에도 상당한 성과를 거두었다.[3] 명초 홍무 연간에 이르면 원대 말기의 전란으로 파괴된 각지의 사원을 대대적으로 복구하여 면모를 일신함과 동시에 사전祀典을 확대 재정비하였다.[4] 명초에 정비된 사전의 기본 틀은 청대에까지 기본적으로 계승되었다. 청대에는 특히 옹정 연간에 지방제사를 포함한 국가제사가 한 차례 양적으로 확대되는 양상을 보인다.[5]

국가제사체계가 기본 틀을 갖추는 당대의 전장제도典章制度를 상세히 기록한 『당육전唐六典』은 중요도에 따라 국가제사를 대사大祀, 중사中祀, 소사小祀로 분류하여 일목요연하게 정리하고 있다. 천지(郊祀)와 종묘, 사직 등에 대한 제사는 대사로 삼고, 선농, 산천, 공자 등은 중사로 삼았으며, 소사(群祀)는 기타 여러 신령들을 대상으로 했는데, 각 등급의 숭배 대상은 시기별로 다소간의 변화가 있었다.[6]

　　은 아닌 듯싶다.(朱迪光, 「封建國家祀典的形成及其對古代中國宗教活動的影響」, 『靑海社會科學』 1990年 第1期, 1990.3. 참조.)
2) 金相範, 「國家禮制와 民間信仰의 衝突 - 唐初 狄仁傑의 淫祀撤廢措置를 중심으로」, 『中國史硏究』 제17집, 2002.2, 70쪽.
3) 金相範, 「地方祭祀体系와 民間信仰의 관계 - 唐代를 중심으로」, 『中國史硏究』 제19집, 2002, 106쪽.
4) 李允碩, 「明初 國家權力의 地方寺廟 整備 - 中央의 規定과 江南地域의 實際」, 『中國學報』 제44집, 2001, 304쪽.
5) 李允碩, 「雍正帝와 淸代 國家祭祀 : 禮制의 측면에서 본 雍正統治」, 『明淸史硏究』 제25집, 2006.4.
6) 金相範, 「地方祭祀体系와 民間信仰의 관계 - 唐代를 중심으로」, 79쪽.

또한 국가제사는 중앙에서 황제나 황제가 파견한 조정 대신이 직접 주재하는 제사(國祭)와 지방에서 각급 지방관이 주재하여 거행하는 제사(公祭)로 나누어 볼 수 있다. 지방제사 중에는 특별히 전국이 일률적으로 지내야 하는 제사가 있었는데, 이를 '통사通祀'라고 불렀다. 당대와 송대에 전국의 주현州縣에서 거국적으로 거행되는 '통사'는 크게 세 종류였다. 첫째가 사직이고, 둘째가 공자(釋奠)이며, 셋째가 우사雨師, 풍백風伯, 뇌신雷神으로 구성되는 자연신에 대한 제사였다. 원대에는 기존에 삼황三皇이 추가되었고,[7] 명대에는 삼황이 폐지되고 산천과 공려公厲(無祀鬼神), 공자 종사從祀와 성황이 추가되었다. 청대에는 더욱 확대되어 선농, 관우, 문창제군文昌帝君이 추가되었다.[8] 이를 표로 정리하면 다음과 같다.

|도표 20| 역대 통사 대상의 변화 추이

시기	기존 통사 대상	추가된 통사 대상
宋代	社稷, 風師雨師, 孔子	
元代	社稷, 風師雨師, 孔子	三皇
明代	社稷, 風師雨師, 孔子	山川, 公厲, 孔子 從祀, 城隍
淸代	社稷, 風師雨師, 孔子+從祀, 山川, 公厲, 城隍	先農, 關羽, 文昌

지방 통사가 거행되는 장소는 단壇과 사묘祠廟로 나누어 볼 수 있는

---

7) 三皇은 醫學과 관련된 것으로 元代에 通祀에 포함되었다가 明代에는 폐지되었다. 하지만 三皇廟가 없어진 것은 아니고 藥王廟라는 이름으로 불리면서 곳곳에 존재했다. 民國時期 遼寧省 海城縣에는 醫學硏究會가 부설되기도 했다. (「海城縣志」 (1924), 中國地方志集成編輯工作委員會, 『中國地方志集成 - 遼寧府縣志輯 第5冊』, 南京 : 鳳凰出版社, 2006, 288쪽.)
8) 李允碩, 「중국 근세의 祠廟와 지방 통치 - 全國通祀 및 神像存廢를 중심으로」, 『東洋史學硏究』 제119집, 2012.6, 130~131쪽.

데, 단은 흙과 돌로 쌓은 노천의 제단이고, 사묘는 가옥의 형태로서 그 안에 신상이나 목주를 모셔 놓는다. 사祠는 대개 숭배대상이 인물이고, 묘廟는 신령인 경우가 많다. 원리적으로 보면 노천의 단에서 지내는 제사는 대개 '자연신'을 대상으로 하고, 사묘에서 신령을 모시고 제사 지내는 것은 '인격신'을 대상으로 한다. 그래서 전자로는 사직단, 풍운뇌우산천단, 여단厲壇, 선농단이 있고, 후자로는 공묘孔廟 및 계성사啓聖祠와 숭성사崇聖祠, 충의효제사忠義孝悌祠, 절효사節孝祠, 성황묘, 관제묘, 문창묘文昌廟 등이 있다. 단은 대개 현성 밖에 위치하고 사묘는 성내에 위치하였다.9)

지방관이 지내야 하는 지방제사에 '통사'만 있었던 것은 아니다. 명확히 통사로 규정되어 있지 않고 전국에서 일률적으로 거행하지도 않지만, 특정 지역에서 지역 특성에 의거해 지방관이 제사를 지내고 있고 민간에서도 널리 숭배하는 대상이 있었다. 예컨대 태산泰山(동악묘)과 같은 해당 지역의 명산대천이 대상이 되었고, 해안 지역은 마조媽祖에 제사를 지냈다. 또한 국가에 공이 크거나 백성을 특별히 이롭게 한 역사상의 인물(聖帝名王, 忠臣烈士)이 그 대상이 되었다.10)

이상에서 서술한 것은 모두 사전祀典에 기록되어 공식적으로 허용된 제사인데 이를 '정사正祀'라고 하였다. 허용된 정사라고 할지라도 제사에는 관념적으로 위계질서가 있어 계층 또는 주체에 따라 지낼 수 있는 제사가 따로 정해져 있었다. 천자는 천지에 제사를 지내고, 제후는 산천에 제사 지내고, 대부와 사서士庶는 그 밖의 여러 정사에 제사를

---

9) 李允碩, 「중국 근세의 祠廟와 지방 통치 - 全國通祀 및 神像存廢를 중심으로」, 130~131쪽.
10) 李允碩, 「중국 근세의 祠廟와 지방 통치 - 全國通祀 및 神像存廢를 중심으로」, 144~150쪽.

지내며, 백성은 조상과 부엌신(竈神)에 제사 지낼 수 있었던 것이었다. 향촌에서는 토지와 곡식의 신에 기원하고, 이사里社를 결성해 지역의 신령(鄕厲, 邑厲, 郡厲)에 제사를 지낼 수 있었다.[11] 백성이 하늘에 제사를 지내는 것처럼 위계질서를 위반한 제사는 철저히 금지되었다.

정사 이외에는 모두 '음사淫祀'로 취급하였다. 위계질서(祀典) 밖에 있던 음사는 항상 적극적으로 단속한 것은 아니지만 원칙적으로는 금지되었다. 부계扶乩(점술의 일종), 부적 등의 주술도 함께 금지되었다. 이처럼 전통시기 중국은 국가제사체계의 전반에 위계질서를 내장함으로써 국가제사의 기본 틀을 확립하고, 이를 지방에 일률적으로 보급함으로써 제국질서의 통합성을 제고하였다. 제천祭天에 있어 황제의 독점적 권위를 천명하고 백성의 본분에 맞는 제사와 신앙 활동의 범위를 설정하였다. 뿐만 아니라, 음사 규정이나 주술 금지에서 보듯이 사전을 통해 결국 민간신앙의 영역까지 통제하려고 하였다.

이상과 같이 국가제사는 전통시기 제국체제의 규범적인 정치, 사회, 문화적 질서를 정당화하는 데에 매우 중요한 요소로 작용했고, 제국질서의 정체성을 형성하는 데에 핵심적인 역할을 했다. 그렇다면, 이런 국가제사가 근대 이후에는 어떻게 되었을까? 더욱이 청조의 멸망으로 전통시기 국가제사를 지탱하던 황제지배체제가 종식된 민국시기에 이르러, 전통적인 제국의 통합성을 상징하던 '천하통사天下通祀'는 어떻게 되었을까? 중국의 전통적인 종교신앙을 미신으로 매도하던 근대적 '과학정신'에 의해 타파되었을까? 아니면 지속되었을까? 지속되었다면 어떻게 지속되었을까? 아래의 서술은 이상의 의문에서 출발한다.

민국시기의 사전祀典에 관해서는 일정한 연구가 진행되어 중앙정부

---

11) 李允碩,「明初 國家權力의 地方寺廟 整備 - 中央의 規定과 江南地域의 實際」, 277~278쪽.

차원에서 어떤 조치들이 취해졌는지에 대해서는 대략적인 윤곽을 파악할 수 있지만,[12] 대개의 연구가 개별 제사에만 집중하고 있어 관방제사 전체가 어떻게 전개되는지에 대해서는 다루지 않았을 뿐만 아니라, 중앙정부의 조치가 지방에서 실제로 어떻게 시행되었는지에 대해 고찰하거나 청대와 민국 시기를 비교해 다룬 연구는 매우 드물다.[13]

민국시기는 '군벌할거'라고 부를 정도로 중앙권력이 약화되어 있었고 지방의 독군督軍이나 성장省長의 권력이 비교적 컸다. 따라서 중앙에서 추진한 국가사전國家祀典이 지방에서 집행될 때 사정이 각기 다를 개연성이 높다. 동시에 지방관 개인의 성향에 따라 각지의 관방제사가 영향을 받았을 가능성도 높다. 결국, 중앙의 정책은 정책일 뿐이고 지방에서 구체적으로 어떻게 실행되었는지는 별개의 문제이다. 따라서 지방에서의 구체적인 실행 양태를 함께 이해하는 것이 필요하다. 그래야 정책의 내용만으로는 충분히 파악하기 어려운 실질적인 의미를 명확히 이해할 수 있을 것이다.

이런 문제의식을 바탕으로 전통적으로 꾸준히 이어져왔던 지방제사가 민국시기에 들어서는 어떻게 전개되는지를 동북지역(요녕 중심)을 대상으로 살펴볼 것이다. 우선, 청대를 중심으로 민국 이전의 지방관사

---

12) 李俊領, 「淸末文廟祀典升格與人心失控」, 『史學月刊』 2012年 第5期. ; 李俊領, 「中國近代國家祭祀的歷史考察」, 山東師範大學 碩士學位論文, 2005. ; 李俊領, 「儀式與"罪證" : 1914年袁世凱的祭天典禮」, 『揚州大學學報(人文社會科學版)』 第15卷 第6期, 2011.11. ; 李俊領, 「孫中山再造文明中國的本土情懷與世界眼光 - 試析1912年南京臨時政府的國家祭祀典禮」, 『學習與實踐』 2011年 第8期. ; 田海林/李俊領, 「"忠義"符號: 論近代中國歷史上的關岳祀典」, 『山東師範大學學報(人文社會科學版)』 第57卷 第1期, 2012. ; 許效正/張華騰, 「試論民國初年(1912~1915年)的祀典政策」, 『雲南社會科學』 2009年 第5期. ; 蘇中立/陳建林 主編, 『大變局中的涵化與轉型 : 中國近代文化覓蹤』, 中國工人出版社, 1992. 등이 있다.
13) 龐毅, 「晩淸民初長沙官方祭祀初探(1840-1927)」, 湖南師範大學 碩士論文, 2013.5. 가 거의 유일하다.

地方官祀를 고찰하여 비교의 기준으로 삼고, 이어 민국시기 동북지역의
사전이 어떻게 운영되었는지를 살펴본다.

지방지에는 해당 지방의 「사전祀典」과 「사묘지祠廟志」 등이 수록되어
있어 관방제사의 장소와 숭배대상, 제사의 내용 등을 파악할 수 있다.
따라서 지방의 사전을 고찰하기 위해서는 우선 지방지를 확인해야 한
다. 아래에서는 2006년에 출간된 『중국지방지집성』을[14] 활용하여, 요
녕성의 현지縣志 전체와 길림성, 흑룡강성의 일부를 참고하였다.(이하
'지방지'라 칭함) 또한, 전술한 바 있는 『중국근대사회생활당안』의[15]
제4, 5, 8책에 수록되어 있는 국가제사 관련 198건의 당안을 참고하였
다.(이하 '당안자료'라 칭함) 이밖에 신문 및 정기간행물 자료 등도 검
토하였다.

😯 제2절 청말 동북지역의 관방제사

전술하였듯이, 지방관이 지내야 하는 제사(관방제사)에는 황제의 지
시에 따라 전국이 일률적으로 지내야 하는 '통사通祀'가 있었는데, 청말
에 이르면 사직, 풍사우사, 공자+종사, 산천, 공려公厲, 성황, 선농, 관
우, 문창 등 9종의 제사가 이에 해당되었다. 물론 이는 중앙의 정책일
뿐이고 지방에서 구체적으로 어떻게 실행되었는지는 별개의 문제이다.
게다가 지방 관방제사에는 '통사'만 있었던 것이 아니고, 특정 지역에서

---

14) 中國地方志集成編輯工作委員會, 『中國地方志集成 - 遼寧府縣志輯 ; 吉林府縣志
    輯 ; 黑龍江府縣志輯』, 南京 : 鳳凰出版社, 2006.

15) 遼寧省檔案館 編, 『中國近代社會生活檔案(東北卷一)』, 廣西師範大學出版社,
    2005.

지역 특성에 의거해 지방관이 '마땅히 제사 지내야 하는 신령(應祀神祇)'도 있었다. 말하자면 지역에 근거하여 살펴보아야 할 필요가 있다는 것이다. 이에 이하에서는 우선 민국시기를 본격적으로 살펴보기에 앞서 주로 청대에 동북의 지방사전이 어떻게 운영되었는지를 구체적으로 확인해 보고자 한다.

1. 동북지역에서의 '통사'의 시행

먼저 선통 2년(1910)에 출간된 흑룡강성 『호란부지呼蘭府志』[16)에 수록되어 있는 「권6 사사략祠祀略」에는 전통시기 동북지역 제사활동의 전모가 잘 정리되어 있다. 아래는 그 내용을 표로 정리한 것이다.

|도표 21| 호란부지 사사략의 제사 활동

대분류	제사 대상	주체	비고
大祀	上帝(祀天, 祈穀)	皇帝	
	孔子	지방(府州縣)장관	光緖33年(1907) 大祀로 승격.
中祀	日月과 五星	皇帝(중앙관료)	
		민간(屯民)	太陽廟에서 제사를 지냄.
	關帝	지방(府州縣)장관	咸豊3年(1853) 中祀로 승격.
		민간	祈福禳災의 의미.
	文昌帝君	지방장관	咸豊3年(1853) 中祀로 승격.
	先農	지방장관	耕籍禮도 함께 거행함.
	松花江 河神	吉林省 官員	
群祀 (小祀)	城隍	지방장관	
	土地神	민간(향촌)	
	龍神	지방장관	

16) 中國地方志集成編輯工作委員會, 『中國地方志集成 - 黑龍江府縣志輯 祭1冊』, 南京 : 鳳凰出版社, 2006, 123~127쪽. (이하 『地方志集成』으로 줄임.)

2부 근대시기 동북지역 민간신앙의 전개와 지역적 특성

대분류	제사 대상	주체	비고
	昭忠祠	지방장관	本籍 출신의 文武官 및 戰死한 兵丁을 제사함.
	火神	민간	
	呂祖	민간	
	菩薩	민간	觀音廟에서 제사함.
	斗母女神	민간	天后聖母와 같은 것.
	藥王	민간	
雜祀	娘娘廟, 財神廟, 地藏廟, 馬神廟, 九聖祠 및 기타 國法을 따르지 않는(不經) 신령 등	민간	祀典 밖에 있는 민간의 제사

위의 표에서 보듯이, 제사를 지내는 주체로 볼 때 관방과 민간으로 나눌 수 있는데 관방의 제사로는 중앙의 황제가 관할하는 제사와 지방의 장관이 지내는 제사가 있다. 민간의 제사로는 사전(大祀, 中祀, 群祀)에 포함되어 '공식적으로 인정되는' 토지신, 화신火神, 여조呂祖, 보살, 두모여신斗母女神, 약왕 등의 제사가 있고, 사전 밖에 있는 민간의 잡사雜祀가 있다. 잡사로는 낭랑묘, 재신묘, 지장묘, 마신묘, 구성사 및 기타 국법을 따르지 않는(不經) 신령 등을 열거해 놓았다. 특히 구성사는 중사인 관제, 군사群祀(小祀)인 용왕, 산신, 토지, 화신, 약왕과 사전에 등재되어 있지 않은 우신牛神, 마신馬神, 충왕을 합쳐 놓았다.17) 여기에서

---

17) 이런 多神混雜性은 중국의 민간신앙이 갖고 있는 주요한 특징 중에 하나이다. 뿐만 아니라, 三聖祠, 七聖祠, 九聖祠와 같이 여러 신령을 合祀하는 사당이 동북지역에 유난히 많았는데 이는 동북의 민간신앙이 가졌던 특징적 면모이다. 동북지역에 合祀 현상이 두드러졌던 것은 이민과 함께 새로 유입된 신령이 기존의 신령을 대체한 것이 아니라, 그 위에 덧붙여져 축적되었기 때문이다. 따라서 거주 인구에 비해 신봉하는 신령이 너무 많아졌고 전담 사원을 갖는 것이 불가능해져 '아파트 방식의 廟宇'가 나타난 것이다. 또한 이는 사원들이 여러 지역에서 이주해 온 이주민의 다양한 요구에 적응한 측면이 있고, 여기에 동북지역 고유의 특성이 중첩

『호란부지』의 「사사략」을 하나의 지방사전地方祀典으로 볼 수 있다면, 관방제사를 규정하는 사전을 통해 민간의 신앙 활동을 규율하려는 경향을 발견할 수 있다. 우선 구성사 안에 사전에 등재되어 있는 제사와 그렇지 않은 제사가 혼재되어 있는 것이 그렇고, 토지신, 화신, 여조, 보살, 두모여신, 약왕 등에서 보듯이 민간에서 널리 행해지고 있는 숭배 활동을 국가의 공식적 제사체계로 적극 수용했다는 점이 그렇다. 특히 잡사는 말하자면 '음사'로서 원래 관념적으로는 금지되어야 하는 것임에도, 지방의 현실 속에서는 중앙의 국가권력보다 더 적극적으로 인정할 수밖에 없었고 이를 사전에 반영하였던 것이다.

위의 표에서 지방의 관방제사는 공자, 관제, 문창제군, 선농, 송화강松花江, 성황, 용신, 소충사昭忠祠 등 모두 8종이다. 여기에서 상기한 청대의 통사 9종에 포함되어 있는 공자, 관제, 문창제군, 선농, 성황 5종을 제외하면 송화강 하신河神, 용신, 소충사 3종이 남는다. 말하자면 이 3종은 '천하 통사'에 포함되지는 않지만 호란부에서는 마땅히 제사 지내야 하는 동북의 '응사신기應祀神祇'에 해당되는 것이다.

그런데 전술한 청대의 통사 9종 가운데 사직, 풍사우사, 산천, 공자의 종사, 공려 등 5종은 『호란부지』의 「사사략」에 언급되어 있지 않다. 하지만 이들 5종이 동북지역에서 시행되지 않았던 것은 물론 아니다. 동북지역의 다른 거의 모든 현지에는 '통사 9종'이 모두 언급되어 있다. 예컨대, 1917년에 출간된 『심양현지瀋陽縣志』의 「고사사古祠祀」에는 사직단, 풍운뇌우산천단, 선농단, 성황묘 등을 명청대에 걸쳐 지현이 건립하거나 중수했음을 기록해 놓았다.[18] 또한 1924년에 출간된 『해성현지

되어 '혼잡성'이 가중되었다.(박경석, 「근대시기 중국동북지역 민간신앙의 '복합성'
- 이민의 유입에 따른 민간신앙의 이식과 융합을 중심으로」, 『中央史論』 제40집,
2014.12, 230~232쪽.)

海城縣志』의「단묘壇廟」에는 사직묘, 풍운뇌우산천단, 선농단, 여단, 공묘, 문창각文昌閣, 관제묘, 팔사묘, 성황묘, 절효사, 충의효제사 등을 주로 청대에 지현이 건립하여 제사 지냈음을 밝히고 있다.[19] 이러한 언급은 1910년에 출간된『창도부지昌圖府志』와 1916년에 출간된『창도현지昌圖縣志』의「사전祀典」에서도 찾아볼 수 있다.[20] 이밖에,『요양현지遼陽縣志(1928)』,『철령현지鐵嶺縣志(1915)』,『개원현지開原縣志(1857)』,『개평현지蓋平縣志(1682)』,『금현지錦縣志(1920)』,『금주부지錦州府志(1931)』,『의현지義縣志(1931)』,『흥성현지興城縣志(1927)』,『봉천성북진현지奉天省北鎭縣志(1933)』,『조양현지朝陽縣志(1930)』 등에서도[21] 청조가 설정해 놓은 '전국 통사' 9종이 '사전'에 포함되어 시행되었음을 확인할 수 있다.

'당안자료'에서도 민국 이전에 '전국 통사'가 동북지역에서 통상적으로 시행되었음을 확인할 수 있다. 우선 매년 중앙의 예부禮部에서 각성 도통都統에게 하달한 문서가 주목되는데, 여기에는 흠천감欽天監이 계산한 해당 연도 각 단묘壇廟의 재계齋戒 및 치제致祭 날짜가 명기되어 있다.[22] 이처럼 청대에는 고정된 '사전' 이외에도 매년 연초에 중앙에서

---

18) 「瀋陽縣志」(1917),『地方志集成 - 遼寧府縣志輯 第1冊』, 189~191쪽.
19) 「海城縣志」(1924),『地方志集成 - 遼寧府縣志輯 第5冊』, 259~300쪽.
20) 「昌圖府志」(1910),『地方志集成 - 遼寧府縣志輯 第10冊』, 405쪽. ;「昌圖縣志」(1916),『地方志集成 - 遼寧府縣志輯 第10冊』, 490쪽.
21) 이들 지방지에 관해서는 中國地方志集成編輯工作委員會,『中國地方志集成 - 遼寧府縣志輯』, 南京 : 鳳凰出版社, 2006. 참조.
22) 「辛亥年各壇廟祭祀齋戒日期(1791.1.9)」;「甲子年各壇廟祭祀齋戒日期(1804.2.1)」;「癸巳年各壇廟祭祀齋戒日期(1833.1.26)」;「丁酉年各壇廟祭祀齋戒日期(1837.1.10)」;「己酉年各壇廟祭祀齋戒日期(1879.1.12)」;「甲午年各壇廟祭祀齋戒日期(1894.2.18)」;「乙未年各壇廟祭祀齋戒日期(1895.1.13)」;「辛醜年各壇廟祭祀齋戒日期(191.3.30)」;「壬寅年各壇廟祭祀日期(1902.1.4)」;「壬寅年各壇廟祭祀齋戒日期(1902.3.2)」;「甲申年各壇廟祭祀齋戒日期(1904.3.12)」;「丙午年各壇廟祭祀齋戒日期(1906.1.17)」;「丁未年各壇廟祭祀齋戒日期(1907.3.3)」;「戊申年各壇廟祭祀

각성에 제사 날짜를 통보하여 엄격히 시행하도록 하는 조치를 취하였다. 이런 관례는 신해혁명 이후 청조가 완전히 망하기 직전까지 이어져, 선통 3년(1911) 12월 3일 예부를 대신한 전례원典禮院이 사제서祠祭署와 의논하여 흠천감이 정한 임자년壬子年(1912)의 각 단묘 제사 및 재계 날짜를 재경 문무 각 아문 및 지방 각 기관에 통보하여 시행하게 하였다.23) 중앙정부에서 해마다 국가제사에 대한 세부 지침을 정하고 이를 지방정부에 하달해 시행했던 것이다. 이는 물론 국가제사를 통해 제국의 대일통大一統을 강화하려는 조치였다.

매년 예부에서 하달한 다수의 문서에는 태묘太廟, 기곡단祈穀壇, 문창묘, 용신묘, 선사공자先師孔子, 사직단, 신기단神祇壇, 소충사, 관제묘, 현량사賢良祠, 조일단朝日壇, 역대제왕묘, 선농단, 환구圜丘, 방택方澤, 월석단月夕壇 등 16종의 제사가 언급되어 있다. 이 가운데 태묘, 기곡단, 조일단, 역대제왕묘, 환구, 방택, 월석단 7종은 북경에만 있는 것으로 중앙에서만 지내는 제사이다. 그래서 7종을 제외하면, 나머지 문창묘, 용신묘, 선사공자, 사직단, 신기단, 소충사, 관제묘, 현량사, 선농단 등 9종이 지방에서도 지내는 제사에 해당된다. 이를 앞에서 언급한 '전국통사' 9종과 비교해 보면, 사직은 사직단에, 풍운뇌우, 산천, 공려, 성황은 신기단에 해당되고,24) 선농은 선농단, 공자는 선사공자, 공자의 종

<hr>

齋戒日期(1908.1.21)」;「乙酉年各壇廟祭祀齋戒日期(1909.2.13)」;「辛亥年各壇廟祭祀齋戒日期(1910.12.23)」, 遼寧省檔案館 編, 『中國近代社會生活檔案(東北卷一) 第4冊』, 廣西師範大學出版社, 2005.

23) 「壬子年各壇廟祭祀齋戒日期(1912.2.1)」, 遼寧省檔案館 編, 『中國近代社會生活檔案(東北卷一) 第4冊』, 298~304쪽.

24) 『淸史稿』에 淸代에 '城隍을 神祇壇에 合祀하고 매월 음력 초하루와 보름에 祭를 올렸는데 …… 다시 城隍을 主로 삼아 厲壇에 제사를 지냈고 … 府州縣에 壇을 세워 … 境內의 無祀鬼神에 제사를 지냈으며 …… 有司가 城隍廟에 가서 厲에 제사를 지냈다'는 기사가 있다. 厲=無祀鬼神, 城隍, 神祇壇이 긴밀히 연관되어 있

사는 소충사와 현량사, 관우는 관제묘, 문창은 문창묘에 해당된다고 볼 수 있으므로, 각성에 하달된 예부의 지시를 그대로 시행하라고 부주현府州縣에 시달하는 것으로 보아, 청대의 사전에 등재된 '전국 통사'를 동북에서도 충실히 따랐다고 할 수 있다. 다만, 후술하겠지만 용신묘가 추가되었음을 알 수 있다.

청대에 현 단위에서 실제로 시행한 국가제사는 개평현의 '당안자료'에서도 확인할 수 있다. 1908년 개평현에서 거행한 제사의 여러 제문祭文을 모아 놓은 공문이 있는데, 이들 제사에는 지현, 수위守尉, 훈도訓導, 전사典史 등의 지방관이 주제관主祭官과 배제관陪祭官으로 제사에 참여하였다. 여기에서 언급된 제문의 주인은 대성지성선사공자大成至聖先師孔子와 5代 조상(崇聖祠), 사직, 신기(여단), 풍운뇌우, 산천, 성황, 선농, 진공秦公(忠義孝悌祠), 문창제군, 천후성모호국원군天后聖母護國元君, 용왕존신龍王尊神, 관제와 3代 조상, 절효節孝의 신위 등이었다.[25] 앞에서 언급한 '전국 통사' 9종이 모두 포함되어 있음을 알 수 있다. 다만 여기에서도 용왕과 천후성모호국원군 신위는 '각 지방에서 개별적으로 제사 지내야 하는 대상'에 해당된다.

음을 알 수 있다.(劉方玲, 「國家祀典與民間信仰 - 祭厲及其社會意義」, 『內蒙古社會科學』 第28卷 第2期, 2007.3, 102쪽에서 재인용) 厲(無祀鬼神)와 城隍의 연관성에 대해서는 『遼陽縣志』에서도 엿볼 수 있는데, '제사를 받지 못하는 귀신을 城隍과 함께 제사 지내고, 사형을 집행한 후 守土官이 혼령을 城隍廟로 보냈다'는 기사가 있다.(「遼陽縣志」(1928), 『地方志集成 - 遼寧府縣志輯 第3冊』, 362쪽.)

25) 「蓋平縣致祭先農神位祭文(1901.4.1)」; 「蓋平縣致祭關帝祭文(1901.6.23)」; 「蓋平縣壬寅清明致祭城隍祭文(1902.3.30)」; 「蓋平縣癸卯清明致祭城隍祭文(1903.3.24)」; 「蓋平縣三月八日致祭先農壇祭文(1903.3.24)」; 「蓋平縣致祭城隍祭文(1905.8.7)」; 「蓋平縣致祭先農神位祭文(1907.3.26)」; 「蓋平縣戊申年各壇廟祭文稿(1908.2.27)」; 「蓋平縣致祭關帝祭文(1909.6.28)」; 「蓋平縣辛亥年春季分致祭各壇廟祭文(1911.1.31)」, 遼寧省檔案館 編, 『中國近代社會生活檔案(東北卷一) 第4冊』, 廣西師範大學出版社, 2005.

지방 제사는 대개 음력으로 봄, 가을의 가운데 달(仲月), 즉 2월과 8월에 집중되었다. 1910년 춘계의 중월(음력 2월)을 맞이하여 복주復州의 지주知州는 각종 제사로 매우 빡빡한 일정을 소화해야 했다. 2월 3일에는 문묘文廟와 숭성사, 다음날인 4일에는 사직, 풍운, 뇌우, 산천, 성황에 제사를 지낸다. 6일에는 용왕, 13일에는 문창제군과 그 선대, 15일에는 관제와 3代 조상, 3월 7일에는 선농에게 제사를 지냈다. 대략 6일에 걸쳐 11번의 제사를 지냈다. 이런 일정은 추계의 중월, 즉 음력 8월에도 동일하게 반복되었다.26)

2. 동북지역의 개별적 '부분 통사'

본장이 지역에 입각한 국가제사 내지 국가제사의 지역성에 주목하고 있다는 점에서, 전국적으로 시행된 통사보다는 동북지역의 특성이 반영되어 있는 지방제사에 더욱 관심을 기울이지 않을 수 없다. 앞에서 언급한 『호란부지』의 「사사략」에서는 송화강의 하신, 용신, 소충사가 동북 지방에서 개별적으로 제사 지내야 하는 '응당 제사 지내야 하는 신령(應祀神祇)'에 해당되었고, '당안자료'에서 언급한 용왕과 천후성모 호국원군도 마찬가지이다. 아래에서는 전술한 '전국 통사' 9종 이외에 동북지역에서 거행된 지방제사를 정리해 본다.

우선 용신이 동북지역의 지방 관방제사로서 매우 중시되었음을 여러 자료에서 확인할 수 있다. 각 지방에서 개별적으로 제사 지내야 하는 '응사신기'로서 용신이 지방의 사전에 등재된 사례는 일찍이 명대의 강

26) 「復州庚戌年祭祀各壇廟(1910.3.10)」, 遼寧省檔案館 編, 『中國近代社會生活檔案 (東北卷一) 第4冊』, 225~235쪽.

남지역에서도 찾아볼 수 있다. 강남지역의 지리적 상황이나 설화 등을 바탕으로 용이 지방제사에서 주요한 비중을 차지했다고 한다.[27] 뿐만 아니라 청대 옹정 5年(1727)에는 황제의 상유上諭로 각성의 도성에서 용신에게 제사 지내도록 하였는데, 이는 용신이 各省의 우택雨澤을 전문적으로 담당하였기 때문이었다.[28] 이후 건륭 50年(1785)에는 황제가 성경장군아문盛京將軍衙門에 산해관 용왕묘의 동해용왕 패위 2좌를 하사하기도 했다.[29]

실제로 당안자료를 통해 용신에 대한 제사가 지방관에 의해 거행된 사실을 확인할 수 있다. 예컨대, 선통 2년(1910) 춘계 중월(음력 2월)에 복주의 지주는 여러 통사를 연이어 거행하는 바쁜 일정 가운데 음력 2월 6일 용왕에 대한 제사를 지냈다.[30] 1913년 6월 소속 각현에 '청대의 전례에 따라 지방 사전을 시행하라'고 지시하는 「봉천성행정공서 훈령 제146호」에서도 여러 통사와 함께 용신에 대한 제사를 언급하였다.[31] 같은 해 9월 복현復縣의 공문에서도 용왕에 대한 제사가 거행되었음을 확인할 수 있다.[32] 전술한 '예부의 하달 문서'에서도 용신에 대

---

27) 李允碩, 「明初 國家權力의 地方寺廟 整備 - 中央의 規定과 江南地域의 實際」, 292쪽.

28) 李允碩, 「雍正帝와 淸代 國家祭祀 : 禮制의 측면에서 본 雍正統治」, 198~199쪽. 1930년에 출간된 『蓋平縣志』의 「邑境祠神考」에서도 龍王이 雍正 5年에 京師 및 各省에서 崇祀하기 시작했다고 적고 있다.(「蓋平縣志」(1930), 『地方志集成 - 遼寧府縣志輯 第13冊』, 84쪽.)

29) 「安供山海關龍王廟東海龍王牌位(1785.8.3)」, 遼寧省檔案館 編, 『中國近代社會生活檔案(東北卷一) 第4冊』, 6~12쪽.

30) 「復州庚戌年祭祀各壇廟(1910.3.10)」, 遼寧省檔案館 編, 『中國近代社會生活檔案(東北卷一) 第4冊』, 225~235쪽.

31) 「奉天省祭祀各壇廟禮儀(1913.6.2)」, 遼寧省檔案館 編, 『中國近代社會生活檔案(東北卷一) 第4冊』, 308~309쪽.

32) 「復縣祭祀龍王祭文(1913.9.12)」, 遼寧省檔案館 編, 『中國近代社會生活檔案(東北卷一) 第4冊』, 316쪽.

한 제사가 계속해서 언급되었다.

'지방지'에서도 용신이 실제로 동북의 지방사전에 등재되어 있는 경우를 다수 찾아볼 수 있다. 예컨대, 1928년에 출간된 『요양현지』의 「예속지」에는 수토관守土官이 주제하는 용신 제사가 매년 일정한 날짜에 거행되었고, 용신 제사가 사전에도 포함되어 있음을 밝히고 있다.[33] 1925년 출간된 『흥경현지』의 「예속-관사官祀」에서도 가뭄이 들면 지방관이 용왕묘에 작은 제단(醮)을 차리고 기우하여 여론과 민심을 위로하였다고 한다.[34] 1916년 출간된 『창도현지』의 「사전」에도 용신묘가 '기우의 대상'이라는 설명과 함께 엄연하게 등재되어 있다. 앞에서 언급했듯이, 『호란부지』에서도 용신을 지방장관이 주재하는 군사群祀에 편입하였다.

북진현 현성의 서북쪽에 위치해 있는 북진묘北鎭廟는 역대로 황제의 명령에 따라 중히 제사를 지내던 산신묘이다.[35] 『봉천성북진현지』의 「지리 단묘」에 따르면, 순임금이 의무여산醫巫閭山을 유주幽州의 진산鎭山으로 봉한 이래 전통시기 산천 숭배의 주요한 대상 중에 하나가 되었다고 한다. 이후 수대에 이르러 황제의 명령으로 사대진산四大鎭山을 봉했는데, 의무여산을 북방의 진산(北鎭)으로 삼았고, 당대에는 정식으로 오악오진五嶽五鎭을 확립하면서 의무여산을 북진으로 삼았다. 개원 연간에는 광녕공廣寧公으로 봉했고, 원대에는 정덕광녕왕貞德廣寧王으로 봉했다. 명대 홍무 초에 황명을 내려 '북진의무여산지신北鎭醫巫閭山之神'으로 칭하면서 묘우를 건립해 목주를 세우고, 조정에 대전大典을 두고 항

---

33) 「遼陽縣志」(1928), 『地方志集成 - 遼寧府縣志輯 第3冊』, 362~363쪽.
34) 「興京縣志」(1925), 『地方志集成 - 遼寧府縣志輯 第10冊』, 315쪽.
35) 北鎭廟에 대해서는 于志剛, 「北鎭廟槪述」, 『大衆文藝』 2011年 21期, 2011.11. ;
王元林/張目, 「國家祭祀體系下的鎭山格局考略」, 『社會科學輯刊』 2011年 1期,
2011.1. 참조.

시 관리를 파견해 제사를 드렸다. 청대에는 구제舊制를 그대로 따르면서 사원의 터와 건물을 크게 확충하고, 지속적으로 수리하여 광채를 유지했다고 한다.[36] 명확히 통사로 규정하면서도 일정 지역에서만 제사를 지내도록 한 '부분 통사'[37])의 대표적인 사례라고 할 수 있다.

이밖에, 하신河神이 지방사전에 포함된 경우를 확인할 수 있는데 전통시기 지방관이 각 지역의 주요 산천에 제사를 지내는 사례는 그다지 드문 일은 아니었다. 개별 부주현에서만 지내는 제사로서 옹정 7年 (1729)에 황제의 명령으로 호북 무창武昌에 강신江神의 묘우를 건립하여 제사를 지내도록 했고, 절강 해녕현海寧縣에 해신묘海神廟를 건립하도록 했으며, 황하 하원신河源神의 묘우를 건립하기도 했다.[38] 동북에서도 이런 사례를 찾아볼 수 있다. 전술했듯이 송화강의 하신에 대한 제사가 『호란부지』의 「사사략」에 중사로 등재되어 있고, 『신민현지』에도 건륭 43年(1778)에 칙령에 따라 거류하신묘巨流河神廟를 건립하였고, 광서 3年(1877)에는 칙령에 따라 유하신묘柳河神廟를 건립했다는 기록이 있다. 전술한 '당안자료'(「봉천성행정공서훈령 제146호」)에도 문묘, 문창묘, 관제묘, 성황묘, 사직단, 선농단 등의 통사와 함께 하신묘 제사가 언급되어 있다.[39]

일부 지역에서는 마신馬神에 대한 제사도 사전에 포함되었다. 예컨

---

36) 「奉天省北鎮縣志」(1933), 『地方志集成 - 遼寧府縣志輯 第22冊』, 44쪽. 이밖에 山川崇拜 및 醫巫閭山 숭배에 대해서는 王元林/張目, 「國家祭祀體系下的鎮山格局考略」, 『社會科學輯刊』 2011年 第1期, 2011.1. ; 于志剛, 「北鎮廟概述」, 『大衆文藝』 2011年 21期, 2011.11. 참조.

37) 李允碩, 「중국 근세의 祠廟와 지방 통치 - 全國通祀 및 神像存廢를 중심으로」, 144~145쪽.

38) 李允碩, 「雍正帝와 淸代 國家祭祀 : 禮制의 측면에서 본 雍正統治」, 192~193쪽.

39) 「奉天省祭祀各壇廟禮儀(1913.6.2)」, 遼寧省檔案館 編, 『中國近代社會生活檔案(東北卷一) 第4冊』, 308~309쪽.

동북지역 관방제사의 지속과 변화

대, 1928년 출간된 『요양현지』의 「예속지禮俗志」에 따르면, 민국 이후
에는 폐지되어 묘우가 학교로 개조되었으나, 이전에는 매년 춘추 중월
이후 첫 번째 무일戊日이나 경일庚日에 (守尉) 기서旗署에서 마신묘회馬
神廟會를 주재하였고, 이때에 인민들도 분향하였다고 한다.40) 1927년에
출간된『흥성현지』의 「고사사古祠祀」 즉, '전통시기의 사전'에도 마신묘
가 기재되어 있다.41) 전술했듯이, 동북지역은 내지에 비해 동물을 신
격화한 신령의 세력이 상대적으로 우세했는데, 마신묘도 마찬가지로
민간에서 널리 숭배되어 많은 지방지가 그 존재를 기록해 놓았다.

　전통시기 각 지역의 관방에서는 일식이나 월식과 같은 자연현상에
대해서도 의식을 거행하였다. 천문을 관할하는 흠천감이 일식이나 월
식이 예상되는 시간과 지역을 예부의 사제사祠祭司에 통보하면 예부에
서 해당 지역 관부에 태양이나 달을 구원하는 '구호救護' 의식을 거행하
도록 지시하였다. 예컨대, 가경 7年(1802) 7월 예부에서 성경盛京 봉천
부奉天府로 '8월 16일에 7분 38초 동안 월식이 발생할 것'이라고 통보하
였고, 이에 당일 성경장군은 각부 대인 및 관원과 함께 장안사長安寺에
모여 예복을 입고 전례에 따라 '구호' 의식을 행하였다.42) '당안자료'에
서 이런 사례를 상당수 찾아볼 수 있는 것으로 보아,43) 일 · 월식이 있
을 때마다 공식적으로 행해졌던 것으로 보인다. '구호' 의식이 지속적이
고 공식적으로 행해졌음은 지방지를 통해서도 엿볼 수 있는데, 1920년

---

40) 「遼陽縣志」(1928), 『地方志集成 - 遼寧府縣志輯 第3冊』, 363쪽.
41) 「輿城縣志」(1927), 『地方志集成 - 遼寧府縣志輯 第21冊』, 525~526쪽.
42) 「八月十六日月蝕按向例俱在長安寺穿素服行禮救護(1802.8.5)」, 　遼寧省檔案館
　　編, 『中國近代社會生活檔案(東北卷一) 第4冊』, 39~42쪽.
43) 「三月初一日日蝕一體救護(1773.1.11)」;「七月十六日月蝕按例在長安寺穿素服行
　　禮救護(1812.7.2)」;「癸酉正月十五日月蝕例行一體行禮救護(1812.12.19)」;「三
　　月十七日月蝕照向例齊集長安寺穿用素服行禮救護(1837.3.9)」, 遼寧省檔案館　編,
　　『中國近代社會生活檔案(東北卷一) 第4冊』, 廣西師範大學出版社, 2005.

출간된 『금현지』와 1931년 출간된 『금주부지』의 「전례지典禮志」에서는 일식과 월식에 예복을 갖추고 공식적 의례를 행했음을 명시해 놓고 있다.[44]

소충사가 건립되어 있던 곳에서는 봄, 가을 두 차례 길일을 잡아 제례가 행해졌음을 확인할 수 있다. 예컨대, 1909년 봄 개평현에서는 음력 2월 12일에 돼지 등의 제물을 차려놓고, 지방장관이 주재하고 충렬忠烈의 후예들이 참석한 가운데 제례가 거행되었다.[45]

이밖에, 정치와 신앙이 결합된 거창한 제사 활동은 아니지만, 지방 관청의 하급 관리들이 소소하게 아신衙神과 옥신獄神을 숭배하던 관습이 있었다. 함풍 7年(1857)에 출간된 『수암지략岫巖志略』의 「사사祠祀」에 따르면 관청 한 구석에 아신묘衙神廟를 지어놓고 매달 삭망(음력 초하루와 보름)에 제를 올렸다고 한다.[46] 대개 아신묘에는 소하蕭何와 조참曹參의 신상이나 위패를 세워 합사했다. 이와 유사한 것으로 감옥 부근에는 옥신묘獄神廟라는 것이 있었는데 여기에도 소하와 조참의 신상을 모셔두고 옥관獄官들이 매월 삭망에 간단한 제사를 드렸다.[47] 그런데 소하와 조참이 아문의 서리들이 공통적으로 숭배하던 시조신이라는 점에서, 이는 사실 하급관리들의 행업신 숭배에 가깝다고 할 수 있다.

이상에서 동북지역에 밀착하여 민국 이전에 지방사전이 어떻게 운영

44) 「錦縣志」(1920), 『地方志集成 - 遼寧府縣志輯 第16冊』, 402쪽. ; 「錦州府志」(1931), 『地方志集成 - 遼寧府縣志輯 第16冊』, 335쪽.
45) 「蓋平縣祭祀所需祭品器物淸單(1909.2.11)」, 遼寧省檔案館 編, 『中國近代社會生活檔案(東北卷一) 第4冊』, 207~210쪽. 淸代 동북지역의 昭忠祠에 대해서는 付永正, 「淸代東北地區的昭忠祠與旗人入祀現象」, 『中國國家博物館館刊』 2014年 2期. 참조.
46) 「岫巖志略」(1857), 『地方志集成 - 遼寧府縣志輯 第15冊』, 6쪽.
47) 「遼陽縣志」(1928), 『地方志集成 - 遼寧府縣志輯 第3冊』, 364쪽. ; 「昌圖府志」(1910), 『地方志集成 - 遼寧府縣志輯 第10冊』, 405쪽.

되었는지를 살펴보았다. 사직, 풍사우사, 산천, 공자+종사, 공려, 성황, 선농, 관우, 문창 등 청대에 전국적으로 통용된 9종의 '통사'가 동북지역에서도 그대로 시행되었음을 확인할 수 있었다. 또한, 용신, 북진묘(醫巫閭山神), 마신, 일·월식, 소충사, 아신과 옥신 등 '통사'에는 포함되지 않았지만 동북 지방에서 개별적으로 제사 지내야 했던 관방제사도 있었음을 알 수 있었다. 이렇게 보면, 적어도 청대에는 동북지역도 제국의 국가제사 시스템 안에 확실히 통합되어 있었다고 할 수 있다. 그렇다면 이처럼 방대하고 다기한 동북지역의 지방제사들은 전통적인 황제지배체제의 붕괴와 함께 어떤 변화를 겪고, 민국시기에 이르러 어떤 모습을 지니게 될까? 아래에서는 시기별 추이를 쫓아 특징적 면모를 파악해 보고자 한다.

🟦 제3절 민국시기 동북지역의 관방제사 운영

전술했듯이, 민국 이전의 관방제사를 살펴보면 '전국 통사'와 개별적인 '응사신기'를 포함해서 대략 15종의 제사가 거행되었음을 알 수 있다. 다만, 청말로 한정해 보면 공자와 관제에 대한 숭배가 유독 상승곡선을 그리고 있었음을 엿볼 수 있다. 요컨대, 문묘 사전은 『청회전淸會典』에서는 중사에 포함되었으나 광서 32年(1906) 11월에 이르러 대사로 승격되어 제천과 같은 지위를 차지하게 되었다. 여기에는 1905년 과거제의 폐지로 문묘의 기능이 위축되고 공자의 위상이 동요하는 상황을 반전시켜 보려는 의지도 반영되었다.[48] 관제에 대한 제사는 이보

48) 李俊領, 「淸末文廟祀典升格與人心失控」, 『史學月刊』 2012年 第5期, 63~71쪽. 참조.

다 앞선 함풍 3년(1853)에 소사에서 중사로 승격되어 역대제왕이나 문창제군 등과 같은 대우를 받게 되었다. 관제는 국가제사에 있어 명대 이래로 그 지위가 꾸준히 상승하였는데, 청말에 이르러 아편전쟁, 태평천국 등의 전란이 이어지면서 지위가 최고조에 달했다고 할 수 있다.[49]

이런 분위기에서 1911년 청조가 망하면서 2천년 이래의 황제지배체제가 종식되고 1912년 1월 중화민국이 성립하였다. 전통적인 청대 사전祀典의 토대였던 청조가 망하고 황제지배체제가 붕괴한 상황에서, 민국 이후 지방의 관방제사를 포함한 국가제사는 어떻게 되었을까?

1. 민국 성립 직후(1912~13년)의 사전

1912년 1월 남경에 중화민국 임시정부가 수립되고 손문孫文이 임시대총통에 취임하였다. 이윽고 2월 12일에 청조 황제가 퇴위를 선언하였다. 이때 절강 민정사장民政司長이 임시정부에 전문을 보내 '문묘 정제丁祭의 예식을 거행해야 하는지, 제복은 어떻게 해야 하는지, 나머지 전청前淸의 사전을 시행해야 하는지'를 질의하였다. 이에 대해 2월 29일 내정부와 교육부는 아래와 같이 회신하였고, 당시 부총통副總統이었던 여원홍黎元洪은 이를 각성 도독 및 독무에게 공람하였다.

민국의 통례通禮가 아직 반행頒行되지 않았다. 반포되기 전, 문묘

---

49) 文廷海, 「論明淸時期 "關羽現象"的演變和發展」, 『四川師範學院學報(哲學社會科學版)』 1999年 第6期, 1999.11, 34~35쪽. ; 田海林/李俊領, 「"忠義"符號: 論近代中國歷史上的關岳祀典」, 『山東師範大學學報(人文社會科學版)』 第57卷 第1期, 2012, 86~88쪽.

는 응당 임시로라도 예전처럼 제사를 지내야 한다. 그러나 궤배례
跪拜禮는 폐지하고 삼국궁례三鞠躬禮로 고쳐 행한다. 제복은 입지 않
고 평복을 착용한다. 나머지 전청의 사전에 등재되어 있는 바는 모
두 미신에 해당하므로 응당 폐지해야 한다. 다만, 각지의 제사 지내
는 바가 다르니, 본성 의회에서 존폐를 의결하기 바란다.[50]

말하자면, 문묘의 공자제사만 예전처럼 거행하고 나머지 국가제사를
모두 폐지한다는 것이다. 그러면서, 엎드려 절하는 전통적인 궤배례를
폐지하고 간편하게 허리를 숙여 절하는 국궁례로 고침으로써 구례舊禮
에 변화를 가하였다. 또한 청대의 사전을 폐지해야 한다는 원칙을 천명
하면서도, 각지의 사정을 고려하여 각성 의회가 구체적인 존폐를 의결
하도록 했다. 남경임시정부가 당장 강력한 구심력을 발휘하기 어려운
상황에서 고심 끝에 절충적인 입장을 내놓았다고 볼 수 있겠다. 아무튼
청대의 전통적인 사전이 폐지됨으로써 중화민국의 새로운 국가사전이
펼쳐질 공간이 마련되었다.[51]

상기한 '절충적인 입장'에도 불구하고 중화민국을 세운 혁명세력의
속내는 '공화정체'에 걸맞지 않는 전통 사전은 물론 공자제사까지 폐지
하거나 대폭 축소해야 하는 것이었다. 이런 성향은 초대 교육총장 채원
배蔡元培의 여러 개혁 주장에서 잘 드러나는데, 일례로 그는 1912년
7~8월에 열린 제1차 전국임시교육회의에서 '학내에서의 공자존숭활동
을 금지하자'는 안건을 제출했고, 우여곡절 끝에 '공자제사 활동은 금지
하고 공자탄신일 행사는 각 학교의 재량에 맡기는' 방향으로 결론이 났

---

50) 「丁祭除去拜跪」, 『申報』 1912.3.5.
51) 淸代 祀典의 폐지에 대해서는 李俊領, 「孫中山再造文明中國的本土情懷與世界眼
    光 - 試析1912年南京臨時政府的國家祭祀典禮」, 『學習與實踐』 2011年 第8期,
    23~24쪽. 참조.

다. 이런 방침이 중앙과 지방의 문묘에 적용되어 일시적으로 공자제사가 전면 폐지되기에 이르렀다. 광동, 강소, 안휘 등 여러 지방에서 공자제사를 중지하는 조치를 취하고 문묘를 학교나 강학소講學所로 개조하기도 했다. 1913년에 상해 문묘에서 거행된 춘계 정제는 현지사를 포함한 지방관들이 참여하지 않았고, 공교회孔敎會 중심의 민간 주도로 거행되었다. 물론 이런 조치는 사회적으로 즉각 반발과 불만을 초래하기도 하였다.[52)]

이처럼 신해혁명에 이은 중화민국 임시정부의 수립과 함께 청대의 사전이 폐지되었고, 혁명세력과 가까운 여러 지역에서는 실제로 공자제사를 포함한 전통 사전이 전면 중지되었다. 그렇다면 요녕성을 중심으로 한 동북지역에서는 어떻게 되었을까?

전술했듯이 청조가 망하고 1912년 2월 청대 사전의 폐지가 천명된 직후 1912년 봄과 가을, 그리고 이듬해인 1913년의 봄까지 '당안자료'에는 관방제사를 거행했다는 공문이 보이지 않는다. 1913년 6월에 소속 관찰사 및 현지사에게 하달된 「봉천성행정공서훈령 제146호」는 이런 사정을 잘 보여준다.

> 봉천성은 각 단묘壇廟의 제사 사무를 전청前淸 시대에는 예부가 정한 바에 따라 처리해 왔다. 민국 성립 초년 중앙임시주비처가 미처 사전을 정하지 못해 **작년(1912) 봄, 가을에는 제사를 전혀 거행하지 못했다.** 금년(1913)에 들어 복제服制는 반포했으나 새로운 제사전례제도를 반포하지는 못했다. 이에 본성 민정장관은 **사전행정**

52) 정문상, 「근대 상해 문묘의 기능 변화」, 전인갑 외 지음, 『공자 현대 중국을 가로지르다』, 새물결, 2006, 151~153쪽. ; 李俊領, 「中國近代國家祭祀的歷史考察」, 山東師範大學 碩士學位論文, 2005, 64쪽.

이 인민의 정서나 예교의 원칙과 긴밀히 연계되어 있으므로 오랫동안 중단할 수는 없다고 생각해, 전청의 관례에 따라 임시로 예의 6조를 정하였다. 현재 논의하고 있는 새로운 제도가 반포될 때까지, 임시로 변통하여 처리하고자 한다.

본성이 향후 지내야 하는 제사에는 문묘 및 문창묘, 관제묘, 성황묘, 용신묘, 하신묘, 사직단, 선농단, 현량사 등이 있다. 새로운 제도가 반포될 때까지는 임시로 예전처럼 제사를 지내라.[53] (강조는 필자)

우선 봉천성 차원에서는 1912년 봄과 가을에 사전이 시행되지 못했음을 알 수 있다. 하지만 '인민의 정서나 예교의 원칙'을 명분으로 새로운 민국의 사전이 반포되지 않았음에도, 1913년 가을 시즌에 이르러 관방제사를 곧 바로 재개하고 있다. 또한, 열거한 제사의 종류도 청대의 경우와 거의 다를 바가 없었다. 상기한 문서의 뒤 부분에는 임시로 정한 '예의 6조'를 부기해 제사 날짜, 승제관承祭官, 제복祭服, 제품祭品, 제기, 의례에 대해 설명하고 있는데, 그 내용도 이전과 대체로 같다. 제복도 평복이 아니라 대례복으로 규정되어 있다. 다만, 의례는 궤배례가 아니라 국궁례를 행하는 것으로 되어 있다.

또한, '당안자료'를 통해 민국시기에 요녕성 복현에서 시행된 일련의 관방제사를 확인할 수 있는데, 1912년 봄, 가을, 1913년 봄 시즌의 제사에 대한 자료가 없는 것으로 보아, 이때에는 제사가 거행되지 않은 것으로 보인다. 이후 1913년 가을에는 공자, 문창, 관제, 용왕, 성황, 사직 등 이전에 지냈던 제사들을 그대로 거행하였음을 확인할 수 있

---

53) 「奉天省祭祀各壇廟禮儀(1913.6.2)」, 遼寧省檔案館 編, 『中國近代社會生活檔案 (東北卷一) 第4冊』, 308~309쪽.

다.54) 이렇게 보면, 전술한 바와 같이 민국 성립 직후(1912~13년)에 지방의 관방제사가 대거 폐지되었다는 기존 연구의 설명은 제한적으로 받아들일 수밖에 없다. 요컨대, 복현을 비롯해 요녕성의 경우, 신해혁명의 격동 중에 1912년에는 관방제사가 일시 중단되었으나 강력한 역사의 관성이 작동해 1913년 가을에는 여러 관방제사가 다시 재개되었던 것이다.

그렇다면 1913년 가을에 일시 재개된 전통적인 관방제사는 이후에도 계속 지속되는가? 결론부터 말하면 그렇지는 않다. '당안자료'에는 1914년 이후 1931년 봄까지 복현의 관방제사 관련 공문이 지속적으로 수록되어 있는데, 후술하겠지만 공자묘, 숭성사, 관악합사關岳合祀, 절효사, 의용사 제사만이 언급되었을 뿐, 나머지 제사는 보이지 않는다.

2. 민국시기 '전통 사전'의 단절

전술했듯이, 청대에 동북지역에서는 사직, 풍사우사, 산천, 공자(從祀 포함), 공려, 성황, 선농, 관우, 문창 등 전국적으로 통행된 9종의 '통사'가 시행되었고, 용신, 북진묘, 마신, 일·월식, 소충사, 아신衙神과 옥신獄神 등 개별적인 '부분통사'를 포함해 총 15종의 관방제사가 거행되었다. 그렇다면 민국시기에 이르러 이들 관방제사는 어떻게 되었을까?

민국시기에 출간된 요녕성 각현의 지방지들은 출간 당시 여러 관방제사의 상태를 기술하고 있어 대략의 상황을 파악하기에 용이하다. 예

---

54) 「復縣祭祀文廟祭文(1913.9.6)」;「復縣祭祀文昌廟祭文(1913.9.9)」;「復縣祭祀關帝祭文(1913.9.12)」;「復縣祭祀龍王祭文(1913.9.12)」;「復縣祭祀城隍祭文(1913.9.12)」;「復縣祭祀社稷神祭文(1913.9.12)」;「復縣祭祀農神祭文(1913.9.12)」, 遼寧省檔案館 編, 『中國近代社會生活檔案(東北卷一) 第4冊』, 310~319쪽.

컨대, 1924년에 출간된 『해성현지』의 「단묘壇廟」는 현성 안팎의 사원 20곳에 대해 건립 시기와 민국 이후의 상황을 간략히 서술해 놓았다.[55] 표로 정리하면 다음과 같다.

|도표 22| 『해성현지』(1924)에 수록된 현성 안팎의 사원 현황

사원	현황
社稷壇	康熙 21年(1682) 知縣이 건립, 지금은 祀典을 폐지, 터만 남아 있음.
風雲雷雨山川壇	康熙 21年(1682) 知縣이 건립, 지금은 祀典을 폐지, 터만 남아 있음. 監獄이 굽기 전의 기와·벽돌 등을 놓아두는 장소로 사용함.
先農壇	康熙 21年(1682) 知縣이 건립, 지금 壇廟는 무너졌고, 民國 이후 典禮도 폐지, 터만 남아 있음.
厲壇	康熙 21年(1682) 知縣이 건립, 지금은 武廟가 되어 있음.
孔廟	1914년 8월 「祀孔典禮」를 반포, 文廟로 개칭함. 知縣이 勸學員長에게 위촉해 건물 일체를 舊制에 따라 수리함.
文昌閣	지금 祀典은 폐지, 廟宇는 남아 있음.
奎星樓(文昌)	祀典을 폐지, 1923년 縣知事가 敎育所長과 함께 重修했는데, 이는 古蹟을 보존하는 것에 지나지 않음.
關岳廟	康熙 21年(1682) 知縣이 關帝廟를 건립, 1914년 「關岳合祀典禮」를 반포해 武廟로 개칭함. 1921년 縣知事가 警察所長과 함께 重修함. 매년 春秋 仲月 上戊日에 致祭함. 禮儀는 孔廟와 같음.
八蜡廟	雍正 5年(1727) 知縣이 건립, 光緖年間 前殿과 後殿만 남고 모두 무너짐. 佛敎會分部가 부설됨. 승려가 관리함.
城隍廟	康熙 17年(1678) 知縣이 건립, 현재 廟를 主持僧에게 管理하게 함.
藥王廟	현재 廟를 主持僧에게 管理하게 함. 또한 藥行會所이기도 함.
龍王廟	현재 廟를 道士에게 管理하게 함. 院內에 屠獸場을 부설함.
白衣寺	현재 廟를 主持僧에게 管理하게 함.
圓覺寺	현재 廟를 主持僧에게 管理하게 함.
天后宮	乾隆初年에 山東 黃縣同鄉會가 會館을 지음. 海神娘娘(天后)에게 제사를 지냄.
三義廟	建立 年月 미상, 直隷會館이 있고, 내부에 商會를 설치함.

55) 「海城縣志」(1924), 『地方志集成 - 遼寧府縣志輯 第5冊』, 259~290쪽.

사원	현황
財神廟	建立 年月 미상, 현재 西關鄉會所가 설치되어 있음.
火神廟	현재 水會에 귀속시켜 經理함.
酒仙廟	현재 本城 酒商會所임.
老君廟	建立 年月 미상, 속칭 老君堂이라고도 함.
眞武廟	현재 北關鄉會所가 설치되어 있음.
靈神廟	建立 年月 미상, 지금은 무너져 있음.
九聖祠	建立 年月 미상, 속칭 南關財神廟라고 함.
節孝祠	孔廟에 부설된 祠宇 3채로 이루어짐. 雍正 7年(1729)에 知縣이 건립.
尙宗祠	康熙年間 勅令으로 平南親王 尙可喜를 제사하기 위해 건립함. 속칭 尙家廟라고 함. 尙氏自立女學校가 附設되어 있음.

상기한 20곳의 사원 중에 지방장관이 책임을 지고 있는 관방제사는
사직단, 풍운뇌우산천단, 선농단, 여단, 공묘, 문창묘, 규성루奎星樓(文昌
帝君), 관악묘, 성황묘, 용왕묘, 절효사 등 11종이다. 나머지는 원래부터
민간에서 운영하는 사원이다. 관방 사원 중에서는 공묘, 관악묘關岳廟,
절효사를 제외하고는 민국 이후 모든 사전祀典이 폐지되었음을 알 수
있다. 대개가 무너져 터만 남아 있고, 다른 용도로 사용되고 있으며,
중수重修를 한 경우에도 고적을 보존하는 차원이었다. 이밖에 해당 지
방지에는 향진鄉鎭에 널리 분포해 있는 수많은 사원들이 언급되어 있으
나 모두가 민간 향촌에서 운영하는 것이었다.

한 가지 사례만 더 들면, 1928년에 출간된 『요양현지』의 「단묘지壇
廟志」와 「예속지-신도神道」에는 관방 및 민간의 각종 숭배 활동에 대해
'예전에 있던 바와 오늘날까지 이어지는 바'를 열거하고 있는데, 관방의
경우만을 정리해 보면 다음과 같다.56)

---

56) 「遼陽縣志(卷5壇廟志)」(1928), 『地方志集成 - 遼寧府縣志輯 第2冊』, 272~336쪽. ;
    「遼陽縣志(卷25禮俗志-神道)」(1928), 『地方志集成 - 遼寧府縣志輯 第3冊』, 362~

|도표 23| 『요양현지』(1928)에 수록된 관방제사 현황

사원	폐지여부	현황
社稷壇	폐지	지금은 폐지됨.(今廢)
風雲雷雨山川壇	폐지	지금은 폐지됨.(今廢)
先農壇	폐지	지금은 폐지됨.(今廢)
厲壇	폐지	지금은 폐지됨.(今廢)
孔廟	유지	崇聖祠, 忠孝祠 포함.
武廟	유지	1914년 關岳廟를 武廟로 개칭함.
文昌閣	폐지	民立第二學校로 개축함.
馬神廟	폐지	官에서는 致祭하지 않고, 민간에서 焚香함. 正殿과 東西廊만 남고 神像은 없어짐. 第七小學校가 입주함.
城隍	폐지	제사는 폐지되었고 廟는 무너졌음.
龍神	폐지	민간에서 분향, 知事는 祈雨祭 때에만 사용함.
馬神	폐지	제사가 폐지되고 廟는 學校로 개조되었음.
衙神	폐지	지금은 중단되었음.
獄神	폐지	지금은 중단되었음.

위의 표에서 보듯이, '국전예제國典禮制에 기록되어 있다'는 공묘와 무묘를[57] 제외하고는 청대에 있던 모든 관방제사가 폐지되었음을 알 수 있다. 기재된 내용도 공묘와 무묘가 절대적으로 많은 분량을 차지하고 있다. 물론 상기한 지방지에는 무수히 많은 민간의 사원이 함께 기록되어 있는데, 그 중에는 무너져 터만 남아 있거나, 그 터조차 알 수 없거나, 학교나 공공기관(會議所, 醫院 등)으로 개조된 것들도 있었으나, 관방의 사원과 비교해서는 상대적으로 많은 부분이 여전히 성황을 이루고 있었다.

위에서 언급하지 못한 일·월식에 대한 구호救護 의식과 북진묘 제사도 민국 들어 완전히 폐지된 것으로 보인다. 기존 연구에 따르면, 선

367쪽.
57) 「遼陽縣志」(1928), 『地方志集成 - 遼寧府縣志輯 第3冊』, 362쪽.

통 3年(1911) 흠천감이 9월 1일을 일식으로 예보해, 관례에 따라 예부가 각성에 통보하고 각성이 구호 의례를 거행한 것을 마지막으로, 수천년 동안 행해졌던 구호 의식이 청조의 멸망과 함께 최후를 맞이했다고 한다.[58] 북진묘 산제도 청조의 멸망과 함께 폐지되었다고 한다.[59]

이밖에 민국시기에 간행된 지방지 전반을 검토해 보아도, 민국 사전에 포함된 文廟·武廟 등을 제외하고는 기존에 시행되었던 관방제사가 청조의 멸망과 함께 완전히 사라진 것은 확실하다. 모두 인용하기 어려울 정도로 많은 지방지들이 구체적으로 사전이 폐지되었음을 분명하게 밝히고 있을 뿐만 아니라, 이런 상황을 간명하게 언급하기도 하였다. 예컨대, 『영안현지寧安縣志』는 '민국에 들어 단지 공묘, 관악묘 및 충렬사忠烈祠만 남아 춘추에 치제致祭하고 상전常典에 기록하였다'[60]고 적고 있고, 『해성현지』는 '지금 사전에 남아 있는 것은 오직 문묘와 무묘뿐'[61]이라고 하였다. 『요양현지』는 '변법 이래에 신도설교神道設敎의 풍습이 사그라지어 사전祀典 이외에 무너진 사원을 고치지 않고 방치하거나 학사로 개조하였다'[62]고 전하고 있고, 『개원현지』는 '신법으로 바뀐 이래, 거액을 모아 사원을 중수하는 일이 완전히 없어진 것은 아니지만, 그 땅을 빌려 학교나 다른 기관을 세우는 일이 많아졌다'[63]고 분위기를 전했다. 또한, 『성경시보』에서도 '민국 개혁 이래 사전에 열거된

---

58) 謝小華, 「淸代的日、月食救護」, 『紫禁城』 2009年 7期, 2009.7, 48쪽.

59) 뿐만 아니라 1948년 2월에 이르러 北鎭縣이 인민해방군의 수중에 들어가자, 北鎭廟를 지키고 있던 승려들이 모두 도주하고, 해당 지역의 군중이 난입해 건축물을 훼손하고, 6월에는 縣政府가 사무실과 학교로 개조함에 따라 주요 시설과 神像 등이 파괴되는 일이 벌어졌다고 한다.(于志剛, 「北鎭廟槪述」, 226쪽.)

60) 「寧安縣志」(1924), 『地方志集成 - 黑龍江府縣志輯 第5冊』, 237쪽.

61) 「海城縣志」(1924), 『地方志集成 - 遼寧府縣志輯 第6冊』, 271쪽.

62) 「遼陽縣志」(1928), 『地方志集成 - 遼寧府縣志輯 第3冊』, 272쪽.

63) 「開原縣志」(1929), 『地方志集成 - 遼寧府縣志輯 第12冊』, 123쪽.

것은 오직 공자와 관악關岳뿐'[64]이라고 하였다.

이상과 같이 당대 이래로 계승·확대·발전되어 오던 지방의 관방제사가 중화민국에 이르러 다수 폐지되었는데, 그 이유는 무엇일까? 우선, 지방의 관방제사가 폐지된 것은 기본적으로 국가 차원에서 사전제도가 폐지되었기 때문에 이를 따른 것이다. 전통시기 관방제사는 지방관의 중요한 직무였을 뿐, 지방관이 숭배대상에 대해 신앙심을 가지고 있던 것은 아니었다. 따라서 제도가 없어지자 관원의 의무도 없어지고 제사활동도 사라진 것이다. 만약 관방제사에 민중의 참여가 있었더라면 상황이 달라졌을 터이지만 그렇지도 못했다. 애초에 '농업을 관장하는 자연 신령에게 풍작을 기원하는' 신앙 활동은 민중에게도 필요했지만, 관방을 중심으로 제사 활동이 정치화되면서 민중의 신앙적 수요를 충족시키지 못했고, 대중의 관심이 점차 멀어져 명청대에 이르면 관방과 민간이 완전히 분리되었다.[65]

게다가, 폐지된 제사를 보면 대부분이 '신비주의적 자연신 숭배'와 관련되어 있다는 점에서 근대 이후 자연신 숭배가 약화되는 시대적 상황도 영향을 끼쳤을 것으로 보인다. 말하자면 서구의 자연과학 지식이 전파되고 이성과 합리를 중시하는 계몽사조가 영향을 끼치면서 자연신 숭배를 미신으로 여기는 경향이 생겨난 것이다. 이런 상황에서 신해혁명으로 '민주공화정체'가 수립되면서 자연신의 합법적 지위가 소멸된 것으로 볼 수도 있다.[66]

그렇다면, '미신타파'와 '민주공화'라는 근대가 '신비주의적인 자연신

---

64) 「梨樹 : 廢弛祀典」, 『盛京時報』 1916.3.24.

65) 龐毅, 「晚清民初長沙官方祭祀初探(1840-1927)」, 湖南師範大學 碩士論文, 2013.5, 47쪽.

66) 饒明奇, 「近代中國自然神崇拜淡化的原因及歷史意義」, 『鄭州大學學報(哲學社會科學版)』 第32卷 第4期, 1999.7. 참조.

숭배'라는 전통을 일방적으로 대체한 것인가? 이와 관련, 민국사전民國祀典의 수립을 주도했던 당사자인 정사당政事堂 예제관禮制館의 인식이 흥미롭다. 1915년 무진현武進縣의 신사 운언빈惲彦彬 등이 강소 순안사를 통해 중앙정부에 '인심의 안정'을 명분으로 성황묘 관방제사의 복원을 청원하였고, 이에 내정부는 담당부서인 예제관으로 하여금 회신하도록 하였다. 예제관은 강소 순안사에게 보낸 공문에서, 성황묘 등의 관방제사를 폐지한 이유를 다음과 같이 설명하고 있다.

> 성황에 대한 제사는 오대五代에서 비롯되었고 청대에도 봉호封號를 가加하였는데 이는 인민이 숭덕보공崇德報功하게 하려는 데에 뜻이 있는 것이다. **미신을 탐하는 것과도 다르고, 그래서 국체에도 저촉되지 않는다.**
>
> (다만) 1913년 내무부가 예제를 편정함에, **만물이 본디 하늘에서 나왔으므로 제천만으로 모든 신(百神)을 포괄할 수 있다**고 생각했다. 일일이 제사를 지낼 필요가 없는 것이다. 고로 삼가 환구圜丘에서 제천으로 통례를 행함으로써, 방택方澤에도 제사를 지낼 필요가 없고, 성황에 대한 제사 또한 점차 중지하여 폐지하기로 했던 것이다.
>
> 백신百神은 제천에 포함되므로, 성황만을 모시는 제사는 폐지되어야 마땅하다.[67] (강조는 필자)

말하자면, 성황과 같은 자연신 숭배를 국가제사에서 폐지한 것은 그것이 미신이기 때문도 아니고, 국체에 저촉되었기 때문도 아니었다. 다만, '만물이 본디 하늘에서 나왔으므로' 자연신 숭배를 제천으로 대체할수 있다고 생각했고, 그래서 폐지하였다는 것이다. 따라서 예제관의 입

---

67) 「國學尊聞-禮制館駁規復城隍廟祀」, 『國學雜志』 第5期, 1915, 7~8쪽.

장에서 볼 때, 자연신 숭배의 약화는 근대가 전통을 전면적으로 대체하는 일방적인 과정이 아니었다. 상당히 제한적이고 많은 우여곡절을 겪는 복잡한 과정이었다. 이처럼 근대 개조와 역사 전통 간에는 복잡한 연속 관계를 보인다. 전통과 근대가 대립하기도 했지만 완전히 결렬하지는 않는다. 전통과 근대의 긴장관계 안에는 '역사의 복합성'[68]이 내재해 있다.

그러나 지방관이 자연신을 섬기는 활동이 완전히 없어진 것은 아니었다. 가령 가뭄과 같은 절박한 위기상황이 닥치면, 인심을 안정시키기 위해 기우제를 드리거나 민간에서 인기 있는 묘우에 비정기적으로 가서 제례를 행하는 일은 여전하였다. 『요양현지』에 따르면, '가뭄이 들면 수토관守土官이 용신묘를 참배해 기도했고(祈祀), 이에 비가 오면 공복公服을 이끌고 가서 사은謝恩의 제례(報祀)를 거행했다'[69]고 한다. 이때에는 대중들도 함께 참여하였을 것이다. 실제로 『성경시보』에서 지방관이 '신상사농紳商士農의 요청에 따라 제단을 세우고 기우하였고, 과연 열흘 안에 비가 충분히 내려 관제묘에서 연희를 열어 신령에게 보답(酬神)하였다'[70]는 기사들을 발견할 수 있다. 1926년 5월에는 상장군上將軍 장작림張作霖이 '오랜 가뭄에 백성의 원망이 드높아 특별히 목욕재계 하고 군부軍府에서 천지신명에게 기우제를 드렸다'[71]고 한다.

68) 沈洁, 「反對迷信與民間信仰的現代形態──兼讀杜贊奇"從民族國家拯救歷史"」, 『社會科學』 2008年 第9期, 2008, 174쪽. 참조.
69) 「遼陽縣志」(1928), 『地方志集成 · 遼寧府縣志輯 第3冊』, 363쪽.
70) 「演戲酬神」, 『盛京時報』 1924. 7. 13.
71) 「上將軍躬親求雨」, 『盛京時報』 1926. 5. 22.

3. 민국시기 지방 사전의 지속과 변용

전술했듯이, 1912년 1월 중화민국이 성립되고 남경임시정부는 공자 제사를 제외하고 나머지 청대의 사전祀典을 폐지한다. 곧 이어 손문이 물러나고 원세개袁世凱가 정권을 장악하면서, 북경정부는 전통적인 사 전祀典 제도를 회복해 '민국 사전'을 세우는 일련의 조치를 취한다.[72] 첫째, 1914년 2월 7일 「사천정위통제령祀天定爲通祭令」을 반포하여 정식 으로 제천 의례를 회복하였다. 하지만, 제천과 유사한 사직, 일월日月, 풍운뇌우산천, 선농, 성황 등에 대한 제사는 회복하지 않았다. 둘째, 1914년 2월 정치회의의 결의에 따라 구례舊禮를 따르는 공자제사를 회 복하였고, 9월에는 예제관이 「사공전례祀孔典禮」를 반포해 의례를 확정 하였다. 셋째, 육해군의 건의를 수용해 1914년 11월 20일 관악묘關岳廟 를 건립해 관우와 악비岳飛를 합사하라는 「대총통령大總統令」을 발표하 고, 1915년 3월에는 예제관이 「관악합사전례關岳合祀典禮」를 반포하였 다. 넷째, 1914년 10월 순국선열에 대해 제사를 「대총통령」으로 정하 고, 1915년 5월에는 예제관이 「충렬사제례忠烈祠祭禮」를 반포하였다. 이상의 조치들은 기본적으로 남경국민정부가 수립될 때까지 그대로 지 속되었다. 그렇다면, 이런 일련의 조치들과 관련, 동북지역에서는 지방 사전이 어떻게 운영되었을까?

1) 제천의 단발성 시행

전통적으로 제천은 황제의 전유물로 여겨졌다. 전통시기 황제는 '천

---

72) 아래의 네 가지 조치에 대해서는 許效正/張華騰, 「試論民國初年(1912~1915年)的 祀典政策」, 『雲南社會科學』 2009年 第5期, 135~137쪽. 및 李俊領, 「中國近代國 家祭祀的歷史考察」, 山東師範大學 碩士學位論文, 2005. 참조.

자'를 자칭하였고, 하늘이 인민을 통치할 수 있는 권한을 자신에게 부여했다고 여겼기 때문에, 이를 표상하고자 매년 하늘에 제사를 지냈다. 따라서 지방제사에는 제천 의례가 없었다. 하지만, 민국 초년의 제천은 더 이상 황제가 홀로 향유하는 것이 아니었다. 상기한 「사천정위통제령」에서는 이를 다음과 같이 명시하고 있다.

> (제천은) 마땅히 통제通祭로 하여 대총통에서 국민에 이르기까지 모두가 행할 수 있어야 한다. 대총통은 국민을 대표해 치제致祭하고, 각 지방장관은 지방인민을 대표해 치제하고, 국민은 각자가 알아서 제사 하도록 맡겨, 일체함을 보여야 한다.[73]

제천이 더 이상 황제에 비견되는 대총통의 전유물이 아님을 명확히 밝히고 있다. 동시에, 제천이 '지방인민을 대표해' 지방장관도 지내야 하는 지방관사임을 천명하였다. 이는 전에 없던 새로운 면모라고 할 수 있는데, 이와 관련해 정책 당국의 설명이 흥미롭다. 1913년 말에 원세개의 의뢰에 따라 정치회의에서 제출한 「제천안심사보고서祭天案審査報告書」에서는 다음과 같이 설명하고 있다.

> (제천은) 만세에 고치지 않았던 전제典制이지만, 이제 민국이 성립되어 정체가 변경되었으니, 일체 전례典禮의 손익을 따져, 공화정체에 저촉됨이 있는지를 판단해야 한다. 옛날에는 천자가 천지에 제사를 지냈고, 제후 이하는 지내지 못했다. 역대로 제왕의 제사로 전해져 내려왔다. 지금은 시제時制를 따라 마땅히 통제通祭로 고쳐, 대총통부터 국민에 이르기까지 모두 지낼 수 있어야 한다.[74]

---

73) 「大總統令」, 『政府公報』 第631號, 1914.2.8.(李俊領, 「中國近代國家祭祀的歷史考察」, 30쪽에서 재인용)

2부 근대시기 동북지역 민간신앙의 전개와 지역적 특성

말하자면, 지방에서도 지낼 수 있는 '통제通祭'로의 변화는 '민주공화'로의 국체 변동이 반영된 결과라는 것이다. 제천의 지속이 언뜻 보기에 전통의 지속처럼 보이지만, '민주공화'라는 근대적 변화를 수용한 측면이 내재되어 있음을 알 수 있다. 전통과 근대의 '뒤섞임'이 엿보인다.

그렇다면, 실제 동북지역에서는 제천이 거행되었을까? 1914년 12월 내무부는 예제관이 「사천통례祀天通禮」에 의거해 편정한 「각 지방행정 장관 및 도윤道尹, 현지사의 남교南郊 사천祀天 예절」을 열하도통공서熱河都統公署에 하달하였고, 열하도통은 동지에 해당하는 12월 23일에 사천을 거행하도록 소속 부서 및 지방관에게 지시하였다.[75] 이때 예제관에서 펴낸 「사천악보祀天樂譜」도 전달되었다.[76] 이에 복현에서는 성수위아문城守尉衙門이 "본월 23일은 사천하는 날이니, 본성本城의 문무관 구위임九委任 이상은 모두 아침 7시까지 집결하여 사직단에서 공동으로 사천례祀天禮를 거행"한다고 공지한다. 1914년의 동지인 12월 23일에 실제 사천 행사가 거행되었다고 볼 수 있다.[77] 다만 다른 현에서도 사천이 거행되었는지는 확인할 수 없지만, 1914년 당시에는 상해를 비롯

---

74) 「祭天案審査報告書」, 『孔敎會雜志』第1卷 第11號, 1913, 13~16쪽.(李俊領, 「中國近代國家祭祀的歷史考察」, 28쪽에서 재인용)
75) 「各地方行政官祀天禮節(1914.12.15)」, 遼寧省檔案館 編, 『中國近代社會生活檔案(東北卷一) 第4冊』, 362~366쪽.
76) 「各地方行政官祀天樂譜(1914.12.18)」, 遼寧省檔案館 編, 『中國近代社會生活檔案(東北卷一) 第4冊』, 367~377쪽.
77) 「復縣祀天日期及祀天禮節單」, 遼寧省檔案館 編, 『中國近代社會生活檔案(東北卷一) 第4冊』, 495쪽. 해당 자료집의 목차에는 공문 시행 날짜가 1920년 9월 21일로 표기되어 있으나 이는 편집상의 오류임이 명백하다. 공문 본문에는 年度가 표기되어 있지 않아 1920년임을 확증할 수 없다. 祀天은 제도적으로 冬至에 하는 것인데, 1920년의 冬至는 12월 22일이다.(「1920年日曆表、農曆表」, http://www.xingzuowu.com/calendars/view/064059050049.html) 그런데 공문에는 23일을 祀天之期라고 했으므로, 해당 공문은 결코 1920년의 공문이 아니다. 게다가 袁世凱 死後에는 祀天이 거행되지 않으므로 이것은 1920년의 공문일 수가 없다.

해 각성이 모두 사천을 준비하였고 거의 '전민성全民性 통제通祭'로 치러졌다고 하니[78] 다른 현에서도 거행했을 가능성이 높다. 그러나 이후 제천 의례에 대해 시대착오적이라는 비난이 쏟아졌고, 더 이상 거행되지는 못하였다.[79]

2) 공자제사의 화려한 부활

새로 성립된 '민국 사전'의 핵심은 공자제사였다. 전통적으로 공자제사에는 '종사從祀'가 포함되었을 뿐만 아니라 숭성사, 절효사, 명환사名宦祠, 향현사鄕賢祠 등의 제사가 하나의 패키지를 이루었다. 상기한 '당안자료'와 '지방지'에는 종사 및 부속 제사를 포함해 공자제사에 대한 기록이 대부분을 차지하는데, 각현을 단위로 매년 철저하게 시행되었음을 알 수 있다. 아래에서는 '당안자료'와 지방지를 바탕으로 민국시기 동북지역의 공자제사에 대해 살펴본다.[80]

제사 숭배의 구체적인 대상은 위패로 표현되고, 이는 일정한 위계에 따라 배치되는데 이를 위차位次라고 한다. 위차에는 민국시기에도 전통적인 방식이 그대로 적용되었다. 우선 정위에는 '지성선사공자至聖先師孔子'의 신위를 두었고, 동무東廡와 서무西廡로 사배四配(顔子, 曾子, 孟子, 子思), 십이철十二哲, 선현 79위, 선유先儒 75위 등의 신위가 이어졌다.[81] 이밖에 부속 제사로서 숭성사, 절효사, 명환사, 향현사 등에 해

---

78) 「演習祀天禮節」, 『申報』 1914.12.22.(郭輝, 「民國國家儀式研究」, 華中範大學 博士論文, 2012.5, 58쪽. 재인용)

79) 비난의 요점은 이것이 '迷信'에 해당된다는 점과 帝制를 겨냥한 것이라는 점으로 모아졌다. 상세한 사정에 대해서는 郭輝, 「民國國家儀式研究」, 59~62쪽. ; 李俊領, 「儀式與"罪證" : 1914年袁世凱的祭天典禮」, 『揚州大學學報(人文社會科學版)』 第 15卷 第6期, 2011.11, 107~108쪽. 참조.

80) 아래 특별히 출전을 달지 않은 내용은 당안자료와 지방지에 일반적으로 기재되어 있는 내용이다.

당 신위가 각각 배치되었다. 숭성사는 공자의 5대 선대(肇聖王, 裕聖王, 詒聖王, 昌聖王, 啟聖王)를 모신 사당인데, 원래는 계성사라 하여 선친만을 모셨지만 옹정 원년(1723)에 5대를 봉사奉祀하는 숭성사로 개편되었고, 이런 전통이 민국에도 이어졌다. 절효사는 역내의 '정효절렬부녀貞孝節烈婦女' 신위를 모시는 사당이고, 명환사와 향현사는 해당 지역 출신의 유명한 관료와 유자儒者를 모시는 사당이다.

공자제사는 전통 방식을 따라 봄, 가을로 매년 두 차례 거행되었다. 음력으로 중월仲月 상정일上丁日에 열렸는데, 중월은 음력 2월과 8월이고 상정일은 첫 번째 정일丁日을 의미한다. 그래서 이를 '정제丁祭'(春丁, 秋丁)라고도 한다. 음력 8월 27일 공자탄신일은 전통시기에도 제사를 지냈고, 민국초년 남경임시정부도 '사공祀孔은 폐지하고 공자탄신일을 기념하라고' 권고하는 입장이었는데, 민국시기 동북지역에서는 일부에서 민간의 공교회 회장이 주관해 춘추 정제丁祭와 같은 방식으로 공자탄신일을 기념하였다고 한다.[82] 부속 제사들은 공자제사와 같은 날에 공자제사에 이어 거행하였다.

제사는 예외 없이 공묘에서 거행되었다. 공묘 경내에는 숭성사, 절효사 등의 부속 사당이 대성전大成殿을 중심으로 사방에 배치되었다. 여제인원與祭人員과 집사인원執事人員, 악무생樂舞生 등이 새벽 6시 즈음에 공묘에 모여 함께 제사를 지냈다. 문관은 대례복을 입고, 무관은 제복을 입고 훈장을 패용하였다. 예복이나 제복이 없는 자는 상례복을 입어도 되었다. 공묘를 아직 건립하지 못한 환인현桓仁縣과 금서현錦西縣에서는 현립 학교의 방 1칸에 위패를 모셔두고 제사를 지냈다. 1905년

---

81) 「孔子廟位次編校錄(1914.11.13)」, 遼寧省檔案館 編, 『中國近代社會生活檔案(東北卷一) 第4冊』, 342~361쪽.

82) 「西豊縣志」(1938), 『地方志集成 - 遼寧府縣志輯 第12冊』, 451쪽.

러일전쟁으로 공묘가 불타버린 홍경현에서도 현립 중학교에 위패를 모셔두고 제사를 지냈다.[83]

공자제사의 주체는 제례의 각 부분을 책임지는 여제인원과 보조 임무를 수행하는 집사인원으로 나눌 수 있다. 주제관(承祭官)은 각급 지방에서 가장 서열이 높은 행정장관이 맡았고, 이하로 각급 기관장 - 관원 - 교원 및 민간의 유력인사로 이어지는 위계에 따라 배제관陪祭官과 집사인원이 배치되었다. 복현의 경우를 예로 들면,[84] 여제인원으로 주제관은 현지사, 사배 분헌관四配分獻官은 심판청장審判廳長, 십이철 분헌관은 검찰청장, 동무東廡 분헌관은 재정과장, 서무西廡 분헌관은 행정과장, 배제陪祭는 각 문무 관신官紳, 후전後殿 정헌관正獻官은 경찰소장이 맡았고, 이하 집사인원으로 학교 교장 및 교원이 다수 배치되었고 이밖에 신사, 상회나 농회의 회장 등이 참여하였다. 보통 여제與祭 및 집사인원으로 참여한 인원만 70명이 넘었고, 동원한 학생까지 포함하면 500여 명에 이르기도[85] 했다고 한다.

숭성사의 치제는 한 등급 낮아져 주제관을 소속 관원이나 교육회장이 맡았고, 배제는 현립학교 교장이나 교원이 맡았다. 명환사와 향현사의 치제는 등급이 더욱 낮아져 주제主祭를 현립학교 교장이나 지방 신사가 수행했다.[86] 다만, 절효사의 경우에는 현지사가 주제관을 맡았고, 배제관으로 문무관, 각계 신사, 각 절효節孝의 가족 친지가 참여했고, 다수의 교육계 인사와 유력인사들이 집사를 맡았다.[87] 절효사가 상대

83) 「興京縣志」(1925), 『地方志集成 - 遼寧府縣志輯 第10冊』, 314~315쪽.
84) 「復縣春丁祀孔日期、冠服及禮節單(1919.3.3)」, 遼寧省檔案館 編, 『中國近代社會生活檔案(東北卷一) 第4冊』, 477~486쪽.
85) 「營口 : 祀孔禮之盛況」, 『盛京時報』 1916.9.10.
86) 「興城縣志」(1927), 『地方志集成 - 遼寧府縣志輯 第21冊』, 443쪽 ; 「綏中縣志」(1929), 『地方志集成 - 遼寧府縣志輯 第23冊』, 152쪽.
87) 「復縣節孝祠落成典禮與祭人員名單及禮節單(1920.9.6)」, 遼寧省檔案館 編, 『中

적으로 중시되었음을 알 수 있다.

제사가 끝난 후에는 즉시 제사에 사용한 고기를 참여 인원들에게 나누어 주었는데, 여기에서 인원 간의 위계가 매우 엄격하였음을 알 수 있다. 구체적으로 승제관承祭官, 분헌관(5인), 사배 십이철 후전 분헌관, 동서무 분헌관, 집사인 및 각교 부역夫役, 악무생, 경찰, 사조司胙, 분조分胙, 악공樂工, 교양공창敎養工廠, 판사인辦事人 및 도공刀工 등 11등급으로 나누어 분배했는데, 등급 간 분배받는 고기의 분량에 차이가 매우 컸다. 예컨대, 주제관 1인은 돼지 반마리, 양 반마리, 소 뒷다리 1쪽을 분배 받았으나, 수십 명에 이르는 집사인 및 각교 부역은 합쳐서 돼지 2마리, 양 2마리, 소 반마리를 분배 받았고, 판사인 및 도공은 합쳐서 돼지 1/8만을 가져갈 수 있었다. 또한, 고기 분배에 실무적으로 관여한 인원이 4명이나 되었고 미리 청단淸單을 만들어 책임자의 결재를 받도록 한 것에서, 이 일이 매우 민감하고 중요하게 여겨졌음을 알 수 있다.[88] 아무튼 제사를 통해 위계를 확인하고 이것이 일상의 위계를 강화하는 양상을 엿볼 수 있다.

공자제사의 의례는 1914년 9월 예제관이 반포한 「사공전례祀孔典禮」에 의거했다. 이는 기본적으로 전통적인 예법을 계승하였지만, 여기에 부록된 「설명서」에 따르면 크게 다섯 가지의 변화가 있었다고 한다.[89] 첫째, 제사의 명칭을 '석전釋奠'에서 '사祀'로 정정하였다. 이미 오랫동안 원래의 '석전'과는 다른 예법을 취해 왔으므로 '사'라고 하는 것이 보다 정확하다는 취지이다. 둘째, 문묘라고 하지 말고 공자묘(孔廟)라고 칭해

國近代社會生活檔案(東北卷一) 第4冊』, 490~494쪽.

88) 「復縣祀孔胙肉分配淸單(1924.9.6)」, 遼寧省檔案館 編, 『中國近代社會生活檔案(東北卷一) 第5冊』, 41~43쪽.

89) 「義縣志」(1931), 『地方志集成 - 遼寧府縣志輯 第17冊』, 555~559쪽.

야 한다는 것이다. 문묘에는 교육기능과 제사기능이 함께 있었는데 이미 교육기능은 퇴색되었으므로 제사기능만 살려 공자묘라고 해야 한다는 취지이다. 하지만 실제 '당안자료'나 '지방지'에서는 문묘와 공묘를 혼용하고 있다. 셋째, 피휘避諱를 더 이상 하지 않음에 따라 목주(位牌)의 글자를 조정하였다. 넷째, 의문儀文(禮節, 祭文)이나 제기에 증감이 있었다. 하지만 질적인 전환은 아니고 다소 간소화한 정도이다. 다섯째, 악장은 청대의 악장을 그대로 따르나 명칭에 약간의 변화를 주었다.

'당안자료'에 보이는 축문, 예절, 제기, 제물, 악장 등을 보아도, 전통적인 방식이 그대로 계승되고 있다. 대개 축문은 새로 제정하였으나 여전히 전통 방식이고, 전통적인 제기에 소, 돼지, 양 등의 희생을 제물로 진설陳設하였으며, 영신迎神 - 초헌례初獻禮 - 독축讀祝 - 아헌亞獻 - 종헌終獻 - 철찬撤饌 - 송신送神 등의 순서에 따라 제사를 진행하였다. 다만 상향上香과 망료望燎 의식은 생략하였다. 전체적으로 전통을 계승하는 가운데 부분적으로 간소화하는 방향으로 변용을 모색하였음을 알 수 있다.

다만, 가장 민감하게 받아들여졌던 것은 절을 하는 방식이었다. 청대에는 엎드려 절하는 삼궤구배례三跪九拜禮를 행했는데, 1912년 2월에 허리를 구부려 절하는 국궁례鞠躬禮로 고쳤다가, 1914년 9월 「사공전례」에서는 다시 일궤사배례一跪四拜禮로 바꾸었고, 1923년 이를 다시 국궁례로 바꿨다고 한다.[90] 이밖에도, 1916년 8월 내무부가 국궁례를 시행하도록 지시하였고,[91] 1917년 9월 대리 대총통 풍국장馮國璋이 궤배례를 삼국궁례로 바꾸는 조치를 취했고, 1919년 1월에는 대총통 서세창

90) 「義縣志」(1931), 『地方志集成 - 遼寧府縣志輯 第17冊』, 514쪽.
91) 「奉天省長公署訓令 第150號(1916.8.23) : 准部電變更祀孔典禮」, 『奉天公報』 第1599期, 1916, 1쪽.

徐世昌이 다시 궤배례로 바꾸었던 적이 있다.[92] 이와 같이 '궤배를 폐지하는 의미는 단순히 두 무릎을 해방시키는 데에 있지 않고 야만과 문명 사이를 넘나드는 역사적 격차'를[93] 의미했다. 실제 동북지역에서도 절하는 방식이 일사분란하지 않았던 것으로 보이는데, 일례로 복현에서는 1919년 봄에 삼국궁례를 행했다가,[94] 1922년 봄에는 궤배례를 행하고,[95] 1924년 가을에는 다시 국궁례를 행하였다.[96] 중앙정부의 방침이 기본적으로 준수되는 가운데 지역의 사정과 성향에 따라 조변석개와 같은 혼선을 보였을 만큼, 매우 예민한 문제였음을 알 수 있다.

3) 관악합사와 의용사의 성행

관악합사關岳合祀도 북경정부시기 내내 매우 중시되어 공자제사와 함께 민국 사전民國祀典의 양대 축을 이루었다. '당안자료'에 관악합사의 거행을 입증하는 공문이 반복해서 나오고, 지방지에서도 문묘(孔廟)와 짝을 이루어 무묘(關岳廟)에 대해 상세히 설명하고 있다. 특히, 1915년 3월에 예제관이 반포한 「관악합사전례關岳合祀典禮」가 자주 인용되었다. 아래에서는 이상의 자료를 바탕으로 관악합사에 대해 간략히 살펴본다.

관악합사의 숭배 대상은 관우와 악비이다. 그래서 관악묘의 정위에 「관장목후關壯穆侯」와 「악충무왕岳忠武王」라고 쓴 신위(木主)를 배치했

---

92) 李俊領, 「中國近代國家祭祀的歷史考察」, 78~79쪽.
93) 陈旭麓, 『近代中國社会的新陈代谢』, 上海人民出版社, 1992, 327쪽.(李俊領, 「孫中山再造文明中國的本土情懷與世界眼光 - 試析1912年南京臨時政府的國家祭祀典禮」, 23쪽에서 재인용)
94) 「復縣春丁祀孔日期、冠服及禮節單(1919.3.3)」, 遼寧省檔案館 編, 『中國近代社會生活檔案(東北卷一) 第4冊』, 478쪽.
95) 「復縣春丁祀孔與祭人員及執事人員名單(1922.2.21)」, 遼寧省檔案館 編, 『中國近代社會生活檔案(東北卷一) 第5冊』, 8쪽.
96) 「復縣秋丁祀孔日期(1924.8), 遼寧省檔案館 編, 『中國近代社會生活檔案(東北卷一) 第5冊』, 37쪽.

다. 동서로는 장비張飛를 비롯한 24인의 종사從祀 신위를 배치했다. 충무忠武를 상징하고, 사적史籍으로 입증되고, 세상에 잘 알려져 있고, 장군 신분이었던 인물을 취사선택하였는데, 전통적인 관제의 종사와 대동소이하다. 청대와 민국의 인물은 배제하였다고 한다.[97] 이러한「관악합사전례」의 규정은 거의 예외 없이 지켜졌다.

전통적으로 관제묘의 제사는 춘추 중월 상무일上戊日에 거행하였다. 따라서 관악합사도 이때에 지내는 것이 순리였다. 하지만「관악합사전례」에는 춘추 중월 춘분과 추분이 지나고 첫 번째 무일戊日에 지내는 것으로 바뀌었다. 이는 공자제사를 지내는 상정일과 하루 밖에 차이가 나지 않아 여러 가지로 애로가 많았기 때문이었다. 이전에는 문묘는 문관 위주로 지내고, 관제묘는 무관 위주여서 별 다른 문제가 없었으나, 이제는 문무관이 함께 참여함에 따라 불편함이 초래되었던 것으로 보인다.[98] 춘분과 추분 이후의 무일로 바꿈으로써 정제丁祭와 간격이 생기기를 기대했던 것이다.

동북지역에도 일찌감치 관악합사의 날짜에 관한 중앙정부(內務部)의 지시가 하달되었다. 말할 것도 없이 '매년 춘분, 추분이 지난 후 첫 번째 무일'로 규정하였다.[99] 하지만, 실제 관악합사가 거행된 날짜는 규정과 달랐다. 아래 표는 실제 제사 날짜와 규정의 관계를 파악하기 위해 작성한 표이다.[100]

---

97) 「關岳合祀典禮」, 遼寧省檔案館 編, 『中國近代社會生活檔案(東北卷一) 第4冊』, 408~410쪽.
98) 「關岳合祀典禮」, 遼寧省檔案館 編, 『中國近代社會生活檔案(東北卷一) 第4冊』, 410~411쪽.
99) 「關岳廟致祭日期(1915.9.27)」, 遼寧省檔案館 編, 『中國近代社會生活檔案(東北卷一) 第4冊』, 461~462쪽.
100) 「復縣舉行關岳秋祭典礼禮節單(1917.9.29)」, 遼寧省檔案館 編, 『中國近代社會生活檔案(東北卷一) 第4冊』, 466쪽. ;「熱河省致祭關岳日期(1926.3.22)」, 遼寧

연도	關岳合祀 시행일 (A)	春/秋分 日	春/秋分 이후 上戊日(B)	上丁日 (C)	B-C 간격	A-C 간격
1917년 가을	8월 18일 (戊寅)	8월 7일	8월 8일	8월 7일	1일	11일
1926년 봄	2월 17일 (戊午)	2월 7일	2월 17일	2월 6일	11일	11일
1930년 봄	2월 20일 (戊辰)	2월 22일	2월 30일	2월 9일	21일	11일
1930년 가을	8월 14일 (戊子)	8월 3일	8월 4일	8월 3일	1일	11일

위의 표는 '당안자료'에서 실제 거행한 날짜를 확인할 수 있는 경우를 모두 포함한 것이다. 위에서 규정대로라면 관악합사를 거행해야 하는 날짜는 '춘분·추분 이후의 첫 번째 무일(B)'이어야 한다. 하지만 실제 제사를 거행한 날짜(A)는 1926년 봄을 제외하고는 모두 다르다. 1917년의 경우, 규정대로 8월 8일로 날짜를 잡으면 공자제사를 거행하는 상정일(C)과 하루 밖에 차이가 나지 않는다. 그래서 그 다음 번 무일로 날짜를 잡았다. 이는 1930년 가을도 마찬가지이다. 1930년 봄의 경우는 규정대로 날짜를 잡으면 공자제사 날짜와 21일의 간격이 생겨 너무 멀어진다. 그래서 날짜를 앞당겨 춘분 이전의 무일로 잡은 듯하다. 말하자면 공자제사를 개최하는 上丁日과 11일의 간격을 유지하는 것이 원칙이었던 것이다. 따라서 실제 날짜는 '춘/추분 이후 상무일'이

省檔案館 編, 『中國近代社會生活檔案(東北卷一) 第5冊』, 73쪽. ; 「北鎭縣春丁關岳合祀人員名單(1930.3.17)」, 遼寧省檔案館 編, 『中國近代社會生活檔案(東北卷一) 第5冊』, 234쪽. ; 「北鎭縣秋丁關岳合祀祭文 職員名單(1930.9)」, 遼寧省檔案館 編, 『中國近代社會生活檔案(東北卷一) 第5冊』, 283쪽. 날짜 및 절기의 파악은 方詩銘/方小芬 編著, 『中國史曆日和中西曆日對照表』, 上海辭書出版社, 1987. 참조하였음.

아니라 '공자제사 이후 11일째 되는 무일'이라고 할 수 있다. 무일이라는 전통과 규정을 유지하면서도 행사의 편의를 고려한 변용이라고 할 수 있겠다.

원칙적으로 관악합사를 거행하는 장소는 관악묘關岳廟이었다. 「관악합사전례」에서는 원칙적으로 군사시설이 가까운 곳에 새로 묘우를 마련하라고 지시하였다.[101] 이 원칙을 실행한 곳도 있지만,[102] 대개는 기존에 있던 관제묘를 일부 개조하여 관악묘로 삼았다. 심지어 관제묘의 신상 옆에 「악충무왕岳忠武王」이라는 목주를 세워두고 제사를 지낸 경우도 있고,[103] 서방사西方寺라는 사원 안에 간소하게 신위를 세우고 지낸 경우도 있었다.[104] 하지만, 어려운 여건에서도 중앙정부의 방침을 받들어 관악합사를 시행하려는 경향은 어떤 현이라도 예외가 없었다.

관악합사의 주체는 중앙의 경우 대총통이 군부의 주요 인사들을 이끌고 직접 제사를 지내거나 참모총장을 파견해 치제하는 것이었고, 지방의 경우에는 지방장관이 군경관軍警官과 함께 치제하는 것이었다.[105] 실제 관악합사에 참여한 인원을 보아도, 공자제사에 비해 무관의 역할이 강화되었음을 알 수 있다. 일례로 정헌관은 문묘와 마찬가지로 현지사가 맡았지만, 분헌관 및 배제관으로 순방영巡防營 초관哨官, 경찰소장, 성수위서城守尉署 관원, 순방영 초장哨長, 보위단保衛團 판사원辦事員 등 무관의 참여가 두드러졌다.[106] 경우에 따라서는, 포병 단장이 승제관

---

101) 「關岳合祀典禮」, 遼寧省檔案館 編, 『中國近代社會生活檔案(東北卷一) 第4冊』, 405~408쪽.
102) 「開原縣志」(1929), 『地方志集成 - 遼寧府縣志輯 第12冊』, 130쪽.
103) 「新民縣志」(1926), 『地方志集成 - 遼寧府縣志輯 第1冊』, 332쪽.
104) 「西豊縣志」(1938), 『地方志集成 - 遼寧府縣志輯 第12冊』, 455쪽.
105) 「關岳合祀典禮」, 遼寧省檔案館 編, 『中國近代社會生活檔案(東北卷一) 第4冊』, 413~414쪽.
106) 「復縣擧行關岳秋祭典礼禮節單(1917.9.29)」, 遼寧省檔案館 編, 『中國近代社會

을 맡고 현장이 배제관을 맡기도 하였다. 참여 인원의 규모는 공자제사에 미치지 못하여 대개 30명 남짓이었다.[107] 이밖에, 축문, 예절, 제기, 제물, 악장 및 복제服制 등은 공자제사를 참조하여 정하였고 그대로 시행되었다.

관악례關岳禮가 끝나고 나서는 즉시 모든 주제관과 배제관, 집사인원 등이 의용사義勇祠로 나아가 제사를 지냈다.[108] 공묘에서 공자제사를 마치고 숭성사, 절효사 등의 부속 제사를 지냈듯이, 관악합사에도 부속 제사가 있었던 것이다. 민국 성립과 함께 남경임시정부는 청대의 소충사昭忠祠를 '대한충렬사大漢忠烈祠'로 개조해 이른바 '혁명열사'들을 추모한 바 있는데, 원세개가 정권을 장악한 이후에는 '대한충렬사'를 폐지하고 예제관 주도로 1915년 5월 「충렬사제례忠烈祠祭禮」를 제정하였다. 「충렬사제례」에서는 민국 이후에 전사한 군경만을 대상으로 하였고, 1912년 2월 이전에 희생된 '혁명열사'는 포함시키지 않았다. 의례는 청대 소충사의 사례를 준용하였다.[109]

내무부는 1915년 8월 「충렬사제례」를 열하도통공서에 하달하였고, 열하도통은 이를 각현에 전달하여 시행하도록 지시하였다.[110] 이에 대해, 동북지역에서는 충렬사忠烈祠 이외에도 의용사, 향용사鄕勇祠라는 명칭으로 사당을 마련하고 민국 이후에 해당 지역에서 전사한 군경을 추모하였다. 예컨대, 봉성현에서는 진수사鎭守使 마용담馬龍潭이 충렬사

生活檔案(東北卷一) 第4冊』, 466~473쪽.

107) 「北鎭縣秋丁關岳合祀祭文、職員名單(1930.9), 遼寧省檔案館 編, 『中國近代社會生活檔案(東北卷一) 第5冊』, 283~285쪽.

108) 「復縣祭義勇祠禮節單及與祭執事人員名單(1930.3)」, 遼寧省檔案館 編, 『中國近代社會生活檔案(東北卷一) 第5冊』, 247쪽.

109) 李俊領, 「中國近代國家祭祀的歷史考察」, 164~167쪽.

110) 「京兆及各地方追祭忠烈祠禮節(1915.8.29)」 ; 「忠烈祠祭禮(1915.8.29)」, 遼寧省檔案館 編, 『中國近代社會生活檔案(東北卷一) 第4冊』, 431~451쪽.

를 건립하고, '전쟁터에서 사망한 장군과 사병을 합사'했다고 한다.[111] 개원현에서는 1917년 3월 경찰소장이 현지사에게 "각구 경갑警甲이 많지 않은 봉급을 받으면서, 자신의 몸을 돌보지 않고, 지역과 이웃을 위해 자신을 희생했으니 이에 보답하는 일이 필요하다"고 건의하여 관악묘 옆에 의용사를 세우고, 매년 관악묘와 더불어 제사를 지냈다고 한다. 개원현 의용사에는 비적과 싸우다 사망한 군경 35위의 위패와 직예군과의 전투에서 전사한 유봉산劉鳳山의 신위가 안치되었다.[112] 또한, 조양현에서는 동치 5년(1866)에 건립된 향용사에 '토구土寇를 막다가 사망한 사람들의 목주를 세워두고 춘추에 지방관이 치제했다'고 한다.[113] 복현에서도 1918년 '치안에 종사하다가 숨진 사람들을 위로하기 위하여' 의용사를 건립하였다.[114]

의용사 제사는 개원현처럼 경찰소장이 주제한 경우도 있지만, 대개는 관악묘와 마찬가지로 주제관은 현지사가 맡고 군경의 고위직 인사가 배제관으로 대거 참여하였다. 다만, 제례의 준비 및 관리는 경찰소장이 담당하였다.[115]

4. 민국의 사전 운영과 남경국민정부의 수립

이상에서, 민국시기 동북지역의 사전祀典이 운영되는 양태에 대해 살

---

111) 「鳳城縣志」(1921), 『地方志集成 - 遼寧府縣志輯 第14冊』, 121쪽.
112) 「開原縣志」(1929), 『地方志集成 - 遼寧府縣志輯 第12冊』, 131쪽.
113) 「朝陽縣志」(1930), 『地方志集成 - 遼寧府縣志輯 第23冊』, 312~313쪽.
114) 「復縣志略」(1920), 『地方志集成 - 遼寧府縣志輯 第13冊』, 500쪽.
115) 「復縣致祭義勇祠主祭官, 陪祭官, 執事人員名單及祭祀禮節(1928)」;「復縣祭祀義勇祠禮節與祭人員及執事人員名單(1930.10)」, 遼寧省檔案館 編, 『中國近代社會生活檔案(東北卷一) 第5冊』, 112~114쪽 ; 331~334쪽.

펴보았다. 제천은 1914년 겨울에 잠깐 시행되었으나 이내 중단되었고, 사공祀孔과 관악합사가 사전의 두 축을 이루었다. 공자제사에는 당연히 사배, 십이철, 선현, 선유 등의 종사가 포함되었고, 숭성사, 절효사 등의 부속 제사가 하나의 세트를 이루어 같은 날에 거행되었다. 관악합사는 의용사와 하나의 세트를 이루었다. 매년 봄, 가을로 두 차례 현지사는 소속 문무관 등을 이끌고 제사를 지냈는데, 문무관이 엄격히 구분된 것은 아니었으나 공자제사는 문관 중심으로 교육 당국이 실무를 담당했고, 관악합사는 군경의 무관을 중심으로 경찰 당국이 관리하였다.

공자제사는 춘추 중월(음력 2월과 8월)의 상정일에 열렸고, 관악합사는 공자제사와 11일의 간격을 유지해 무일에 거행되었다. 그러니까 현지사는 시즌별로 이틀씩, 1년에 나흘 제사를 지냈고, 숭성사, 절효사, 의용사를 포함하면 시즌별로 5차례, 1년에 10차례의 제사를 지냈다. 전술했듯이 1910년에 복주의 지주知州가 시즌별로 6일에 걸쳐 11차례, 1년으로 치면 12일에 걸쳐 22차례의 제사를 지낸 것에 비하면 대폭 간소화되었음을 알 수 있다.

이들 제사는 관방제사이므로 희생, 폭죽, 향촉과 지전, 신붕神棚(천막), 고악鼓樂 등을 준비하는 데에 소요되는 비용은 당연히 지방정부의 재정에서 충당되었다. 그런데 비용의 금액을 통해 각 제사의 규모를 비교해 볼 수 있다. 우선 흑산현의 사례를 통해 공자제사와 관악합사를 비교해 볼 수 있는데, 1919년 가을의 경우 공자제사의 비용은 약 85원이었고 관악합사는 90원이었다.[116] 1921년 봄에는 양자 모두 약 105원이었고,[117] 1924년에는 공자제사가 약 80원,[118] 관악합사가 약 73

---

116) 「黑山縣祀孔并祭武廟各項花銷淸單(1919.10.5)」, 遼寧省檔案館 編, 『中國近代社會生活檔案(東北卷一) 第4冊』, 487~489쪽.

117) 「黑山縣春丁祀孔花銷淸單(1921.3.31)」；「黑山縣春丁祭關岳花銷淸單(1921.3.31)」,

원이었다.[119) 양자가 거의 같다. 또한, 복현을 통해 공자제사, 절효사, 의용사를 비교해 볼 수 있는데, 1928년 가을 공자제사는 약 1,930원, 의용사는 약 270원, 절효사는 38원이었다.[120) 공자제사가 의용사나 절효사에 비해서는 규모가 월등히 크고, 의용사가 절효사보다는 규모가 상당히 컸음을 알 수 있다. 이렇게 보면, 사공과 관악합사가 사전의 두 축답게 월등히 크지만 서로 비슷하였고, 절효사와 의용사는 그에 미치지 못하지만 의용사가 절효사보다는 컸다.

민국초년에 규정된 사전祀典은 궤배례와 국궁례 간의 논란을 제외하면, 북경정부시기 내내 거의 그대로 유지되었다. 그런데 남경국민정부가 수립되면서 민국 사전에 큰 변화가 발생한다. 변화는 대학원장大學院長 채원배蔡元培로부터 시작되었다. 1928년 2월 채원배는 「대학원훈령」을 내려 '춘추 사공의 구전舊典을 일률 폐지하라'고 명령한다.[121) 이어 10월에는 내무부가 각성에 통전하여, '사공을 폐지하는 대신에 공자탄신일을 기념하기로 하고, 기념행사를 할 때 공자의 언행과 사적을 강

遼寧省檔案館 編, 『中國近代社會生活檔案(東北卷一) 第5冊』, 4~7쪽.

118) 「黑山縣秋丁祀孔花費淸單(1924.9.8)」, 遼寧省檔案館 編, 『中國近代社會生活檔案(東北卷一) 第5冊』, 44~46쪽.

119) 「黑山縣祭祀關岳花費淸單(1924.9.26)」, 遼寧省檔案館 編, 『中國近代社會生活檔案(東北卷一) 第5冊』, 50~52쪽.

120) 「復縣秋祭義勇祠祭品單據(1928.9.29)」 ; 「復縣本年下季祀孔祭品費用淸單(1928.10.12)」 ; 「復縣本年下季節孝祠祭品費用淸單(1928.10.12)」, 遼寧省檔案館 編, 『中國近代社會生活檔案(東北卷一) 第5冊』, 84~85 ; 106~109 ; 110~111쪽.

121) 「廢止春秋祀典舊典」, 『申報』1928.2.22. 국민혁명을 통해 북경정부를 뒤엎은 국민정부가 袁世凱가 개창한 民國祀典의 전통을 파묻었으니, 남경국민정부로서는 자연스러운 조치였다. 하지만, 祀孔의 폐지는 朝野의 강렬한 논쟁을 불러일으켰다. 지지자도 있었지만, 祀孔 폐지에 반대하는 여론도 만만치 않았다. 浙江의 俞偉臣은 공자의 위패를 안고 바다에 뛰어들어 자결하기도 하였다.(李俊領, 「中國近代國家祭祀的歷史考察」, 83~84쪽. ; 中國第二歷史檔案館 編, 『中華民國史檔案資料匯編 第五輯 第一編 文化(一)』, 江蘇古籍出版社, 1994, 516~521쪽.)

연하며, 의식을 반드시 규정할 필요는 없다'고 지시하였다.[122] 이어 원래 음력 8월 27일이었던 공자탄신일을 양력(國曆) 8월 27일로 하기로 결정하고, 공묘에 부속되어 있는 종사와 숭성사를 양력 8월 27일에 공자와 함께 기념해도 괜찮은 것으로 정리하였다. 또한, 공묘에는 상당한 공터가 있으니 기념행사를 거행할 때에 학생과 민중에게 청강하게 하여 공자를 기리는 뜻을 알게 하라고 지시하였다.[123]

남경국민정부의 공자제사 폐지와 공자탄신일 기념 조치가 上海에서는 비교적 잘 준수되기도 했던 것으로 보인다. 1931년 上海의 각 학교는 8월 27일을 '공자성탄孔子聖誕'으로 삼아 오전 9시에 기념식을 거행하고 그 날 하루를 휴교했다고 한다.[124]

그러나 동북지역에서는 국민정부의 방침이 충실하게 전달되었음에도[125] 불구하고, 기존 사공전례祀孔典禮가 전혀 폐지되지 않았다. 1930년 3월의 「요녕성정부훈령」에 따르면, 당시 동북 3성을 관할하는 최고 행정기관이었던 동북정무위원회東北政務委員會(위원장 張學良)에서 '춘정사공' 안건에 대해, 아예 '계속 구례에 따라 처리하여 존숭을 표시하기'로 의결하였다.[126] 이후 공자제사에 관한 각현의 공문들도 이전과 전혀 다를 바가 없다. 양력 8월 27일을 공자탄신일로 삼아 기념하라는 지시도 전혀 시행되지 않았고, 여전히 춘추 중월의 上丁日에 제사가 거행되었다. 학생과 민중을 대거 참여시키는 일도 찾아볼 수 없고, 공자

---

122) 「內務部公布孔子紀念日」, 『申報』 1928.10.8.

123) 「海城縣祀孔有關事宜(1929.10.15)」, 遼寧省檔案館 編, 『中國近代社會生活檔案(東北卷一) 第5冊』, 200~205쪽.

124) 「今日孔子聖誕」, 『申報』 1931.8.27.

125) 「熱河省孔子誕日演述孔子言行事蹟(1929.6.15)」, 遼寧省檔案館 編, 『中國近代社會生活檔案(東北卷一) 第4冊』, 154~155쪽.

126) 「復縣春丁祀孔仍照舊例辦理(1930.3.3)」, 遼寧省檔案館 編, 『中國近代社會生活檔案(東北卷一) 第5冊』, 223쪽.

의 언행과 사적을 강연하는 일도 없었다. 이전 방식 그대로 거행되었음을 알 수 있다.

또한 관악합사와 관련해서도, 1928년 안휘성정부가 전문을 보내 관악사전關岳祀典을 구례에 따라 거행해야 하는지의 여부를 문의하자, 국민정부 내정부는 '관악사전은 원씨袁氏(袁世凱)가 정한 것으로 마땅히 폐지해야 한다'고 회신하였다.127) 이처럼 남경국민정부는 관악합사에 대해서도 부정적인 입장이었으나, 구체적인 강제 조치를 취하지는 않았던 것으로 보인다. '당안자료'를 통해 이후에도 계속해 관악합사가 거행되었음을 확인할 수 있고, 다른 지역에서도 1930년대까지 계속되었음을128) 알 수 있다.

사실 이런 정황은 전국적인 현상이었던 것으로 보인다. 일례로 당시 한 논자의 언급은 이를 적나라하게 보여준다.

공묘 사전을 폐지하는 통령이 반포되자, 각 성정부는 마치 약속이나 한 듯이 사공을 회복한다는 명령을 반포하고, 각현에 명령하여 훼손된 공묘가 있으면 반드시 수리하도록 하고, 각 지방관은 종전의 춘추 제삿날에 친히 제사를 지내도록 하였다. 몇 개월 사이에 䀎 성정부와 중앙정부 사이에 이처럼 모순된 명령이 있었는데, 우리는 잠시 미뤄두고 논하지 않고 있을 뿐이다.129)

남경국민정부는 공자제사를 비롯해 원세개가 개창한 '민국 사전'을 폐지하려는 의도를 가지고 있었으나, 조야의 반대가 원체 강하고 반장내전反蔣內戰 등의 정치적 혼란이 이어져, 이 문제를 방치해 둘 수밖에

127) 「廢止關岳祀典由(1928.8.23)」, 『河北省政府公報』 第46期, 1928.
128) 「廣東軍事長官祭祀關岳盛況(1936.3.25)」, 『廣東黨務月刊』 第1·2期, 1936, 160쪽.
129) 魯漢, 「廢祀孔與復祀孔」, 『革命』 第63期, 1928, 120쪽.

없었던 것으로 보인다. 이후 1934년 8월에 이르러, 장개석蔣介石이 신생활운동과 함께 공자탄신일을 대대적으로 기념하면서 전통적 '사공전례'가 근대적 '기념대회'로 차원을 달리해 변화하지만,[130] 동북지역은 이미 1931년 9월 만주사변 이후 일제의 치하에 놓이게 됨으로써 그 영향을 받지 않았다.

제4절 지속과 단절의 긴장관계

이상에서 청대와 민국시기에 걸쳐 동북지역의 사전이 어떻게 운영되었는지를 살펴보았다. 청대의 경우 전국적으로 통용된 9종의 '전국 통사'가 그대로 시행되었고, 지역에서 개별적으로 지내야 했던 '부분 통사'를 포함해 대략 15종의 관방제사가 거행되었음을 확인할 수 있었다. 이처럼, 당시 동북지역은 제국의 국가제사 시스템 안에 확실히 통합되어 있었다.

중화민국이 성립되고 남경임시정부는 청대의 사전을 전반적으로 개혁하려는 입장을 취했다. 그러나 동북지역을 포함해 지방에서는 전통적인 사전을 이어가려는 강한 관성을 보였다. 이어 원세개정부는 1914~15년간에 걸쳐 사전을 본격적으로 재정립하는 일련의 조치를 취했다. 요컨대, 사직, 풍운뇌우산천, 성황, 선농, 용신 등 자연신은 폐지

---

130) 공자 숭배의 근대적 변모에 대해서는 박경석, 「南京國民政府의 '孔子誕辰紀念'과 民族主義」, 『中國史硏究』 제30집, 2004.6. 참조. 祀孔이 근대적 기념행사로 변화하는 가운데 여전히 전통을 고수하려는 보수적인 입장도 병존하였다.(「內政部訓令:爲奉令恢復孔子春秋釋奠典禮並改崇聖祠爲歷代聖賢祠一案令仰知照由(1942.11.27)」, 『內政公報』 第32期, 1942, 9쪽.)

하고, 제천과 사공은 부활시키고, 관제를 악비와 합사해 편입하였다.

크게 보아 사공과 관악합사로 재구성된 민국 사전은 「사공전례」나 「관악합사전례」에서 보듯이 전통적인 방식을 기본적으로 계승하였다. 동시에 일정한 변용이 모색되기도 했다. 15종의 잡다한 관방제사가 공자제사, 절효사, 관악합사, 의용사 등으로 대폭 축소되었다. 또한, 국궁례의 중시나 의례의 간소화에서 보듯이 전례를 부분적으로 정비하는 조치를 취하였고, 관악합사를 실행한 날짜에서 보듯이 현실적인 편의를 반영하기도 했다.

전통적인 사전의 기반이 되었던 황제지배체제가 붕괴된 직후인 민국 초기는 사전의 전환에 있어 관건이 되었던 시기로서, 국가제사에 있어 전통과 근대의 긴장 관계가 최고조에 달했다고 볼 수 있다. 이 가운데 자연신 숭배의 폐지 및 숭배 대상의 축소 정비, 의례의 정비와 간소화 등은 근대적 변모라고 할 수 있다. 이처럼 국가제사도 내셔널리즘이 흥기해 '국민국가'가 '전제專制'를 대체하고, '과학'이 '미신'을 강력히 비판하는 시대적 흐름에서 벗어나 있을 수는 없었다.

하지만, 이를 전통적인 사전의 단절로 볼 수는 없다. 근대가 전통을 일방적으로 대체한 것은 아니었다. 요컨대, 청대에 특별히 중시되었던 공자와 관제에 대한 제사가 전통방식을 유지하면서 지속되었다. 또한, 제천은 단발성에 그쳤지만 사전의 재정립을 주도했던 예제관의 입장에서는 나름 의미심장한 선택이었다. 예제관은 제천을 천자의 전유물에서 '공화정체'에 맞게 대총통, 지방관, 인민의 제사로 해방시켰다. 게다가 '만물이 하늘에서 비롯되었다'는 전통적 논리에 입각해, 여러 자연신 숭배를 제천으로 대체하였다. 이렇게 보면, 제천의 부활이 전통의 지속처럼 보이지만 '민주공화'라는 근대적 변화를 수용한 것이기도 하고, 자연신 숭배의 폐지가 근대적 변화 같지만 '하늘'에 대한 전통적 관념의 발현이기도 했다. 전통과 근대의 '뒤섞임'이 엿보인다.

　민국시기 지방의 관방제사와 관련해 보다 더 의미 있는 점은 청대에
서 민국으로 사전의 형식과 내용이 다양하게 변화하였음에도 근본에서
벗어나지는 않았다는 점이다. 여기서 근본이란 국가제사가 사회적 통
제와 통합의 기제로 작용했을 뿐만 아니라, 문화적으로 '제국의 통합성
을 뒷받침하는 하부시스템'[131]의 일환이었다는 것이다. 국가제사는 왕
조의 교체에도 끊이지 않고 전승되어 매우 강한 안정성과 연속성을 나
타냈고, 중앙과 지방이 하나의 사전을 공유함으로써 '문화적 대일통'을
확보할 수 있었는데, 이런 기본 틀이 민국시기에도 지속되었다.

　전술했듯이, 숭배대상의 대폭 축소나 의례의 정비 및 간소화 등 동
북지역의 사전에 이런 저런 변화가 발생한 것은 지방이 「사공전례祀孔
典禮」나 「관악합사전례」와 같은 중앙의 사전을 공유한 결과였다. 국가
제사는 중앙과 지방이 가장 공감했던 소통의 통로이자 매개였을지도
모르겠다. 반면에 남경임시정부나 남경국민정부가 기존의 사전을 전복
하려는 움직임을 보였을 때 지역에서는 이를 수용하지 않으려는 경향
을 보였는데, 이는 국가제사가 가진 역사적 지속성을 잘 나타낸다. 국
가제사는 여전히 '제국적' 통합성을 유지하는 기제로서 효용 가치가 있
었다.

　중국의 민간신앙에 대한 기존 연구에는 많은 쟁점이 있었으나, 본서
와 관련해서는 전통 중국의 문화적 통일성과 지역적 다원성의 관계에
대한 논의가 주목된다. 말하자면, 기왕에는 법률규범이나 행정명령의
관철, 제도의 시행 등을 통해 국가의 영향력이 지방으로 확산되고 중앙
과 지방의 통합성이 제고되었다고 보았으나, 이제는 오히려 의례라는

---

131)　이 개념은 전인갑, 「帝國에서 帝國性 國民國家로(II)— 제국의 지배전략과 근대
　　　적 재구성」, 『中國學報』 제66집, 2012.12.에서 아이디어를 얻었다.

문화적 측면에서 국가의 통일성이 더욱 다채롭게 구현되었다는 관점이 제기되었던 것이다.[132] 본장이 민간신앙을 다룬 것은 아니지만, 유추하자면 중앙과 지방의 국가권력 차원에서도 의례의 측면에서 국가의 통일성이 더욱 구체적으로 구현되었던 것은 아닐까.

특히 북경정부시기는 '군벌할거'라고 불릴 만큼 원심력이 강했던 시기였음에도 오히려 국가제사를 둘러싼 통합적 '제국체제'는 구심력을 잘 유지하였다. 다시 말하거니와, 국가제사는 중앙과 지방이 강력한 공감대를 형성했던 기제 중의 하나였고, 전통적으로 '제국체제'를 유지시켜 주던 중국 특유의 하부시스템이 잘 작동되었던 사례로 볼 수 있겠다. 다만 국가제사의 근대성에 더 가까이 접근하려면 1930년대 '문화적 내셔널리즘'과 결합해 새롭게 생겨나는 근대적인 국가기념행사에도 주목해야 할 것이다. 계승된 것과 폐지된 것, 새로 생겨난 것을 모두 고려해야 역사적 의미를 제대로 드러낼 수 있기 때문이다. 뿐만 아니라, 근대적 변화의 다양한 원인이나 동북 이외의 지역에서 나타나는 다양한 특성 등도 함께 고려해야 할 것이다.

---

132) 이상의 연구사와 관련해서는 金相範,「唐代 民間 祠廟信仰 연구의 回顧와 展望」,『中國史硏究』 제14집, 2001.8, 209-213쪽 ; 科大衛/劉志偉,「「標準化」還是「正統化」? - 從民間信仰與禮儀看中國文化的大一統」,『歷史人類學學刊』, 第6卷 第1-2期合刊, 2008.10. ; Rostislav Berezkin, "From Imperial Metaphor to Rebellious Deities: The History and Modern State of Western Studies of Chinese Popular Religion", Sino-Platonic Papers, 243, December 2013. ; 김한신,「중국종교의 새로운 범주화 - 1960년대 이후 구미학계의 중국민간신앙에 대한 새로운 인식」,『東洋學』 제55집, 2014.12. 등을 참조하였음.

만주국시기 민간신앙의 변천과 특징

만주사변 이후 중국의 동북은 점차 일본의 통제 아래 놓이게 되었고, 1932년 만주국이 성립된 된 이후 1945년 일본이 항복을 선언할 때까지 동북 민중은 자그마치 14년의 노역에 시달렸다. 이 기간에 동북의 민간종교신앙에는 큰 변화가 발생하였다. 한편으로 전통적인 민간종교신앙 활동이 그대로 지속되었으나, 또 다른 한편으로는 일본의 종교신앙이 강제로 끼어드는 새로운 상황에서 새로운 내용이 나타났다.

제1절 만주국시기 전통적 민간신앙

민간신앙은 풀뿌리 계층의 심리, 생활을 인식할 수 있는 가장 편리한 수단이다. 만주국 통치 아래의 동북 민중의 민간신앙은 여전히 뿌리 깊은 나무처럼 흔들리지 않는 모습을 보였다.

1. 전통적인 민간신앙의 대상

첫째, 조상숭배는 여전히 가장 일상적으로 볼 수 있는 신앙 대상이었다. 중국인의 조상에 대한 존숭과 신뢰는 신의 보우하심을 구하는 심리가 반영된 것으로, 점차 일종의 신앙이 되었다. 영원불멸을 믿는 신앙이라 할 수 있는데 민중은 조상의 영혼이 실제로 존재한다고 믿었고,

이를 가정 수호신으로 삼았다. 따라서 만주국이 동북지역을 통치하기 시작한 후에 그들이 실시한 대규모 동북사회조사 중에서는 "농민의 경우 그들의 마음속에는 진정한 종교가 없고, 단지 자신의 조상에 제배할 뿐인데, 그들의 제사는 복을 기원하고 재앙을 없애 달라는 미신 활동"[1] 이라고 하였다.

일본 학자들은 조사에서 토지묘가 촌락에서 없어서는 안 되는 제사 장소였음을 발견하였다. 이곳에서의 제사와 조상에 대한 제사는 거의 나누어지지 않았다. "거의 모든 촌락마다 자신의 토지묘를 가지고 있었고, 토지묘는 촌락의 수호신이었다. 이곳은 또한 산 자가 죽은 자를 제사 지내는 장소이고", "저승의 말단 서리(地保)"이고, "장례 보고와 송별은 토지사土地祠에서 한다."[2] "한편으로는 부락민을 보호하고, 다른 한편으로는 죽은 부락민의 영혼을 위해 편안히 쉴 장소를 제공하는 것이다."[3]

둘째, 무릇 민중의 사회생활이나 생산 활동과 관계가 있는 영물도 제사와 숭배의 대상이 되었다. 민중은 만물에 영혼이 깃들어 있다고 믿었고, 조상 숭배 이외에도 민중의 공리 목적에 따라 여러 신령을 믿었다. 단지 어떤 초자연적 역량이 필요하기만 하면, 제사를 통해 그 신령과 소통하려는 목적을 달성하였다. 관건은 "유용" 여부에 있었고, 유리한 것을 쫓고 해로움은 피할 수 있느냐 여부에 있었다.

따라서 민중이 희망하는 기능에 따라 서로 다른 신령의 계보가 출현하였다. 그 계보는 다섯 가지 정도인데, 지역을 관리하는 신령, 생육과

---

1) 僞滿洲國臨時産業調査局, 『農村實態調査一般調査報告書——奉天省西豊縣』, 1936, 442쪽.
2) 戚星岩, 『海城縣志』 卷四 人事志 宗教 神道, 民國26年(1937) 影印本.
3) 滿洲國大同學院編, 「奉天省綏中縣朱仙屯村後孤家子」, 『滿洲國鄕村社會實態調査抄』, 大同印書館, 1934.

관련된 신령, 개인의 운명에 관한 신령, 공동체의 수호에 관한 신령, 종합 신령 등이다.[4] 세분화하면 혼인, 생육, 가족, 건강, 경제, 행업 등과 관련된 신령이 모두 포함된다.

게다가 동북지역의 민중은 자기의 수요에 따라 만들어 낸 허다한 신령을 가지고 있었다. 요녕 남부에는 양잠업이 비교적 발달했는데 뽕나무는 누에의 주요 먹을거리이기 때문에 민중에 의해 양잠업의 수호신으로 여겨졌다. 만주국 산업조사국의 조사에 따르면, "산 속에 뽕나무가 혼잡을 이루고 있는데 그곳에 돌덩어리를 쌓아 사원 형상을 만들고, 수시로 만두 등을 바쳐 양잠의 수호신을 섬기었다."[5]

셋째, 중국의 전통적인 종교 인물 및 신불神佛에 대한 민중의 신앙도 있었다. 미륵불, 관세음보살, 옥황상제, 태상노군太上老君, 삼소낭랑三霄娘娘, 벽하원군碧霞元君, 천후낭랑天后娘娘 등은 거의 모든 민간 사원에서 섬겼다. 불교나 도교에 심취한 교도 이외에도, 광대한 민중이 종교 교파나 교의에 상관없이 불교의 시조와 도교의 신선을 하나의 사당에 모시고 함께 숭배하였다. 그래서 일본인들은 만주국의 종교신앙에 대한 조사에서 중국인에게는 진정한 종교신앙이 없다고 누누이 언급하였고, 그들은 광대한 농민이 "종교라고 할 만한 신앙을 가지고 있지 않고, 때로는 도교를 믿고 때로는 불교를 믿었다"[6]고 여겼다. 이는 진실로 중국의 전통적 민간신앙을 오해한 소치이다.

불교와 도교는 중국에서 가장 전통적인 양대 종교이다. 불교 및 도교의 발전과 민간신앙은 떼려야 뗄 수 없는 유착 관계를 가지고 있었

---

4) 王守恩, 「论民间信仰的神灵体系」, 『世界宗教研究』 2009年 第4期, 77~78쪽.
5) 國務院實業部臨時產業調查局, 『農村實態調查一般調查報告書－安東省莊河縣』, 369쪽.
6) 國務院實業部臨時產業調查局, 『農村實態調查一般調查報告書－安東省莊河縣』, 369쪽.

고, 어떤 신불은 민간신앙에서 잉태되어 자란 것이었다. 나중에 불교나 도교의 신령 계보로 흡수되는 것들 중에서 어떤 의미에서는 종교 속 인물에 대한 민중의 신봉은 민간신앙의 일부분이기도 했다.

2. 민간신앙의 내용 변천

첫째, 무술巫術이나 금기가 여전하였다. 만주국시기 동북지역의 무술이나 금기는 여전히 매우 많이 보였고, 이는 전염병 퇴치, 혼령 부르기, 기원 등의 방면에 응용되었다. 특히 의료위생 여건의 낙후도 민간 무술이 성행하게 된 커다란 원인 중에 하나였다. "굿판"은 대개 한족漢族이 동북으로 이주해 온 후에 소수민족 습속 중에서 가장 널리 받아들인 항목이다. "방안 앞쪽에 말(斗)을 진열하고 위쪽에 고량高粱, 칼, 저울, 향 등을 늘어놓았다. 4~5명의 무당이 병자를 둘러싸고 서서 주문을 외운다. 병자가 소리 지르고 난리를 피워도 새벽 3시까지 주술은 그치지 않는다. 잠깐씩 쉬고 날이 새도록 계속된다. 굿판을 벌이는 비용은 20원이다."[7] 이밖에 무술 색채를 지닌 물품도 병을 치료하는 영약靈藥으로 여겨진다.

만주국시기 봉천성 수중현 주선둔촌朱仙屯村 및 고가자촌孤家子村에 대한 조사에 따르면, 사람들은 일단 병이 나면 보통 토지묘에 가서 향을 피운다. 만약 안질에 걸렸다면 기껏해야 피운 향의 재를 가져다가 눈에 바른다. 이밖에 나머지 질병으로는 특히 위장병이 상당히 많았다. 이런 질병에 걸려도 합리적인 약물을 복용하지 않고, 단지 미신에 해당되는 마법의 약을 복용할 뿐이었다.[8] 생산 노동 중에는 무술과 금기가

---

7) 大穀湖峰 著, 滕銘予 譯, 「宗教調査報告書」, 『長春文史資料』 1988年 第4輯, 43쪽.
8) 滿洲國大同學院編, 『滿洲國鄉村社會實態調査抄』, 241쪽.

응용된 범위가 더욱 더 넓어졌다.

둘째, 촌락에서는 집단 제사가 성행하였다. 집단 제사는 대개 촌락이나 하나의 신령을 숭배하는 향화회香火會를 단위로 이루어진다. 분명히 그 규모가 개인적 기도 차원을 넘어서는 신앙행위였다. 그것은 종종 서로 다른 집단에 걸쳐 있는데, 일반 민중인 경우도 있고, 명망 높은 신사나 관원이 참여하는 경우도 있었다.

집단 제사 의식은 사실상 일종의 무속 행위로 간주될 수도 있었다. 집단을 이끌면서 의식을 거행하는 우두머리는 엄연히 대중의 "무사巫師"가 되었다. 집단제사의식은 민중 신앙을 표현하는 하나의 방식이었고, 이 시기 일상적으로 볼 수 있는 민간신앙활동이기도 했다.

기우제도 강우를 관장하는 우신雨神(동북 민간에서 제사가 성행했던 용왕, 관우 등)에 대한 숭배에서 비롯된 일종의 무속 성격의 행위였다. 만주국시기 봉천성 서풍현에 대한 촌락 조사를 예로 들면, 가뭄이 들면 촌락에 기우 의식을 거행할 필요가 생기고, 그 방법은 촌락 사람 모두가 호선묘狐仙廟와 마신묘馬神廟에 모여 버드나무 가지로 엮어 만든 모자를 쓰고 비가 내리기를 기도하는 것이었다. 만약 이렇게 해서 비가 내리면 이에 감사할 필요가 생기고 사원 앞에 돼지고기를 바쳐 묘회를 열었다. 비용은 경작자들이 똑같이 나누어 냈다.9) 비는 작황의 좋고 나쁨과 관계가 매우 깊기 때문에, 기우제는 매우 중요한 집단의식이었다.

또 다른 집단 제사도 필요하였다. "관제묘에서는 5월 13일에 제사를 지냈는데, 이 날은 관제가 혼자 칼 한 자루만 들고 적장의 초대연에 나갔던 날이었다. 돈을 모아 제사용 공물로 마련한 돼지고기는 제사 이후에 촌민들에게 분배해 나누어 먹게 했다. 마찬가지로 관제 신앙과 관계

---

9) 國務院實業部臨時産業調査局, 『農村實態調査一般調査報告書－奉天省西豊縣』, 編者刊, 1936, 407쪽.

있는 5월 23일은 관제가 태어난 날인데, 즉 관제탄關帝誕에는 돼지 1마리를 바치고, 촌민이 공동으로 제사를 드렸다. 6월 6일은 충해를 줄이고 농작물의 좋은 생장을 기 위해 충왕에게 제사를 지냈다. 6월 13일에는 촌민이 용왕묘에서 용왕에게 제사를 지내 가뭄이나 수해를 피하게 해달라고 돼지 등의 공물을 바쳤다.[10] "제사 의례는 상대적으로 간소화했고, 희생 제물을 진설하고, 종이돈을 태우고 향을 피웠다. 많은 사람들이 제배 후에 제물을 나누어 가졌고 의식을 마쳤다. 촌락 제사의 비용은 촌장을 중심으로 촌민이 모여 의논하였고, 각자 공평하게 나누어 냈다."[11]

셋째, 묘회는 평소와 같았다. 묘회는 종종 산 좋고 물 맑은 곳에 있는 古刹, 시장 근처의 불사佛寺나 도관道觀, 혹은 향촌 안의 묘우廟宇에서 열렸다. 신불의 탄신일이나 특정한 제삿날에 거행했다. 묘회에서는 향을 피워 소원을 빌거나 서원을 하거나 신령에 감사를 드렸는데, 이는 민중의 주된 신앙 활동이었고, 나머지 묘회에서의 놀이 및 상거래 활동은 부속품이었다.

묘회는 일종의 신앙 활동이었을 뿐만 아니라, 동시에 일종의 민속 행위였다. "무릇 묘회에 가면 농민 및 부녀와 아동이 가장 많았는데, 그 뜻은 신에게 절을 해서 복을 기원하는 데에 있었다. 예컨대 약왕묘회에서는 무병을 기원하고, 낭랑묘회에서는 아들 낳기를 기원했다. 천제묘회에서는 사후에 지옥에 가지 않게 해달라고 기원했고, 용왕묘회에 가서는 비를 기원하거나 수재를 당하지 않기를 기원했다. 관음묘회에는 부녀들이 많이 와서 복을 빌었다."[12]

---

10) 國務院實業部臨時産業調査局, 『農村實態調査報告書-奉天省鐵嶺縣』, 編者刊, 1936, 231쪽.
11) 國務院實業部臨時産業調査局, 『農村實態調査報告書-奉天省鐵嶺縣』, 231쪽.

만주국시기 사회변천으로 인해 묘회가 중지되지는 않았기 때문에 각
양각색의 묘회는 여전히 평소와 같이 거행되었다. 일례로, 『성경시보』
에 따르면,

　　환락원歡樂園의 노군묘老君廟는 매년 음력 4월 18일 묘회를 위해
　　묘우를 개방하였고, 어제(20일)는 해당 묘회가 열리는 날이어서 수
　　많은 사람들이 지극히 성황을 이루었다. 묘회에는 향을 피우는 사
　　람, 분주히 나다니는 사람들이 뒤섞여 있다. 산뜻하게 차려 입은 젊
　　은 남녀, 머리가 센 남녀 노인, 모던 청년, 현대적인 소녀 할 것 없
　　이 모두가 참관하면서 향을 올리고 촛불을 바친다. 사방의 농민이
　　묘우의 앞뒤로 분주히 모여들고, 수많은 군중이 떼 지어 몰려들고,
　　집집마다 모든 사람들이 거리로 뛰쳐나오고, 소매상인들은 큰 소리
　　로 물건을 팔고 있다. 관청에서 나온 사람이 치안을 위해 배치되었
　　지만, 창기들은 교태를 부리면서 이런저런 풍문을 퍼뜨리고, 간사
　　한 무리들이 이 기회를 틈타 소란을 피우니 가십 거리 견문이 매우
　　많다.13)

　안산鞍山 철도의 서쪽 노군묘에서는, "성대한 묘회를 거행함에 때가
되니 제망소制網所를 거쳐 경강대고京腔大鼓를 설치하고, 고각회高脚會,
사자회獅子會가 한선汗船을 달리고 용등龍燈을 춤추는 등 각종 볼만한
풍경을 연출하였다. 20여 촌락에서 온 선남신녀善男信女가 행복과 장수
를 기원하며 끊임없이 오고가니 매우 떠들썩하였다"14)고 한다.

―――――――――――

12)　國立東北大學編, 『東北要覽』, 國立東北大學出版社, 1944, 768쪽.
13)　「老君廟會花花架架」, 『盛京時報』 1935.5.23.
14)　「老君廟會熱鬧」, 『盛京時報』 1934.5.23.

ᐧᐧ 제2절 민간종교의 기형적 발전

동북지역이 함락된 후, 민중의 생활은 더욱 어려워졌고, 그래서 일부 사람들은 민간종교에 더욱 더 강렬히 의존하게 되었고, 민간종교의 민중 기초가 확대되었다. 게다가 동북지역을 점령한 후, 일본군은 민간종교에 대해 온건한 통제 정책을 취하였는데, 이것이 민간종교의 발전에 유리한 정치적 환경을 제공하였다.

1. 민간종교의 일반 상황

만주국시기 동북지역의 민간종교 중에 일관도一貫道, 재리교在理教(理善會教), 가리교家里教(在家理), 홍만자회紅卍字會, 세계대동불교회世界大同佛教會, 동선사同善社 등과 같은 일부 민간종교는 비밀에서 공개로 전환하였고, 신도수가 증가하고, 조직단체 또한 끊임없이 확장하였다. 그래서 한편으로는 전도와 자선에 종사하고 다른 한편으로는 만주국이 이를 이용하여 민중의 사상을 억압하고 망국 노예를 달게 받아들이도록 만들었다. 대도회大刀會와 같은 극소수의 민간종교는 종교라는 외피를 이용해 항일역량을 조직하기도 했다.

만주국시기 동북지역의 민간종교는 기형적으로 팽창, 발전하는 모습을 보였다. 홍만자회를 예로 들어 1944년의 통계에 따르면 전국에 모두 206여 곳의 도원道院이 있었는데 그 중에 동북지역에 84곳이 있었다.[15] 당시 중국 경내 전체 도원 중에 거의 ⅓에 달했다. 만국도덕회萬國道德會는 1929년에 북경의 강희장江希張과 동북의 왕봉의王鳳儀이 합

15) 長春市政協文史委員會編,「滿洲的宗教」, 『長春政協文史資料』 第四輯, 1988, 222쪽.

류함에 따라 규모가 크게 확대되었다. 불완전한 통계에 따르면, 동북지역의 시와 현 분회가 208곳에 달했고, 향鄕과 진鎭 분회가 529곳에 달했다.[16]

민간종교 발전이 절정에 이르렀을 뿐만 아니라, 원래 있던 전통적인 민간종교의 기초 위에 신흥 민간종교들이 출현하였고, 신흥의 민간종교가 그 길을 질주했다. 당시의 사회 환경은 민간종교가 자생할 수 있는 옥토가 되었고, 수많은 자생적 민간종교가 유행하기 시작했다.

농안현農安縣을 예로 들면, 통천도通天道와 자궁도子宮道가 민간에서 새로 흥기한 양대 교문이었다. 일반적으로 불교나 도교의 종교적 내용과 형식을 빌려와 자기가 신령의 몸을 입고 있다거나 신령과 소통할수 있다고 말하였다. 자궁도는 농안현 만금탑萬金塔 북쪽 마가둔馬家屯에서 마만재馬萬財가 일으킨 것이다. 마만재는 삼년상을 치룬 후, 자기몸에 신선이 들어왔다고 하면서 "호선胡仙과 황선黃仙이 나타나셨다"고황당한 말을 하였고, 자기가 모든 병을 치료할 수 있다고 하면서 "자칭여조呂祖의 화신이라고 하고, 꿈속에서 여동빈呂洞賓이 그에게 계시를내렸다"고 했다.[17] 도교의 교리를 빌리고 모방하여 점차 자궁도, 통천도를 일으킨 것은 1937년 농안현 삼성옥구三盛玉區에서였다. "과부인왕보씨王步氏가 전염병에 걸렸는데 의약이 효과가 없어 불공을 드리고물을 얻어 마셨더니 역병이 바로 나았다고 떠들고 다녔다. 그녀는 가는곳마다 정성이 하늘에 통하면 신령 앞에 놓였던 물(神水)로 모든 병을고칠 수 있다고 선전하였고, 신불이 주신 '통천도'를 전파해야 한다고했다."[18] 이처럼 만주국시기 민간종교는 기형적으로 발전하는 모습을

---

16) 中國政治協商會議遼寧暨沈陽市委員會文史資料研究委員會編, 『文史資料選輯』第4輯, 遼寧人民出版社, 1964, 173쪽.

17) ≪吉林文史資料≫ 編輯部編, 『吉林文史資料』第20輯, 1987, 156쪽.

보였고, 그 일반적인 상황은 아래 표와 같다.

|도표 25| 만주국 통치 시기 민간종교 상황 일람표

교파	창립시기/창립인	숭배신령	선전 사상	종교 활동	신도 상황
在理教(理善會)	清初 / 山東의 楊萊如	觀音, 老子, 孔子	因果報應學說을 倡導. 禁煙, 禁酒, 正行, 健身, 衆生의 濟度를 강조.	三教合一, 在儒佛道 三教의 교리 중에 佛教의 法을 받들고, 道教의 行을 닦고, 儒教의 禮를 익힘. 神像을 세우지 않고, 焚香을 하지 않고, 흡연과 음주를 경계함.	대개 흡연과 음주를 참지 못해 입교를 꺼림. 교도는 대개 無知한 愚民이나 市井의 무뢰배.
萬國道德會(滿洲帝國道德會)	民國初年, 山東의 江鍾秀	孔子	社會 改造, 道德 尊重. 世界和平 尊重, 平民의 幸福 爭取.	婦女識字班, 婦女講習班, 순회강연단, 양로원, 유치원을 운영.	주로 普通 民衆이 신도, 여학교를 창설하여 일부 부녀를 흡수함. 일부 만주국 관원도 흡수함.
一貫道	清末, 山東의 王覺一	無極老母, 석가, 孔子, 老子, 南洋古佛 등	儒佛道 3教로 歸一	황무지를 개간하여 제단을 세우고 경전을 강연하여 교도를 모음. 扶乩(점술)을 행함.	전래가 비교적 늦었으나, 만주국 시기 빠르게 전파, 일반 민중을 흡인함.
大刀會(紅槍會)	清末, 農民起義軍	대부분 《三國演義》, 《水滸傳》 중의 인물들	무기를 들이지 않고, 비린내 나는 음식을 먹지 않고, 함부로 남의 家宅에 들어가지 않고, 女色을 가까이 하지 않음. 그렇지 않으면 入會는 무효임.	전교를 목적으로 하지 않음. 종교신앙은 단지 군중의 침략에 대한 저항을 발동하는 수단이라고 여김.	노동 대중, 파산 농민.
紅卍字會(道院)	民國初年, 山東의 吳福林, 劉紹基	至聖先天老祖, 석가모니, 老子, 孔子, 그리스도, 마호메트	세계평화 촉진, 재난 구제, 호조 우애를 기초로 하나의 광명한 세계를 건설.	扶乩(점술), 경전 암송, 좌선	교도는 대부분 자산계급, 상인, 관리임.
九宮道	清末, 李庭玉	無生老母, 미륵불,	萬教의 歸一을 고취, 三陽掌教, 말세를 선	천지를 끌어들여 교세를 발전시킴. 경전을 암송함.	보통 민중, 천지의 소개로 입교

2부 근대시기 동북지역 민간신앙의 전개와 지역적 특성

364

18) 《吉林文史資料》 編輯部編, 『吉林文史資料』 第20輯, 1987, 145쪽.

교파	창립시기/창립인	숭배신령	선전 사상	종교 활동	신도 상황
		普濟和尚	양함.		함.
家理教	清朝康熙年間, 浙江杭州府의 潘德林	天地君親師, 達摩 대사	家理는 義氣를 펼치고, 義氣는 천년을 지속하고, 서로 돕고, 같은 배를 타고 함께 살아감.	香堂을 짓고 善勸解煙酒會를 운영함.	사회하층민중, 사병, 일부 軍政界의 상층인물, 향신
混元門	明朝, 山東의 韓照道	儒佛道 三教의 人神	입교하면 十惡 八邪를 피할 수 있고, 재앙을 면할 수 있다고 선전함.	희생을 드리고 종이돈을 태워 병을 치료하고 교세를 늘림. 입교자는 十惡 八邪를 면할 수 있다고 선전함.	일반 백성, 병을 치유해 건강을 회복한 자.
普聖育	1932年, 吉林省 農安縣의 道士 相玉有	老君, 聖人, 석가모니, 관우, 악비	입교하면 고통에서 벗어나고, 죽어서도 벌을 받지 않고, 하늘 나라에 가서 부처가 될 수 있다고 선전함.	香堂을 짓고, 扶乩(점술)로 환자를 진찰함.	일반 백성
子宮道	만주국시기, 農安縣의 馬萬財	老君, 呂租	효심, 깨끗한 마음, 바른 정신을 제창함.	제단을 짓고 제물을 올려 매일 아침, 점심, 저녁으로 공을 드림.	촌민 백성

출처(차례대로)

『吉林新志』下 ;『長春文史資料』1988年 第4輯

『遼寧文史資料選輯』第4輯 ;『長春文史資料』1988年 第4輯

『佳木斯文史資料』1993年 第16輯 ; 1986年 第5輯

『撫順文史資料選輯』第4輯

『吉林新志』;『長春文史資料』1988年 第4輯

『佳木斯文史資料』1993年 第16輯

『長春文史資料』1988年 第4輯 ;『吉林文史資料』1987年 第20輯

『佳木斯文史資料』1993年 第16輯

『佳木斯文史資料』1993年 第16輯

『吉林文史資料』1987年 第20輯

이상과 같이 만주국통치시기 참고할 만한 자료가 있는 주요한 민간 종교의 기본 정황을 모아 표로 작성하였는데, 이를 통해 이 시기 민간 종교의 발전 상황을 확인할 수 있었다.

2. 만주국시기 민간종교의 특징

역사 연원으로 볼 때 청말 민국시기 민간종교의 원본은 대부분 관내에서 유입된 것이다. 이들 민간종교는 대다수가 명청시기에 생겨난 것인데, 관방의 인가를 받은 것이 아니었고, 때때로 관방의 타격과 토벌을 당해 민국시기에 급속도로 동북으로 전파되었다. 이처럼 관내와 관외의 민간종교는 일정한 관련성을 가지고 있었다.

그러나 만주국이 동북을 장악한 이후에는 수많은 민간종교가 명칭은 유지했으나 관계에서는 이탈하여 스스로 일파를 이루게 되었다. 그래서 동북 본토와 결합하면서 기본적으로 관내의 민간종교와는 관계를 끊었다. 이미 관내의 민간종교와는 거대한 차별성을 갖게 된 것이다. 예컨대, '도덕회道德會'의 경우 원래 명칭은 만국도덕회萬國道德會이었고 산동에서 생겨났다. 그러나 나중에 조양현 출신의 왕봉의王鳳儀가 가입하면서 동북에서 규모가 급속히 확대되었는데, 동북이 점령당한 후에 만국도덕회라는 이름을 '만주제국도덕회滿洲帝國道德會'로 고쳤고, 관내의 도덕회와는 전혀 다른 또 하나의 사회단체가 되었다.[19]

신앙 대상으로 볼 때, 민간종교는 '三敎合一'이라는 특색으로 말미암아 유불도儒佛道 3교의 인물을 숭배 대상으로 삼는 경우가 매우 많았다. 그런데 만주국시기의 민간신앙은 불교, 도교, 유교의 인물을 빌려 자기의 권위를 높이고 이를 통해 광범위하게 신도를 흡인하는 것 이외에도, 소설 중에 충의를 상징하는 인물이나 허구적인 신령을 자기의 우상이나 수호신으로 삼는 경우가 많았다. 심지어 전통적인 민간신앙과

---

19) 中國政治協商會議遼寧暨瀋陽市委員會文史資料研究委員會編, 『文史資料選輯』 第4輯, 遼寧人民出版社, 1964, 173쪽.

마찬가지로 만물에 영혼이 있다고 믿었고, 이로 인해 각종 영물을 숭배하기도 하였다. 말하자면, 신앙 대상이 천태만상이었다는 것이다.

일관도는 무극노모無極老母를 최고의 신으로 섬겼고, "제단을 지어 '동남아 쪽의 옛 부처'와 '관세음보살'에게 불공을 드렸으며, 도교 신도처럼 엎드려 절하며 경전을 암송했고, 분향하며 머리를 조아려 절을 했다."[20] 신앙의 대상이란 것이 "사실 도교, 유교, 불교의 이런 저런 내용 및 민간의 미신과 전설을 한데 긁어모아 되는대로 버무린 하나의 잡탕이었다."[21]

신앙 활동을 보면, 주로 민국 이래 '미신'으로 여겨진 부계(점술)를 이용해 신도를 늘리고, 신도들에게 교리를 강연하고, 소수의 자선활동을 펼치는 것이었다. 민간종교는 자주 부계로 점을 쳤는데 이것은 가장 흔하게 볼 수 있었던 일종의 점술이었다. "나무로 된 틀에 목필木筆을 매달고, 그 아래 모래판을 두고 두 사람이 틀 양쪽을 잡아 움직이면 글씨가 써지는데 그 때 써지는 글자나 기호를 판독해 의뢰인의 '길흉화복'이나 '수명의 길이', '재물 운' 등을 점쳤다."[22] 실제로는 사람을 속여 돈을 뜯어내는 속임수였다.

만주국시기에 들어 소규모 민간종교도 자선활동에 나섰는데, 예를 들어 아편중독치료소, 부녀식자반婦女識字班, 부녀강습반婦女講習班, 이동강연단, 유치원, 양로원 등을 세우고, 시체를 넣는 관, 양로, 쌀, 의약품 등을 제공하는 활동을 펼쳤다.[23] 그러나 입회의 문턱이 비교적 높았

---

20) ≪吉林文史資料≫ 編輯部 編, 『吉林文史資料』 第20輯, 1987, 153쪽.
21) 政協黑龍江省佳木斯市委員會文史資料委員會 編, 「劍與盾」, 『佳木斯文史資料』 第16輯, 內部發行, 1993.12, 52쪽.
22) ≪吉林文史資料≫ 編輯部 編, 『吉林文史資料』 第20輯, 1987, 153쪽.
23) 滿洲國民生部社會司, 『宗教調查資料 第四輯 : 熱河、錦州兩省宗教調查報告書』, 雙發洋行印刷部, 1937.

고, 하층 민중은 그나마 도움을 받기가 어려웠고, 종종 자기 회원들에게만 도움을 주었다. 광대한 민중에게는 그야말로 간에 기별도 가지 않는 꼴이었다.

교리의 강연도 불교, 도교, 유가의 사상을 적당히 버무린 후에 민중에 주입하는 것이었다. 뿐만 아니라 민간종교는 종종 세계적인 대재난이 있을 것이라고 겁을 주고, 신도가 되면 구원을 받을 수 있다고 꼬드겨, 민중을 신도로 흡인하는 수준이었다. 그 가운데 '왕도낙토王道樂土'나 '대동아공영권'과 같은 적잖은 식민사상을 섞어 넣기도 했는데, 이로써 민간종교는 만주국이 동북지역의 민중을 통제하는 하나의 도구가 되었다.

참여자의 측면에서 보면, 주로 종교의 구원에 대해 환상을 품고 있던 일반 하층민중, 질병에 걸린 병자, 파산한 실업자들이었다. 그들은 지적 수준이 높지 않았고, 생활도 비교적 빈곤했으며, 민간종교가 이해하기 쉽도록 통속적이고 간명하게 정리한 유불도의 내용을 쉽게 받아들였다. 특히 '말세'가 곧 닥칠 것이고 우리 신도만이 구제될 수 있다는 속임수에 쉽게 넘어갔다. 또한 민간종교는 일부 상인, 향신, 군정 요인을 가입시키기도 했고, 결국 만주국 관원의 개입으로 민간종교의 성격에 변화가 발생하기에 이르렀다.

민간종교와 만주국 당국의 관계에서 보면, 만주국시기의 민간종교는 기본적으로 이미 비밀에서 공개로 전환된 상태였고, 개별 민간종교조직, 예컨대 대도회는 기본적으로 당국과 적대관계에 있지 않았다. 뿐만 아니라 어떤 민간종교는 "때와 장소를 불문하고 '건국정신', '국민훈國民訓', '만주국 황제의 훈민조서訓民詔書'를 선전하였고, 도덕회의 지도자는 친일을 하지 않은 자가 없었고, 총회와 분회가 모두 일어반을 개설하여 직원들에게 일본어와 동양사를 배우도록 하였다."

또한 만주국정권의 관원들을 가입시켰고, "만주국의 대신 예컨대 증온增韞, 원금개袁金鎧, 한운계韓雲階, 풍한청馮韓淸 등이 도덕회의 총회회장, 부회장을 역임하기도 했다. 시장이나 현장도 대부분 분회의 회장, 부회장을 역임했다."[24] 철저하게 일본인의 통치 도구가 되었다. 그들은 만주국의 원조를 받고, 만주국의 식민 사상을 응원하고, 만주국 관원을 가입시켜 요직을 맡게 함으로써 만주국의 지지를 얻는 술수를 부렸던 것이다.

● 제3절 만주국시기 민간신앙의 새로운 특징

동북지역 민간신앙의 특징에 대해서는 이미 그 분포의 광범위함, 신앙 대상의 삼교합일三敎合一 성격, 신앙이 제기한 공리성 등을 강조했다. 그런데 만주국시기 동북지역사회의 성격이 변화함에 따라 민간신앙에 새로운 특징이 나타났다.

첫째, 만주국시기 일본의 민간신앙이 억지로 밀고 들어옴에 따라 민간신앙이 더욱 어지러워지고 복잡해졌다. 만주국시기 전통적 민간신앙이 일상 사회생활 중의 민중 심리와 생활방식에 끼어들게 되면서, 그 형식이 청조 이래의 민간신앙과 아무런 차이가 없게 되었는데, 이는 한편으로는 전통적 민간신앙이 민중의 생활에서 견고한 지위를 차지하게 되었음을 의미하고, 또 다른 한편으로는 일본이 동북의 전통적 민간신앙을 이용하여 새로운 내용을 보태었음을 보여준다.

---

24) 中國政治協商會議遼寧暨沈陽市委員會文史資料硏究委員會 編, 『文史資料選輯』
第4輯, 遼寧人民出版社, 1964, 177~178쪽.

일본은 본국의 종교를 동북에 유입시켜 우세한 지위를 차지하게 만들고, 그 지위를 이용해 동북의 종교 세력에 영향을 끼쳤다. 이를 통해 '왕도낙토', '대동아공영권' 등의 사상으로 동북 민중을 마비시켰다. 또한 일본은 중국 동북 민간신앙에 다신 숭배가 범람하고 있음에 주목하여, 마찬가지로 다신 숭배 전통을 가진 본국의 신도神道를 끌어왔다. 신도는 일본인 이민자들을 통합시키는 수단이었고, 동시에 정치적 수단을 이용하여 동북지역 민중이 일본의 신도를 받아들이도록 강제했다. 그리하여 신도는 민중 신앙의 정상적인 구성요소 중에 하나가 되었고, 동북지역의 민간신앙에서 일본의 민간 신도를 일상적으로 볼 수 있게 되었다. 예컨대 신사神社에서 숭배하는 도하신稻荷神이나 '천조대신天照大神' 신앙 같은 것이다. 일본제국주의는 중국 동북 민중 및 만주국 관원들로 하여금 '천조대신'을 믿도록 강제했다. 사실 '천조대신'이란 3종의 물품에 불과한데, 거울, 신검神劍, 옥구슬이 그것이다. 이를 이른바 '신기神器'라고 하는데, 부의溥儀가 일본에서 돌아올 때 가져왔다는 것이 이것이다. 이리하여 만주국 각지의 신명神明은 이제 속이 텅 빈 사당이 되어 버렸다.[25]

신사神社 건물은 동북 각지에 널리 퍼졌고, 일본은 동북 민중으로 하여금 신사의 행례에 참여하도록 규정하여 신도를 받아들이도록 강요하였다. 또한 시간을 정해 천황 및 일본이 규정한 신령에 참배하도록 규정하였다. 통계에 따르면, 철도부속지와 각 도시들에 빠짐없이 일본 신도의 신사가 세워져 대체로 69곳에 이르렀다고 한다. 신사 건물이 거의 모든 도시에 들어섰고 매월 적어도 이틀, 많으면 나흘은 참배해야 했다.[26]

---

25) 政協佳木斯市委員會文史資料委員會 編, 『佳木斯文史資料』 第三輯, 內部發行, 1984.11, 61쪽.

일본은 민간신앙을 이용하여 일본인 이민자의 통합을 진행했고, 동시에 본국의 민간신앙인 신도를 파쇼 침략의 도구로 만들어 동북 민중이 신도를 받아들이도록 강요했으며, 이를 통해 식민문화 즉 대동아공영권, 만몽일가滿蒙一家 등의 식민사상을 선전함으로써, 동북의 민간신앙은 더욱 더 어지러워지고 복잡해졌다.

둘째, 만주국이 민간신앙을 식민통치에 이용하는 책략을 채택함으로써, 동북지역의 민간신앙은 식민성이라는 특징이 두드러지게 되었다. 본래 종교신앙이 사회통제 및 행위규범으로서의 기능을 가졌다는 점은 부인하기 어렵다. 또한 만주국통치시기 일본이 종교신앙을 통치에 이용했다는 점도 피할 수 없는 사실이다.

일본은 학자로 구성된 조사단을 이용해 동북의 신앙 상황을 조사했는데, 이를 통해 타격할 것이 아니라 이용할 필요가 있고, 이것이 민중을 잠잠케 하는 작용을 할 수 있다는 결론을 얻었다. 일본학자들은 관방에 제출한 보고서에서 "해당 지역의 협화회協和會가 현 당국의 협조를 얻어 각종 민간단체와 좋은 관계를 맺고 이를 관리에 활용하기를 바란다. 민간단체와의 대립 정서를 조장하거나 자극해서는 안 된다"고 건의하기도 했다.[27] 이것이 당시 동북 민간신앙의 기능에 진한 식민 색채를 덧입히게 하였다. 일본은 중국의 민간신앙을 민중에 대한 노예화를 진행하는 데에 이용했던 것이다.

만주국은 묘회와 함께 열리는 시장(廟市)을 이용하여 일본상품을 덤핑하는 한편, 그 시장을 노예 사상을 선전하는 장소로 이용하여, '왕도낙토'라는 거짓된 번영을 선전하였고, 망국 노예의 사상을 주입하였다.

26) 「在滿洲神社一覽表」 통계에 의거함.(滿洲國鐵道總局弘報課 編, 『滿洲宗敎志(下)』, 滿鐵社員會, 1940, 400~415쪽.)
27) 『長春文史資料』 1988年 第4輯, 16쪽.

"현서선무소위원회縣署宣撫小委員會는 음력 4월 18일에 열린 낭랑묘회를 이용해 만주국의 제정帝政 실시를 선전하였고, 일반 민중으로 하여금 제정 실시가 '왕도낙토'라는 목표에 도달하기 위함임을 알도록 힘썼다." 또한 "제정 실시를 알리는 각종 선전 문구를 붙였고," 일본 측은 묘회 라는 이런 형식을 통해 민중이 "제정 실시와 왕도정치에 대해 철저히 인식할 수 있기를" 희망했다.[28]

이러한 행태는 당시의 신문에 대량으로 보도되었다. "일반 민중이 신국가의 의의를 분명히 알게 하기 위하여, 음력 8일, 18일, 28일 등 묘회가 열리는 날에 강연 선전을 실행하고, 때에 맞추어 전단지를 뿌렸다."[29] 묘회에 많은 민중이 모이는 것을 틈 타 강연 공작을 시행하였는데, 대개는 '왕도王道'의 뜻이 무엇인지, 어떻게 왕도를 시행할 것인지를 선전하였다. 물론 그 본질은 망국 노예 사상을 주입하는 데에 있었다. 말하자면 이들 민간종교는 만주국에 매수당하였고, 일본의 이른바 '건국정신'이나 '왕도낙토' 등의 사상을 공개적으로 선양하였다.

결론적으로, 만주국통치하에서 동북의 사회, 경제, 정치, 문화는 모두 크게 변화하였고, 민간신앙은 사람들의 심리상태와 정신사유에 영향을 끼치는 도구로 변모하였다. 이에 따라 민간신앙 자체에도 일정한 변화가 발생했다. 특히 만주국의 통제와 이용 아래에서 민간신앙의 식민 색채가 도드라졌고, 심지어 어떤 민간종교조직은 만주국 통치의 도구가 되었다. 민간신앙이 이런 새로운 특징을 갖게 되었다.

---

28) 「廟會中宣傳帝政」, 『盛京時報』 1934.6.3.
29) 「利用廟會期講演宣傳」, 『盛京時報』 1932.5.5.

⬢ 참고문헌

1. 당안 자료

遼寧省檔案館編, 『中國近代社會生活檔案(東北卷一)』(全27冊), 廣西師範
　　大學出版社, 2005.
中國第二歷史檔案館編, 『中華民國檔案資料匯編』(第三輯文化), 江蘇古籍
　　出版社, 1991.

2. 지방지 자료

中國地方志集成編輯工作委員會. 『中國地方志集成-遼寧府縣志輯』(全23冊),
　　南京 : 鳳凰出版社, 2006.
中國地方志集成編輯工作委員會. 『中國地方志集成-吉林府縣志輯』(全10冊),
　　南京 : 鳳凰出版社, 2006.
中國地方志集成編輯工作委員會. 『中國地方志集成-黑龍江府縣志輯』(全10冊),
　　南京 : 鳳凰出版社, 2006.
丁世良/趙放 主編, 『中國地方志民俗資料匯編(東北卷)』, 北京圖書館出版
　　社, 1989.
丁世良/趙放 主編, 『中國地方志民俗資料匯編(華北卷)』, 北京圖書館出版
　　社, 1989.
[康熙]楊鑣修, 施鴻纂, 『遼陽州志』, 淸康熙二十年(1681)修, 民國二十三年
　　(1934)鉛印『遼海叢書』本.
[淸]阿桂、劉瑾之等, 『盛京通志』(四庫全書本), 台灣商務館影印, 1985.
[淸]汝沖修 白永貞編, 『遼陽鄉土志』, 淸光緖三十四(1908)鉛印本.
[淸]全祿修, 張式金纂, 『開原縣志』, 淸咸豐七年(1857)刻本.

康平縣志編纂委員會編, 『康平縣志』, 東北大學出版社, 1995.4.

開原市地方志辦公室編, 『開原縣志』, 遼寧人民出版社, 1995.7.

建昌縣志編纂委員會辦公室編, 『建昌縣志』, 遼寧大學出版社, 1992.7.

梁學貴修, 朱尚弼、龐國士纂, 『黑山縣志』, 民國三十年(1941)鉛印本,
    1984年復制.

遼寧省圖書館, 『東北鄕土志叢編』, 遼寧省圖書館, 1985.

遼寧省義縣人民政府地方志辦公室編, 『義縣志』, 瀋陽出版社, 1992.4.

遼寧省地方志編纂委員會辦公室, 『遼寧省志』, 遼寧民族出版社, 2004.

遼陽縣志編纂委員會辦公室編, 『遼陽縣志』, 新華出版社, 1994.8.

廖彭、李紹陽修, 宋掄元等纂, 『莊河縣志』, 民國十年(1921)鉛印本.

李流芳主編, 『鐵嶺縣志』, 遼瀋書社, 1993.5.

馬龍潭、沈國晃等修, 『鳳城縣志』, 民國十年(1921)石印本.

文鎰修 範炳勳等纂, 『綏中縣志』, 民國十八年(1929)鉛印本.

盤錦市大窪縣地方志編纂委員會辦公室編, 『大窪縣志』, 瀋陽出版社,
    1998.5.

房守志主編, 『新賓滿族自治縣志』, 遼瀋書社, 1993.5.

裴煥星等修, 白永貞等纂, 『遼陽縣志』, 民國十七年(1928)鉛印本.

北鎮滿族自治縣地方志編纂委員會編, 『北鎮縣志』, 遼寧人民出版社,
    1990.10.

徐維淮修, 李植嘉等纂, 『遼中縣志』, 民國十九年(1930)鉛印本.

西豐縣志地方志辦公室編, 『西豐縣志』, 瀋陽出版社, 1995.2.

石秀峰、辛廣瑞修, 王鬱雲纂, 『蓋平縣志』, 民國十九年(1930)鉛印本.

蕭德潤修, 張恩書纂 ; 曹肇元補修, 希廉等補纂, 『西豐縣志』, 民國二十七
    年(1938)鉛印本.

孫維善、傅玉璞修 ; 王紹武、孟廣田纂, 『台安縣志』, 民國十九年(1930)
    鉛印本.

岫岩縣志編輯部, 『岫岩縣志』, 遼寧大學出版社, 1989.6.

근대중국 동북지역사회와 민간신앙

綏中縣地方志編纂委員會編, 『綏中縣志』, 遼寧人民出版社, 1988.12.

新金縣地方志編纂委員會辦公室編, 『新金縣志』, 大連出版社, 1993.12.

楊晉源修, 王慶雲纂, 『營口縣志』, 民國二十四年(1935)油印本, 1980年靜
　　電複制本.

王文璞等修, 呂中淸纂, 『北鎭縣志』, 民國二十二年(1933)石印本.

王恕修, 王德輝、馬書田纂, 『彰武縣志』, 民國二十二年(1933)鉛印本.

王樹楠、吳廷燮、金毓黻等纂, 『奉天通志』, 東北文史叢書編輯委員會,
　　1983.1.

王純古、王佐才修, 楊維嶓、李其勢纂, 『莊河縣志』, 民國二十三年(1934)
　　鉛印本.

恩麟、王恩士修, 楊蔭芳等纂, 『興城縣志』, 民國十六年(1927)鉛印本.

張鑒唐、劉煥文修, 郭達等纂, 『錦西縣志』, 民國十八年(1929)鉛印本.

張丹墀修, 宮葆廉纂 ; 王瑞岐續修, 朱作霖續纂, 『凌源縣志』, 民國二十年
　　(1931)油印本.

張耀東修, 李屬春纂, 『興京縣志』, 民國二十五年(1936)鉛印本.

張遇春修, 賈如誼纂, 『阜新縣志』, 民國二十四年(1935)鉛印本.

莊河縣志編纂委員會辦公室編, 『莊河縣志』, 新華出版社, 1996.8.

田萬生監修, 張滋大纂, 『建平縣志』, 民國二十年(1931)抄本.

廷瑞等修, 張輔相纂, 『海城縣志』, 民國十三年(1924)鉛印本.

程廷恒修 張素纂, 『複縣志略』, 民國九年(1920)石印本.

程廷恒修, 『寬甸縣志略』, 民國四年(1915 年)石印本.

趙恭寅修, 『瀋陽縣志』, 民國六年(1917)鉛印本.

周鐵錚修, 沈鳴詩等纂, 『朝陽縣志』, 民國十九年(1930)鉛印本.

陳藝修, 蔣齡益、鄭沛綸纂, 『鐵嶺縣志』, 民國六年(1917)鉛印本.

陳蔭翹、常守陳修, 戚星岩纂, 『海城縣志』, 民國二十六年(1937)鉛印本.

昌圖縣地方志編審委員會辦公室編, 『昌圖縣志』, 昌圖縣地方志編審委員
　　會, 1988.12.

彰武縣志編纂委員會編, 『彰武縣志』, 編者刊, 1988.12.

清原縣志編纂委員會辦公室編, 『清原縣志』, 遼寧人民出版社, 1991.8.

沈國晃修, 蘇民纂, 『興京縣志』, 成文出版社有限公司, 1974.

台安縣志編纂委員會編, 『台安縣志』, 1981.7.

桓仁縣地方志編纂委員會編, 『桓仁縣志』, 地方志出版社, 1996.10.

侯錫爵修, 羅明述纂, 『桓仁縣志』, 民國十九年(1930)石印本.

黑山縣地方志編纂委員會編, 『黑山縣志』, 遼寧大學出版社, 1992.11.

『喀喇沁左翼蒙古族自治縣志』, 遼寧人民出版社, 1998.7.

『寬甸縣志』, 遼寧科學技術出版社, 1993.

『淩源縣志』, 遼寧古籍出版社, 1995.12.

『盤山縣志』, 民國二十三年(1934)鉛印本, 1983年吉林大學復印本.

『阜新蒙古族自治縣志』, 遼寧民族出版社, 1998.8.

『朝陽縣志』, 遼寧民族出版社, 2003.12.

3. 정기간행물 사료

『廣東黨務月刊』

『國學雜志』

『內政公報』

『大公報』

『東方雜志』

『旅行雜志』

『滿蒙年鑒』

『滿蒙』

『奉天公報』

『盛京時報』

『申報』

『河北省政府公報』

『革命』

4. 문사자료

遼寧省政協文史資料研究委員會編, 『遼寧文史資料-遼寧名寺』(第19輯), 遼
　　寧人民出版社, 1987.

省政協文史資料研究委員會編, 『遼寧文史資料』(第1 輯), 遼寧人民出版社,
　　1986.

營口市委員會文史資料研究委員會編, 『營口文史資料』(第3輯), 編者刊, 1985.

營口市委員會文史資料研究委員會編, 『營口文史資料』(第4輯), 編者刊,
　　1986.

政協北鎭縣委員會文史資料委員會, 『北鎭文史資料-北鎭銘山古寺專輯』(第
　　7輯), 編者刊, 1985.

政協北鎭縣委員會文史資料委員會, 『北鎭文史資料』(第8輯), 編者刊, 1986.

政協義縣委員會文史資料委員會, 『義縣文史資料』(第3輯), 編者刊, 1986.

政協義縣委員會文史資料委員會, 『義縣文史資料』(第7輯), 編者刊, 1991.

政協莊河縣委員會文史資料委員會, 『莊河文史資料』(第2輯), 編者刊, 1986.

政協莊河縣委員會文史資料委員會, 『莊河文史資料』(第6輯), 編者刊, 1990.

中國人民政治協商會議遼中縣委員會文史資料征編委員會編, 『遼中文史資
　　料』(第4輯), 編者刊, 1985.

5. 문헌 사료

顧頡剛, 『妙峰山』, 民國叢書 第五編 22, 上海書店, 1928.

國立東北大學編, 『東北要覽』, 國立東北大學, 1943.

國務院實業部臨時産業調査局, 『農村實態調査一般調査報告書』, 編者刊,

1936.

菊池貞二, 『東三省古跡遺聞續編』, 奉天盛京時報社, 1927.

菊池貞二, 『東三省古跡遺聞』, 奉天盛京時報社, 1925.

稻葉君山, 『東北開發史』, 滿洲株式會社, 1930.

董啟俊, 『近百年來之東北』, 正中書局, 1946.

東北局宣傳部編, 『東北農村調查』, 東北書店, 1947.

東北文化社年鑑編印處, 『東北年鑑』, 東北文化社年鑑編印處, 1931.5.

藤岡啟 湯爾和譯, 『東省刮目論』, 商務印書館, 民國十九年, 1930.

藤山一雄、杉村勇譯, 『新滿洲風土記』, 滿日文化協會, 1938.

勞亦安, 『古今遊記叢鈔』, 上海中華書局, 1923.

遼東兵站監部編纂, 『滿洲要覽』, 奉天自衛社, 1907.

龍澤俊亮, 『滿洲の街村信仰』, 滿洲事情案內所, 1940.

滿洲事情案內所編, 『滿洲國の宗敎(滿洲事情案內所報告48)』, 新京 : 編者
　　　刊, 1939.

民生部厚生司敎化科編, 『滿洲古跡古物名勝天然紀念物匯編』, 民生部厚生
　　　司敎化科, 1942.

謝國楨, 『淸初流人開發東北史』, 開明書店, 1948.

徐曦, 『東三省紀略』, 上海商務印書館, 1915.

小越平隆, 克齋譯, 『滿洲旅行記』, 上海廣智書局, 1902.

松尾爲作, 『南滿洲ニ於ケル宗敎槪觀』, 敎化事業獎勵資金財團, 1931.

野澤源之極, 徐煥奎譯, 『滿洲現狀』, 商務印書館, 1929.

楊華波, 『我東北方面日本帝國主義經營事業之現狀』, 國際譯報社, 1933.

奧村立信, 『滿洲娘娘考』, 株氏會社滿洲事情案內所, 1940.

王惠民, 『新東北指南』, 商務印書館, 1946.

日本參謀本部, 『滿洲地志』, 上海商務印書館, 1904.

鳥居龍藏, 『滿蒙古跡考』, 陳念本譯, 上海商務印書館, 1933.

湯爾和, 『北滿槪觀』, 哈爾濱滿鐵事務所編, 商務印書館, 1937.

何新吾編, 『東北現狀』, 東北研究社, 1933.

許逸超, 『東北地理』, 正中書局, 1935.

黃澤蒼, 『山東』, 中華書局, 1935.

侯鴻鑒, 『東三省旅行記』, 無錫 : 競志女學校, 1921.

Alexander Hosie, *Manchuria : its people, resources and recent history*,
　　London : Methuen&Co. 1904.

Dugale Christie, *Thirty Years in Moukden(1883-1913)*, London: Cons-
　　table and Company Ltd., 1914.

6. 연구저서

김경일/윤휘탁/이동진/임성모 공저, 『동아시아의 민족이산과 도시 : 20세
　　기 전반 만주의 조선인』, 역사비평사, 2004.

이은자, 『의화단운동 전후의 산동 - 민간종교결사와 권회에 관한 연구』,
　　고려대출판부, 2002.12.

이은자, 『중국 민간 종교 결사, 전통과 현대의 만남』, 책세상, 2005.

전인갑 외 지음, 『공자 현대 중국을 가로지르다』, 새물결, 2006.

[美]杜贊奇, 王福明譯, 『文化權力與國家』, 江蘇人民出版社, 2003.

[英]杜格爾德·克裏斯蒂, 張士尊 信丹娜 譯, 『奉天三十年(1883—1913)』,
　　湖北人民出版社, 2007.

[日]大間知篤三等著, 色音編譯, 『北方民族與薩滿文化-中國東北民族的人
　　類學調查』, 北京 : 中央民族大學出版社, 1995.

高有鵬, 『廟會與中國文化』, 人民出版社, 2008.

曲曉範, 『近代東北城市的歷史變遷』, 長春 : 東北師範大學出版社, 2001.

郭於華, 『儀式與社會變遷』, 社會科學文獻出版社, 2000.10.

段玉明, 『寺廟與中國文化』, 海口 : 三環出版社, 1990.

段玉明, 『中國寺廟文化論』, 吉林教育出版社, 1999.

劉鋒, 『宗教與中國傳統文化』, 濟南 : 山東教育出版社, 1990.12.

劉曉春, 『儀式與象征的秩序-一個客家村落的歷史、權力與記憶』, 北京 : 商務印書館, 2004.

李文海, 『民國時期社會調查叢編』, 福州 : 福建教育出版社, 2005.

馬西沙/韓秉方, 『中國民間宗教史』, 中國社會科學出版社, 2004.8.

費孝通, 『鄉土中國』, 人民出版社, 2008.

濱島敦俊, 朱海濱譯, 『明清江南農村社會與民間信仰』, 廈門大學出版社, 2008.

常建華, 『社會生活的歷史學』, 北京師範大學出版社, 2004.

蘇中立/陳建林 主編, 『大變局中的涵化與轉型 : 中國近代文化覓蹤』, 中國工人出版社, 1992.

楊餘練, 『清代東北史』, 遼寧出版社, 1991.

楊志剛, 『中國禮儀制度研究』, 上海 : 華東師範大學出版社, 2001.

烏丙安, 『中國民間信仰』, 上海人民出版社, 1995.

吾淳, 『中國社會的宗教傳統-巫術與倫理的對立和共存』, 上海三聯書店, 2009.

王魁喜, 『近代東北史』, 哈爾濱 : 黑龍江人民出版社, 1984.

王永謙, 『土地與城隍信仰』, 北京 : 學院出版社, 1994.

張士尊, 『清代東北移民與社會變遷, 1644-1911』, 吉林人民出版社, 2003.

張靜, 『基層政權-鄉村制度諸問題』, 浙江人民出版社, 2000.

張靜如, 『國民政府統治時期中國社會之變遷』, 中國人民大學出版社, 1993.

鄭振滿、陳春生, 『民間信仰與社會空間』, 福建人民出版社, 2005.

趙世瑜, 『狂歡與日常——明清以來的廟會與民間社會』, 上海三聯書店, 2002.

陳寶良, 『中國的社與會』, 浙江人民出版社, 1996.3.

蔡少卿, 『再現過去, 社會史的理論視野』, 浙江人民出版社, 1988.10.

澤田瑞穗, 『中國の民間信仰』, 工作舍, 1982.

佟冬, 『中國東北史』, 吉林文史出版社, 2006.

何星亮, 『中國自然神與自然崇拜』, 上海 : 三聯書店, 1992.

James Z. Lee and Cameron D. Campbell, *Fate and Fortune in Rural China: Social Organization and Population Behavior in Liaoning, 1774-m1873*, Cambridge : Cambridge University Press, 1997.

John Knight Shryock, *The Temples of Anking and their Cults : A study of modern Chinese religion*, Paris : P. Geuthner, 1931.

Justus Doolittle, *Social life of the Chinese: with some account of their religious, governmental, educational, and business customs and opinions with special but not exclusive reference to Fuhchau*, New York : Harper & Bros., 1865.

Stephan Feuchwang, *Popular Religion in China: The Imperial Metaphor*, Richmond: Curzon Press, 2000.

Susan Naquin, *Peking: Temples and City Life, 1400-1900*, California: University of California Press, 2000.

7. 연구논문

김상범, 「國家禮制와 民間信仰의 衝突 - 唐初 狄仁傑의 淫祀撤廢措置를 중심으로」, 『中國史研究』 제17집, 2002.2.

김상범, 「地方祭祀體系와 民間信仰의 관계 - 唐代를 중심으로」, 『中國史研究』 제19집, 2002.

김상범, 「唐代 民間 祠廟信仰 研究의 回顧와 展望」, 『中國史研究』 第14輯, 2001.8, 213쪽.

김한신, 「중국종교의 새로운 범주화 - 1960년대 이후 구미학계의 중국민간신앙에 대한 새로운 인식」, 『東洋學』 제55집, 2014.12.

박경석, 「근대시기 중국동북지역 민간신앙의 '복합성' - 이민의 유입에 따른 민간신앙의 이식과 융합을 중심으로」, 『中央史論』 제40집, 2014.12.

박경석, 「南京國民政府의 '孔子誕辰紀念'과 民族主義」, 『中國史研究』 제

30집, 2004.6.

박경석, 「민국시기 동북지역의 민간종교결사와 지방당국의 대응」, 『중앙
　　사론』 제39집, 2014.6.

박경석, 「淸末民國時期 地方祀典의 지속과 변용 - 중국 동북지역의 官方
　　祭祀를 중심으로」, 『중국근현대사연구』 제65집, 2015.3.

송요후, 「中國 民間宗敎 硏究에 대한 새로운 패러다임의 摸索」, 『明淸史
　　硏究』 第34輯, 2010.10.

유장근, 「근대중국에 있어서 국가권력과 종교」, 『근대중국의 지역사회와
　　국가권력』, 신서원, 2004.06.

윤휘탁, 「'邊地'에서 '內地'로 : 中國人 移民과 滿洲(國)」, 『中國史硏究』 第
　　16輯, 2001.12.

이윤석, 「明初 國家權力의 地方寺廟 整備 - 中央의 規定과 江南地域의 實
　　際」, 『中國學報』 제44집, 2001.

이윤석, 「雍正帝와 淸代 國家祭祀 : 禮制의 측면에서 본 雍正統治」, 『明
　　淸史硏究』 제25집, 2006.4.

이윤석, 「중국 근세의 祠廟와 지방 통치 - 全國通祀 및 神像存廢를 중심
　　으로」, 『東洋史學硏究』 제119집, 2012.6.

이은자, 「秘密結社의 遺産과 現代中國 ― 法輪功의 歷史的 起源」, 『中國
　　學報』 第47輯, 2003.

전인갑, 「帝國에서 帝國性 國民國家로(Ⅱ)― 제국의 지배전략과 근대적
　　재구성」, 『中國學報』 제66집, 2012.12.

전인갑/장정아, 「중국 관행 연구와 중국 연구의 재구성 - 試論的　接近」,
　　『中國近現代史硏究』 제48집, 2010.12.

조정은, 「崇拜와 禁止 : 淸代 福建의 五瘟神 信仰과 國家權力」, 『明淸史
　　硏究』 제27집, 2007.4.

최준, 「중국 동북지역의 민간신앙」, 『중앙민속학』 제12호, 2007.

江帆, 「東北朝鮮族的民間信仰與變遷」, 『民間文化論壇』 2007年 第3期.

江沛,「近代華北城鄉民間信仰述評」,『河北大學學報(哲學社會科學版)』第27卷 第4期, 2002.

高丙中,「一座博物館, 廟宇建築的民族志-論成為政治藝術的雙名制」,『社會學研究』2006年 第1期.

曲曉範,「清末民初中國東北地區黃天教活動考」,『北華大學學報(社會科學版)』第6卷 第4期, 2005.8.

科大衛/劉志偉,「「標準化」還是「正統化」? - 從民間信仰與禮儀看中國文化的大一統」,『歷史人類學學刊』, 第6卷 第1-2期合刊, 2008.10.

郭崇林、高占偉,「東北民族的自然神信仰」,『民俗研究』1998年 第4期.

郭輝,「民國國家儀式研究」, 華中師範大學 博士論文, 2012.5.

杜臻,「近代山東移民對東北文化的影響(1860~1911)」, 山東大學 碩士學位論文, 2006.5.

梁景之,「從"邪教"案看清代國家權力與基層社會的關系」,『清史研究』第3期, 2003.8.

雷輝,「萬國道德會的歷史考察」, 山東師範大學 碩士論文, 2008.

劉方玲,「國家祀典與民間信仰 - 祭厲及其社會意義」,『內蒙古社會科學』第28卷 第2期, 2007.3.

劉峰,「清代民間的酬神演戲和迎神賽會」,『湖南城市學院學報』第32卷 第6期, 2011.11.

劉揚,「近代遼寧地域社會視野下的寺廟文化研究」, 吉林大學 博士學位論文, 2011.12.

劉正愛,「東北地區地仙信仰的人類學研究」,『廣西民族大學學報』(哲學社會科學版) 2007年 第2期.

劉鐵梁,「村落集體儀式性文藝表演活動與村民的社會組織觀念」,『北京師範大學學報』(社會科學版) 1995年 第6期.

李剛、鄭中偉,「明清陝西廟會經濟初探」,『西北大學學報』2001年 第2期.

李尚英,「八卦教的淵源、定名及其與天理教的關系」,『清史研究』1992年

第4期.

李俊領, 「孫中山再造文明中國的本土情懷與世界眼光 - 試析1912年南京臨時政府的國家祭祀典禮」, 『學習與實踐』 2011年 第8期.

李俊領, 「儀式與"罪證": 1914年袁世凱的祭天典禮」, 『揚州大學學報(人文社會科學版)』 第15卷 第6期, 2011.11.

李俊領, 「中國近代國家祭祀的歷史考察」, 山東師範大學 碩士學位論文, 2005.

李俊領, 「清末文廟祀典升格與人心失控」, 『史學月刊』 2012年 第5期.

李秋香, 「廟會文化研究論略」, 『松遼學刊』 2002年 第2期.

馬新, 「關於民間信仰史研究中的幾個問題」, 『民俗研究』 2010年 第1期.

文廷海, 「論明清時期"關羽現象"的演變和發展」, 『四川師範學院學報(哲學社會科學版)』 1999年 第6期, 1999.11.

龐毅, 「晚清民初長沙官方祭祀初探(1840-1927)」, 湖南師範大學 碩士論文, 2013.5.

範立君, 「近代東北移民與社會變遷(1860~1931)」, 浙江大學 博士學位論文, 2005.5.

濮文起, 「民國時期民間秘密宗教簡論」, 『天津社會科學』 1994年 第2期.

傅謹, 「祠堂與廟宇, 民間演劇的空間闡釋」, 『藝術探索』 2006年 第2期.

傅寶仁, 「名貫關東的吉林北山廟會」, 『旅遊』 1996年 第5期.

付寶仁, 「從北山古寺廟群的供祀格局看吉林地區滿漢交融的宗教、文化特色」, 『東北史地』 2008年 第3期.

付永正, 「清代東北地區的昭忠祠與旗人入祀現象」, 『中國國家博物館館刊』 2014年 2期.

謝小華, 「清代的日、月食救護」, 『紫禁城』 2009年 7期, 2009.7.

邵小翠, 「試論近代移民對東北文化的影響」, 延邊大學 碩士論文, 2010.5.

宋抵, 「中國東北地區的廟會」, 『長春師院學報』 1995年 第4期.

深尾葉子/安富步, 「廟に集まる神と人」, 『滿洲の成立』, 名古屋大學出版

會, 2009.11, 263쪽.

嶽永逸, 「鄉村廟會傳說與村落生活」, 『寧夏社會科學』 2003年 第4期.

吳世雄, 「吳村民間信仰活動調查」, 『民俗研究』 2002年 第4期.

吳真, 「民間信仰研究三十年」, 『民俗研究』 2008年 第4期.

王健, 「近年來民間信仰問題研究的回顧與思考:社會史角度的考察」, 『史學月刊』 2005年 第1期.

王慶成, 「晚清北方寺廟和社會文化」, 『近代史研究』 2009年 第2期.

王光, 「醫巫閭山"歪脖老母"信仰習俗調查」, 『民俗研究』 1999年 第2期.

王杉, 「民初東北移民社會心態管窺」, 『社會科學輯刊』 1998年 第5期.

王先明, 「士紳階層與晚清"民變"──紳民沖突的歷史趨向與時代成因」, 『近代史研究』 2008年 第1期.

王元林/張目, 「國家祭祀體系下的鎮山格局考略」, 『社會科學輯刊』 2011年 第1期, 2011.1.

王虹波, 「民國時期東北地區的巫術救荒-以盛京時報記載爲中心的考察」, 『求索』 2010年 第6期.

王曉翠, 「民國時期中西醫論戰研究」, 曲阜師範大學 碩士論文, 2010.4.

饒明奇, 「近代中國自然神崇拜淡化的原因及歷史意義」, 『鄭州大學學報(哲學社會科學版)』 第32卷 第4期, 1999.7.

於志剛, 「北鎮廟概述」, 『大衆文藝』 2011年 21期, 2011.11.

張莉, 「黃天教在清代的傳播」, 『歷史檔案』 1996年 3期.

張士尊, 「清代東北移民與社會變遷：1644-1911」, 東北師範大學 博士學位論文, 2003.4.

張瑞泉, 「略論清代的鄉村教化」, 『史學集刊』 1994 年第3期.

章征科, 「辛亥革命時期鄉村民變的特點及成因探析」, 『華東師範大學學報(哲學社會科學版)』 第33卷 第2期, 2001.3.

田承軍, 「清代東北地區的碧霞元君廟」, 『泰安師專學報』 2002年 第1期.

田海林/李俊領, 「"忠義"符號: 論近代中國歷史上的關嶽祀典」, 『山東師範

大學學報(人文社會科學版)』第57卷 第1期, 2012.

鄭國, 「近代革命運動與破除迷信——以徐州城隍廟爲主的考察」, 『合肥師
範學院學報』2008年 3月第2 期.

程舒偉、何妍, 「民國時期民間宗教在東北傳播的原因」, 『中國現代社會民
衆學術研討會論文集』2003年 11月.

趙嘉朱, 「綜論會道門的流傳演變與活動特點」, 『貴州文史叢刊』2005年 第
3期.

趙世瑜, 「明清時期中國民間寺廟文化初識」, 『北京師範大學學報』1990年
第4期.

趙英蘭, 「近代東北地區漢族家族社會探究」, 『吉林大學社會科學學報』2008
年 第4期.

趙英蘭、劉揚, 「清末民初東北民間祈雨信仰與社會群體心理態勢」, 『吉林
大學社會科學學報』第51卷 第5期, 2011.9.

鍾年, 「中國鄉村社會控制的變遷」, 『社會學研究』1994年 第3期.

朱敏爲/王繁可/趙晶晶/李柳, 「明朝對巫醫的批判研究」, 『湖北中醫藥大學
學報』第15卷 第6期, 2013.12.

周尚意 趙世瑜, 「中國民間寺廟, 一種文化景觀的研究」, 『江漢論壇』1990
年 第8期.

朱小田, 「民間記憶方式與社群關系的成長-以一個江南鄉村廟會爲例案的
跨學科考察」, 『史學理論研究』2003年 第4期.

朱迪光, 「封建國家祀典的形成及其對古代中國宗教活動的影響」, 『青海社
會科學』1990年 第1期, 1990.3.

周向陽, 「查禁"邪教": 清代民間的回應及原因探析」, 『南昌航空大學學報
(社會科學版)』第14卷 第2期, 2012.6.

池子華, 「流民與近代盜匪世界」, 『安徽史學』2002年 第4期, 2002.11.

陳明華, 「扶乩的制度化與民國新興宗教的成長-以世界紅卍字會道院爲例(1921
一1932)」, 『曆史研究』2009年 第6期, 2009.12.

陳春聲,「信仰空間與社區歷史的演變-以樟林德神廟系統爲例」,『淸史硏究』
　　1999年 第2期.

陳春聲,「村落歷史與神明傳說的演變——以明淸粵東一個鄕村天後宮的硏
　　究爲中心」,『第十屆明史國際學術討論會論文集』2004年 8月.

沈潔,「反對迷信與民間信仰的現代形態——兼讀杜贊奇"從民族國家拯救歷
　　史"」,『社會科學』2008年 第9期.

沈潔,「反迷信與社區信仰空間的現代歷程——以1934年蘇州的求雨儀式爲
　　例」,『史林』2007年 第2期.

沈偉華,「芻議黃天教無生老母信仰的形成及其在民間宗教信仰體系中的地
　　位」,『淮陰師範學院學報』第35卷, 2013.5.

佟冬 主編,『中國東北史(修訂版) 第4卷』, 吉林文史出版社, 2006.1.

包詩卿,「從關羽廟宇興修看明代關羽信仰中心的北移」,『西南大學學報』
　　(社會科學版) 2009年 第3期.

何蓉,「佛教寺院經濟及其影響初探」,『社會學硏究』2007年 第4期.

許效正/張華騰,「試論民國初年(1912~1915年)的祀典政策」,『雲南社會科
　　學』2009年 第5期.

黃雲鶴,「淸至民國時期的東北民神」,『北華大學學報』(社會科學版) 2007
　　年 第3期.

Rostislav Berezkin, "From Imperial Metaphor to Rebellious Deities: The
　　History and Modern State of Western Studies of Chinese Popular
　　Religion", *Sino-Platonic Papers, 243*, December 2013.

색인